QIYE KUAIJI GUANLI XITONG LILUN YU CAOZUO YANJIU

U0819848

企业会计管理系统理论与操作研究

胡良才 ◎ 著

中国财经出版传媒集团
中国财政经济出版社

图书在版编目（CIP）数据

企业会计管理系统理论与操作研究 / 胡良才著. --北京：中国财政经济出版社，2023.9

ISBN 978-7-5223-2304-6

Ⅰ.①企… Ⅱ.①胡… Ⅲ.①企业管理-会计-管理信息系统 Ⅳ.①F275.2

中国国家版本馆 CIP 数据核字（2023）第 106463 号

责任编辑：马　真　　　　责任校对：张　凡
封面设计：智点创意　　　责任印制：党　辉

企业会计管理系统理论与操作研究
QIYE KUAIJI GUANLI XITONG LILUN YU CAOZUO YANJIU

中国财政经济出版社 出版

URL：http：//www.cfeph.cn
E-mail：cfeph@cfeph.cn

社址：北京市海淀区阜成路甲 28 号　邮政编码：100142
营销中心电话：010-88191522
天猫网店：中国财政经济出版社旗舰店
网址：https：//zgczjjcbs.tmall.com
北京财经印刷厂印刷　各地新华书店经销
成品尺寸：185mm×260mm　16 开　17.25 印张　421 000 字
2023 年 9 月第 1 版　2023 年 9 月北京第 1 次印刷
定价：78.00 元
ISBN 978-7-5223-2304-6
（图书出现印装问题，本社负责调换，电话：010-88190548）
本社质量投诉电话：010-88190744
打击盗版举报热线：010-88191661　QQ：2242791300

序　一

胡良才教授这部书最突出的特点，在于立足于他多年从事会计工作的实际经验，随后又经过多年教授会计学过程中的千锤百炼，最终以马克思主义经济学与现代产权经济学为指导，完成了研究。所以，这部理论与实际密切结合的著述，很值得一读。

从1968年开始，胡良才同志做了云南一个国防工厂的成本会计，工作的起点高，也很艰难，但他很快便掌握了生产产品价值核算与管理工作的全过程。从凭证填写到成本计量记录，再到编报，胡良才同志都一步一个脚印地走过来，反复完成了产品生产成本管算结合的全过程。在会计工作的磨炼中，他才能真正领会到，马克思在《资本论》第二卷中所讲"过程的控制和观念总结的簿记就越是必要"的精神，所以，这部书的研究又具有深刻的思想性。

胡良才教授把马克思的话作为他从事会计工作的指导方针。他认为：马克思在《关于费尔巴哈的提纲》一文中指出："哲学家们只是用不同的方式解释世界，而问题在于改造世界。"而企业会计系统的运行符合哲学的三个基本定律，即对立统一规律、质变量变规律、否定之否定规律，这些是指导会计学教学与研究的纲领。1989年，胡良才老师调入云南财经大学任教后，实现了他进行以会计教学为中心的理论研究与实践相结合的目标。他通过历年积累下来丰富的会计工作经验，熟练开展案例教学，引导学员从理论与实际相结合方面开展科研。在科研过程中，胡良才教授以马克思主义经济学、现代产权经济学与现代管理学为纲领，指导学员把解决财务与会计方面的问题结合在一起，明确企业会计系统究竟应当处于什么样的状态，才能解决企业会计工作方面的问题，也才能发挥它在企业管理中应有的作用。所以，正因为胡教授通过长期应用教学与科研相结合的方法，才能积累起丰富的研究经验，创作出一部厚实的会计理论与会计实务密切结合的专著。

全书十四章前后贯通一致，形成会计管理理论与会计实务操作相结合的研究体系。这部书研究特色在于：（1）会计理论基础厚重，全书建立了企业会计系统中的理论层次及其展开论说的逻辑关系；（2）研究所建立起来的经济学和管理学理论指导体系，具有针对性与切实性，立论依据充分，对会计实务分析解说具有原理系统指引上的科学性；（3）全书重点对企业会计方法体系逐一展开的分析研究，具有专题论证性质，整个研究深入切实，并颇具感染力；（4）研究以会计环境作为分析论证的切入点，全程研究都体现出作者对理论问题剖析客观性的把握，这一点表明作者是在辩证唯物主义思想指导下进行会计理论与实务问题结合的研究；（5）实现了对企业财务成本与管理成本的一体化研究。总而言之，胡良才教授的这部著作全面而系统地对企业会计问题展开研究，行文既重于理论上的深入，又更注重从实践上的提升。论说辩证，深入浅出，在会计教学指导方面具有标准化示范作用。作者知识面广博，充分把握住了企业会计学研究的理论依据，恰如其分在会计学问题系统研究中，显示出理论阐述上的深度与对实务问题分析认识上的效果。

郭道扬

2021 年岁末于南湖校区

序　二

会计是随着社会生产的发展和经济管理的要求而产生、发展和不断完善起来的，会计的出现有赖于人类的计量与记录行为。作为世界文明古国，中国在古代、近代会计史上也曾有过历史的辉煌。据有关史料考证，我国在父系氏族时期就已出现了“结绳记事”“刻石计数”的计量记录行为，至氏族社会末期已有了数字度量衡器具、实物计量单位等计量形式。据《周礼》记载，远在西周时期，我国就设立了“司会”官职，以后历代王朝都设有会计并逐步发展到民间，会计对经济信息的加工处理方法早在我国唐宋时期（公元10世纪左右）已相当完善，其突出表现是发明了“四柱清册”，意味着我国复式记账方法在当时已位于世界会计发展前列。明清两代，出现了“龙门账”显示了复式记账方法的萌芽，标志着我国传统会计记账方法已演化到一个较高水平。世界会计学家普遍认为现代会计起源于14世纪意大利的复式记账方法。由于旧社会生产方式落后，先进的西方现代会计直到20世纪才传入我国。新中国成立后，随着大规模经济建设的发展，我国会计体系进一步得到完善。随后因“十年动乱”，我国会计理论和实践停滞不前，这段时间发达国家的会计理论与实践有很大发展，拉大了我国与世界先进水平的距离。直到2006年财政部对会计模式进行重大改革，公布并施行新的《企业会计准则——基本准则》和38项具体准则，从而揭开了我国会计发展新的一页。为了早日建成具有中国特色的会计理论方法体系，广大会计工作者开辟了会计理论研究的新局面。但相对而言，关于财务会计（会计核算、簿记）方面的理论方法研究则少有人涉及，尚处于薄弱环节，此时此刻，胡良才教授的著作《企业会计管理系统理论与操作研究》的及时出版，正合时宜、令人称道。特别是对我国增强会计学科发展的专业自信，探索中国特色会计，重塑会计历史辉煌具有示范作用，是十分有意义的。我国著名会计教育家潘序伦先生在其代表作《高级商业簿记教材书》中写道：“故通常言之，会计可称之为簿记之研究，而簿记则可称之为会计之应用，吾人常称簿记为术，会计为学，亦由是耳。”可见会计是一门大学问，其理论研究是大有作为的。

胡良才教授大学毕业后，曾在国营企业担任主管会计、科长、高级会计师等长达20余年，不但专业基础知识扎实，而且具有丰富的会计工作实践经验。1989年调入高等学校工作，成为一名大学教师，在教学中，他理论联合实际，深入浅出，教学效果良好，受到学生好评。在工厂工作期间，他创造性地结合行业特点设计和应用适合本企业的成本核算方法，为后续进一步系统性理论研究做好了充分的实践准备。在实际工作中，他常思考如下问题：如何使车间核算发挥管理作用？车间核算与厂部核算怎样衔接？如何使企业会计部门的工作与车间的会计核算工作达成一个有机的整体？怎样使会计核算对成本实行直接管理？如何通过会计管理降低产品成本，增加生产过程产生的利润，等等。他带着问题学习和写作，为了圆此写作梦，他孜孜不倦地阅读大量中外会计理论书籍，认真学习有关哲学、经济学和管理学的系列著作，从而为完成本书的撰写提供了坚实的理论基础。胡良才教授坚持运用马克思主义政治经济学理论指导写作，特别是用马克思劳动价值理论作为贯穿本书的一条红线，做到了理论与实践相结合，从而大大提升了本专著的理论价值和实用价值。

本书的宗旨是通过相关理论论证企业会计系统不是天然系统，而是人工系统中的虚拟系统，阐明企业会计系统不是是什么，而是应该是什么？试图启发人们根据客观的依据建立科学的企业会计系统，并采取科学的方法执行应有的功能，实现系统的真正目的。从而使人们利用改造世界，为人类谋福利，由“看得见的手”代替亚当·斯密提出的“看不见的手”。

本书资料翔实，内容丰富、理论有据且具有操作性。作者最大的理论贡献是在阐述相关理论的基础上，论述了建立企业会计要素组织层次结构系统的客观依据，会计系统的目的、职能和技术方法，以及会计计价的业务处理等一系列问题。另外，值得肯定的是作者探讨了人力资源计价及相关问题，重视对标准成本的研究与应用，提出了财务会计与管理会计一体化的观点等，它们具有创新意义。

书山有路勤为径，学海无涯苦作舟。不忘初心，方得始终。我衷心祝贺胡教授的学术专著出版，并十分乐意为之作序。

西南财经大学原副校长、教授、博士生导师　樊行健

2021 年 12 月于北京

前　言

会计是一个古老的学科，它因对生产管理的需要而产生，因而它的产生几乎与人类物质生产的产生同时发生。开始它是生产的附带物，随着生产的发展和人们对生产管理的需要，会计从生产中独立出来，它发展到现在，应是一门很成熟的管理学科，然而长期以来，它的理论和实践并不能对生产经营过程进行真正的直接管理，财务会计只能按生产经营过程实际发生进行记录，不能按应该发生进行管理。因而它一直处在报账型阶段，是报账型会计。管理会计也只是为协助管理者规划和控制企业的各种经济活动提供信息。它设计的预算指标和创新的投资回报率，为企业整体及各部门的经营业绩提供了评价依据，根据这些指标激励和评价管理者的效率，这虽是管理的组成部分，但不是管理的主要组成部分，更不是管理的全部内容。管理的关键是怎样在过程中保证预算和投资回报率以及管理者决策的实现。如果在过程中实现不了，再好的决策，再科学的预算和投资回报率，都无多大意义，只能将这些指标停留在事后的激励和评价上。激励和评价对调动员工的积极性虽有一定的作用，但它不能改变已完结的过程，因而对已完结的过程毫无意义。管理会计也未做到对生产经营过程的真正管理。会计的产生就是为了对生产过程进行管理，为何发展到今天，会计对生产过程还不能进行真正的管理？当今的世界科学突飞猛进，日新月异，多少尖端科学难题都得到了攻克，难道会计保证预算和投资回报率在生产过程中得到实现就那么难？就不能攻克了？难道它比尖端科学还难吗？它是一定可以攻克的。

系统科学、控制论、信息论、协同学等科学的产生，为会计保证目标在过程中得到实现提供了理论依据。笔者试图利用这些科学提供的理论以及管理学、经济学的理论来解决这一问题。全书共分四个部分：

第一部分：相关科学的产生和发展为会计理论的发展提供的理论基础；

第二部分：根据以上科学提供的有关理论与现有会计理论进行辨析；

第三部分：根据相关科学理论，提出企业会计系统应有的基础理论，包括：

1. 企业会计系统建立的依据，建立的依据与会计要素之间的关系；会计要素之间的关系；企业会计系统的相对独立性；会计动态平衡式与社会制度的关系；会计假设与建立企业会计系统的关系。通过此部分的论述，改变了会计系统研究的内容和方向。并根据系统理论，提出建立社会会计系统的观点。

2. 会计系统的目的。会计系统是有目的的，此部分首先介绍了现有会计理论对会计目的的认识，然后提出了企业会计系统的目的和社会会计系统的目的，以及会计系统总的目的。企业会计系统的目的是按《政治经济学》的社会必要平均劳动决定价值的理论，提出企业会计系统的目的是使生产经营过程中产品生产对资源的消耗符合社会必要平均劳动或低于社会必要平均劳动；社会会计系统的目的是协调产业结构。由此提出会计系统的目的是“节约社会资源”。

3. 企业会计系统的职能。目的的实现需要功能的支持。根据目的，此部分提出了企业会计系统具有动态记录、计算、资源分配、控制、协调五个职能。前两个职能是“观念总结”，后三个职能是“过程控制”。并对企业会计系统的职能作了全新的阐释。社会会计系统的职能有待研究。

4. 企业会计系统的方法。功能的实现需要方法的支持。根据企业会计系统的功能，此部分提出了设置账户、复式记账、填制会计凭证、登记账本、应用标准成本进行核算、整体与分层相结合核算的组织结构、按标准成本进行内部交易、过程分析、差异分配、财产清查、会计检查、编制会计报表等12种方法。

5. 会计原则、会计准则。在此内容中对会计原则和会计准则作了全新的解释。剖析了客观性原则、历史成本原则、稳健性原则，指出只有与现实情况相符，才是客观的，也才是稳健的。现在的历史成本原则并不客观，稳健性原则并不稳健，客观性原则并不客观。客观性原则应随时间的推移引起的环境变化而变化，只有与环境变化一致的原则，才是客观的。客观性应该驾驭所有的会计原则，所以客观性原则是一条总原则。

6. 会计计价。会计计价是一个值得探讨的问题。现有的会计理论只提到存货计价，只讨论在通货膨胀的情况下应对存货怎样计价以及通货膨胀对利润计算的影响，并未解决按现时市场价格计算存货的价值和利润的问题。本书提出了切实可行的解决办法，指出市场价格是随社会生产力发展不平衡而引起的。在无通货膨胀的情况下，市场价格也随时在波动，为使存货价值随时与市场价格保持一致和计算出的利润反映客观情况，必须按会计期现时市场价格进行调整并进行业务处理，真正客观地反映所有者权益。除此之外，会计计价还是对生产经营过程按社会必要平均劳动进行控制的理论基础，没有会计计价，就不可能使企业会计系统的控制功能得到实现。

第四部分：操作。包括：

1. 建立科学的企业会计要素组织结构系统，只有建立了这样的组织结构系统，才能在生产经营过程中执行全部的企业会计职能。

2. 按供、产、销具体阐述控制功能的发挥。企业会计系统要成为管理系统，必须对生产经营过程的资源消耗进行直接管理，不能只是提供信息给上层管理者，由上层管理者对资源的消耗进行管理。这种理论存在两个问题：一是现有企业会计系统无法在生产经营过程中提供实际资源消耗达到标准消耗的信息；二是即使企业会计系统提供了这样的信息，上层管理者通过什么手段对资源消耗进行管理？资源消耗只能由企业会计系统通过改变现有的组织结构对资源的消耗进行直接管理。

3. 财务会计管理会计一体化。企业会计系统通过会计要素组织结构的改变，对生产经营过程的资源消耗进行直接的管理，在具体操作上已经进行了一体化，但未将管理会计一系列理论融入日常的核算之中，它是通过标准成本进入财务会计日常核算系统作为一体化的切入点，成本的习性分析和本、量、利分析成为一体化的逻辑起点。这时管理会计和财务会计同时进行了相互转化，使管理会计转化到日常核算中，同时使财务会计的日常核算转化成了管理。它们之间的转化同时完成，由此就一体化了。

4. 成本计算与差异分配。由于“成本与时间的流逝同时发生”，那么成本就在时间流逝的过程中自然形成，不需要事后计算，企业会计系统只要对生产经营过程的实际和标准资源消耗进行动态记录，将两者比较得出的差异在完工产品和在产品之间进行分配，就是完工产品的实际成本，这一成本计算方法，适合任何行业。

5. 会计报表。会计报表属于会计技术方法，它是支持会计功能的。企业会计系统组织结构的改变，需要编制内部会计报表，使企业内部单位的日常核算与企业上层会计部门的管理所形成的成果融为一体，这样才能使企业会计系统的控制功能一直持续进行。企业会计系统对外报表，既是企业会计系统与社会会计系统联结的纽带，又是社会会计系统进行业务处理的资料。此问题有待研究。

本书的最后一章阐述了不同的会计思想所形成的会计理论和实践，将形成不同的会计本质，并指出只有辩证唯物的会计思想理论所形成的会计本质，才是真正的企业会计系统的本质，在不断地转化运动中，实现对生产经营过程资源消耗的管理功能。

本书的宗旨是通过相关理论论证企业会计系统不是天然系统，而是人工系统中的虚拟系统，它解决的问题不是是什么，而是应该是什么，只有弄清企业会计系统应该是什么，才能根据客观的依据建立科学的企业会计系统，采取科学的方法执行它应有的功能，实现它的真正目的，从而使人们利用它改造世界，为全人类谋福利，由“看得见的手”代替亚当·斯密提出的“看不见的手”。

《政治经济学》的价值理论和辩证唯物主义是贯穿本书的一条红线，通过辩证唯物的思维，将系统论、控制论、协同学、管理学、政治经济学等融为一体，通过多方面的转化，解决了三个问题：一是将管理会计和财务会计融为一体，在过程中确保标准成本的实现；二是在市场价格不断地波动中，按现时市场价格计算出已销售产品的费用，使费用与收入做到了按现时市场价格进行配比，计算出客观的利润；三是按现时市场价格调整资源的价值，能客观反映所有者权益。

写作过程中，曾蒙莫国强教授，朱锦余博导、教授，陈正林博导、教授，王元亮教授，罗红雨博士、副教授，刘昌胜博士、副教授，江笑云博士，朱湘忆博士，张雅静女士的大力支持和帮助，特此致谢。由于囿予水平，难免有不足和疏漏之处，恳请同仁和读者批评指正。

作者

目　录

第一章

相关科学的发展为会计理论的发展提供的理论基础

世界上的事物都是相互联系、相互影响、相互促进、相互制约以及相互转化的。而科学就是对客观事物发展的内在规律以及一事物与他事物相联系的认识。所以某一科学的发展演变，会引起其他科学的发展变化，反过来某一科学的发展演变，需要其他科学提供理论知识。每一门科学的发展，都不是孤立的，而是存在着辩证的发展关系。会计理论的发展变化，也是如此。

第一节　系统论为企业会计系统的发展提供的理论基础

“钱三强教授在谈到科学突破的根源时说：科学的突破点，往往发生在社会需要和科学内在逻辑的交叉点上。”[1]按此观点，只要找到了社会需要和会计科学内在逻辑的交叉点，就能突破会计学科原有框架使其发展。那么，社会需要的是什么？在经济社会中，人们为了更好的生活，须增加社会财富，所以社会的需要就是为了增加财富。找到了社会的需要后，再找会计学科的内在逻辑。会计是生产有了剩余产品后才产生的，当时会计是生产的附带物。随着生产和交易的发展，形成了商品社会，生产过程变成了生产经营过程，会计逐渐与生产经营过程分离，在企业内部形成了独立的部门。因此，生产的需要是会计产生的历史起点。“历史的起点，就应当是逻辑的起点，逻辑的东西应当与历史的东西相一致，这种一致是指逻辑的东西是对历史的东西的本质的反映。”[2]根据此观点，生产的需要产生会计，会计就应服务于生产，由于生产的发展转变为生产经营过程，它应服务于生产经营过程，那么会计怎样为生产经营过程服务？生产经营过程既是一个创造过程，又是一个消耗过程。会计服务于生产经营过程，就是使生产经营过程以尽可能少的消耗，生产出尽可能好且多的产品，使生产经营过程产生最大的财富，会计要做到这一点，会计记录一定要与生产经营过程的组织结构相一致，只有这样，才能对生产经营过程进行唯物辩证的客观记录（反映），只有了解了生产经营过程的真实情况，才能知道生产经营过程应该消耗和实际消耗情况以及产出情况。然而由于生产的发展，企业规模的不断扩大，使生产经营过程层次不断增加，尽管会计已形成独立部门，但并没有像生产经营过程组织结构那样，形成一个由多层次组成的统一整体的会计系统组织结构，这就与生产经营过程组织结构不一致，因而现在企业的会计系统，不能同时客观地记录生产经营过程应该消耗和实际消耗，为了同时客观地记录生产经营过程应该消耗和实际消耗，会计系统的组织结构与生产经营过程的组织结构应随时保持一致，只有这样，会计系统才可通过记录，对生产经营过程的投入和产出进行控制，增加产生的财富。这就是会计的内在逻辑。因此社会需要与会计科学内在逻辑的交叉点应是增加社会财富。

找到了会计科学突破的交叉点后，我们就要着手根据会计的内在逻辑建立会计理论。这一会计理论建立的难度在于为完成企业总体目标每层生产经营过程组织的会计系统怎样建立？企业的会计系统与下一层次生产单位的会计系统以及同一层次不同单位之间的会计系统又怎样结合形成一个有机整体？要解决这些问题，根据现有的会计理论是无法解决的，因为它牵涉到系统论的理论知识，须根据系统论的知识来建立新的会计理论，从而推动会计理论全方位地向前发展，使会计学科满足社会需要。那么系统论为建立新的会计理论提供了哪些基础理论？

一、系统的定义

我们平时一提起会计，就会说会计系统，那么，现在的会计系统是否符合系统论所说的系统的定义呢？因此，我们首先应弄清什么是系统。“在技术科学层次上，通常采用钱学森的定义：系统是由相互制约的各部分组成的具有一定功能的整体。这个定义强调的是系统的功能……具有特定功能是系统的本质特征。”[3]“贝塔朗菲则定义为：系统是处于一定相互联系中的与环境发生关系的各组成成分的总体。”[4]（德）柯武刚·史漫飞把“系统被定义为一个多要素结构。”并进行了系统的分类。“当这些要素与许多对应特征相互作用时，我们就称其为复杂系统。如果这种系统对未来是开放的，即各要素或特征会难以预见地变化，我们就称它为一个演化系统，在这种系统中，变异、选择和自稳定相互作用，产生出各种新的可识别模式。当我们考虑各种交叉连接的制度时，我们就称其为规则系统。它可以靠试验和演化性学习（已演化了的制度系统）来引导，也可以靠设计（人为的、设计出来的制度系统）来引导。因此，规则的秩序可以是计划出来的，也可以是自发形成的。”[5]

根据系统的定义，系统是普遍存在的，它可大可小，它大到整个社会，整个自然界。社会与自然界又可组成系统；地球与宇宙也可组成系统。小到每个物质组成的内部，如人体由消化系统、呼吸系统等多个系统组成，它应有一个通用的定义，我较认同（德）柯武刚 史漫飞对系统下的定义。系统就是“一个多要素结构”，这个定义能涵盖一切系统，无论是封闭的或开放的，也无论是自组织的即自然系统，还是他组织的即人造（工）系统，都包括在此定义之内。它不局限于物质实体，任何一个多要素结构都是系统。系统的定义为会计是一个系统提供了理论基础。只有符合系统的定义，会计才能成为系统。

二、系统的分类理论为会计系统提供的理论

我们要了解会计系统的性质，必须了解系统分类理论的不同类别、不同性质。然后根据系统的分类理论，分析会计系统属于哪一类。

“由于采用的分类标准或分类的角度不同，国内外在系统分类的问题上，有各种各样的分法。……”[6]下面我们只对与会计系统有关的分类进行阐述。

（一）自然系统与人造系统

“自然系统是由自然物为组成单元而形成的系统。例如，太阳系、银河系……原子结构系统……生态系统……。自然系统的特点是自然形成的。……在整体上都表现为‘自在的目的’即因有内在规律而表现为合乎某种目的性……自然系统没有人为赋予的目的……”[7]

人们只能认识它的内在规律而表现为合乎某种目的性来为人类服务。人造系统也叫作人工系统。人造系统是人们为了达到某种目的而建造起来的系统，这种系统具有“自为的目的”。它有不同的分类方法，与会计系统有关的分类是“……实体系统和虚拟系统（或叫概念系统）。凡是以实物或物理方式存在的要素构成的系统叫作实体系统，凡是以对物体实体的反映的概念、原理、原则、方法、制度和顺序等要素构成的系统叫作虚拟系统或概念系统。……实体系统与概念系统是彼此联系、互相结合的。实体系统是概念系统的基础，而概念系统往往能为实体系统提供指导和服务。”[8]

（二）封闭系统与开放系统

“封闭系统是指，凡是与周围环境只进行能量交换而不发生物质交换的系统，就叫作封闭系统。”“凡是能将物质（材料）、能量与周围环境进行交换的系统，叫作开放系统……如一个工厂、一个公司……”[9]

（三）动态系统与静态系统

“所谓动态系统，……就是……系统的状态变量随时间的变化而变化……所谓静态系统……就是说，这种模型中的变量不随时间的变化而变化。”[10]

系统分类理论为会计系统属于什么类别系统，它根据什么实体系统建立及其关系提供了理论基础。

三、系统论的基本原理为会计系统提供的理论

（一）系统整体性原理

“系统整体性原理指的是，系统是由若干要素组成的具有一定新功能的有机整体，各个作为系统子单元的要素一旦组成系统整体，就具有独立要素所不具有的性质和功能，形成了新的系统的质的规定性，从而表现出整体的性质和功能不等于各个要素的性质和功能的简单加和。”[11]

整体性指的是系统的性质与功能是不同于组成系统的元素和部分的性质和功能，它呈现出新的性质和功能，这是因为元素和部分一旦组成了系统，就能通过系统对各元素和部分进行分析，对事物的认识由整体深入到了内部，能剖析事物的细节；而且通过分析，就能发现元素之间、部分与部分之间的差异。这种差异的产生，就会使它们之间通过竞争与协作相互联系、相互作用，更好地认识整体。同时，整体又反过来制约要素、制约部分。整体和部分在辩证中得到了统一。

整体论不同于整体性。整体论是将元素和部分包含在一起，不能对元素和部分进行分析，也就不能了解整体的内部和细节以及部分与部分之间的差异而引起的辩证作用和联系，整体也无法对部分进行制约。整体论的整体不是整体与部分的辩证的统一，这时的整体就是整体，没有丰富的内容。而整体性克服了整体论所有的问题，整体与部分以及部分与部分之间相对独立但又紧密地联系在一起，由于相对独立，整体与部分以及部分与部分之间的差异就显示出来；又由于整体与部分紧密地联系在一起，整体对部分就能相互制约并相互作用，使整体和部分在相互作用中得到发展，从而整体性所说的整体，是整体与部分之间的辩证统一。整体性原理为分析现有会计理论存在的问题以及怎样建立系统才具有整体性提供了理论基础。

（二）系统层次性原理

“系统的层次性原理指的是，由于组成系统的诸要素的种种差异包括结合方式上的差

异，从而使系统在地位与作用、结构与功能上表现出等级秩序性，形成了具有质的差异的系统等级，层次概念就反映这种有质的差异的不同的系统等级或系统中的等级差异性。”[12]

“钱学森作过这样的描述：‘巨系统内部是有层次的，一个层次一种运动形式，高一层次就有高一级的运动形式，因而各层次性能也不同。高一级层次常常会出现较低一级层次所没有的性质，再高一层又有新的性质。’”[13]系统的层次不同，组织结构不同，功能不同，性质不同，这就是等级的差异性。为何会有等级的差异性？这是因为低层系统的要素之间具有较大的结合强度，有更大的确定性，确定性大，实现目标的可能性就大；而越到上层，要素之间结合强度就越小，确定性也就越小，但灵活性大，就能适应外部环境的变化，克服环境对系统的干扰。确定性和灵活性是系统相互联系、相互制约的两极，都是系统实现目标所需要的。

“贝塔朗菲指出：‘层次序列的一般理论显然是一般系统论的主要支柱。’”[14]“系统的层次性原理，要求我们从系统和层次的辩证联系之中来把握系统，把握系统的组织性……同时我们把这一原理转化成认识方法，就能指导我们去建立系统。”[15]

系统层次之间的结合，自然系统与人工系统是有区别的。自然系统各层次内在的相互作用使得自己结合起来；人工系统层次之间的结合，是人们设计系统时应考虑的理论问题，它不是自然而然地自己结合，当人工系统没有把层次进行合理科学的结合时，它的功能就不能完全发挥或不能发挥。

层次性原理为分析现有会计组织机构存在的问题和建立什么样的组织结构，系统才具有层次性，实现应有的功能，提供了理论基础。

（三）系统开放性原理

“系统开放性原理指的是，系统具有不断地与外界环境进行物质、能量、信息交换的性质和功能，系统向环境开放是系统得以向上发展的前提，也是系统得以稳定存在的条件。”[16]

为什么系统要开放？只有系统的开放，才能向环境输出系统产生的熵，也才能从环境中引入负熵，使系统的运行永远不断地循环下去，并与环境相互促进、相互转化，使系统稳定地向前发展。

什么是熵？“熵这一名称是从物理学中借用过来的。”[17]“熵是物质系统的一个状态函数”[18]申农在《通讯的数学理论》中提出了信息量的概念及公式，这一公式与物理学中熵的公式只差一个负号，于是信息论从物理学中把“熵”这一概念借用过来了，并根据那一个符号，把取得的信息量称为“负熵”，而熵是信息系统失去了的信息的度量，所以取得的信息（负熵）和熵是互补的。信息系统的信宿要重现信源信息，必须消除传递过程中产生的“熵”。对于其他系统，信息量（负熵）是系统的组织化程度的量度，一个系统的熵就是它的无组织程度的量度。控制系统要按控制指令运行，必须像信息系统一样消除运行中所产生的熵。

开放性原理为指出现在的会计方程式存在的问题和建立新的会计动态平衡式提供了理论基础。

（四）系统目的性原理

“系统目的性原理指的是，组织系统在与环境的相互作用中，在一定的范围内其发展变化不受或少受条件变化或途经经历的影响。坚持表现出某种趋向预先确定的状态的特性。"[19]

系统为什么在一定范围内的发展不受环境的影响，向着确定的方向发展？就是因为系统有自己的目的性，为朝着自己的目的发展。当环境影响着自己的目的时，系统对环境就产生了相互关系，这些关系都是受系统的目的性所支配。只要"……系统是开放的，通过系统与环境的物质、能量和信息的交换，使得系统受到环境的影响，从而该系统得以影响环境，并在一定的意义上识别环境即针对环境的实际情况作出反应、作出调整、作出选择，使自己的潜在的发展能力得以表现出来。这样一来，系统对于环境的输入必须作出反应，而且又要把自己对于环境的反应输出给环境，从而影响环境，进而系统又要对于受到影响后发生了改变的环境的输入作出新的反应，于是，在这种周而复始的开放、交换之中，系统的潜在的发展能力得以实现，所谓的目的性也就表现于其中了。"[20]

系统的目的又是怎样实现的？它是通过系统内部的非线性作用和环境与系统的非线性作用来实现的。系统与环境的交换中，内部的组成因素或子系统对环境的反应不尽相同，有着各种不同的反应，并且相互之间进行竞争，当竞争结束之后，产生协同，形成有序结构，这种有序结构使系统内在规律符合系统的目的，这样就实现了系统的目的。这一理论将在协同学专节进行阐述。

系统论的目的性原理为会计系统具有目的提供了理论基础。

（五）系统稳定性原理

"系统稳定性原理指的是，在外界作用下开放系统具有一定的自我稳定能力，能够在一定范围内自我调节，从而保持和恢复原来的有序状态，保持和恢复原有的结构和功能。"[21]

什么是稳定？简要之，"'稳定'指的是，在外界干扰下状态并无实质性的变化。"[22]系统的稳定，不仅只是系统层次的稳定，还要关心各个层次耦合起来以后的稳定性，只有各个层次耦合起来后是稳定的，系统的整体才是稳定的。如果各层次是稳定的，但层与层之间以及同层各子系统之间耦合不好，会影响系统整体的稳定性，从而影响系统整体的功能。所以我们说的稳定性是系统整体的稳定性。它包括两个方面，一方面是各层次的子系统内在的稳定，另一方面是层与层之间以及同一层次不同子系统之间的关系要协调合理，它们才能很好地耦合，这是各子系统的外在稳定。只有做到这两方面的稳定，整体才能稳定。

系统为什么会有稳定性？要弄清楚这一问题，首先要弄清如下的问题：

1. 自催化

什么是自催化？物质的分子"能把其他分子转变和加以合并，从而产生与自己同样的分子……物质自行催化的反应叫作自催化。"[23]自催化是化学反应中的一种现象，但在系统中，同样有这种现象。它不仅存在于自然系统中，也存在于社会系统中，如我国20世纪60年代，毛泽东主席题词向雷锋同志学习，就是一种自催化，通过学习雷锋的事迹，造就出成千上万的雷锋。

2. 超循环

什么是超循环？哈肯在他的《协同学：大自然构成的奥秘》一书中以举例的形式阐述了这一定义："……例如三个类型的分子A、B、C以自催化的方法增值。再则，A帮助B增值，B帮助C增值，而C最终又帮助A增值，每个类型的分子都起着催化剂的作用。艾根和舒斯特尔称这种类型的较小或较大的循环为超循环。"[24]

"系统之所以是稳定的，就在于系统内部存在着某种内稳定的机制……这种内稳定机制即是某种系统内部的负反馈机制。通过负反馈机制，系统得以消灭偏离系统稳定状态的失稳因素，使得系统可以稳定存在。”[25]超循环是所有系统都存在的现象，因为系统的形成都要通过超循环而增值，并在这一过程中进入竞争，最终才能形成系统的有序结构，这一理论将在本章第二节进行阐述。“超循环理论中的循环，实际也是这种负反馈。”[26]上述说的A、B、C三个分子相互催化时，C分子催化A分子增值，就是负反馈。通过这样的互换，所有的系统都存在负反馈，只是表现形式不同。负反馈的定义将在控制论提供的理论基础进行阐述。

超循环就是组成系统元素相互增值，从而使元素形成一种联结的流，川流不息地运动着，可将A、B、C相互催化增值如图1-1所示。

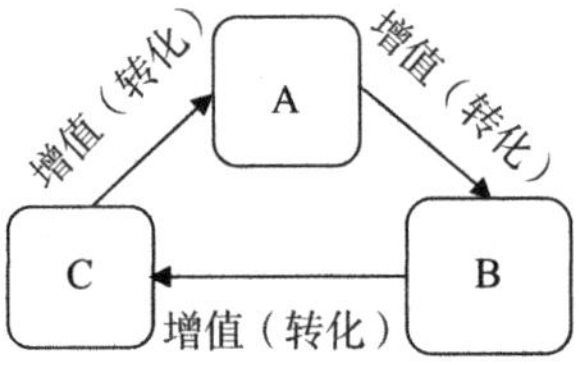

图1-1 催化增值

稳定性原理为建立健全会计系统各层次之间的耦合提供了理论基础。

（六）系统自组织原理

“系统的自组织原理指的是，开放系统在系统内外两方面因素的复杂非线性相互作用下，内部要素的某些偏离系统稳定状态的涨落可能得以放大，从而在系统中……自发组织起来，使系统从无序到有序，从低级有序到高级有序。”[27]

什么是系统的自组织？“钱学森说：‘系统自己走向有序结构就可以称为系统自组织’。”[28]“自组织表示系统的运动是自发地、不受特定外来干预地进行的。”[29]系统为什么能自组织？前提条件是系统的充分开放。只有开放，系统才会与环境相互作用，从而使系统内部的组成要素产生不同的反应，即产生非线性反应。非线性反应是系统自组织的根据，只有外部环境和内部要素之间的非线性作用相结合，即外因和内因的结合，系统自组织才成为可能。但可能还不是现实，要把系统自组织的可能变成现实，还必须通过涨落，使系统内某一要素的运动形式成为系统的全部要素的运动形式，系统才能按照此种运动形式组成有序结构，成为一个系统。

前已述及，系统有自然系统和人工系统，那么自组织原理是否只适用自然系统？还是两种系统都适应？这就涉及他组织问题。什么是他组织？组织力来自系统外部的是他组织，也就是人造（工）系统。既然人造系统属于他组织，那么自组织原理只适应自然系统，不适应人造系统。然而，这两类都属于系统，自组织既然是系统的原理，不管是自然系统还是人造系统都应有此原理。理由如下：从自组织的角度来说，“所谓的系统的自组织并非可以离开与环境的相互作用的独来独往。”[30]系统的自组织是与环境相联系的，并受环境的制约；从系统内部来说，他受序参量的制约。“对于一个自组织系统，这个系统是自组织的，就是说这个系统整体上是由若干个序参量制约的，这同时就意味着作为这个系统的部分的子系统在运动、组织总是受到特定的制约的，不可能有完全自由的自发运动和自我组织，毋宁说是他组织。”[31]因此自组织受环境和序参量的制约。从他组织角度说，要建立一个人工系统，必须符合自组织原理，此系统一旦建立起来，应根据环境的变化，自组织起来进行运行，否则此系统就不能存在。“当人类认识了自然规律后，人为地促使这些条件聚集齐备，就可以把它们创造出来……不论哪种情况，符合物质世界运动规律是设计和操作人工他组织系统最根本的原则。”[32]然而人工系统一旦建立起来，一定要按自组织原理运行。“一个人工系统一旦被创造出来，就有它自己的运动规律，即某种自组织运动。工程上的自动器是人造的他组织系统，但一经投入运行使能够自动地根据环境的某些变化重新组织自己的运动，即自组织运动。非自动器的人工装置也不是完全的他组织，因为外部作用只有转化为系统内部的运动，通过系统组分之间的相互作用才能起作用，他组织力要通过自组织力来起作用。”[33]因此，他组织的内部运行离不开自组织原理。

自组织与他组织的相互转化，沟通了天然系统和人工系统的关系，为引入天然系统的理论建立人工系统的组织机构提供了理论基础。同时使会计系统按照自己的内在规律运行，为建立组织结构提供了理论基础。

（七）系统相似性原理

“系统相似性原理指的是，系统具有同构和同态的性质，体现在系统的结构和功能、存在方式和演化过程具有共同性，这是一种有差异的共性，是系统统一性的一种表现。”[34]

什么是系统的相似性原理？相似就是相当于，例如机械的输入与输出相当于行为；刺激与反应也相当于行为，这样通过行为就把机械的输入输出与对生物大脑的刺激所产生的反应沟通了，机械的输入与输出相当于生物大脑刺激所产生的反应，即输入和输出与刺激和反应相似。所以系统的相似性原理是一系统与他系统能相互沟通并存在于系统内的一种统一性。它包括系统存在方式上的相似性和系统演化的相似性以及系统规律的相似性、思维活动的相似性和关系的相似性等。没有相似性，人造系统就不可能出现。

为什么系统有相似性原理？“系统具有相似性，最根本原因在于世界的物质统一性。”[35]物质的统一性，使系统具有了相似性。

如果我们要组织人造（工）系统，离不开系统的定义、系统的分类、系统原理等理论，会计系统的建立和完善也是如此。

第二节　协同学为建立健全企业会计系统提供的理论基础

“‘协同学’源于希腊文，意为‘协调合作之意’。”[36]它就是在一定的外界条件下（指环境），组成系统的各元素相互合作自发形成有序结构，如激光的形成。

事物的存在形式有四种：固体、液体、气体、等离子体。生活中最熟悉的是前三种。事物的形态不同，结构也不同。协同学要解决如下问题：第一，结构是怎样产生的？协同学是研究事物结构的起源，即结构是自行组织起来的。“科学家长期以来也只专门研讨结构的组织，而不究其起源。”[37]第二，组成结构元素之间是如何协作的？物理学家、生物学家对物理结构和生物结构的研究都是采用分解的方法，这种方法，虽了解了事物的结构，但并不了解结构之间的关系。“即使发现了结构组成，还得明白组件如何协作。”[38]第三，从千差万别的结构形成中找到共同的规律。“协同学的目标是在千差万别的各科学领域中确定系统自组织赖以进行的自然规律。”[39]为了回答上述三个问题，先了解以下几个概念：

一、序

“……什么是‘序’……哲学上从未对一般的‘序’下过定义，因此在各种学科中各有不同的理解。数学家认为，若 A 大于 B，B 大于 C，则 A 大于 C，这就是‘序’；生物学家则认为从卵发育为蝌蚪，为幼蛙，然后再产卵，这就是‘序’；而许多物理学家则认为，临界涨落导致对称破缺，这就是‘序’。”[40]根据现代汉语词典对“序”有如下四种解释：①次序；②排次序；③开头的；④序文。根据以上对“序”的解释、是否能概括地说‘序’就是事物发生发展从开始的演变过程。

二、无序

没有遵循事物发生发展的演变过程，造成紊乱或杂乱无章。造成无序的原因是物质分子的运动以及处理问题的方法有很多可能性。在系统内无序的程度是用熵来衡量的。“大量不同的可能性也是物理学中无序的量度。”[41]熵就是由可能性数目的对数来决定的。可能性越多，熵就越大。

三、有序

遵循事物发生发展的演变过程，呈现出井井有条的现象，有序就是按事物的内在规律运行，它包括个体有序和系统有序，有序状态只有一种。

四、序参数

什么是序参数？尽管序参数贯穿（法）赫尔曼·哈肯所著的《协同学：大自然构成的奥秘》一书的始终，但哈肯始终都未给序参数下定义，只是从不同系统的形成中列举了序参数，如液体受热后的滚卷运动、激光中有规律振动的波、生物生长形成的化学模型、化学反应形成的涨落、社会革命占主导地位的政治舆论、社会的集体行为、精神上能支配公众的统一观点、大脑“恍然大悟”的涨落产生的新思想、科学研究将无联系的东西协调起来的新观点、科学工作者获胜的那部著作。马太效应是各个科学工作者通过竞争后，产生的协同现象。以上都是自然系统中的序参数，在人工系统中也同样存在序参数，如计算机系统中，“……各结构组件不同部分的电子密度就是序参数，它们表征了宏观状态。”[42]

什么是序参数？序参数是组成每个开放系统组织机构进行有序运行的量化指标。

五、有序与序参数的关系

有序是个体（微观）事物或系统（宏观）按内在规律进行运行质的外在描述；序参数是一个量化指标，它是通过个体有序之间的竞争，取得主导地位，支配其他个体运动形式，就是使其他个体的运行形式与自己相同，参与到自己的运行形式之中，形成系统的运行规律，使系统有序运行。简要之，它们的关系是个体有序（微观）——通过竞争转化成序参数——形成系统有序（宏观），哈肯举的游泳的例子，很形象地说明了二者的关系。

游泳池的人很多，每个人都有自己的游泳线路（这是个体有序），这些线路不统一，在游泳的过程中发生碰撞（宏观上的无序），有人采取环游这一线路，有些人觉得这种线路很好，也采取环游（有序之间的竞争），采取环游的人多了，迫使那些按自己路线游的人也采取环游（环游这一方式占了主导地位），支配每个个体，最终形成环游有序的宏观结构。

序参数是系统组织结构的起源，通过竞争形成协作，这就是千差万别事物形成组织结构的共同规律，企业会计系统结构形成也不例外，它为建立企业会计系统的组织结构提供了序参数这一理论。

第三节　控制论为建立健全企业会计系统提供的理论基础

控制这一概念对每一个人都不陌生，人本身能自动地思考很多问题，能自动地完成各种各样的事情，能做各种各样的动作，一切是那样的准确无误，这是为什么呢？是因为人具有控制功能。但有很多事情是人不能直接通过躯体办到的。如天上飞的飞机，我们要把它打下来，只靠人本身的能力是做不到的，必须生产一种设备。这种设备要解决两个问题，“一是高速计算问题，二是在复杂情况下的预测问题。”[43]这两个问题属于人的智能范围，这就必须在理论上将技术科学与生物科学沟通起来，就是说要找到人为什么能自动控制以及他能控制的根本原因。找到原因之后，就按此原因研制出能够进行智能模拟的自动机器，也就是把人的控制能力搬到设备中。

既然控制是把人的智能搬到设备中，而会计系统又不是设备，它只是人对生产经营过程以及此过程与环境产生的一系列关系的处理，这样的理论，对会计系统的控制有帮助吗？我们看问题不应只看到表面，而要看到实质，表面看来是风马牛不相及的事，但实质是一样的，都是通过控制指令，实现系统的目的。

一、控制论系统的组织结构

控制系统有两种，一种是开放控制系统，此系统只有输入与输出，没有反馈线路；另一种是闭环控制系统，此系统除了输入、输出外，还有反馈和前馈。“……控制论一般只研究带有反馈回路的闭环控制系统，我们称之为控制论系统。”[44]它的组织结构如图 1－2 所示。

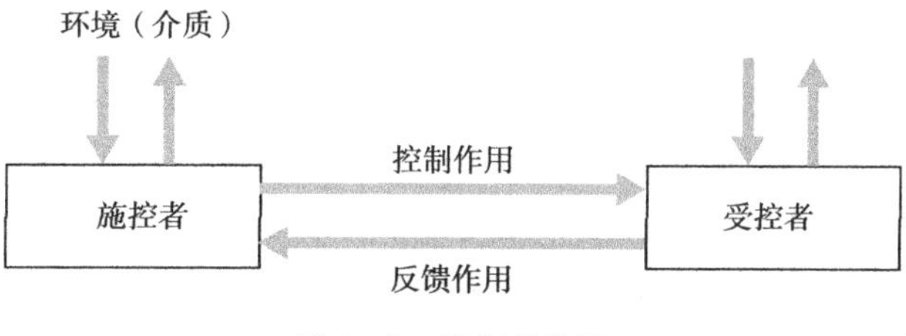

图 1－2　控制结构图

从图 1－2 可看出，控制论系统的施控者，受控者以及控制作用和反馈作用都在同一系统内，之所以能控制，是因为技术系统的动作一般用输入与输出来表示，生物系统的动作则用刺激与反应来表示。既然输入和输出，刺激与反应都是动作，也就是一种行为。通过行为沟通了技术系统与生物系统的关系。然而，技术系统只有输入与输出这种行为还不能实现控制。它必须还要反馈，即输出是否满足输入的要求。那么，生物系统是否有反馈？通过实验，人的随意活动是由效应器到感应器再反馈到神经系统来完成的。所以生物系统既然有控制的功能，那么技术系统只要有输入、输出、反馈这样的结构，也就有控制的功能。

什么是输入？输入是一个开放系统向环境吸收的物质、能量和信息。控制指令就是输入的信息。

什么是输出？输出是一个开放系统把从环境中吸收的物质、能量和信息通过运行形成新的物质、能量和信息并从运行过程中释放出来。

什么是反馈？反馈就是将输出回输到原系统中去，与给定的目标相比较，得到偏差的信号。

反馈又分正反馈和负反馈两种。正反馈是指系统的输出值与目标值的偏差越来越大，离目标越来越远。正反馈使系统处于不稳定状态。那么这种反馈是否对系统只有破坏作用而没有建设作用呢？正反馈对现有系统来说，不能实现预定目的，但能使现有系统跃迁到新的阶段或新的系统。

负反馈是输出值的相应序列从总的趋势层面而言逐步达到了目标值。

什么是行为？“维纳给行为下了一个广义的定义：‘行为就是一个实体相对于它的环境做出的任何变化。……一个客体的可以从外部探知的任何改变就可称为行为’。”[45]

什么是控制？“列尔涅尔给出了关于控制的一种定义：为了‘改善’某个或某些对象的功能或发展，需要获得并使用信息，以这种信息为基础而选出的，加于该对象上的作用。”[46]这一定义有如下几个要点：

1. 控制是为了改善对象的功能。如把原有的一般人工操作的机床改为数控自动机床。这时原有的机床系统，就是控制的对象，它由人工操作改为自动操作。

2. 控制一定要给被控制对象输入控制的信息，如数控机床，一定要有程序以及每道程序的计量。

3. 输入的信息是通过事先选择的，信息有多种多样，输入什么样的信息，使对象处于尽可能好的运行状态。

4. 控制的功能是通过被控对象表现出的一种作用。如数控机床的数控系统的控制功能是通过机床系统自动加工零部件的作用表现出来的。

从控制的定义及其要点，告诉我们控制是有目的的，目的是通过行为实现的，而行为是由组织结构产生的，所以只要按控制论理论的组织结构建立系统，此系统就能对被控客体进行控制，并对控制过程中产生的差异进行调节。

控制系统的控制指令就是目的的具体体现，目的就是预计的果，有目的就是先有果，这与因果关系就不一致了。作为因果关系，是先有因，后有果。控制论系统的目的性似乎是果决定因，是一种果决性。表面看来它与因果关系相矛盾，是不成立的。但从哲学的角度看，什么事物在一定的条件下都是可以转化的。在系统论中我们介绍层次性理论，控制论系统也是有层次的，上一层次的果，就是下一个层次的因。因为下一层次的行为是受上一个层次果的约束，上一个层次的果指导下一个层次的行为，这样就把果转化成因了。再者预计的果是从预计的因得出来的，它必须对过去产生果的因并对未来环境变化等因进行分析，才得出预计的果，控制论系统要实现预计的果，今后应怎样去做，它指导控制论系统的行为，这时预计的果就转化成因了。因此，控制论系统的目的与因果关系统一起来了。但果决性与系统论中的目的性原理不一致，目的性原理认为因果关系是一种线性关系，它不能解释同因异果和同果异因现象，因此系统中的因果关系是非线性关系，两者是否相矛盾？并不矛盾。系统论中的目的性原理是指同一性质的不同系统在同一环境中，由于各自对环境的反应不同，形成不同的序参数（控制指令），因而产生不同的结果。如两个同样性质的工厂，在同一社会环境下，会产生两种不同的结果。再如同一班的同学，都在同一教育环境下，而成绩各异。因此同因异果或同果异因是对同一性质不同的系统而言。而控制系统的果决性只对一个具体系统而言；再者它在确定果时，已对环境中的多种因进行了选择确定的。

控制论系统组织结构理论为建立会计系统具有控制功能的组织结构提供了理论基础。

二、控制论系统的算法与能行性理论

控制论系统要对被控对象进行控制，必须要解决算法与能行性问题。什么是算法？“所谓算法，从直观上说，就是指对于某一类问题，我们能够找到一组规则，运用这组规则，可以机械地在有穷步内得到结果。”[47]控制论系统在同一瞬刻，有一输入，就有一输出及相应的内部状态。所以需要随时计算，并得出结果，才能控制。“算法必须满足这样三个条件，即确定性（其中的任何状态和步骤都必须是精确的，唯一的）；普遍性（算法应能用于解决一整类问题，而不是只能解决某个具体问题）；有效性（对该类中的任何问题，经有限步运算之后，一定可以导致所求的结果）。正是由于这三条要求，一般说来，只有掌握了一类问题的全部信息以后，才有可能总结出算法来。”[48]由此可见，不同的控制论系统，有不同的算法。它是数学与专业理论的结合。“数学是把一个具有千丝万缕联系的实际问题转化成一个全信息的具有明确结构的有限状态空间问题。”[49]算法有如下几种，第一种是阿尔贝勃的递归函数。它的基本要领是一个控制论系统在任一工作瞬间，只能接受一个确定的输入，同时只能发出一个确定的输出。这时的系统也只能处于一个确定的内部状态。第二种是图灵的指令表。第三种是波斯特提出的符号处理系统，即“由一串符号推导出另一串符号。算法在计算机科学中就体现为程序问题。它是“计算机科学的重要基础理论之一”[50]也是“……人工智能方法的理论基础。”[51]

能行性就是对某一问题有无算法进行判断。算法和能行性都是控制论的基本概念。算法为建立健全会计系统的控制功能提供了具体操作理论。

三、能观测性和能控性、稳定性理论

能观测性就是根据系统的输出，就能测定系统内部过程的状况或反应的问题，从而了解系统在预定的空间或时间范围内是否能实现预定的目的。如某人驰车去某地，他（她）的车速是多少，路程有多远，要行驶几个小时，预定在什么时间能到达目的地，汽车上的仪表盘都要显示速度和行驶时间这些信息（即输出要包含这些信息），才能每时每刻知道自己在预定的时间内能否赶到目的地，这时系统的过程状况是可观测的；如果汽车仪表盘只输出行驶的速度，没有行驶的时间或者只有行驶的时间没有速度，那么是无法知道是否能在预定的时间内到达目的地的，因为它的输出没有完全包含状况的所有信息，所以对系统的状况不可观测。可观测性也是可视性。

可控性是指通过现有的控制手段，能实现预定的目的。如果不能实现预定的目的，就是不可控的。在控制系统中，是通过控制指令进行的，所以控制指令一定要输入控制系统。这样一来，预定的目的，即输出就应与输入相关，输出受输入的控制，那就是可控的。如果输出与输入无关，那就是不可控的。

稳定性是指系统在环境的干扰下，内部能进行自我调节，使输出值与初始值相同。它有稳定的、渐近稳定的和不稳定的三种状况：

①稳定的：对于系统初始值的一个扰动，如果其响应的幅值是有界的；

②渐近稳定的：对于系统初始值的一个扰动，如果其响应能够最终回到初始状态；

③不稳定的：对于系统初始值的一个扰动，其响应的幅值不是有界的。[52]

系统的稳定性程度，是保证系统实现目的的程度，只有稳定，才能实现目的。而环境是不断变化的，要消除环境对系统初始值的干扰，系统必须有自我调节能力。当然不稳定也不是绝对的坏事。它只是不能实现原定的目的，但通过系统内部的调整，能跃升到一个新的目的，促进系统的向前发展。

算法和能行性、可观测性和可控性、稳定性是相互联系并有机结合在一起的。只有采取一定的算法，能随时计算出系统状态的结果，系统才具有可观测性，因此算法和可行性是可观测的前提，系统具有可观测性才能可控。如果不可观测，就不可能知道系统的状况，也就无法分析状况，对状况不能分析，也就不能找出不能实现目的的原因，不能使系统去实现自我调节。因此可观测性是可控的前提，系统通过自我调节，消除了环境对系统的干扰，系统也就自然保持了稳定，所以可控性又是稳定的前提。系统要实现预定目标，一定要求系统具有稳定性，因此只有稳定性才有可控性。为建立怎样的会计系统才具有控制功能提供了理论基础。

四、控制论方法与具体专业理论相结合

“控制论的研究对象就是关于自然、社会和思维的控制和通讯的共同规律。”[53]但“……列尔涅尔认为控制论不是一般地研究一切系统，而是运用控制论的方法研究一切系统中的控制过程。……控制论的对象是研究客体与方法的有机结合。”[54]每一个控制系统不是抽象的，而是具体的，被控对象就有所不同，运动的过程也就不同。如数控机床的控制对象是设备的运转，它的运动过程是自动完成每道工序；自动生产线的控制对象是生产线，它的运动过程是速度，按控制的速度生产出产品；经济控制的对象是经济关系，它的运动过程是关系的协调；企业会计的控制对象是生产经营过程，它的运动过程是使生产经营过程按社会必要平均劳动时间生产出产品。这些不同的控制对象，都有自己的特点，怎样利用控制的理论和一般方法对这些不同的具体对象进行控制，就必须研究如何将这些具体的不同对象与控制理论和控制的具体的一般方法有机结合。如果不进行有机结合，就建不成具体的控制论系统，控制论也就不存在了。此理论提供了怎样与会计理论结合才能建立具有控制功能的会计系统。

第四节 信息论为建立健全企业会计系统提供的理论基础

信息这一概念，已经普及到了每一个成年人，使科技进入了新的时期，“20 世纪 50 年代、60 年代，西方发达国家在达到高度工业化后，目前正进入新的技术革命时期，（西方有人称为‘第三次浪潮’或‘第四次产业革命’）。西方有些人认为，这次新的技术革命的特

征之一，即社会信息化，……要从工业社会转入‘信息社会’（或叫作知识、智力社会）。”[55]时至今日，信息产品以飞快的速度向前发展。“……信息概念、信息的基本理论以及信息加工处理技术等方面，已经广泛渗入并应用到各个领域当中，如控制论、系统工程、生物学、医学、经济管理、图书情报工作等等。”[56]我们已进入一个信息社会，自然波及会计理论和会计系统，现在的会计理论基本上都以会计是一个信息系统来阐述的，会计到底是不是信息系统，我们应研究会计系统是否与信息论所提供的理论一致。

一、通信系统和信息处理系统

（一）通信系统

对信息的研究始于通信系统。“所谓通信就是两个系统之间传递信息，由信源发出信息，通过信道传送信息，再由信宿（收信人）获取信息，这就构成通信系统”。[57]如电话电报，通信系统要将一端的信息传递到另一端，由于要传递的信息是随机的，各种各样的，它要将这些具体的信息，抽象成一般的符号即对具体的信息进行编码形成信号，通过信息传递到对方（另一端），信号在信道中，由于自身产生的噪音和外界环境产生的噪声的干扰，使发出端的信息在信道的传递中逐渐丢失，为了使接收方收到发出方同样的信息，必须消除信道中的噪声对信息传递的干扰，这样就产生了对噪声的控制理论，通过控制，消除噪声。因此“信息和控制是一对偶范畴，缺少其中的任何一个，都不能揭示出另一个”。[58]由于信源在发出信息时是通过编码（信号）再通过信道传递的，到了接收方将传递的信号进行译码，恢复发出方的具体信息，进入信宿，使接收方收到与发出方一模一样的信息。因此，通信系统由两个子系统组成，一个是信息的发出系统，另一个是信息的接收系统，这两个系统由信道连接，形成一个完整的通信系统。通信系统的流程如图 1－3 所示。

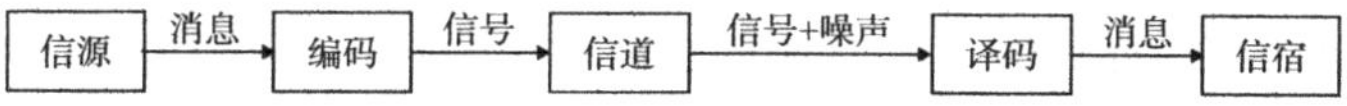

图 1－3　通信系统的流程

（二）信息处理系统

计算机系统是信息处理系统，它由计算机硬件和计算机软件以及应用软件组成，计算机软件包括操作软件和诊断软件，各学科要进行信息处理，必须根据本学科的理论，编辑出本学科的应用软件，安装在计算机系统内进行运作，得到本学科所需要的信息。根据协同学理论，任何系统都有序参数，那么通信系统以什么为序参数？由于通信系统有信息发出系统和信息接收系统，信息发出系统是以编码为序参数，因为编码在信息发出系统中占主导支配地位，没有编码，就无法传输信息，在信息接收系统中，译码是序参数，译码在信息接收系统中占主导支配地位，没有译码，信宿就接收不到信息发出端的原有信息。计算机系统也有序参数，此序参数在协同学为建立会计管理系统提供的理论基础一节中已提及。

二、信息与信息系统

什么是信息？这是解决信息科学要回答的基本理论问题。信息的定义只应该指出信息是什么，而不应该包括取得信息，信息存在形式和表现形式以及信息的作用。因为取得信息的具体手段以及信息的具体存在形式和表现形式是多种多样，难以抽象，理论研究者会站在不同的角度，给信息下不同的定义，所以信息的定义应是一个抽象的，是覆盖各个领域存在的信息特征，是事物和事件之间发生联系或关系后的一种产物，是意识与物质的中间纽带。总之，信息是物质及其物质运动的产物，同时物质的运动离不开信息运动。"……信息……是一切物质的普遍属性……任何物质都可成为信源。无论是无机界或是有机界，大至宏观的宇宙天体，小至微观的基本粒子，从单细胞的生物到结构复杂的人体，从自然界到人类社会都可以产生信源。都可以发出信息……任何物质都可以产生信息。信息的产生要以物质系统的运动，物质系统的相互作用为前提，物体之间、物体与其环境之间相互联系、相互作用的内容与结果，除了物质、能量外，其中还包含了信息……任何物质运动过程都离不开信息的运动过程。是一切物质的根本属性……，哪里有物质存在，哪里就有信息。"[60]因此，信息是事物或一事物与另一事物相互作用向环境发射出的一种标志（特征）。

信息系统。无论是信息传输系统，还是信息加工系统，都是由要素组成，要素之间都具有一定的结构。信息系统还有一个信息量问题。"科学研究不仅要求定性，而且要进行定量处理。定性是定量的基础，而定量则是定性的精确化。"[61]信息的定量使信息论成为一门更完善的科学。对信息的定量是通过熵和负熵来实现的，"熵是一个系统失去了的信息的度量。熵的获得永远意味着信息的丢失，而不是别的。一个系统有序程度越高，则熵就越小，所含的信息量就越大，反之，无序程度越高，则熵就越大，信息量就越小。信息和熵是互补的，信息就是负熵。"[62]因此，信息系统是由要素按一定结构组织起来获取信息的整体装置。信息、信息系统、信息的取得等不是一个概念。

三、信息方法

"什么是信息方法？《自然辩证法讲义》认为：'信息方法就是运用信息的观点，把系统看作是借助信息的获取、传递、加工处理而实现其有目的性的运动的一种研究方法。"[63]它有如下特点：

1. "以信息为基础，把系统的运动看作是抽象的信息变换过程。……这就可以从系统对信息的接收和使用过程中来研究对象的特征，研究系统与外界环境之间的信息输入和输出的关系，从而可以把不同的对象加以类比研究。例如人脑和计算机是两种不同的物质运动形态，如用信息方法去研究，就可以发现它们之间的对应关系和共同本质。……"[64]

2. "直接从整体出发，用联系、转化的观点，综合研究系统的信息过程。信息方法与传统的经验方法不同，它不是割断系统的内在联系，用孤立、静止、局部的观点去研究事物，也不是在剖析的基础上进行机械的综合，而是用联系、转化的观点，综合研究系统运动的信息过程，用这种信息方法对复杂事物进行研究时，就不需要对事物的整体结构进行解剖分析，而从其信息的流程加以综合考察，就可获得有关系统的整体性的性能和知识，而用简单的剖析和综合方法则不可能取得。因此，信息方法乃是现代科技领域中研究事物的复杂性、系统性、整体性的一种重要方法"[65]"……信息方法已经广泛用于各门自然科学和社会科学……"[66]"……一般把信息方法看作是一般科学方法，具有跨学科的性质，有较高的概括程度和较大的适用范围，属于哲学方法和专门科学方法之间的中介环节。"[67]信息论的这些理论知识，为我们辨析会计系统是否是信息系统提供了理论依据。

第五节　管理学为企业会计系统成为管理系统提供的理论基础

管理学是企业管理系统的理论，它与企业会计系统同属于企业系统下的子系统，并都是根据生产经营实体子系统建立的虚拟子系统，两者都服务和指导生产经营过程。因此，管理学理论对建立健全企业会计系统一定有所帮助。

一、管理组织结构应随生产组织结构变化而变化，对建立会计组织结构的启示

管理组织结构对企业的管理是很重要的，随着生产规模的扩大，管理组织结构要随之变化，才能适应生产规模对管理的要求，取得好的经济效益。《管理学历史与现状》一书以案例的形式阐述了这一道理。

案例8“铁路公司与现代管理的开端”这一案例阐述了随着铁路的延长，不能用短程铁路的管理组织结构对长程铁路进行管理，必须重新建立管理组织结构。“……我们不能让自己有任何程度地按短程铁路组织来设计它，也不能完全依赖我们以前的经验。在这种情况下，就不可能期望我们马上要采用的运营计划不需要修正和补充……”。[68]

管理组织结构对产生经济效益的影响，最典型的是美国杜邦公司。他从单一产品发展到多产品生产的公司，管理上从集权组织结构变为多部门管理组织结构，这一组织结构的变化，经过了一个艰难的过程。当杜邦公司从单一产品发展到多产品生产时，当时仍按单一产品的管理组织结构即垂直统一管理组织结构进行管理，使当时盈利产品产生了亏损。“……油漆、清漆、赛璐珞制品、药品、乙醚、家用水泥和溶剂——在这个时候很是繁荣。换言之，杜邦公司正在亏损的业务，而其他公司正在盈利。”[69]对于产生亏损的原因，他们通过分析认为……根本问题不是出在销售上，而是出在组织结构上。

管理组织结构的有效性是与环境紧密相连的，在过去单一产品生产环境下的有效组织结构，在多产品生产这一新的环境，就会变成无效的管理组织结构，所以，我们要随时对环境进行研究，不应固守原有的管理组织结构。杜邦公司在生产单一产品的前提下，它的职能化分工的管理组织结构是成功的，而进行多产品生产时，原有的管理组织结构就不适应了。

管理组织结构只有随环境的变化而变化，才能进行有效的管理，这对建立健全企业会计系统有什么样的启示呢？在工业革命前，会计只对单一产品单一步骤进行记录，此时只要记录无误，会计就实现了对成本的控制功能。而工业革命后，形成了多步骤的连续生产，此时，企业会计系统必须将记录单一步骤的组织结构变为适应多步骤连续生产的企业会计系统的组织结构，它是通过借贷和设置会计账户的方法，将多步骤连续生产记录联结在一起，使生产经营过程发生的经济业务没有遗漏，但它不能像单一步骤那样通过记录就能对生产成本进行控制。如果我们要对多步骤连续生产像单一步骤那样，通过会计记录，就能对生产成本进行控制，就必须根据多步骤连续生产这一环境，进一步对现在的企业会计系统的组织结构进行改进，与生产组织结构一致起来。

二、通过管理组织结构，营造一个情景，对生产经营过程进行控制的思想，对健全企业会计系统的启示

《管理思想的演变》一书介绍了玛丽·帕克·福利特管理的思想，通过建立组织结构，营造一个情景（环境）对生产经营过程进行控制。“……福利特的控制观点，反映她有关处理整体和全部情景以达到统一性的完形心理学。除非在某种情景中的所有要素，材料和人之间存在着统一和合作，否则，控制是不可能实现的。……经理所控制的不是单个的要素，而是复杂相互关系，不是个人而是情景，而其结果则是整个情景的一个有生产性的结构。如何达到这种结构呢？玛丽·帕克·福利特提出一种控制的新哲学，一是‘由事实控制而不是由人控制’，以及二是‘相互关联的控制’，而不是‘上面加给的控制’。每一种情景都能产生它自己的控制，因为正是情景的事实以及情景中许多团体的交织决定着相应的行为。绝大多数情景都过于复杂了，以致不能由最高层集中控制而有效地发挥作用，所以，必须在组织机构中的许多点把控制集合起来或‘相互关联’。这种交织和相互关联是以协调为基础的。”[70]根据这一思想，企业会计系统也应通过建立一种组织结构，形成一个情景，然后通过情景，对生产经营过程的产品成本进行控制。

三、科学管理为健全企业会计系统提供的理论基础

泰罗的科学管理，为健全企业会计系统提供了两方面理论基础，第一个理论基础是：科学管理是一场思想革命，在不增加工人工作量和体力支出的前提下，通过去掉不规范即多余的劳作，或者是制造适应工人体力的工具，使工人能坚持劳动，从而提高工作效率，降低成本，达到工人增加工资和投资者增利的目的。

“在科学管理下，双方精神状态上发生的这场伟大的革命是指双方不再把盈余的分配看作最重要的事，而是一起将他们的注意力转向增加盈余的规模上……他们都认识到，当他们用友好的合作和相互帮助代替对抗和争斗时，他们一同能使盈余比过去大得多，以至于工人工资的大幅增长及制造商同样大的利润增加有着充足的余地。先生们，这就是伟大的精神革命的开始，它构成了迈向科学管理的第一步……”[71]

科学管理的精神革命是指从盈余分配上转到盈余产生上，没有盈余的产生，也就无所谓盈余的分配了。那么会计是否也应进行一场革命？将损益表的利润计算转到利润的产生和利润的实现上。利润不是通过计算产生的，也不是通过计算所能实现的，它是在生产经营过程中产生的，通过市场交易来实现的，会计是否需要从理论到实践来一场革命？在现有企业会计系统的基础上，改变企业会计系统的组织结构，使企业会计系统直接服务于利润的产生上，然后在企业会计系统之上，建立社会会计系统，使每个企业生产的产品按经济学中所说的价值在市场上进行交易，实现真正的利润。只有产生和实现了利润，才能计算出利润。使人们的注意力从注重计算的结果转移到产生和实现的过程中来。

科学管理为健全企业会计系统提供的第二个理论是：“标准成本”，“在会计学方面，埃默森和泰罗在运用铁路会计制度上提出了标准成本”。[72]“标准成本是由弗雷德里克·泰勒（Fredrfek Tay lor）及其追随者开发的生产标准和作业规范化的自然结果……”[73]标准成本的提出，为怎样建立企业会计系统组织结构才能将标准成本引入企业会计系统内运行提供了新思维。

四、目标管理和协调为健全企业会计系统提供的理论基础

彼得·德鲁克在《管理的实践》一书中将目标管理贯彻始终，因为“……管理绝非仅是被动反应和适应，而是隐含了一种企图塑造经济环境的责任，在经济变动中承担主动规划、开创和突破难关的责任，以及不断铲除经济环境对企业活动限制的责任。因此，在管理企业时，可能性——经济学家所谓的‘经济条件’，只是其中一根支柱，如何符合企业利益是另外一根支柱。虽然人类永远也无法‘主宰’环境，总是紧紧受到各种可能性的钳制，但管理……就是让企业的希望先成为可能，然后再设法具体实现。管理者不仅是经济动物，同时也是开创者，只有当管理者能以有意识、有方向的行动主宰经济环境、改变经济环境时，才能算是真正的管理，因此企业管理也就是目标管理……。”[74]这一思想，为建立怎样的企业会计组织结构才能实现目标管理提供了新思维。

事物的发展总是在不平衡中进行，这样给目标的实现带来了麻烦，为了实现目标，必须使生产经营过程系统形成动态平衡，当出现不平衡的地方时，就应进行协调，如生产管理中设置调度员，是最典型执行协调这一功能的岗位，当然，在管理中很多地方都存在协调这一功能。作为企业会计系统，要实现目标，也必须要“协调”这一功能。

五、管理学对会计是管理的论述，为企业会计系统是管理系统提供了理论基础

管理学从以下几方面论述了会计是管理。

（一）管理本身就包括会计

企业会计系统在企业母系统内与其他管理子系统一样，执行管理的职能，如果没有会计对生产经营过程耗费的管理，将会造成很大的浪费，并且从收入中收回多少进行简单再生产，是亏是盈也无法得知，生产经营过程将难以维持下去，所以企业会计系统一定是管理的组成部分。亨利·法约尔认为“……管理并不是像过去那样更多地只是设计制度和方法以提高生产过程的速度（就像科学管理所做的那样），而是安排得井井有条并把这个组织的生产、销售、财务以及会计职能一体化。”[75]只有将会计包含在管理之内，企业的生产经营过程才能井井有条地进行。

拉塞尔·罗布也注意“……到组织的整体。虽然各组织不尽相同，但普遍的原则是：‘结构、作业指导权、任务、分工、制度、纪律、会计学、档案、统计、团结精神、合作、班组协同工作等。’……正如罗布已预见到的，有必要把组织看成一个整体”[76]企业会计系统是管理整体组织不可缺少的组成部分。

（二）确定产品成本本身就是管理

早期的管理，是通过成本记录对各工种进行协调和控制。“1881年，在（费城附近的）法兰克福德兵工厂和（纽约卅持洛伊的）沃特维利特兵工厂，梅特卡夫实行了一种车间规章制度，使用卡片来加强车间内各个工种的协调和控制。卡片准确地记录了工作任务和消耗的工时及材料。完成定单以后，管理（者）就既能确定间接成本（日常管理费用），也能够确定直接成本（例如工时和材料）。……”[77]

管理也需要确定的成本，并且是与过程同行的成本，只有这样，才能指导过程中的行为。“泰罗十分讨厌关于那些事后向管理人员提出年度、半年度和月度报告的会计制度，他认为这种制度是毫无益处的，因为管理部门收到这些报告后再来采取行动为时太晚。他把成

本会计职能划归他的计划部门来执行，因此在提出成本报告的同时也就提出了每天的业务报告。这样，成本就成为计划和控制的一个不可缺少的组成部分，而不再是经过很长时间后才加以分析的问题。”[78]但在《管理思想的演变》一书中并未介绍具体做法。

（三）要成为管理者，必须懂会计

一个管理者要懂得多方面的知识，其中包括会计知识，在19世纪末期，“当时的一个管理者一部分是工程师，一部分是生意领导人，一部分是会计师”。[79]科学管理之父泰罗也是在掌握了记账方法之后，才成为管理工程师。“泰罗深受哈那斯——巴斯利会计体系的影响，这套体系后来成为他自己记账方法的基础……由于新近获得了记账方面的知识以及原先的工程技术背景，泰罗决定成为一名从事顾问工作的管理工程师”。[80]

（四）实现企业的目的，企业会计系统必须是管理性质的系统

企业的目的，在一般人的心目中就是生产出社会需要的产品，取得最大利润。可是彼得·德鲁克对企业的目的并不是这样理解的，他提出了隐藏在利润最大化后边深层的目的。他指出，“企业的问题不在于如何获得最大利润，而在于如何获得充分的利润”。“……利润动机以及衍生而来的利润最大化理论和企业的功能、目的以及企业管理的内容都毫无关系”。“……企业的目的必须超越企业本身。事实上，由于企业是社会的一份子，因此，企业的目的也必须在社会之中。关于企业的目的，只有一个正确而有效的定义，就是‘创造顾客’”。

“市场不是上帝、大自然或经济力量创造的，而是由企业家创造的。……在企业家采取行动满足这些需求之后，顾客才真的存在，市场也才真的诞生，否则之前的需求只是理论上的需求。……创造需求之前，需求根本不存在。每一次都是企业的行动创造了顾客。”“因为只有当顾客愿意付钱购买商品或服务时，才能把经济资源转变成财富，把物品转变为商品”。[81]顾客怎样才能愿意付款购买商品服务？那就需要企业“以顾客愿意支付的价格提供顾客需要的产品或服务”。[82]怎样才是顾客愿意支付的价格？从理论上来说，就是产品的价格与价值相等，也就是价格必须与社会必要平均劳动一致，做到真正的等价交换，这就是顾客愿意支付的价格。企业怎样才能做到这一点？那就必须依靠企业会计系统对产品的生产经营过程的耗费，按社会必要平均耗费进行控制。所以企业要实现“创造顾客”的目的，离不开企业会计系统，必须由企业会计系统对生产产品的耗费直接进行管理。

以上管理科学提供的做法和管理内容，为企业会计系统成为管理系统指明了方向。

第六节 经济学为建立健全企业会计系统提供的理论基础

众所周知，会计学科是建立在经济学理论之上的。马克思主义政治经济学研究的对象是社会生产关系以及伴随生产关系的生产力的发展规律，它是对整个社会经济活动进行管理的一门科学。作为每个企业，是社会经济的组成细胞，与社会经济活动紧密结合在一起。而会计是对企业能用货币记录的经济活动进行“过程控制和观念总结”的一门学科，经济学特别是政治经济学，为建立企业会计系统提供了多方面的理论基础。

一、生产关系为建立企业会计要素组织结构系统提供的理论基础

根据马克思主义的政治经济学理论，生产关系包括生产、分配、交换、消费。社会生产

总过程或再生产过程，必须具有这四个要素才能进行。由于企业生产经营过程是社会生产总过程的组成部分，它也应具有这四个要素，只是这四个要素的范围有所不同。企业从社会取得生产资源后，为了分清企业内部各单位之间的责任和效率，必须将取得的社会资源按内部各部门承担的生产任务以及要实现的目标进行资源分配，各部门按分配的资源指标（额度）领取（按工艺流程进行半成品流转）或进行内部交换（交易），使资源进入生产经营过程各阶段，形成内部单位的生产消费。因此，企业的生产经营过程，同样产生了像社会总生产过程包括的生产、分配、交换、消耗这四个因素，生产经营过程是微观（企业内）呈现的一种生产关系。企业会计系统要客观地记录生产经营过程，通过记录将生产经营过程呈现在企业会计系统之中。企业会计系统它是怎样将生产经营过程记录下来的呢？它是通过呈现生产力的物质资源在生产经营过程各阶段的表现形态以及对物质资源占有的关系进行记录的，即通过现在的所谓会计恒等式或叫会计方程式来记录的，所以政治经济学研究的对象为科学解释会计恒等式提供了理论基础。

二、经济学的价值理论为建立企业会计系统提供的理论基础

打开经济理论著作，无论是马克思主义的政治经济学，还是亚当·斯密、大卫·李嘉图或是萨缪尔森的著作都涉及了价值理论。“劳动时间是测量价值量的天然尺度，商品的价值量决定于生产该商品所耗费的劳动时间的多少。”[83]而耗费的劳动时间的多少不是某个人耗费的劳动时间，而是同样的生产条件，同样的劳动强度，同样的熟练程度下的劳动时间，是“……由生产该商品所必需的平均必要劳动时间及社会必要劳动时间来决定的。”[84]在此方面，亚当·斯密也有很精湛的论述：“劳动是一切商品交换价值的真实尺度。每件东西的真实价格，即每件东西对于想要得到它的人的实际代价，是为了得到它付出的辛苦和烦恼。……劳动是为购买一切东西付出的初始价格，是原始的购买货币。最初用来购买世界全部财富的不是金或银，而是劳动；财富的价值，对于那些拥有它并想用它来交换某些新产品的人来说，正好等于它能使他们购买或支配的劳动的数量。”[85]

“当任何商品的价格不多也不少……这种商品就可以说是按其所谓的自然价格出售的。”

“因此，这种商品就正好是按照他的价值出售的，或者说正好是按照将其送入市场的人的实际成本出售的。”[86]

“……在每种不同的发展阶段……生产同等数量的谷物，按平均水平，要求接近同等数量的劳动，换句话说，要求接近同等数量的价格”[87]亚当·斯密在这里所说的“平均比率”“自然率”“不多也不少的自然价格”“实际成本”“平均水平”“等量劳动”等，就是马克思所说的社会必要平均劳动决定价值，只是没有找到价值、交换价值、价格之间的关系，才导致价格与价值混淆在一起。

“大卫·李嘉图是资产阶级古典政治经济学的完成者，这在价值论方面表现得很突出。……使资产阶级古典政治经济学向前发展了一大步，这是李嘉图的重要贡献。

“……李嘉图研究的出发点——价值由劳动时间决定……”[88]

李嘉图在他的《政治经济学及赋税原理》第一章论价值的第一节标题就明确提出“商品的价值或其所能交换的任何另一种商品的量，取决于其生产所必须的相对劳动量，而不取决于付给这种劳动的报酬的多少”。[89]他之所以提出此论点，是针对亚当·斯密商品价值的二元论提出的。亚当·斯密一方面提出劳动决定商品的价值，另一方面又提出付给劳动者的

工资能购买的物品的价值决定商品的价值，李嘉图只同意亚当·斯密的第一方面，不同意他的另一方面。因为另一方面是用商品的价值来决定商品的价值，这是一种用商品的价值来说明商品价值的循环论，说明不了商品的价值是由什么来决定的。他坚持只有社会必要劳动才能决定商品的价值。“在社会的早期阶段，这些商品的交换价值，即决定这一商品交换另一商品时所应付出的数量的尺度，几乎完全取决于各商品上所费的相对劳动量。”[90]李嘉图的必要劳动不仅是指生产过程中消费的劳动力的劳动及马克思指的活劳动，而且包括生产工具和机器消耗的劳动即马克思指的物化劳动，他在《政治经济学及赋税原理》的第一章第三节的标题“影响商品价值的不仅是直接投在商品上的劳动，而且还有投在协助这种劳动的器具、工具和工场建筑的劳动，”[91]就是论述必要劳动中的物化劳动。他说“假定在社会的早期阶段中，猎人的弓箭和渔人的独木舟与工具价值相等，耐久性也相等，两者都是等量劳动的产品，在这种情形下，猎人一天劳动的产品——鹿的价值，就会恰好等于渔人一天劳动的产品——鱼的价值。不问产量多少，也不问一般工资或利润的高低，鱼和这种猎物的相对价值都完全由实现在两者之中的劳动量决定。”[92]

萨缪尔森视利润为成本的组成部分。“经济学者和会计师不同，前者把利润当作成本……”。[93]这里所说的成本，不是会计理论所说的成本，也不是马克思所说的商品价值，而是市场价格。因此，西方经济学者所说的成本，不仅包括了社会必要平均劳动即商品价值中的利润部分，也包括了低于社会必要平均劳动产生的利润，还包括不属于社会必要平均劳动产生而由供需关系市场价格与商品价值产生背离的差异。这一理论是与供求决定价格的西方经济理论相一致。它虽不同于西方古典经济理论所论述的劳动决定商品价值，但有一点是相同的，即企业要取得利润，就必须要降低产品在生产经营过程中的活劳动和物化劳动的消耗，也就是在生产经营过程中节约资源，使产品中包括的劳动量与社会必要平均劳动量一致，这时才能取得与其他企业（行业）一样的利润（这里不包括供需关系），萨缪尔森所说的成本也是如此。因为成本是生产过程中形成的，成本中包含了社会必要平均劳动中的利润，只有把成本控制在社会必要平均劳动之内，才能产生社会平均利润。至于商品市场价格以价值背离的差异所形成的利润，它是企业决策的结果，是通过市场交易产生并实现的。因此无论是商品价值还是经济学者所说的成本，只有将产品生产所需要的劳动控制在社会必要平均劳动内，才能产生社会平均利润。“所谓社会必要劳动时间，是指在现有社会标准的生产条件下，用社会平均的劳动熟练程度与劳动强度，生产任何一个使用价值所必要的劳动时间”[94]社会必要平均劳动决定商品的价值，这一经济理论为企业会计系统的目的以及标准成本成为宏观有序的序参数提供了理论依据，并为会计控制功能提供了必要性理论，同时也为会计控制提供了可能性理论。因为控制就需要控制指令，社会必要平均劳动为控制指令提供了理论依据。

三、资本循环与周转为建立企业会计系统提供的理论依据

产业资本的循环有三个阶段，即货币资本阶段、生产资本阶段、商品资本阶段。这三个阶段是互相依存、紧密衔接的。资本只有不停顿地从一个阶段转入另一个阶段，才能顺利地进行循环。如果在第一阶段（购买）遇到障碍，货币资本就会成为一般的储藏货币，不能发挥资本的职能。如果在第二阶段（生产）停顿下来，生产资料和劳动就会处于闲置状态，不能生产出包括有剩余价值的新的商品。如果在第三阶段（售卖）发生故障，流通渠道堵

塞，商品卖不出去，预付货币资本就不能收回，剩余价值也不能实现。

"资本循环的第一阶段和第三阶段属于流通过程，第二阶段属于生产过程，流通过程只能使资本发生形式变换，不能使资本价值增值，只有生产过程才能使雇佣工人创造价值和剩余价值，因而在整个循环过程中，生产过程起决定作用。但是，资本循环也不能离开流通过程，如果没有购买和售卖，就不能为生产提供前提条件和实现剩余价值，所以，'资本的循环过程是流通和生产的统一，包括二者在内'。"[95]资本循环的生产阶段，就是社会整个企业的总生产过程，这个总的生产过程又是由每个企业内部单位的供应、生产所组成，生产又是由各车间所组成的，企业车间的资金（资本）循环也有投入、生产、产出三个环节，只不过它的流通是内部交易，不是外部交易。这三个环节也是环环相扣、相互依存的，没有投入，资金处在储备阶段，生产不能进行，生产没有按预定的时间产出，将收不回资金，就会影响投入，从而影响生产，引发恶性循环，车间生产环节是至关紧要的。由于车间的产出是企业内部之间的交易，不存在售卖问题，因此，不会发生障碍，只是分清责任和效率。为了做到此点，必须改进现有企业会计要素组织结构，如果不改变，会计只能记录企业生产过程的总投入（从供应部门领取原材料、工具等）和总产出（最终产品入库），不能记录企业内部各车间的投入和产出，也就分不清各车间的责任和效率。因此，资本循环为建立适应分清企业内部单位责任和效率的企业会计要素组织结构系统的必要性提供了理论依据。

资本循环在生产阶段产生剩余价值（利润），在售卖阶段实现剩余价值（利润）的理论，为会计控制功能提供了可能性。因为生产过程只产生利润，而不能实现利润，所以企业内部车间的产出（内部交易）只能按投入的标准成本（或目标成本）收回。由于标准（或目标）成本是预定的，随着产出就可以计算收回的资金，假如实际成本与标准（或目标）成本相等，收回的资金就能满足投入生产所需的资金，因为投入的资金也是按标准（或目标）成本计算出来的，产出与投入二者是相等的，假如实际成本大于标准（或目标）成本，产出收回的资金就不能满足投入生产所需的资金，此时就会出现矛盾，通过对矛盾的分析与解决，达到控制生产过程成本形成的目的。资本三个阶段循环的统一，为我们对企业内部单位生产成本控制提供了可能性理论。

会计控制与资本循环和周转有着密切的关系。马克思对资本循环和周转的分析，主要是阐述循环和周转与产出剩余价值的关系，资本循环和周转越快，生产效率就越高，产生的剩余价值就越多。而会计控制，就是控制资源消耗，使生产经营过程增加产生的利润，而控制资源的消耗，是通过资金的循环和周转来实现的。企业内部单位生产周期越短，成本越低，所占资金越少，并且只有按规定的生产周期和标准（或目标）成本产出，才能按时按量收回资金，满足生产经营过程对资金循环和周期的需要，使生产经营过程顺利进行。

四、经济学分工、交换、资源分配、货币理论为建立企业会计系统提供的理论基础

亚当·斯密在《国富论》中提出了"劳动是一切财富的根源"这一理论，那么怎样用尽可能少的劳动生产出尽可能多的财富呢？这就需要分工和合作。亚当·斯密以制针业说明了这一问题。"制针业是一个很微小的制造业……对这种职业如果一个工人没有（分工使制针业成为一种专门的职业）受过相应的训练，又不知怎样使用这种职业的机械（这种机械的发明，大概也是分工的结果），那么即使他竭尽全力地去工作，也许一天连一枚针也生产不出来……但是，按照这个行业现存的制作方式，不仅整个工作已分成专门的职业，而且这

种职业又分成许多部门，其中大部分部门也同样分为专门的职业。第一个人抽铁丝，第二个人将其拉直……制针……被分成大约十八种不同的工序。在一些工场，这十八种不同的操作由十八个不同的工人担当……，我见过一个类似的小厂，那里只雇了十个工人，在这个小工厂里，有几个工人从事两三种不同的操作。……尽管他们连必要的机器设备都很差，但如果他们尽力工作，一天也能生产出十二磅针。以每磅中等型号针有四千枚计，这十个人每人每天就可以制造出四万八千枚针，这样每人每天能制造出四万八千枚针的十分之一，即四千八百枚针。但是，如果他们都各自独立地工作，谁也不专门学做一种专门的业务……也许连一枚针也制造不出来。……也许连这个数字的四千八百分之一也制造不出来。”[96]为什么分工和合作能提高效率？“这种由于分工而使同一数量的人所能完成的工作数量的巨大增长，归因于三种不同的情况：第一，由于每一个特定工人熟练程度的提高；第二，由于节约了从一种工种转向另一种工种通常要损失的时间；第三，由于发明了大量的机器，方便和简化了劳动，使一个人能干许多人的活。”[97]分工能提高劳动效率，他为什么能为建立企业会计系统提供理论基础？因为分工和合作，改变了企业的生产组织结构，企业必须按分工组建车间，车间内又必须根据分工使用不同的工具或生产不同的零部件，组建工段或班组，使生产组织具有了层次性。企业会计系统要客观再现生产经营过程，就必须使会计要素组织结构与生产组织结构一致，因而分工间接地为建立企业会计系统提供了必要性。再者，分工后人们是否自觉地积极努力地去工作？分工后的合作是否融洽？这就产生了控制和协调问题，为会计系统的控制和协调功能提供了必要性理论。

有分工，就产生了交换，通过交换，把社会分工联系起来。社会上的交换与企业内部的交换是有区别的。社会是商品之间的交换，而企业内部的交换是产品本身按规定的工艺程序转移，通过这种转移，把企业内部分工联系成了一个整体。这种转移形成的联系，虽然可以不需要会计系统进行业务处理，但不能分清各内部单位的责任和效率，为了分清企业内部各单位的责任和效率，必须将这种按工艺流程的转移变为内部交易，并按零件标准成本进行会计业务处理。此时会计对内部交易的处理，是对内部单位产出的处理，这时虽把内部单位的产出分开了，但没有把内部单位的投入分开，不将内部单位的投入分开，还是不能分清内部单位的责任和效率。所谓责任和效率，是实际投入与产出标准比较后的结果，因而只有将实际投入按内部单位分开进行业务处理，才能将实际与标准进行比较。为此，必须在现有的会计要素组织结构基础上，设置新的会计账户。这个账户，从企业会计系统的角度讲，它将内部单位形成企业会计要素组织结构子系统，并使这一子系统与企业会计要素组织结构系统形成一个整体。有了内部单位会计要素组织结构子系统，必然就有内部单位会计人员行政组织结构子系统，因为内部单位会计要素组织结构子系统建立后，就必须有人按会计要素组织结构系统进行操作。通过以上的处理，之所以能分清各自的责任和效率，是因为企业会计要素组织结构系统改变了原有的组织结构，把原有的一个层面上会计要素的联系，变成了多层面的会计要素之间的立体联系，使企业会计系统具有了层次性，使会计要素组织结构和会计人员行政组织结构相一致，此时的会计才能真正记录标准成本在生产过程中的形成情况，客观地呈现出实际成本达到标准成本的状况。经济学的交换理论转化成企业内部的交换之后，为我们建立完善的企业会计系统和系统的控制功能提供了可能性理论。

分工不仅产生了交换，而且产生了资源的分配，社会分工对资源的分配在市场经济的前提下是受价值规律支配的，而企业内部的分工对资源分配是“属于一定的机能都由比例的铁制决定的”。[98]既如此，事先就能根据该生产过程的任务量和单位产量消耗标准预先计算出应该投入量，按应该投入量分配资源，资源分配就成为生产经营过程必须发生的经济业务，必须进行业务处理，从而使资源分配进入企业会计系统核算；另一方面，由于生产过程只是价值的转移，即投入资源的价值转移到产出该单位生产的新产品上，所以产出的价值应等于分配资源的价值，尽管生产过程产生了利润，但并未实现，企业会计系统对产出只能按转移价值进行。经济学的社会分配理论转化成企业内部资源分配理论后，为建立企业会计要素组织结构系统和会计控制功能提供了理论基础。

交换需要中间媒介，资源分配需要综合的衡量尺度，无论是社会交换和社会资源分配，还是企业内部交换和资源分配，都是如此，这就是货币。货币的产生，才使商品具有了价值，因为商品的价值是由社会必要平均劳动决定的，而劳动本身是没有价值的，没有价值的劳动，为什么又决定了商品的价值呢？在货币未出现之前，人们所进行的交易是物物交换，以物易物，即以同等的劳动产品交换另一同等劳动产品。有了货币之后，货币成为中间媒介，各种产品都以货币相交换，货币成为中间媒介，货币就成了衡量商品社会必要平均劳动的尺度，这样商品就具有了价值。这是符合哲学辩证统一法则的，任何具体物质的形态，都是从无到有，商品的价值也是如此。只有商品具有了价值，才使会计的综合记录变为现实，而且也才能使企业内部的交换和资源分配顺利进行，也才能使会计控制功能得以实现。

注释：

[1]《系统论信息论控制论与马克思主义认识论》冯国瑞著，北京大学出版社，1991年6月第1版第26页。

[2]《系统论信息论控制论与马克思主义认识论》冯国瑞著，北京大学出版社，1991年6月第1版第74页。

[3]《系统科学精要》苗东升著，中国人民大学出版社，1998年5月第1版第26页。

[4]《控制论、信息论、系统科学与哲学》王雨田主编，中国人民大学出版社，1988年3月第1版第400页。

[5]《制度经济学社会秩序与公共政策》［德］柯武刚，史漫飞著，韩朝华译，商务印书馆，2000年11月第1版第170页。

[6][7]《系统论信息论控制论与马克思主义认识论》冯国瑞著，北京大学出版社，1991年6月第1版第98页。

[8][9]《系统论信息论控制论与马克思主义认识论》冯国瑞著，北京大学出版社，1991年6月第1版第100页。

[10]《系统论信息论控制论与马克思主义认识论》冯国瑞著，北京大学出版社，1991年6月第1版第101页。

[11]《系统论系统科学哲学》魏宏森，曾国屏著，清华大学出版社，1995年12月第1版第201页。

[12]《系统论系统科学哲学》魏宏森，曾国屏著，清华大学出版社，1995年12月第1版第213页。

[13]《系统科学精要》苗东升著，中国人民大学出版社，1998年5月第1版第224页。

[14]《系统论系统科学哲学》魏宏森，曾国屏著，清华大学出版社，1995 年 12 月第 1 版第 220 页。

[15]《系统论系统科学哲学》魏宏森，曾国屏著，清华大学出版社，1995 年 12 月第 1 版第 221 页。

[16]《系统论系统科学哲学》魏宏森，曾国屏著，清华大学出版社，1995 年 12 月第 1 版第 224 页。

[17]《控制论、信息论、系统科学与哲学》王雨田主编，中国人民大学出版社，1988 年 3 月第 2 版第 295 页。

[18]《控制论、信息论、系统科学与哲学》王雨田主编，中国人民大学出版社，1988 年 3 月第 2 版第 296 页。

[19]《系统论系统科学哲学》魏宏森，曾国屏著，清华大学出版社，1995 年 12 月第 1 版第 234 页。

[20]《系统论系统科学哲学》魏宏森，曾国屏著，清华大学出版社，1995 年 12 月第 1 版第 236 页。

[21]《系统论系统科学哲学》魏宏森，曾国屏著，清华大学出版社，1995 年 12 月第 1 版第 255 页。

[22]《协同学：大自然构成的奥秘》［德］赫尔曼·哈肯著，凌复华译，上海译文出版社，1995 年 10 月第 1 版第 134 页。

[23]《协同学：大自然构成的奥秘》［德］赫尔曼·哈肯著，凌复华译，上海译文出版社，1995 年 10 月第 1 版第 62－63 页。

[24]《协同学：大自然构成的奥秘》［德］赫尔曼·哈肯著，凌复华译，上海译文出版社，1995 年 10 月第 1 版第 75 页。

[25][26]《系统论系统科学哲学》魏宏生，曾国屏著，清华大学出版社，1995 年 12 月第 1 版第 262 页。

[27]《系统论系统科学哲学》魏宏森，曾国屏著，清华大学出版社，1995 年 12 月第 1 版第 265 页。

[28]《系统论系统科学哲学》魏宏生，曾国屏著，清华大学出版社，1995 年 12 月第 1 版第 270 页。

[29][30]《系统论系统科学哲学》魏宏森，曾国屏著，清华大学出版社，1995 年 12 月第 1 版第 268 页。

[31]《系统论系统科学哲学》魏宏森，曾国屏著，清华大学出版社，1995 年 12 月第 1 版第 271 页。

[32]《系统科学精要》苗东升著，中国人民大学出版社，1998 年 5 月第 1 版第 169 页。

[33]《系统科学精要》苗东升著，中国人民大学出版社，1998 年 5 月第 1 版第 170 页。

[34]《系统论系统科学哲学》魏宏森，曾国屏著，清华大学出版社，1995 年 12 月第 1 版第 276 页。

[35]《系统论系统科学哲学》魏宏生，曾国屏著，清华大学出版社，1995 年 12 月第 1 版第 278 页。

[36]《协同学：大自然构成的奥秘》［德］赫尔曼·哈肯著，凌复华译，上海译文出

版社，1995 年 10 月第 1 版第 6 页。

［37］《协同学：大自然构成的奥秘》［德］赫尔曼·哈肯著，凌复华译，上海译文出版社，1995 年 10 月第 1 版第 3 页。

［38］《协同学：大自然构成的奥秘》［德］赫尔曼·哈肯著，凌复华译，上海译文出版社，1995 年 10 月第 1 版第 5 页。

［39］《协同学：大自然构成的奥秘》［德］赫尔曼·哈肯著，凌复华译，上海译文出版社，1995 年 10 月第 1 版第 6 页。

［40］《协同学：大自然构成的奥秘，［德］赫尔曼·哈肯著，凌复华译，上海译文出版社，1995 年 10 月第 1 版译者的话第 3 页。

［41］《协同学：大自然构成的奥秘》［德］赫尔曼·哈肯著，凌复华译，上海译文出版社，1995 年 10 月第 1 版第 17 页。

［42］《协同学：大自然构成的奥秘》［德］赫尔曼·哈肯著，凌复华译，上海译文出版社，1995 年 10 月第 2 版第 209 页。

［43］《控制论、信息论、系统科学与哲学》王雨田主编，中国人民大学出版社，1988 年 3 月第 2 版第 16 页。

［44］《控制论、信息论、系统科学与哲学》王雨田主编，中国人民大学出版社，1988 年 3 月第 2 版第 53 页。

［45］《控制论、信息论、系统科学与哲学》王雨田主编，中国人民大学出版社，1988 年 3 月第 2 版第 42 页。

［46］《控制论、信息论、系统科学与哲学》王雨田主编，中国人民大学出版社，1988 年 3 月第 2 版第 36 – 37 页。

［47］《控制论、信息论、系统科学与哲学》王雨田主编，中国人民大学出版社，1988 年 3 月第 2 版第 85 页。

［48］［49］《控制论、信息论、系统科学与哲学》王雨田主编，中国人民大学出版社，1988 年 3 月第 2 版第 221 页。

［50］《控制论、信息论、系统科学与哲学》王雨田主编，中国人民大学出版社，1988 年 3 月第 2 版第 80 页。

［51］《控制论、信息论、系统科学与哲学》王雨田主编，中国人民大学出版社，1988 年 3 月第 2 版第 219 页。

［52］《控制论、信息论、系统科学与哲学》王雨田主编，中国人民大学出版社，1988 年 3 月第 2 版第 139 页。

［53］《控制论、信息论、系统科学与哲学》王雨田主编，中国人民大学出版社，1988 年 3 月第 2 版第 233 页。

［54］《控制论、信息论、系统科学与哲学》王雨田主编，中国人民大学出版社，1988 年 3 月第 2 版，第 238 页。

［55］《控制论、信息论、系统科学与哲学》王雨田主编，中国人民大学出版社，1988 年 3 月第 2 版第 331 页。

［56］《控制论、信息论、系统科学与哲学》王雨田主编，中国人民大学出版社，1988 年 3 月第 2 版第 318 页。

[57]《控制论、信息论、系统科学与哲学》王雨田主编，中国人民大学出版社，1988年3月第2版第283页。

[58]《控制论、信息论、系统科学与哲学》王雨田主编，中国人民大学出版社，1988年3月第2版第350页。

[59]《控制论、信息论、系统科学与哲学》王雨田主编，中国人民大学出版社，1988年3月第2版第284页。

[60]《控制论、信息论、系统科学与哲学》王雨田主编，中国人民大学出版社，1988年3月第2版第356页。

[61]《控制论、信息论、系统科学与哲学》王雨田主编，中国人民大学出版社，1988年3月第2版第288页。

[62]《控制论、信息论、系统科学与哲学》王雨田主编，中国人民大学出版社，1988年3月第2版第297页。

[63]《控制论、信息论、系统科学与哲学》王雨田主编，中国人民大学出版社，1988年3月第2版第378页。

[64][65]《控制论、信息论、系统科学与哲学》王雨田主编，中国人民大学出版社，1988年3月第2版第379页。

[66]《控制论、信息论、系统科学与哲学》王雨田主编，中国人民大学出版社，1988年3月第2版第376页。

[67]《控制论、信息论、系统科学与哲学》王雨田主编，中国人民大学出版社，1988年3月第2版第381页。

[68]《管理学历史与现状》[美]阿尔井雷德·D. 小钱德勒－托马斯·K. 麦克科劳，理查德德·S. 特德劳著，郭斌主译，东北财经大学出版社，2001年3月第1版第110－111页。

[69]《管理学历史与现状》[美]阿尔井雷德·D. 小钱德勒－托马斯·K. 麦克科劳，理查德德·S. 特德劳著，郭斌主译，东北财经大学出版社，2001年3月第1版第258页。

[70]《管理思想的演变》[美]丹尼尔·A. 雷恩著，赵睿，肖聿，戴旸等译，中国社会科学出版社，2000年4月第1版第342－343页。

[71]《管理学历史与现状》[美]阿尔井雷德·D. 小钱德勒－托马斯·K. 麦克科劳，理查德德·S. 特德劳著，郭斌主译，东北财经大学出版社，2001年3月第1版第324页。

[72]《管理思想的演变》[美]丹尼尔·A. 雷恩著，赵睿，肖聿，戴旸等译，中国社会科学院出版社，2000年4月第1版第247页。

[73]《会计思想史》[苏]迈克尔·查特菲尔德著，文硕，董晓柏译，中国商业出版社，1989年10月第1版第255页。

[74]《管理的实践》[美]彼得·德鲁克著，齐若兰译，机械工业出版社，2006年1月第1版第9－10页。

[75]《管理思想的演变》[美]丹尼尔·A. 雷恩著，赵睿，肖聿，戴旸等译，中国社会科学出版社，2000年4月第1版第236页。

[76]《管理思想的演变》[美] 丹尼尔·A. 雷恩著，赵睿，肖聿，戴旸等译，中国社会科学出版社，2000 年 4 月第 1 版第 277 页。

[77]《管理思想的演变》[美] 丹尼尔·A. 雷恩著，赵睿，肖聿，戴旸等译，中国社会科学出版社，2000 年 4 月第 1 版第 118 页。

[78]《管理思想的演变》[美] 丹尼尔·A. 雷恩著，赵睿，肖聿，戴旸等译中国社会科学出版社，2000 年 4 月第 1 版第 157 页。

[79]《管理思想的演变》[美] 丹尼尔·A. 雷恩著，赵睿，肖聿，戴旸等译，中国社会科学出版社，2000 年 4 月第 1 版第 119 页。

[80]《管理思想的演变》[美] 丹尼尔·A. 雷恩著，赵睿，肖聿，戴旸等译，中国社会科学出版社，2000 年 4 月第 1 版第 154 页。

[81]《管理的实践》[美] 彼得·德鲁克著，齐若兰译，机械工业出版社，2006 年 1 月第 1 版第 30 - 31 页。

[82]《管理的实践》[美] 彼得·德鲁克著，齐若兰译机械工业出版社，2006 年 1 月第 1 版第 7 页。

[83] [84]《政治经济学资本主义部分》南方 16 所大学《政治经济学》教材编写组肖骥，晏仁章主编，四川人民出版社，1980 年 5 月第 1 版第 60 页。

[85]《国富论》[英] 亚当·斯密著，唐日松等译，华夏出版社，2005 年 1 月北京第 1 版第 24 页。

[86]《国富论》[英] 亚当·斯密著，唐日松等译，华夏出版社，2005 年 1 月北京第 1 版第 43 页。

[87]《国富论》[英] 亚当·斯密著，唐日松等译，华夏出版社，2005 年 1 月北京第 1 版第 145 页。

[88]《英国古典政治经济学》季陶达编著，人民出版社，1960 年 9 月第 1 版第 135 - 136 页。

[89]《政治经济学及赋税原理》[英] 大卫·李嘉图著，郭大力，王亚南译，商务印书馆，1962 年 9 月初版第 7 页。

[90]《政治经济学及赋税原理》[英] 大卫·李嘉图著，郭大力，王亚南译，商务印书馆，1962 年 9 月初版第 8 页。

[91]《政治经济学及赋税原理》[英] 大卫·李嘉图著，郭大力，王亚南译，商务印书馆，1962 年 9 月初版第 17 页。

[92]《政治经济学及赋税原理》[英] 大卫·李嘉图著，郭大力，王亚南译，商务印书馆，1962 年 9 月初版第 20 页。

[93]《经济学》上册，[美] 萨缪尔森著，高鸿业译，商务印书馆，1979 年 11 月第 1 版第 253 - 254 页。

[94]《政治经济学及赋税原理》[英] 大卫·李嘉图著，郭大力，王亚南译，商务印书馆，1962 年 9 月初版序第 10 页。

[95]《政治经济学》上海市高等院校政治经济学协作组编写，浙江人民出版社，1989 年 7 月第 2 版第 70 页。

[96]《国富论》[英] 亚当·斯密著，唐日松等译，华夏出版社，2005 年 1 月北京第 1

版第 7－8 页。

［97］《国富论》［英］亚当·斯密著，唐日松等译，华夏出版社，2005 年 1 月北京第 1 版第 9 页。

［98］《英国古典政治经济学》季陶达编著，人民出版社，1960 年 9 月第 1 版第 68 页。

第二章

现有企业会计系统与相关理论辨析

会计系统到底是一个什么性质的系统？是信息系统、控制系统、管理系统，还是信息和控制系统呢？这四种观点在我国会计学者中都有不同的反应。笔者本着尊重历史和现实实践的需要，沿着企业会计系统发展的轨迹与其他科学发展提供的理论、思维方式，大胆地对现有企业会计系统进行剖析。只有当我们真正了解企业会计系统的本质，才能解决现有企业会计系统存在的矛盾，使现有企业会计系统演变成既能满足企业管理者以及执行者的需要，又能满足投资者和外部有关单位需要的新型企业会计系统。由于现在的会计系统只有企业一个层次，因此，在后面的阐述中，将现在的会计系统一律称作企业会计系统。

第一节　现有企业会计系统与系统理论辨析

根据系统的定义，会计是由多要素组成的整体。它是一个系统，这是毫无疑义的，但根据系统分类理论，企业会计系统属于什么系统呢？目前处于系统思想的哪个阶段？现有会计理论与实践是否完全符合系统理论的要求，会计理论界（包括我国的和世界的理论界）从未提及。

一、企业会计系统类别辨析

企业会计系统根据系统分类理论，它不是自然系统，而是人工系统。人工系统中又有实体人工系统和虚拟人工系统。它是虚拟人工系统，因为它是对人工实体系统进行反映由概念构成的系统。企业会计系统是由资产、负债、所有者权益、费用、收入等这些概念的要素组成的，用以对生产经营过程及其与环境的关系进行反映的系统。如果我们弄不清企业会计系统属于哪一类别的系统，那么我们就弄不清组成该系统要素的由来以及该系统与生产经营过程及其与环境的关系、该系统的目的，不能将会计要素组成科学的结构，采用正确的方法，执行该系统应有的职能，实现该系统本身的目的。所以企业会计系统根据系统分类理论属于哪一类型是很重要的，它是会计理论研究的前提条件。目前的会计理论存在的有关问题，特别是对企业会计系统的本质认识问题，与企业会计系统属于系统分类的哪一类系统是有关系的。

二、会计整体论和会计整体性辨析

人对客观事物的认识及其科学研究至今为止，经历了三个大的阶段。第一阶段，人们只是从事物的总体方面来观察和研究，那时无所谓哲学和自然科学，那时的科学家既是自然科学家又是哲学家，如罗蒙诺索夫。第二阶段，当人类文明发展到一定程度时，侧重于分析事物的各个部分，然后再把对事物各个部分的认识相加起来作为对整体事物的认识。然而此时没有认识各部分之间的联系及其相互作用。这种联系和相互作用包括哲学、自然科学、自然科学之间、自然科学与社会科学以及各科学内部组成的要素之间的联系和相互作用，从而各科之间是分割的，各科学内部要素之间和要素与科学没有形成有机的整体。这时的观察和科学研究虽进入了事物的内部，比第一阶段有所进步，但它没有形成有机的整体，从而又失去了对整体的认识。这种对事物的认识是零碎的，也是不全面的。在哲学上形成了形而上学的思维方式。当人们认识到这两种方法都不能满足人类认识和改造世界的需要时，人们对客观事物的研究进入了第三阶段。在此阶段，不仅对客观事物进行分门别类的分析，还对一事物同另一事物的关系以及每一事物的内部要素的有机联系进行了研究，把每一事物以及事物与事物之间形成了有机整体。这时出现了很多边缘学科，从而找到了每一事物内在要素形成有机整体的原因和发展演变的内在动力以及各事物发展变化的共同规律，使人们的认识进入了辩证思维阶段。系统思想也同样经历了三个阶段，即朴素的整体思想、机械的整体思想、辩证的系统思想。

根据系统论提供的整体性理论，现有企业会计系统处在第二阶段，但财务会计系统是第一阶段和第二阶段的集合体，它的业务处理还处在朴素的整体论阶段，组成企业会计系统的要素整体和部分没有通过中介联结账户把每一层次即上层与下层以及同一层次不同部分既分开又有机结合起来，形成有特定组织结构的有机整体。这样的整体论存在如下的问题：会计要素组成部分与整体没有区分，整体等于部分，部分也等于整体，因而不能对会计要素的整体和部分进行分析，就不能深入地认识企业会计系统内部细节，不能区分部分之间的差异，从而部分之间不能相互联系、相互作用；整体与部分也不能相互联系、相互作用、相互制约、相互促进，没有得到辩证的统一。

会计理论对财务会计业务处理的认识又处在第二阶段，把财务会计的业务处理理解为分类，从而认为财务会计的业务处理是一种统计方法，割断了业务处理的内在联系，过分地强调了生产经营过程中各个阶段、各个步骤的业务处理，不能从这种业务处理中把握它们之间的联系，按整体性理论去解释财务会计的业务处理，也就不能真正地解释生产经营过程这一动态系统是怎样跃然在企业会计系统的记录里。现在的财务会计是两个阶段的集合体，要么是不分析整体内在的部分，只找到一个整体的现象，就停留在朴素整体论阶段（如业务处理）；要么过于强调整体的内在部分，而割断了部分之间的内在联系（如对业务处理的解释），把部分当成了整体，从哲学上讲，是形而上学的一种思维方式。这两种思维都会妨碍会计理论的发展，从而妨碍会计对存在的实际问题的解决。

管理会计是以成本的习性为切入点，以本、量、利分析为逻辑起点进行展开的，它所展开的一系列论述都贯穿这三个要素，由于本、量、利分析体现了三者之间的内在联系，因此展开的论述也体现了内在联系，管理会计理论基本体现了系统理论的整体性（从内部要素的剖析又有机地联系为一个整体）。这里之所以说基本，是因为它里面还包含有整体论的内容，如成本差异分析，只是从价格与消耗数量的关系来进行分析，而价格是市场波动引起的，与企业的管理水平无关，对它的分析是一种无用的分析；对消耗数量的分析，没有将数量差异结合非会计值进行分析，这种分析只是一种对产生数量差异的计算，并没有找到产生的消耗数量差异的原因（此问题在第十章阐述），因而无法消除生产过程中的不利差异。它的分析仍处在整体论述阶段。再者，本、量、利分析虽把它们之间的内部联系有机地结合成整体，体现了系统的整体性，但这里的“本”并未找到客观存在的理论依据，而是由市场和管理者的主观意愿结合而成。这样就不能使财务会计系统和管理会计系统整合成一个有机整体的企业会计系统，因为这样的本、量、利分析，找不到财务会计系统和管理会计系统融为一体的切入点（此问题在第十一章再阐述），使人们对二者的认识仍处在分庭抗礼的第二阶段。

企业会计系统从1494年威尼斯数学家卢卡·巴舒里的著作《算术、几何、比及比例概要》一书出版后，为现在的复式记账和会计恒等式打下了理论基础。我们现在的复式记账，仍然处在一个层面上的会计要素的借贷转换，当企业取得资本（资金）投入生产经营过程时，这时投入的资本（资金）是在生产经营过程中的各个部门、各个环节之间运行，而企业会计系统的业务处理没有分部门以及同一环节不同内部单位进行处理，仍然只是以生产经营过程为整体进行处理。如生产经营过程的供应部门将资金去购买原材料，一方面企业会计系统未把购买原材料的资金与企业整体资金分开，另一方面也未将供应部门购入的材料形成供应部门的资源，所以供应部门所需的资本（资金）就是整个生产经营过程所需资本（资金），供应部门所占资源，就是整个生产经营过程所占资源，没把生产经营过程与供应部门所需资本（资金）和所占资源分开。当供应部门的材料等物资流入生产环节时，也只是在同一要素不同账户之间转换，既未把供应环节与生产环节所占资源分开，也未把生产环节占用的资本（资金）与企业整体资金分开，把整个生产经营过程与生产环节所需资本（资金）所占资源分开，更没有把生产环节不同的内部单位即车间所需资本（资金）和所占资源区分开来。因为生产环节有很多的车间，它们所占资本（资金）也应区分开来，如不分开就不知道各自的责任和效率以及他们之间产生的差异，从而了解他们之间的联系与相互作用，现在企业会计系统内部各部门、各环节、各单位之间的联系，是企业的生产经营活动把它们联结在一起的，而不是根据企业会计系统的子系统联结在一起的，即无企业会计系统要素不同层次之间的内在联系。组成企业会计系统的要素整体等于部分，部分等于整体。例如美国的标准石油公司、杜邦火药公司等大型企业的会计系统，总部和下属每个工厂或分公司都建立了会计系统，下属工厂和分公司所占资本和资源与总部虽分开了，但企业总部会计系统对下属工厂、分公司及其内部没有明确指出各层次之间组成企业会计系统的序参数，也就没有真正层次之间的子系统，因此仍处在朴素的整体论阶段。

当然，企业会计系统从卢卡·巴舒里到现在不是一成没变，也有所变化和发展，如在成计算方面，成本计算从企业会计系统外进入企业会计系统内；在筹资方面，由于企业规模的扩大引起筹资渠道、筹资方式的变化，会计的业务处理也发生了变化；在销售方面，由于销售方式的变化以及结算方式的变化，也引起了会计业务处理的变化；在企业规模方面，由于企业规模的扩大，由单一企业扩大到全国型、国际型企业，对会计报表的处理也发生了变化，但这些变化并未涉及整体与部分的关系，把整体与部分有机地结合在一起，因此仍处在朴素的整体论阶段，只有会计具有整体性，才能解决如下会计要解决的两个问题：一是企业总体效益目标与部分效益目标相联系并取得一致；二是过程效率要保证企业总体目标的实现。现在的企业会计系统不能解决此两问题。

三、企业会计系统的层次性辨析

企业会计系统要从整体论变为整体性，就必须要对内部进行分析，而要进行分析就必须建立子系统。因为母系统对子系统的关系，是层次关系，正像父亲和儿子的关系一样，不在一个层面上。企业会计系统的层次性，是客观的要求，这是因为：

（一）生产经营过程组织结构的层次性，决定了企业会计系统组织结构的层次性

会计是由生产发展到一定阶段而产生的，即由生产管理的需要而产生的，那么会计也应随生产过程的发展而发展。当生产过程发展到为卖而生产时，就把生产过程变成了生产经营过程。早期的生产经营过程是单一产品、单一步骤，生产经营过程的组织是在一个层面上，这时会计系统的组织结构无所非议的也是在一个层面上。但随着生产经营过程的发展，生产由单一产品、单一步骤发展到多步骤结合在一起，这种多步骤生产的组织，就使生产经营过程显示出了层次性，如纺织厂，首先是配棉、成捻、粗纺、细纺、织布、印染等，做了前一步才能做后一步，这就是层次性，会计也应根据生产经营过程的步骤进行记录，才能真正反映生产经营过程，会计也才能再现生产经营过程，因而企业会计系统也应有层次性，这样才能满足对生产经营过程管理的需要。然而，现在的企业会计系统组织结构没有按生产组织结构进行组织，因为它的层次性不像生产经营过程组织结构那么直观，它需要会计理论的支持，即需要层次之间相结合的组织结构理论，才能把现在的多阶段一个层面结合的企业会计系统变成多个层面的有机结合，所以到目前为止会计理论还没有真正的层次性理论来指导企业会计系统怎样建立子系统，并使企业会计系统和子系统有机结合起来，形成一个整体。

这里所说的会计层次性，不是指总账和明细账的层次，总账和明细账只是单个会计要素的层次性。这些账户的层次性，只要通过总账户之间的关系，就可组成一个整体。然而，此时组成的整体仍停留在整体论上，不能形成整体性。因为此时的层次性，只能剖析各单个要素的细节，不能剖析会计全部要素在企业内部单位的细节。因此，它不是完善的层次性。作为完善的企业会计系统的层次性，既能剖析每个会计要素的细节，又能剖析全部要素在企业内部单位的细节。因为每个会计要素之间是相互联系、相互作用的有机整体，这些会计要素又随生产经营过程分布在各个层次之中，企业会计系统各层次又是相互联系、相互作用的有机整体，所以企业会计系统有两方面的子系统，一方面是每个要素组成的子系统，通过这些子系统，可了解每一个要素的具体情况；另一方面是全部会计要素组成的不同层次的子系统，它能重现生产经营过程，能真正地指导和服务生产经营过程，但子系统和母系统不能像每个要素子系统通过总账户之间的联系，自然地就形成有机整体。它必须设置不同层次之间的联结账户，把不同层次联结起来，才能组成整体。假如不能形成有机整体，就不能重现生产经营过程，也就不能真正指导和服务生产经营过程。我国在20世纪60年代实行的企业会计的二级核算和三级核算就是这样。所以只有把单个要素的子系统和全部会计要素组成的不同层次的子系统交织在一起，才能使企业会计系统具有真正的整体性。而现在的企业会计系统只停留在单个会计要素组成的子系统上，还没有形成完善的企业会计系统的层次性。

（二）企业会计系统要实现自身的目的和履行自身的职能，就必须要有层次性

企业会计系统的层次性实质是一个组织结构问题，怎样把会计要素组织成企业会计要素组织结构系统。根据系统的层次性原理，系统的层次不同、组织结构不同、功能不同、性质不同。如果我们把一个多层次的系统只按一个层次来组织，即只有一个层面的系统，没有设

置与企业会计系统（母系统）有机结合的子系统，那么这个系统就不能履行应有的职能，也就实现不了本系统的真正目的。因为上一层次是统驭下一层次的，下一层次是协助上一层次目标的实现。当一个系统没有有机结合的子系统时，就没有上下之分，也就没有统驭和协助。企业会计系统就不能通过自身的组织结构将实现目的的控制指令传递到每一个层次直至个人，自然不会有实现目的的功能，目的也难以实现。

根据层次性理论，现在的会计系统，并未形成一个完整的会计系统。因为向上没有社会会计系统，向下没有企业内部的子系统。

四、企业会计系统的开放性辨析

系统开放的实质就是输出系统的“熵”，从环境中引入负熵，系统才能进行良性循环，企业会计系统的开放也应如此。到目前为止，会计理论还没有明确指出企业会计系统存在的熵和负熵，尽管于玉林教授在《现代会计哲学》著作中阐述了“会计系统的耗散结构”，提到“熵流”，但仍没有指出什么是企业会计系统的熵和负熵。到底什么是企业会计系统的熵和负熵，在会计要素之间的关系内再阐述。之所以说现在的企业会计系统还不是一个独立开放的企业会计系统，是因为它没有序参数支配会计要素在系统内运行。它现在的运行，完全靠生产经营系统的运行而运行，它对生产经营过程并没有发挥强有力的指导作用即反作用，它的性质与会计产生时相同，仍是附带物。不同的是会计产生时是生产的附带物，但现在仍是生产经营过程系统的附带物。它在企业内部虽有独立的会计部门，但这种机构只是行政机构，是对企业会计要素组织结构系统进行操作的机构，这个机构不是按会计要素组织起来的有序组织结构。企业会计要素系统的组织结构应如同机器设备的组织结构一样。管理会计虽根据环境对本、量、利进行了分析，但并未将分析所确定的成本和产量转化成序参数，然后按这一序参数把会计要素以及企业会计系统的子系统有机结合起来。因此企业会计系统在理论上还不具有真正的开放性。

这里应注意的是：不要把企业的开放，当作企业会计系统的开放，两者不能混为一谈。一个企业母系统应有三个子系统的开放。一是生产经营过程系统的开放。企业要生产产品必须要从环境中取得生产产品的人、财、物等资源，产品完工后，又要输送给环境；二是管理系统的开放。企业生产什么产品，生产多少，要从环境中取得信息，进行预测、决策、确定目标，同时又向环境输出信息，又去影响环境；三是企业会计系统的开放。它是指企业会计系统要素对外开放，而不是指从市场购入原材料，然后又将企业加工的产品在市场上销售。购入和售出本身不是会计要素，它只是会计进行业务处理的客体内容。因此，不要把会计处理内容的开放当作会计系统的开放。企业会计系统的开放是指会计要素怎样向环境输出本系统产生的熵，又从环境中引入负熵。只有企业会计系统对环境开放，企业才能做到彼得·德鲁克提出的“以顾客愿意支付的价格提供顾客需要的产品和服务。”[1]这样才能使《政治经济学》的价值理论进入企业会计系统，从而使价值理论成为会计学理论的基础。

五、企业会计系统的目的性辨析

企业会计系统的目的性就是现在所说的会计的目的性。现在会计理论在目的性方面存在的问题是没有阐明人的目的和企业会计系统的目的之间的转化。企业会计系统是一个人工系统，在设计此系统时，是为了满足人的主观（自为）目的，人就按自己的目的思考企业会计系统应该有怎样的内在运行规律才能实现人的目的，当企业会计系统建成后，企业会计系统就按人设计的内在规律运行，此时企业会计系统不是存在于人的头脑中的系统了，它已是一种客观存在，它的内在运行规律和目的都是一种客观存在，此时人只能利用企业会计系统自身的目的，才能为人们服务。如果会计理论工作者没有认识到这种转化，那么就会把人的目的和企业会计系统的目的混为一谈，也就不会真正研究企业会计系统的内在运行规律。

六、企业会计系统的稳定性、自组织辨析

（一）企业会计系统的稳定性

系统之所以能稳定，是因为系统内存在自催化和超循环，不受外界环境的干扰，企业会计系统同样存在自催化和超循环。它通过账户之间的借贷业务处理，使借转化成贷，使贷转化成借，是通过借贷的转化实现的。如用银行存款或现金购买原材料，银行存款或现金就转化成原材料，使原材料增值；当原材料投入生产，原材料就转化成成本使成本增值等。这种转化都是前者使后者增值，当这种转化形成循环，并不断地持续下去，就形成了超循环。因此，借贷的转化，既形成了自催化，又形成了超循环，企业会计系统通过自催化和超循环使其增值，现在存在的问题是：目前企业会计系统只是一个层面的自催化和超循环，即只是一个层面的稳定，没有把各个层次耦合起来形成整体稳定。企业会计系统的稳定性在我国是有过深刻教训的，如我国企业会计在20世纪60—70年代的二级、三级核算以及在20世纪90年代吉林省首创的《内部银行》都没有坚持下来，究其原因就是会计理论上没有解决系统的有机结合问题，二级核算、三级核算没有与厂部核算形成一个整体，不在一个轨道上运行，形成了几张皮，厂内银行与厂部核算也是如此。这两种做法实际上都未组成一个完整的企业会计系统，就谈不上系统的稳定性。

（二）企业会计系统的他组织和自组织

企业会计系统是一个人造（工）系统，人造的系统，应是他组织系统，不是自组织系统。为什么企业会计系统也有自组织？这是因为当企业会计系统按照他组织的要求组成后，它就是一种客观存在，他组织就转化成自组织了。它的运行应按自组织规律进行。根据自组织原理，自组织的序参数是由于要素或子系统的行为对环境的反应不同，形成了相互竞争，取胜者就形成了序参数组成系统。企业会计系统通过他组织形成后，它不可能永远按他组织来确定序参数。如果永远按他组织来确定序参数，企业会计系统就永远没有发展变化，对环境没有促进作用，这是不符合哲理的。因此，企业会计系统的子系统之间也有竞争。但企业会计系统子系统之间的竞争有其特点。因为企业会计系统是由概念组成的虚拟系统，概念之间绝对没有竞争，由概念组成的子系统也绝没有竞争，它的竞争是当组成企业会计系统的序参数指导生产经营过程时，生产经营过程的不同阶段、不同内部单位对序参数产生不同的反应，即不同的运动形式，这些运动形式有的能和序参数保持一致，有的不能满足序参数的要求，而有的超过了序参数的要求，这种竞争是在自发的进行。企业会计系统通过对生产经营过程不同阶段、不同内部单位分别进行记录，才能发现它们之间的竞争，这就形成了抓两头带中间的工作方法，使能满足序参数要求的内部单位和不能满足序参数要求的内部单位，都向超过序参数要求的内部单位行为转化。这样就形成了企业会计系统新的序参数。企业会计系统将用新的序参数指导生产经营过程，使生产经营过程不断发展变化，使它永远不会停留

在某一行为中。新的序参数的确定，虽要人的参与，但关键是生产经营过程中子系统的竞争。建立的企业会计系统的序参数能使生产经营过程产生竞争，说明他组织企业会计系统存在自组织的运行规律，所以自组织的关键不是有人参与还是无人参与，而是序参数是否客观形成。只要序参数是客观存在的，即使人参与了，就仍是自组织。自组织与他组织是相互转化的。如生态系统是一个自组织系统，当人们没有认识时，为了自身的利益会破坏它。当人们认识到生态系统就会维持保护它。这里是否有人的参与？之所以自组织也有人的参与，是因为它的有序性是自身客观存在的。自组织与他组织的区别是系统的序参数是系统本身存在的还是人们根据所建系统与其他有关的客观环境确定的序参数。前者是自组织，后者是他组织，但他组织一旦成立，它的运行就必须按自组织规律进行，否则他组织就运行不了，这是人造系统的失败，此系统就不存在。所以才会有自组织与他组织之间的相互转化。当他组织成立后，它必须按自组织的规律运行，此时他组织就变成了自组织；当人们利用自组织为自身服务时，自组织转化成了他组织。我们现在的会计理论界并不知道组成企业会计系统的序参数是什么。现在企业会计系统仍是生产经营过程系统的附带物。生产经营过程系统怎样运行，它就怎样运行。这样的企业会计系统，怎样科学指导生产经营过程？不能科学指导生产经营过程，它对生产经营过程有何作用？对创造社会财富有何作用？

七、企业会计系统相似性辨析

机械的制造，是根据基础科学的原理及其内在规律制造的，而电脑和机器人是根据人大脑的活动来制造的，人之所以有行为，是由于刺激和反应引起的，而控制系统机器人的行为是由于输入和输出而引起的。通过行为把人的大脑和电脑沟通在一起，输入相当于刺激，输出相当于反应。企业会计系统也有输入和输出，但也有自身的特点，所以相似性也不能机械地照搬。作为会计理论工作者，也应研究企业会计系统的相似性，这样才能建立一个完善的企业会计系统。

现在的会计理论，只是说会计是一个系统，但没有将系统理论完整地体现出来。

第二节　现有企业会计系统与协同学理论辨析

根据协同学理论企业会计要成为系统，就必须要有会计要素之间的竞争并形成序参数，那么它的序参数是什么？根据现有会计理论的论述，企业会计有资产、负债、所有者权益、费用、收入、利润等六个要素，那么要素是怎样通过竞争取得支配地位？它们之间的竞争是怎样体现出来的？

一、会计要素之间竞争的体现形式

会计要素是根据生产经营过程及其与环境的关系抽象出来的概念（此问题在第三章再阐述），会计要素之间是不能产生竞争的，它的竞争是通过对生产经营过程的指导，促使生产经营过程的子系统之间竞争。企业会计是通过对生产经营过程竞争的反映，体现出会计要素之间的竞争。

二、组成企业会计系统的序参数

企业会计系统的序参数，不能将天然系统序参数的形成机械地搬入人工系统。我们只能利用这一思维方法来解决企业会计系统要素的组织结构问题。

企业会计系统是人工系统，即他组织系统，他组织要符合自组织原理，在组成系统时二者的区别是组成系统的序参数的形成不同，自组织是组成系统的要素运动形式通过竞争后形成的，他组织是引入其他科学理论形成的。企业会计系统是引入政治经济的社会必要平均劳动决定价值的理论作为序参数。

三、社会必要平均劳动决定价值理论与会计要素之间的关系

社会必要平均劳动决定价值的理论并非会计要素，但它是制定标准成本的理论依据（此问题在第九章阐述），这样二者的关系就变成标准成本与会计要素的关系了，会计要素是无成本这一要素的，只是费用是会计要素，但费用是由成本转化而来的，成本就体现在费用之中了，成本也就体现出了会计要素。社会必要平均劳动是社会竞争后的产物，标准成本也就是社会经济通过竞争而形成的。因此，标准成本才是组成企业会计系统的序参数。

四、现有企业会计系统的实质

现有的企业会计系统只是对实际成本进行事后计算，这种成本不是通过竞争形成的，不能成为组成企业会计要素组织结构的序参数，既然无序参数就没有真正会计要素组织结构，它的业务处理是按照生产经营过程供、产、销的平面运行进行的，并未按生产经营过程的组织结构进行处理，因此它是依附在生产经营过程平面运行上的，是生产经营过程的附带物，以企业会计人员组织结构系统代替企业会计系统，到目前为止，它不是一个相对独立完整的企业会计系统。

第三节　现有企业会计系统与控制论理论辨析

企业会计系统是否是控制系统？或者它不是控制系统但具有控制功能。尽管西方及我国会计理论界把会计系统定为信息系统，但我们仍要对企业会计系统的本质和功能进行研究，我们为什么认为它是控制系统？如果说它不是控制系统而有控制功能，又是为什么？它的控制功能是由企业会计系统提供信息给管理者，由管理者进行控制，还是由企业会计系统的会计人员行政组织结构子系统和会计要素组织结构子系统共同对生产经营过程进行控制呢？这是会计理论必须回答的问题，也是本书的主要目的之一。（关于企业会计系统的会计人员行政组织结构子系统和会计要素组织结构子系统的理论问题，在第三章论述）

企业会计系统是否是控制论系统？回答是否定的。因为控制论系统是控制主体、传递线路、被控客体、反馈线路等要素组成的，它所控制的对象（被控客体）在同一系统中，而企业会计系统要控制的对象是企业的生产经营过程，生产经营过程不是组成企业会计系统的要素，而是独立于企业会计系统之外的另一系统，是一个系统对另一个系统的控制。（此理论在后面再论述）所以企业会计系统不是控制论系统。

企业会计系统是否具有控制功能？当会计要素组织结构改变后，具有控制功能。它是通过会计要素组织结构系统随时提供生产经营过程实际成本与标准成本之间的差异，并通过分析从而找出差异产生的原因，使会计人员行政组织结构系统随时了解到实际成本达到标准成本的状况及其原因，使生产经营过程在被控过程中实现标准成本或超额实现标准成本。由此看来，会计的控制功能是由会计要素组织结构子系统和会计人员行政组织结构子系统共同完成的。

一、从会计的历史看它的控制功能

会计是否有控制功能？历史最善于雄辩。当我们不了解某一事物时，我们去看有关历史，它会告诉我们对现有事物的认识思维和方法，至少也会提供一些细微的线索供思维的参考。控制功能的研究也不例外。

（一）单一产品、单一步骤时会计的控制功能

世界上最早的工业是纺织业，由于生产过程只是单一步骤的单一产品，不存在资源耗费在不同产品之间分配，也不存在资源耗费在完工产品和在产品之间的分配，因为当时“在国内的纺织生产市场上，纺织工按照纱线的重量收费，编织工按照织物的长度收费，……不承担控制各个过程中工人们花费的时间的任务。因此他们的账目只记录过去的交易和各种各样的存货”。[2]就能控制成本，也就是会计系统只要对投入和产出进行记录，就可控制生产过程的资源消耗包括人力资源和原材料以及设备的消耗。

我之所以说会计此时有控制功能，是因为此时的会计记录符合控制论算法和能行性、能观测性和可控性的理论。它的算法就是：市场购入的单位价格×单位产品消耗量+单位产品市场人工费用=单位成本；市场单位产品销售价格-单位产品成本=单位产品利润。这种算法在当时具有确定性、普遍性、有效性，在生产过程中，对会计人员来说不需要观测，因为在加工开始时就知道了结果，即开始就有了可观测性，它是根据加工量计算人工费用和原材料的。至于在加工过程中用多少工时，是否按规定的量消耗原材料，由生产者自行控制。因此，会计系统在生产过程中也不需给生产者提供任何信息。此时会计具有绝对的可控性和稳定性，他只记录发给多少材料、付多少工资（即投入）、收回多少产品（产出），而这些投入与产出是企业主与工匠的一种交易，当产品未出售时以及购入的原材料未发给工匠时就是存货，而购买原材料和销售产品时又是一种交易，所以会计系统只需对交易和存货进行记录，就可控制生产经营全过程。尽管如此，当时的会计控制并不完善，当时既无会计要素，更无会计要素组织结构系统和会计人员行政组织结构系统，当时的控制完全是由会计人员通过记录实现的，当企业的规模发展到多步骤多产品生产时，若不改变企业会计系统的组织结构，它将会失去对生产过程控制的功能。

（二）单一业务企业会计的控制功能

单一业务企业不是指单一产品、单一步骤的生产形式，而是指单一产品多步骤的生产形式，此时已有了工厂。之所以叫单一业务企业，是因为当时原材料的生产、产品制造、销售三个环节是分开的，没有在一个工厂内进行。此种企业组织形式给会计带来的问题是“工厂的工资合同替代了原有的市场购买合同。”[3]这样一来就把工人工作中的生产力信息丢失了，在工场出现前，纺一磅纱给多少工资是清清楚楚的。而现在，每月给多少工资能纺多少纱是不清楚的，即每磅纱中包含多少工资是不清楚的，二是所有发生的耗费必须在完工产品

和在制品之间进行分配。为了解决工业的发展给会计带来的问题，各行业都对成本进行了管理。他们建立指标，如每磅（纱）成本、每吨（钢铁）成本、每吨英里（铁路）成本，运营比率、毛利和存货周转率等，但这些指标只能事后评估过程，并不能在耗费时控制过程，“成本信息帮助管理者们评估内部生产过程，以及鼓励工人们完成公司的产量目标。”[4]因此评估只能鼓励，并不能完成公司目标。营运比率“是为了评估其资本投资过程的效率”。它仍然是对已结束的过程的评估，只是评估的对象不同而已，存货周转率只是对取得利润因素的认识，它“是决定一个大型分销商的毛利和利润水平的关键因素。和传统的商人不同，新的大型分销商不再依靠成本结构，而是依靠销量来获取利润（或毛利）”。[5]所以当时建立的成本管理指标都只能事后评估，而不能控制过程，并且都只能在过程结束后才能计算、评估，所以根据这样的计算结果对已结束的过程进行评估，不会对已结束的过程产生任何影响，即使在生产经营过程中的人事先就知道管理者对过程的效率进行评估会激发他们努力工作，因为人都有自尊，然而过程中的人并不知道做到什么程度才能使管理者满意，因为这些指标并不能指导过程中人的行为，当人们在过程中做到了最大的努力，但过程结束后所计算出的结果并不理想，得不到较好的评估结果，这时人们会对下一个过程失去信心。由于此时建立的指标只能在过程结束后进行评估，当然就不会符合控制系统组织结构算法和能行性，可观测性、可控制性等理论要求。此阶段的会计不具有对过程完全控制功能。当然，这些指标的建立在当时的环境下是一种进步，有了这些指标就能评估过程的效率，而且对过程效率的评估是过程控制的组成部分。也正因为这些指标的事后计算和评估，给会计理论工作者形成了一个固定的思维模式，并把事后成本计算的准确性作为管理者决策的依据，为会计的发展埋下了隐患。如果在当时不是事后计算成本而是事前计算成本，按这一思路发展，现在的会计在企业的地位，甚至在整个国民经济中的地位将高得多。

在此阶段值得注意的是，新英格兰的莱曼米尔公司，上层与下层会计业务处理的内在联系，使上层和下层形成了一个整体。“莱曼米尔公司在 19 世纪 50 年代早期的会计记录非常具有启迪作用。记录包括保存在波士顿总部出纳处的用复式记账法记录的总账、次总账，以及保存在 HOIyOKe 代理处的工厂分类账和有关存货、薪水、生产的次总账。总部和工厂之间的往来账目通过出纳和代理之间每天的通信进行更新。”[6]总部和工厂是一套完整的相互联系的会计记录，总部与工厂是通过通信联系的。这种做法具有控制论组织结构的雏形，只是上下层的联系没有在会计要素组织结构系统内运行，而是通过信件在会计人员行政组织结构内运行，会计人员行政组织结构是不具有控制功能的，尽管在此系统内运行也无法对生产经营过程进行控制。只有会计要素组织结构系统才具有控制功能，由于不在此系统运行，就无法了解生产经营过程的实际成本实现标准成本的状况，再者它没有控制指令。随着经济的发展，企业规模的不断扩大，会计理论工作者和实践工作者没有将莱曼米尔公司的做法传承和完善，却把会计控制功能萌发的雏形丢掉了。今天我们重温莱曼米尔公司的做法，仍不可否认对会计控制功能组织结构的建立具有指导意义，只要设置控制指令，并使它在会计要素组织结构系统内运行，就能建立企业会计系统各层次的子系统，并能把它们连接成整体，使其符合控制论的理论要求，对生产经营过程实行控制，实现企业会计系统的目的。

（三）垂直统一管理企业组织会计的控制功能

这种企业组织形式是将原材料的生产、产品制造、销售集中在一个企业内进行。这种管理的组织形式，从系统理论来说就是在原有的单一业务管理之上加一层管理机构，此机构专门协调每个部门即下一层次单一业务问题，以保证企业的整体绩效。也就是说，部门即下一层次仍然视为一个独立的单一业务企业，这样就能按原来的单一业务管理方法来管理部门即下一层次。因而单一业务企业的上层管理方法在垂直统一管理企业中就变成了部门即下一层次的管理方法。垂直统一管理企业的会计系统也像管理组织结构一样，分为两个层次，“……企业内部的各个部门依赖于那些在单一业务企业中发展起来的会计指标来评估自身绩效”。[7]但这些分散的效益指标，如单位成本、运营比率、存货周转率等很难与企业的整体绩效直接联系起来，为使部门与企业整体目标一致，“首先他们设计了预算指标，来协调和平衡内部资源从原材料流向最终顾客的过程。其次，他们开发了新的指标——投资回报率来比较企业各部门的绩效和企业的整体绩效。”[8]这两个指标是相互联系又相互独立的，都是为了协调部门活动以及企业总体目标与部门之间的目标，但仍不能对过程进行控制。预算指标，虽是组成整个控制的一个环节，但只处在控制的开始阶段，在实际过程中是否能够实现预算指标不得而知；而投资报酬率只用作比较企业各部门的绩效和企业整体绩效，并没有利用它对过程进行控制。

（四）多部门企业组织会计的控制功能

多部门企业组织结构就是企业从事多种产品的生产，它的管理组织机构又在垂直统一管理机构之上增加一个管理层，协调各部门的管理工作。通用汽车的会计系统是多部门企业的典范，它将预算和投资回报率的运用又推进了一步，将预算发展到弹性预算，消除了预计产（销）量与实际产（销）量不一致对差异产生的影响；对投资回报率的运用不仅是比较各部门的绩效，更是将投资回报率与预计产量、标准产量、标准价格有机结合在一起，对产量和价格进行控制，通过计算成本与价格的比例实行对成本的控制。然而这些控制都不是对过程的控制，不能确保过程产生的结果与预计结果一致。

从会计的历史对管理控制功能的演变过程可以得知会计本身是具有管理控制功能的。在单一产品、单一步骤的生产组织结构时，它是有真正的控制功能的。当生产的规模扩大使生产组织结构复杂后，会计的组织结构虽也发生了变化，但没有与复杂的生产组织结构完全一致地协调起来，因而不具有完整的控制功能。会计系统要建立什么样的组织结构才能与生产组织结构协调一致呢？它的组织结构既要控制到个人，才能重现会计通过记录对单一产品单一步骤进行控制的功能，又要根据生产组织结构的演变，把对个人的控制直至到企业的最上层联系成一个整体，通过会计系统对生产经营过程的控制，实现会计系统以及企业的整体目标。建立会计系统组织结构的重点是对单一业务企业会计组织结构的建立，因为只有它的组织结构与生产组织结构协调一致起来，才能不仅实现对个体的控制，还能将企业的不同层次连接成一个整体。因为垂直统一管理企业和多部门管理企业都是在单一业务管理的基础上建立的，只是在此基础上再加一个或两个管理层的组织结构。假如单一业务企业的会计组织结构与生产组织结构协调一致，投资回报率就能成为最上层的企业会计组织对下层的控制指令，将多部门企业与单一业务连接成整体，单一业务部门根据上层的投资回报率，确定对车间的控制指令，并通过层层分解，直至对个人的控制。这样就将个人到最上层连接成为一个整体了，这种连接又是通过会计要素组织结构完成的。因此会计要素组织结构是会计理论的重要组成部分，可是在会计理论里没有提到，在我国的基础会计、会计原理中提到的会计组织结构，是指会计人员行政组织结构。在西方涉及此理论，但所用的词汇不是“会计要素组织结构”，而是“范畴的结合”，实账户和虚账户的结合。账户设置的多少以及账户之间的结合，就是会计要素组织结构，结构不同会计系统的功能不同。有了虚账户的设置和实账户与虚账户的结合，就能通过账户计算出利润，通过成本账户的设置，就能使成本计算进入企业会计系统，将供、产、销的会计业务形成整体；有了完整的会计要素组织结构，投资回报率就不是事后的评估和事前的预测，而是能对事中进行控制了，能实现对生产经营过程事前、事中、事后的全部控制。

二、目前会计理论对会计控制功能的论述以及实践中会计履行的控制功能

（一）决策和控制

纵观国内外会计著作，无不贯彻会计为投资者和管理者提供信息。投资者和管理者首先根据会计信息作出决策，然后会计通过管理者作出的决策所产生的结果对管理者的业绩进行评价，因此可把这种决策和评价当作控制。这一理论的典型代表就是美国杰罗尔德·L·齐默尔曼教授所著的《决策与控制会计》，他在此书的前言就阐明了书名的理由："所有组织中的管理人员，不论是营利性组织还是非营利性组织的管理人员，在其职业生涯中都不可避免地要与企业的会计系统打交道。有时这些管理人员要利用会计系统来获取制定决策所需的信息。在另一些情况下，企业的会计系统被用来对企业管理人员的业绩和行为影响进行评价。会计系统既是制定决策的一个信息来源，也是组织控制机构的一个部分。因此，我将本书的题目定为《决策与控制会计》。"[9]

这里要解决两个问题，一是决策；二是控制。首先探讨一下企业会计系统是否能直接进行决策？要回答这一问题，就应弄清什么是决策。"对于一个企业的经理人员而言，所面临的最重大的战略决策不外乎是生产什么、产品销售多少。以什么样的价格出售以及相应的生产投入（如劳动物资资本）的数量及比例如何确定等问题。"[10]在决策的内容中，真正与会计系统有直接关系的，只是生产投入的劳动物资的数量及比例，即会计系统提供的产品成本数据及各种消耗资源比例。"……管理上运用的许多主要数据远远超出会计所能提供的能力。例如，市场需求、竞争状况、一般经营条件、工程设计、人事信息、法律规定和限制等。"[11]所以企业会计系统只能为企业管理人员提供力所能及的信息资料，"帮助"管理人员进行决策。对于对生产经营过程的控制，仍停留在对业绩的评价上，即对过程的结果进行评价，并未对执行过程进行控制，也就未通过对生产经营过程的控制来控制人的行为。它仍然停留在垂直统一管理和多部门管理的会计控制上。

（二）会计内部控制制度

会计内部控制制度，是企业管理内部控制制度的组成部分，是为了保证所有者的财产不受损失，它不能对生产经营过程的资源消耗进行控制，只是对会计人员职责行为的规范。如不相容职位的分离、岗位责任等。这种控制与会计原则和会计准则又不同。会计原则和会计准则虽然也是对会计人员行为的控制，但不是对会计人员职责行为的规范，而是控制会计人员是否按会计要素组织结构规定的程序、内容、方法对业务进行处理，是对业务处理进行规范，如发放职工福利支出不进"应付职工福利"，而进"企业管理费"账户；订阅全年的报刊费用或其他全年一次性费用，不进"待摊费用"，而全部支出直接进"管理费用"账户；原材料的计价方法或销售产品的成本计价方法随意改变来调节利润等。这都是不符合会计原则和准则的行为。现在很多会计理论工作者和会计人员一谈到会计控制就认为是会计内部控制制度把会计控制等同于会计内部控制制度。

（三）会计控制的人格化

1. 会计控制人格化的表现

现在会计理论所阐述的会计控制，都是论述会计部门或会计人员对其他员工的控制，即人对人的控制，控制主体是会计部门或会计人员，被控客体是生产经营过程中的员工，把内部会计制度对会计人员的控制，也可理解为是投资者或经营者对会计人员的控制，这都是会计控制人格化的表现。如“……会计控制实质上是控制主体意识的体现，即控制主体通过各种控制措施将自己的目标、要求、企望传达给控制者，使之用以规范和指导其行为。”[12]这里虽未提人对人的控制，但内涵是指人对人的控制。因为只有人才有意志，也只有人才有真正的行为。凡是控制都不是直接人对人的控制，它必须将人的意志转化成一个组织结构系统的控制指令，然后对被控客体进行控制，这个被控客体可能是一个物体（如自控机床生产的零件），也可能被控的是一个过程，如生产经营过程。对物体的控制很好理解不是人对人的控制，而对生产经营过程的控制，就很难理解不是人对人的控制了，因为生产经营过程是人操作的，资源消耗是人进行的，生产效率也是人的行为形成的。因此要节约资源消耗，提高效率，就必须对人的行为进行控制。但我们回想一下，为什么到目前为止仍不能在生产过程中提供实际成本达到标准成本的状况呢？为什么只能在生产过程结束后计算成本呢？当计算结果与标准成本不一致时，能改变已形成的结果吗？答案是不能。因为不能对已结束的过程进行控制，也就不能对生产经营过程进行控制，如果会计控制是人对人的控制，那么会计控制早就解决了。内部会计控制制度是对会计人员行为的控制，也不是人对人的控制，它是将人的意志转化成了内部会计控制制度，然后通过制度对会计人员的行为进行控制。正如法治和人治的道理一样，法治是通过法律来治理社会，它首先将人的意志转化成法律，然后按法律规定来治理社会。如果不将人的意志转化成法律，直接按人的意志治理社会，那就是人治了。内部会计控制制度也是如此，它是从人的意志转换过来的，当人的意志转换成为会计内控制度之后，会计内控制度就成为不以人的意志为转移的客观事物了，因此我们不能抽掉转换过程。

2. 会计人格化的原因

会计人格化有历史和认识两方面的原因，任何事物都有产生和发展过程，当人们还没认识到该事物的真正本质时，人们就会随事物产生的由来而自由发展变化。

（1）会计人格化的历史原因。

会计是从簿记发展而来的，簿记是以拟人化设置账户进行复式记账的，每一个账户以一位职员来代表。这样就将企业生产经营过程中按自然流程所发生的经济业务的内在联系被分割开了。“他们没有从理论上加以探讨，没有解释应当如何处理交易事项或者为什么对某一账户要借记而对另一账户要贷记。”[13]当时没有对生产经营过程发生的经济业务从内在联系进行分析，没有找出经济业务处理的规律性，“只是将每笔经济业务作为单个问题加以处理。”[14]所以当时是把规定的记账规则表“背诵下来”“生搬硬套”，对经济业务进行账务处理。“在18世纪初叶，一些教材的作者发现了簿记规则和账户拟人化的局限性，因而试图以讲授会计程序的逻辑原理而取代之。他们对复式记账法基本原理的论述标志着会计理论的开端。”[15]使簿记发展到会计，它是以程序的逻辑性进行账户的设置和复式记账，会计程序的逻辑性代替了簿记的拟人化。这是会计与簿记的主要区别。此时会计虽然脱离了簿记对业务处理的拟人化，但会计仍然是围绕企业的目的、资本的属性，特别是从业主立场看待账户意义的理论，他仍没有脱离人格化，这样会计业务处理的逻辑只停留在生产经营过程的自然流程即工艺流程上，不会把这种流程当作内部交易进行业务处理，这样就不能剖析生产经营过程，从而找不到产生利润的根本原因，也就改变不了企业会计系统人为的目的，找不到企业会计系统本身的客观存在的目的。这样企业会计系统业务处理的重点会随着经济发展阶段的主体不同而变化，从而不会尽心尽力地使簿记为整个经营活动服务。使会计理论和实务的发展脱离了会计产生的历史起点，也脱离了会计自身的目的。会计自然无法控制生产过程的资源消耗。

（2）会计人格化认识原因。

为什么人们把会计控制认为是人对人的控制？这是因为人们对企业会计系统的组成没有真正认识，人们基本上都把企业会计系统当成会计部门，由会计人员不同的岗位组成。这种认识是表面的，实际不然，它是由两个子系统组成的，一个是企业会计要素组织结构子系统；另一个是企业会计人员行政组织结构子系统（此理论在企业会计系统建立的依据内再阐述）。前者是会计控制职能的执行系统，后者是操作系统，只有前者具有了控制功能，操作系统才能把执行控制的功能发挥出来。会计要素组织结构系统，正如机器的设备组织结构系统一样，机器组织结构系统具有生产各种产品的功能，但没有工人的操作这种功能就发挥不出来，它必须要有一个操作系统，这个系统就是企业组织系统。它由车间、工段、班组、个人所组成，每个工人就是操作员。如果只有机器设备，它虽有生产能力，但没有操作系统，它仍是一堆废铁；如果只有操作系统，没有机器设备，就不可能高效地生产出产品，甚至生产不出优质产品。企业会计系统也是如此。只有企业会计要素组织结构系统，它即使有控制功能，也无法发挥出来；只有企业会计人员行政组织结构系统，没有企业会计要素组织结构系统，企业会计人员行政组织结构系统将无操作的对象，自然发挥不了控制功能，并且本身也不会存在，只有两者紧密地结合在一起，才能使会计要素组织结构所具有的控制功能发挥出来。由于会计理论工作者没有意识到企业会计要素组织结构系统的存在，也就没有研究将会计要素怎样组织结合才具有控制功能（要素的组织结构理论将在会计核算方法里阐述）。正因如此，人们将会计控制当成了会计人员行政组织结构和会计人员对生产经营过程的控制，使会计控制人格化。

（3）会计控制功能人格化的危害。

会计控制功能人格化最大的危害是使企业会计系统无法具有真正的控制功能。

什么是会计控制？会计控制是会计系统按确定的控制指令使被控客体运行，实现控制指令的要求。（即实现预定目标）。企业会计系统要具有这一控制功能，会计理论工作者必须要对企业会计要素的组织结构进行研究，因为系统的组织结构不同系统的功能就不同。当会计控制人格化后，就会使会计组织结构停留在企业会计人员行政组织结构上，不会意识到需要对企业会计要素的组织结构进行研究。

第四节　现有企业会计系统与管理学理论辨析

根据管理学为会计学提供的理论，在企业会计系统有哪些体现？或者是否还没有意识到会计理论与管理理论的切合点？

一、企业会计系统组织结构与生产经营过程组织结构的关系

管理理论与实践告诉我们，管理的组织结构应随生产经营的组织结构的发展变化而发展变化；长途铁路不能用短途铁路的管理办法进行管理；多产品生产不能按单一产品生产进行管理；企业会计系统也应如此。在现有企业会计系统与控制论的辨析中已提到，企业会计系统是由企业会计人员行政组织结构子系统和企业会计要素组织结构子系统构成。这两个子系统都应随生产组织结构的变化而变化。然而到目前为止，还未提出企业会计要素组织结构这一概念，更未进行研究。虽然利特尔顿教授提出了范畴的结合，设置了虚账户解决了通过账户计算利润问题。但他的这种结合只是在一个层级上的结合，而不是通过转换在两个层级之间的结合，解决会计系统对生产经营过程进行控制的问题。企业会计要素组织结构是会计人员处理经济业务的基石，只有有了真正的会计要素组织结构，会计人员才能通过控制指令把多层次企业从最上层到最下层直至个人，既分清责任、效率并实现一定的会计目标，又能形成一个有机的整体，它对任何公司、企业都适应，即使跨国公司也是如此。它能对内外交易不遗漏地处理一切经济业务。这一会计理论本应以生产经营过程组织结构同行，否则会计人员是无法处理企业内部单位发生的经济业务的。现在企业会计系统只能按供、产、销的流程进行静态平衡处理，企业会计要素组织结构是依附在企业供、产、销这一组织结构上的，会计系统没有自己的企业会计要素组织结构。从哲学理论来说，现在的会计业务处理，还处在“自在”的处理阶段中，没有进入“自为”处理阶段。会计理论发展到现在，与其他科学相比落后了很多。追溯原因企业会计系统没有像管理系统那样与生产组织结构一致，上层只对下层管理，下层只对日常事务进行处理，内部交易产生的经济业务，完全由下层会计机构去做，这时的企业会计要素组织结构，不能只按生产经营过程的供、产、销的关系来组织，而是要设置一个层与层之间的转换账户，通过此转换账户把内部交易的日常经济活动业务处理，全部转移到下一层次。企业会计行政组织机构只处理外部交易业务和对下一层次企业会计子系统的管理，并通过对子系统的管理，达到对生产经营过程的控制，从而实现企业会计系统的目的。

二、企业会计要素组织结构子系统与控制情景

建立会计要素组织结构子系统，一方面是为了把生产经营过程中发生的全部内部交易记录下来，只有全部记录下来才能分清内部单位的责任。另一方面，是为了对生产经营过程控制创造一个情景，因为内部单位之间只分清责任还不行，分清责任的目的是分清各自的效率、经济成果。为了做到此点，还必须按现有企业会计系统与协同学理论辨析时提到的把序参数引入企业会计要素组织结构子系统，对投入和产出按序参数进行控制，它的序参数就是标准成本，即内部交易价格只能按标准成本计算，这对各内部单位来讲，投入与产出的对比，都是按标准成本进行的，对此所产生的差异纯粹是消耗数量的差异，不存在价格差异。当产出大于投入产生的差异时，说明实际消耗的数量小于社会必要平均消耗量，由于内部单位的投入和产出都是一种交易，这种交易就与生产经营过程同行，当交易发生时会计人员就应做业务处理。这种业务处理与生产经营过程同行，使业务处理与生产过程一致起来。产生的差异就是现时（即刻）生产经营过程的差异。这时的会计记录就能重现生产经营过程实现标准成本的客观情况，会计人员就把这一客观情况（产生的差异）传递给执行单位直至操作的个人和上层管理者，执行单位、操作者、上层管理者、会计人员对产生的差异即刻进

行分析，对有利差异采取措施进行巩固，为制定以后的控制指令（序参数）打好基础；对不利差异采取有力措施消除，保证标准成本的实现。这种控制不是人的主观臆想，也不是人对人的控制，而是通过企业会计要素组织结构系统，把过程中每个内部单位实现标准成本的情况，现实地反映出来对生产经营过程控制创造一个情景，只有这种情景才能做到控制。现在的企业会计系统没有一个完善的企业会计要素组织结构子系统，不能把标准成本引入企业会计要素组织结构内组成子系统，标准成本不能进入系统运行，只能做事后的分析不能控制内部单位的资源消耗，也就控制不了过程。

三、现有的会计理论不符合科学管理的理论思想

科学管理的核心是劳资双方一场思想上的革命，使双方从盈利分配转到盈利产生上。其方法就是去掉操作中的无用动作，使动作标准化，提高劳动者的生产效率。会计是否也应该进行一次思想上的革命，利用标准成本将计算盈利转到增加产生的盈利并实现盈利上来呢？要进行这样的思想革命，必须将标准成本引入到企业会计系统的日常核算中来。现在的会计理论，虽引入了“标准成本”这一概念，但只是一种形式上的引进，并没有引进“标准”的实质，没有把生产经营过程中成本的形成哪些是有用的，哪些是无用的变成可视的。这里的可视是指可知道的（此问题在会计方法中再阐述）。

四、以会计内控制度代替企业会计系统的整个控制功能

德鲁克以目标贯穿企业管理的始终，企业会计系统也应如此。企业会计系统在一定的时间内、一定的环境下，一定要实现自己预先设定的目标，只有实现每个目标，才能真正实现会计的目的。由于在一定的时间内，环境是不断变化的。环境的变化，会引起企业生产经营过程系统内的偶发事件，这些偶发事件有的在预计之内，有的是没有意料到的。为了实现目标，必须对环境变化引起的生产经营过程系统的偶发事件进行控制，但这种控制并不完全只是管理学中所讲的内部控制制度。因为企业会计系统是由企业会计要素组织结构系统和企业会计人员行政组织结构系统两个平行的子系统组成的，会计内部控制制度只是在企业会计人员行政组织结构子系统内进行，他只是对操作系统进行控制，并不能使企业会计要素组织结构这一执行功能系统对生产经营过程的消耗进行控制。因此，我们不应只是机械地将内部控制制度引入企业会计系统，而是将管理学控制的实质引入企业会计系统。他控制的实质是什么？就是控制指令在管理系统内运行。只有这样才能对被控客体进行控制。目前，会计理论并未阐述此内容。

有控制就应有协调。协调与控制是相伴而行。如果只有控制没有协调，控制将无法坚持下去，最终也就实现不了目的。如某车间本月要完成 30 台产品，而某天某人的机床突然坏了不能生产，或者是缺乏某种材料使某工人停产等，如果没有人对这些偶发事件进行协调，只按本月 30 台产品进行控制，能进行下去吗？目标能实现吗？企业会计系统按标准成本进行控制，也就应按标准成本协调。当然，企业会计系统的协调，不能像生产管理通过设置人员岗位来协调，而是通过会计方法设置账户进行协调。现在的企业会计系统理论，既没有提出协调的功能，更未设置协调的账户。

关于管理学提供的会计是管理的理论，就不在此辨析了，此问题将在企业会计系统的本质中再阐述。

第五节　现有企业会计系统与经济学理论辨析

经济学和会计学到底是什么关系？是否只是经济学为会计学提供了理论基础？而会计学理论与经济学却没有什么关系吗？如果二者是这样的关系，那么正如父亲是儿子成长的基础，父亲要对儿子的成长负责，而儿子与父亲毫无关系这种道德观一样荒谬。既然经济学为会计学提供了理论基础，那么会计学就应按经济学的理论去做，使经济学理论得以实现，会计学理论是实现经济学理论的工具。这是符合哲学唯物辩证法的。

一、生产、生产关系与会计方程式

会计方程式是会计要素之间的静态平衡关系，以及利用这种静态平衡关系，对企业发生的经济业务进行处理，它是与经济学的生产、生产关系理论紧密结合在一起的。生产关系顾名思义，是由于生产引起来的各方面关系，没有生产就没有生产关系，人要生存就必须要进行生产。而要生产必须具备劳动手段、劳动对象和劳动力三要素，当这些要素一旦投入生产，它就会引起分配、交换、消耗，形成一个完整的生产关系。而会计要对这一过程进行记录，不能直接按生产力和生产关系的表现形式进行，必须按其表现形式进行归属抽象，形成组织企业会计系统的材料，然后将这些材料制成零部件，组成企业会计系统的组织结构，使企业会计系统具有自己的独特功能。现在所谓的会计方程式，是对生产经营过程及其与环境的关系归属抽象所形成的表达式。它是连接政治经济理论与会计理论的桥梁和纽带。而现在的会计理论只是利用它解释业务处理之间的关系。

二、经济学的价值理论与标准成本

在经济学为建立企业会计系统提供的理论基础一节中，已阐述了社会必要平均劳动决定商品价值这一经济学理论。在这一理论指导下，企业要取得社会平均利润或超额利润，就应使生产的产品成本必须等于或低于社会必要平均劳动（这里的产品成本应是经济学中的成本，成本中包括社会平均利润）。企业会计系统是企业系统的子系统，它应服务于企业系统，而企业会计系统是对“过程控制和观念总结”的一门学科，因此，它就应将生产过程的消耗和产生的利润控制在社会必要平均劳动之内，生产过程的消耗就应是生产产品的标准成本。这里产生了两个要解决的问题：一是社会必要平均劳动时间怎样确定？二是社会必要平均劳动时间中包括了企业产品应该发生的成本（按社会必要劳动扣除社会平均利润）和社会平均利润，那么怎样确定应该发生的成本？当应该发生的成本确定后，社会必要平均劳动时间即产品的价值减产品应该发生的成本，就是取得的社会平均利润。然而现在这三个数都是未知数，怎样解决？经济学中的价值理论为确定标准成本只是提供了理论依据，但没有提供标准成本的计算依据。以上问题在建立科学的企业会计要素组织结构系统中的标准成本的确定中再论述。我们必须把确定标准成本的理论依据和确定标准成本的计算依据结合起来，才能真正确定标准成本。

会计理论工作者把科学管理的“标准”这一概念引入了会计理论，建立了标准成本。但怎样运用标准成本解决会计中的理论和实践问题？在理论研究上是很不够的。“20 世纪早期的财务会计人员意识到，标准成本能够大大简化存货计价工作。然而，直到第二次世界大战以后，会计人员普遍仍然无法接受将标准成本信息记入财务会计账目的观点。”[16]将标准成本信息记入财务会计账目，不仅是第二次世界大战期间没有，直到现在都没有。20世纪初，哈林顿·埃默森“……的一系列论文中，对标准成本进行了更务实的研究。它划分了标准成本制度和实际成本制度……”他指出，“标准成本是经营企业的航海罗盘，它反映出企业这只船每月的适当航程。”但“埃默森不是一位会计师，也没有提出在总账上处理标准成本的方法，但他强调了将标准成本与通常的会计记录结合起来的必要性，指出这样做不仅可以系统地比较标准成本和实际上的支出，而且可以向经营责任者提供现行方法取得预期成果的证据……。尽管埃默森在理想标准和可达到标准之间举棋不定，但他提倡将时间作为‘实际成本单位’来采用……”[17]埃默森认识到了标准成本与会计记录的结合但没有解决，直到现在也无人解决。也就是说，标准成本融入企业会计系统内运行在100多年前就已提出，但一直未得到解决，标准成本在管理中并未发挥应有的作用。再者，埃默森并未对标准成本有真正的认识，因为他在“理想标准和可达到标准之间举棋不定”，之所以产生这种现象，是因为埃默森没有找到确定标准成本的理论依据和计算依据，没有与经济学的价值理论联系起来。所谓标准成本，无论在理论上和计算上都是客观的，既是客观的，标准成本就应只有一个，根据哲学理论，在一定的客观条件下，真理只有一个，标准成本也是如此。所以标准成本没有“理想”和“可达到”之分，标准成本就是标准成本，它既是理想的（客观的），又是可达到的。如果标准有多种选择，那么标准就不成其标准了。

埃默森没有解决的两个问题，直到现在也无人解决。管理会计虽有“本——量——利”分析来确定目标成本，这样确定的目标成本并未找到目标成本的客观理论依据，只是通过“本——量——利”的关系分析以及人们的主观愿望确定的，它没有确保实现的客观理论基础。其实目标成本是从标准成本转化而来的，它是有客观理论基础的，此问题在财务会计与管理会计一体化中阐述。

三、资本循环和周转与企业内部交易

企业是一个微观的经济运行系统，他同样有资本（资金）的循环与周转。在20世纪60年代的财务管理的教材中，介绍了供应、生产、销售三个阶段资本（资金）的循环与周转，其目的是核定企业所需总资本（资金），并未介绍生产阶段内各车间资本（资金）的循环和周转，因为车间与车间之间的产品是按工艺流程转移，没有意识到是一种交易行为，因而会计也就没有按市场交易进行业务处理。在此时，我国很多企业的会计部门进行了二级和三级（车间、工段或班组）核算，但由于没有把车间之间的产品转移当作交易处理，就无法改变原有的企业会计要素组织结构，也就无法使企业的一级核算、二级核算与三级核算形成有机整体。所以当时的二级、三级核算流于形式，对管理没多大用处。20世纪八九十年代的“厂内银行”，当时是风生水起火热了一阵，它虽对生产阶段的各车间所需资本（资金）进行了分配，对投入进行了控制，但未对产出进行真正的控制，把宏观社会经济的资本循环与周转机械地搬到企业内部运行，使企业会计要素不能形成科学的组织结构，其结果也不能使会计学成为一门真正的科学。

注释：

[1]《管理的实践》[美] 彼得·德鲁克著，齐若兰译，机械工业出版社，2006 年 1 月第 1 版第 7 页。

[2]《管理会计兴衰史相关性的遗失》托马斯·约翰逊，罗伯特·卡普兰著，金马工作室译，清华大学出版社，2004 年 4 月第 1 版第 15 页。

[3] [6]《管理会计兴衰史相关性的遗失》托马斯·约翰逊，罗伯特·卡普兰著，金马工作室译，清华大学出版社，2004 年 4 月第 1 版第 16 页。

[4]《管理会计兴衰史相关性的遗失》托马斯·约翰逊，罗伯特·卡普兰著，金马工作室译，清华大学出版社，2004 年 4 月第 1 版第 21 页。

[5]《管理会计兴衰史相关性的遗失》托马斯·约翰逊，罗伯特·卡普兰著，金马工作室译，清华大学出版社，2004 年 4 月第 1 版第 27－28 页。

[7] [8]《管理会计兴衰史相关性的遗失》托马斯·约翰逊，罗伯特·卡普兰著，金马工作室译，清华大学出版社，2004 年 4 月第 1 版第 46 页。

[9]《决策与控制会计》[美] 杰罗尔德·L. 齐默尔曼著，邱寒，熊焰韧，李芳译，东北财经大学出版社，2000 年 4 月第 1 版前言第 1 页。

[10]《决策与控制会计》[美] 杰罗尔德·L. 齐默尔曼著，邱寒，熊焰韧，李方译，东北财经大学出版社，2000 年 4 月第 1 版第 2 页。

[11]《会计理论结构》[美] A. C. 利特尔顿著，林志军，黄世忠等译，中国商业出版社，1989 年 8 月第 1 版第 27 页。

[12]《双元控制主体架构下现代企业会计控制的新思考》阎达五，宋建波著，《会计研究》，2000 年第 3 期。

[13] [14]《会计思想史》[美] 迈克尔·查特菲尔德著。文硕，董晓柏等译，中国商业出版社，1989 年 10 月第 1 版第 327 页。

[15]《会计思想史》[美] 迈克尔·查特菲尔德著。文硕，董晓柏等译，中国商业出版社，1989 年 10 月第 1 版第 331 页。

[16]《管理思想的演变》[美] 丹尼尔·A. 雷恩著。赵睿，肖聿，戴旸等译，中国社会科学出版社，2000 年 4 月第 1 版第 144 页。

[17]《管理会计兴衰史相关性的遗失》托马斯·约翰逊，罗伯特·卡普兰著。金马工作室译，清华大学出版社，2004 年 4 月第 1 版第 36 页。

[18]《会计思想史》[美] 迈克尔·查特菲尔德著，文硕，董晓柏等译，中国商业出版社，1989 年 10 月第 1 版第 256－257 页。

第三章

建立企业会计系统的依据和研究的客体

会计是由多要素并具有一定功能的结构组成的，它符合系统理论的定义，所以会计是一个系统，并且“会计是一种人为的系统”。[1]这是（美）利特尔顿教授在他所著的《会计理论结构》一书中认可的。所谓人为，并非凭人的主观想怎样建立就怎样建立，而是根据人们主观的需要和客观的可能建立的。这个客观可能就是建立企业会计系统的依据。根据系统分类所提供的理论，企业会计系统是根据实体系统建立的虚拟的、开放的、动态的人工系统。它又由企业会计要素组织结构系统和企业会计人员行政组织结构系统两个平行的子系统所组成。首先我们探讨建立企业会计要素组织结构系统的依据。

第一节　建立企业会计要素组织结构系统的客观依据

企业会计要素组织结构系统建立的依据，在目前的会计理论中没有明显的表述，也没有把企业会计系统分成企业会计要素组织结构系统和企业会计人员行政组织结构系统来表述，但现有会计理论对建立企业会计系统的依据还是有所涉及。现对建立企业会计要素组织结构系统分析如下：

一、赖以建立企业会计要素组织结构系统的实体依据

（一）以企业系统为依据来建立企业会计要素组织结构系统

根据（美）迈克尔·查特菲尔德教授所著的《会计思想史》一书的观点，企业会计系统是以企业系统为依据建立的，他在“会计理论史”一编中，第十六章的标题就是“会计理论：企业的观点”，在此章中又以“企业主体理论”和“企业理论”最能突出这一观点。利特尔顿教授也有同样的观点。他在《会计理论结构》一书中的“第二章重心”对会计的目的与企业的关系进行了论述。他认为企业概念可通过“企业服务、企业主体、企业期间和企业的努力与成就”这四条原则进行概述，而“这四条企业原则构成一个累进的序列，它好像一个用砖块砌成的棱锥体。在底部是企业原则存在的理由，最顶端是直接趋向于会计的要素。这是把企业的概念直接用于支撑会计的基本目的……从而使会计（手段）和企业活动（目的）连接起来”[2]既然企业原则存在理由的顶端是直接趋向于会计要素的，那么企业就能抽象出组成企业会计系统的要素，企业就成为了企业会计系统建立的依据。现在的会计假设第一个就是“企业主体”假设，也是以企业系统为依据建立企业会计系统的，那么企业系统是否是企业会计系统建立的依据？

企业系统不是纯粹的一方面人工实体系统，它由人造的实体系统和虚拟人工系统组成。人工实体系统又有基本生产经营过程系统、基本建设（改建和扩建）系统、新产品开发系统所组成。虚拟人工系统又由计划、物资供应、生产、销售、技术（解决产品设计和工艺设计施工中的问题）、质量、生产安全、财务等管理系统、会计系统组成。所以企业系统是一个人工实体系统和人工虚拟系统组成的混合系统。从企业系统组成来看，它所包括的这些系统，都是企业系统的子系统，企业系统是母系统。企业会计系统只是企业母系统中的一个子系统。根据系统理论，虚拟系统只能根据人工实体系统建立，既然企业系统是一个混合系统，企业系统就不能成为企业会计系统建立的依据；再者，由于企业会计系统只是企业系统的一个子系统，以母系统作为建立子系统的依据，也不符合逻辑。

根据利特尔顿教授的理论，企业系统是建立企业会计系统的依据，但他所指的“最顶端是直接趋向于会计的要素”，并非指资产、负债、所有者权益、费用、收入这五个会计要素，而是指“账户”“交易”“记账”，他在论述模型的要素指出“……我们首先介绍了簿记要素：‘账户’被描述为分类的类目；‘交易’被看作是应加以分析而归类的原始数据；‘记账’则被认为是由数据处理和分类技巧的使用所构成的。”[3]利特尔顿教授所认为的三个会计要素，都不是组成企业会计系统的要素。账户和记账在现在的会计原理中列入会计方法。会计方法与会计要素是两个不同的概念。账户只是组成会计系统的零件，零件是根据材料（要素）制作的，没有材料（要素）是制作不出零件的。记账就是登记账本，它是只有在企业会计系统成立后才有的行为，没有企业会计系统的存在，绝不会产生记账的行为；交易本身与会计无关，它是物品在流通过程中的一种交换行为，无论是企业外部交易还是企业内部单位之间的交易都如此。交易后所取得证据，也只能是会计系统进行业务处理的客体。企业系统不能直接抽象出资产、负债、所有者权益、费用、收入，所以它不能成为企业会计系统建立的依据。

（二）以投资者为依据来建立企业会计系统

企业会计系统将生产经营过程所产生的结果编制成会计报表，确实它既可间接服务于投资者，又可指导投资者的投资方向，但投资者只有投资的资本，不与投资的实体结合，它不可能形成实体系统。然而，当投资者一旦和投资的实体结合，所形成的实体就不是投资者了，而是企业。它的投资形成了所有者权益，只是组成企业会计系统的一个要素，所以它不可能形成赖以建立企业会计系统的实体系统。

资本主义社会之前的庄园主的管家（会计）是管理庄园主的财产的，此时庄园主也不能成为建立庄园会计系统的依据。因为既然是管理财产，财产就有一个产生过程，这个过程就为庄园会计系统的建立提供了一定依据。庄园主是利用会计对自己财产进行管理，会计是通过对庄园财产的管理为庄园主服务。因此，会计服务的直接对象不是庄园主，而是财产的生产过程，我们不能抽掉会计直接服务的对象，而把利用会计为自己服务的庄园主变为会计直接服务的对象。因此，庄园主也不能成为建立庄园会计系统的依据。

（三）以企业的生产经营过程系统为依据来建立企业会计系统

生产经营过程系统是企业母系统中唯一一个实体子系统，企业系统中所建立的所有管理虚拟子系统，都是根据这一实体子系统建立的，对这一实体子系统进行不同方面的指导和服务。如计划管理子系统，它对整个生产经营过程子系统进行各方面的总体计划安排，在执行过程中进行各方面的协调服务，指导怎样保证完成总体计划；物资供应管理子系统根据生产经营过程子系统所需物资，进行计划、采购、验收、保管，保证生产经营过程子系统所需物资的供应；生产管理子系统，对生产过程进行具体的计划安排（如生产作业计划），在生产过程中，根据各方面完成计划情况进行调度协调，保证完成生产计划所规定的产量；销售管理子系统，对销售量进行具体计划，并在销售过程中，指导怎样完成计划；产品质量控制子系统，为保证产品的质量进行服务和控制；技术管理子系统，规定产品生产的技术要求和产品生产流程及其管理，为每个产品生产工人提供产品零件图和工艺加工图，并及时解决生产中发生的技术问题等；企业会计系统也是企业系统的虚拟子系统（子系统是对企业母系统而言，对会计而言，它就是企业会计系统），自然也应以生产经营过程子系统来建立，但企业会计系统与企业计划、物资、生产、质量控制、技术管理子系统等不同，这些子系统都只局限在本企业范围内，而企业会计系统所反映的内容已超出了企业的范围。因为生产经营过程要不断地连续进行，必须与企业外界环境发生关系，企业会计系统必须把生产经营过程与外界所发生的关系反映出来。企业会计系统与企业物资供应管理子系统以及销售管理子系统也不同，这两个管理子系统虽超出了本企业范围，但只与市场打交道；而企业会计系统本身虽不与市场打交道，但它反映与处理的业务都与市场有关，并超出了市场的范围，它要反映生产经营过程子系统与环境产生的各种关系（如投资者、债权人、国家等），否则，它就不能循环，并且不能反映企业经营活动的真实客观情况。生产经营过程系统这一表述，没有包括与环境的关系，与会计所反映的内容不一致，所以它也不能成为企业会计系统建立的客观依据。

（四）以生产方式来建立企业会计系统

生产方式是人们取得物质资料的方法形式。它包括生产力和生产关系两方面，并且是两者的辩证统一，生产方式决定社会的性质。

生产力是人们在自然界取得物质资料的一种能力。它包括劳动资料（劳动手段即工具和劳动对象）和劳动力。在生产力中，“劳动者是生产力中起主导作用的要素，没有劳动者的劳动，生产工具和其他劳动资料只不过是一堆死物，不能成为现实的生产力。生产工具的制造和改进都是通过劳动者实现的。劳动者是首要的生产力。”[4]生产力三要素的有机结合，形成了企业的生产经营过程。在企业里，生产经营过程是生产力的具体表现形式。

生产关系是人们在生产中形成的人们之间的社会关系，就是生产关系。生产关系是随企业的生产经营过程的运动形成的，它是生产经营运动过程的产物即结果。根据马克思理论，它包括生产、分配、交换、消费。没有生产关系就没有生产经营过程；而没有生产经营过程生产关系也无法体现出来，二者是相依相伴的，二者的辩证统一就构成了生产方式。虽然生产方式包括了生产经营过程所发生的经济业务，而且包括了与社会和生产经营过程内部的各种关系以及与投资者的关系，也能抽象出建立企业会计组织结构系统全部的会计要素，同时又能把《政治经济学》研究的对象——生产关系以及伴随生产关系的生产力的发展变化规律结合在一起，使《政治经济学》研究的对象成为《会计学》的理论基础，《会计学》成为《政治经济学》在微观经济（企业）中的表现形式，使《政治经济学》与《会计学》有机融合在一起。但根据系统理论，生产方式并不是一个单纯的实体系统，只有生产力形成的生产经营过程系统才是实体系统，生产关系只是产生经营过程系统在运行中与内部和外部环境发生的一种联系，是一种无形的，并且生产关系是《政治经济学》主要研究的内容。因此，生产方式不能形成建立企业会计系统的依据。

（五）以生产经营过程系统及其与环境的关系建立企业会计系统

建立企业会计系统，肯定是不能离开生产组织系统，因为“引出会计分析要素的，是产业革命，而不是以前的簿记改革。”[5]同时它也不能离开与环境的关系，“复试簿记主要是应必须解决的商业上的要求而诞生的，”[6]“会计的改良通常是与一个国家商业活动和国力的急速增长同时进行的，”[7]没有商业这种社会经济的产生，也就不会有产业革命。没有产业革命，就不会有完整的会计要素的产生，也就不存在企业会计要素组织结构，簿记也就不会改革和发展。所以企业会计系统的依据是与生产组织结构和环境紧密相连的。

前已阐述单纯的生产经营过程系统这种表述，是不能成为组成企业会计要素组织结构的依据。但根据系统的开放性原理，生产经营过程系统要想存在，就必须开放并与环境发生关系，把它用语言表达出来，就是生产经营过程及其与环境的关系，它将生产力和生产关系融合在一体，能完全抽象出所有会计要素，又符合系统理论建立虚拟人工系统的理论要求，所以生产经营过程系统及其与环境的关系才是建立企业会计系统的依据。

二、建立企业会计要素组织结构系统的科学理论依据

以上从系统分类的人工实体系统与人工虚拟系统的依存关系阐述了建立企业会计要素组织结构系统的实体依据，但只能从作为依据的实体系统中抽象出建立企业会计要素组织结构系统的材料，有了材料，还要将材料加工成零部件，然后将零部件组装成整体。这里的问题是：根据什么理论制造出多少个零部件呢？这些零部件又怎样结合在一起，发挥出它最好的功能，这就是组织结构问题。（企业会计系统的组织结构，不同于会计理论结构，它是指组成企业会计系统的要素怎样结合），组织结构不同，操作的程序不同，功能也就不同。为了使企业会计要素组织结构系统的功能更加完善，必须按照科学的理论依据建立科学的企业会计要素组织结构系统。为此，我们必须对现有企业会计要素组织结构系统进行分析。现有企业会计要素组织结构系统是以直观的生产经营过程系统和生产工艺流程为依据建立的。生产经营过程系统自然的把供应过程、生产过程、销售过程结合在一起；而生产工艺流程把生产过程各车间、工段、班组、个人有机结合在一起，产品的生产制造按产品工艺流程规定的路线流动。因此现有的企业会计要素组织结构系统，既没有按生产经营过程系统各阶段的不同特点进行组织，也没有按生产过程不同单位，不同步骤进行组织。因为各阶段不同的特点决定占用资源的依据不同，为企业创造财富的方式不同。而生产过程各车间、车间下的工段、班组、个人的效率不同，为了分清责任，提高效率，必须对现在的企业会计要素组织结构系统进行改进。既然企业会计要素组织结构系统是为了提高效率，就应对效率有一个评判的客观标准，就应按这一客观标准组织企业会计要素组织结构系统。这一客观标准就是生产产品的社会必要平均劳动时间。因为只有这一标准，才能得到社会的认可，企业才能取得应有的利润，企业会计系统也才能在社会经济运行中取得一席自己应有的位置，也才能在社会经济运行中发挥自己应有的作用。因此，建立企业会计要素组织结构系统的科学理论依据应是政治经济学中的价值理论。按这一理论组织企业会计要素组织结构系统，它既与企业的生产经营过程系统有紧密的关系，但又是一个相对独立的系统；同时为指导生产经营过程系统找到了科学的客观的理论依据；然而它又找到了会计与政治经济学的关系，又把企业这一基本经济单位与社会经济有机结合在一起，使企业与社会经济形成一个有机整体。

第二节 会计要素与生产经营过程系统及其与环境的关系

会计要素是1993年我国会计为了与西方接轨，进行改革时从西方引入的概念。当时教科书对会计要素一般是这样解释的：会计要素是会计对象的具体化。有的教材是这样论述的："会计要素是对会计对象的基本分类。之所以要对会计对象进行基本分类是由于会计对象比较抽象，要从整体上把握会计的内容，只有对会计对象进行恰当的分解，形成基本的、相互独立而又相互联系的几个部分，才能从质和量上准确地用文字与金额描述会计对象，了解价值增值运动。"[8]此意就是具体化，而具体化的方法就是对会计对象进行分类。这些解释，听起来颇有道理，但仔细分析，它既不符合实际情况也不符合逻辑。不符合实际情况是：在未引进会计要素前，我国的会计理论只提会计对象，而对对象的阐述是从供、产、销三个阶段展开的，供应阶段购入原材料，生产阶段投入原材料形成在制品、半成品，完工后形成产品；销售阶段卖出产品，取得货币资金。会计要素把此三阶段占用和取得的财产都叫资产，这里的对象和要素哪个具体？哪个抽象？不能用抽象和具体来说明两者的区别与联系。不符合逻辑是"因为会计对象独立于会计信息系统之外"。[9]我们暂时不管会计是什么性质的系统，会计对象独立于会计系统之外，这个观点反映了客观情况是对的。会计对象对企业会计系统来说是客体，会计要素是组成企业会计系统的材料，属于企业会计系统的内容，两者不在一个系统内。那么会计对象与会计要素就不是一码事，既然不是一码事，那么要素又怎能把对象具体化？

我们再看西方对会计要素的阐述。由（美）P. H. 沃尔金巴克、N. E. 迪特里克、E. I. 汉森合著的《会计原理》一书，是通过资产负债表引出会计方程式，然后对资产、负债、业主产权进行解释。这种本末倒置的理论逻辑违背了客观情况，使初学者只能知其然，不能知其所以然。资产负债表只是生产经营过程某一时点相对静止的结果，它是由过程产生的。（美）会计学者用资产负债表引出会计三个要素和它们之间的关系，那么就应先有资产负债表，这个资产负债表从何而来？它的三个要素又是从何而来？没有三个要素，又怎样编制出资产负债表？我国的会计学者认为"……资产、负债、所有者权益三个会计要素之间的数量关系……它是……编制财务报表等会计核算方法建立的理论基础……"，[10]这才是符合客观的逻辑。用资产负债表引出会计方程式这种本末倒置的理论，割断了会计理论与会计产生和发展之间的客观联系，束缚了人的思维，阻碍了会计理论的发展。（美）会计学者对另外两个会计要素即费用和收入又是通过"影响业主产权的交易"[11]来阐述的。收入和费用确实影响业主产权。但这种阐述，只是从表面的数字关系而没有从本质上进行阐述，并且把收入和费用对业主产权的影响分别进行论述。业主产权要想增加，收入中必须包含社会平均利润，要想得到更多的产权，收入中不仅要包含社会平均利润，还要包括超额利润，这个利润不是只知道业主产权分别与收入和费用的关系所能解决得了的。因为收入与费用是由生产经营过程系统中产生的，生产经营过程系统是一个动态过程，所以收入和费用也是一个动态过程，既是动态的就会有变化，收入与费用变化的结果，也就引起资产、负债和所有者权益发生变化，变化的"原因是企业的投入产出相比较的结果。"[12]因此，必须将收入和费用结合在一起进行考虑。只有生产过程中生产出合格且优质并为社会需要的产品，还要生产的费用与社会必要平均消耗一致或低于社会必要平均消耗，这时取得的收入才会真正增加业主产权。要做到这些，会计理论必须体现《政治经济学》中以及西方经济学中的价值理论，必须从价值理论引出和解释收入和费用。因此，以业主权益引出费用和收入，割断了企业与社会的联系，失去了以《政治经济学》的价值理论作为会计理论的基础，把会计引到了不正确的方向。西方的会计理论并未阐述会计要素是什么，它是由什么产生的。

以上对会计要素与会计对象的关系的一些不正确的认识进行了简略的叙述，那么什么是会计要素？会计要素是组成会计系统的元素。它是生产经营过程系统及其与环境的关系不同组成内容的性质中抽象出的概念，将生产经营过程系统及其与环境的关系的内容转化成企业会计系统的内容。目前，它包括资产、负债、所有者权益、收入、费用。

从此概念中，我们不难发现生产经营过程系统及其与环境的关系与会计要素不是一回事，但企业会计系统要对生产经营过程系统及其与环境的关系进行反映（记录），怎样做到这一点？这就必须要求生产经营过程系统及其与环境的关系的内容转化成企业会计系统的内容，只有这样，企业会计系统才能如实地记录生产经营过程系统及其与环境的关系的运动过程和暂时相对静止的结果。所以会计要素与生产经营过程系统及其与环境的关系既有区别又有联系。生产经营过程系统及其与环境的关系只是建立企业会计系统的实体依据，会计要素是建立企业会计系统的材料，材料是从实体依据转化而来的。

生产经营过程系统及其与环境的关系是怎样转化成会计要素的？停留在生产经营过程系统的物质资源包括为生产储备的各种原材料、工具（低值易耗品）、投入生产的在制品、半成品、完工未出售的产成品、固定资产、为以后生产支出待转化的成本以及销售后取得的货币资金和产品产权转移后未取得的货款、为以后生产准备的货币资金、对外投资、无形资产、其他资产等，抽象为资产，它包括了劳动手段和劳动对象；当完工产品出售后，在生产过程所形成的成本和期间成本以及销售过程中发生的各种支出，抽象为费用；销售所取得的货币资金以及产权已转移所取得的收取权抽象为收入；不同的投资者以各种不同形式的投资以及生产经营过程中实现的利润通过分配后留成部分和用作集体福利部分，抽象为所有者权益；生产经营过程系统与社会各个方面、单位发生的未付款项的关系以及为以后支出所需而提取的款项，如银行贷款、未上交国家的税金、在交易过程中未付的购货款、未付投资者的利润分成、未付职工的工资、预提成本、应付职工福利等抽象为负债。这五个要素是与生产经营过程系统及其与环境的关系交织在一起的。

把生产经营过程系统及其与环境的关系作为建立企业会计系统的实体依据，还有一个原因是能科学地建立会计动态平衡式并对它进行科学的解释，此问题在会计要素之间的关系中再阐述。

我国有学者认为“对会计对象进行基本分类形成会计要素，那么到底形成多少个会计要素才算合理?”[13]首先要明确，会计要素不是分类。分类是不要抽象的，它只是按不同的标志分类，如对人口的统计，可按年龄、性别、文化程度、工作性质、宗教信仰、种族等进行统计，这些标志不需进行抽象，而是一目了然的具体特征。而会计要素却不是这样，它是建立企业会计系统的材料，它所需要的材料有两个原则，一是会计要素要囊括生产经营过程系统及其与环境的关系的方方面面；二是能建立一个完整的企业会计系统。二者是相互联系的，只有会计要素囊括了整个生产经营过程系统及其与环境的关系，会计要素才完整。会计要素与账户也不要混为一谈，两者也是有区别的，此问题将在会计方法设置账户中论述。

综上所述，会计要素与现有会计理论所论述的会计对象（生产经营过程系统及其与环境的关系）存在于两个不同的系统，两者不能混为一谈。但两者又紧密相联，会计对象是企业会计系统建立的实体依据，而企业会计系统建立的材料——会计要素是从会计对象抽象出来的概念，将会计对象的内容转化成企业会计系统的内容。不通过这一转化，把会计对象的内容直接说成是企业会计系统的内容，这是错误的。

利特尔顿教授提出“会计系统（是指企业会计系统——笔者注）由三大要素（除了运行规则之外）构成：①分类账（分类类目表）；②原始记录簿（有效地产生有条理的序时记录的一组机制）；③原始凭证（有待应用记账规则将其转化为账户数据的原始资料）。”[14]这里应指出的是：会计要素是组建企业会计系统的材料，而不是组建企业会计系统的零件，建立系统需要的材料与组成的零件是有区别的。此问题在企业会计系统的方法中阐述。账户和原始记录簿只是组成企业会计系统的零件而不是材料。另外“原始凭证”是会计业务处理的客体，它只是生产经营过程系统及其与环境的关系实现状况的证明。既是客体，就不应在企业会计系统之内。所以它既不是组成会计系统的零件，更不是组成会计系统的材料，它必须通过企业会计系统进行业务处理，进入企业会计系统，否则，要会计业务处理做什么呢？

利特尔顿教授在《会计理论结构》一书中两处提到了会计要素，但两处所说的要素不一样，在“分类的系统”一章提到的会计系统三大要素是分类账、原始记录簿、原始凭证；而在“模型的要素”一章提到的簿记要素是账户、交易、记账，他所提出的这些要素，不管是会计系统的要素还是簿记要素，都不是会计要素，前面都已作了分析。

第三节 会计要素之间的关系及会计动态平衡式的实质

在现有的会计理论中，对要素之间的关系是用“资产 = 所有者权益 + 负债”来表述的，并把此等式称为会计方程式或会计恒等式。这一表述是否完全科学，先不论及。在讨论这一问题之前，我们先讨论一下每一个会计要素。

一、对会计要素的重新认识

首先讨论一下“资产”这一要素是否科学。什么是“资产”？“资产是指企业过去的交易或者事项形成的、由企业拥有或者控制的、预期会给企业带来经济利益的资源。”[15]它包括流动资产（各种货币资金、短期投资、应收票据、应收账款、预付账款、其他应收款以及各种存货——原材料、半成品在制品、产成品、低值易耗品等）、长期投资（长期股权投资和长期债权投资）、固定资产（各种房屋及建筑物、各种机器设备、交通运输设备、工具器具）、无形资产（专利权、商标权、著作权、专有技术、商誉等）、其他资产（长于一个年度的各种摊销费用、国家批准储备的特种物资、银行冻结存款以及临时设施和涉及诉讼中的财产等）。从资产的定义来说，它是一种资源，既然是资源那就不仅是财力和物力，而且还有人力。然而人力不是商品，特别是在社会主义的国家里。在资本主义国家里，资本家购买的也不是劳动力或劳动。如果购买的是劳动或劳动力，西方的企业为何给员工发放奖金或配干股？

人力资源是生产活动中很重要的资源，是生产力中最活跃最积极的因素。没有人力资源，也就不存在生产经营过程系统。企业会计系统要对生产经营过程系统进行控制，就是对资源消耗进行控制，一是控制物质资源的消耗；二是提高人的劳动效率，在一定的时间内，尽可能生产出又多又好的产品。在生产经营过程系统中，财力和物力消耗的多少，不是财力、物力本身所能确定的，而是由人在生产经营过程系统中的行为所确定的，通过对物质资源的控制达到对人的行为的控制，因为"……能够增大的资源只能是人力资源，所有其他的资源都受机械法则的制约。人们可以更好地利用这些资源，或者较差地利用这些资源，但是这些资源绝不会产生出比投入的总量更大的产出。相反，在将非人力资源汇集在一起的过程中，始终存在着一个如何将由于摩擦等原因造成不可避免的产出损耗控制在最低限度的问题。"[16]三是激发劳动者的创新能力——设计出更先进的产品和工艺，改良现有的设备，从而又节约更多的劳动时间和财力物力。企业会计系统要做到此点，现在所谓的会计方程式或恒等式必须包括"人"这一因素，在科学管理"时期人成为组织中最重要的资产……"[17]然而人力资源不是资产，但它是资源，所以应把现在会计方程式的资产改为资源。这样人力资源就包括在内了，只有把人力资源包括在内，资源才会预期给企业带来经济利益。没有人力资源的参加，光物质资源（即现在所说的资产）是不能在预期内给企业带来经济效益的。把人力资源排除在会计方程式之外，是以西方经济理论作为会计理论的基础，因此应将现在此时的方程式改为："资源＝所有者权益＋负债"，把资产改成了资源，那么什么是资源？资源是指企业过去的交易或者事项形成的，由企业拥有或者控制的，预期会给企业带来经济利益，可被利用来实现某种既定目标的有形物质和无形资源以及人的未来的无形努力。它包括有形资源、无形资源和未来资源。

只有这样定义，才是客观科学的。因为这一定义中，给企业带来经济利益的既有物质资源，也有人力资源，前者只是带来经济利益的前提条件，后者才是带来经济利益的内在原因。只有二者的有机结合，才能给企业带来经济利益，缺一不可。而现在资产的定义，只是指物质资源，不包括人力资源在内，这一定义完全是建立在西方经济理论之上的。

会计要使劳动者的主观能动性发挥出来，不是把现在所谓的会计方程式中的资产改为资源就能做到的。劳动者存在的能力，是否愿意发挥出来，对劳动者来说是一种投资。愿意投资，付出的努力大于投资额，就会产生财富，它是产生财富的资源。所以所有者权益这一会计要素，不仅是所有者投入的财力和物力，还应包括人的能力发挥的投资。但人力的投资与财力和物力的投资是有区别的，前者在生产经营过程开始之前是无形的，它要在生产经营过程中发挥出来，而在生产经营过程结束后才能体现出来，它是一种未来资源。它的发挥与体现是通过费用和收入这两个要素完成的，所以现有的三个要素表示的会计方程式一定要改为五个要素来表示，只有五个要素表示，才能表示所有的内容，从数字来讲，左右两边也才能相等。在生产经营过程结束时，根据劳动者投资的多少，分发奖金和干股。劳动者的工资只是按应聘岗位劳动要求确定的投资额。因此，它既是一种资源，又是一种投资，它集资源与投资于一体，所以人力资源存在于方程式的两边，只有人的能力投资出来，人力资源才存在，人力资源与物力、财力资源不同，他既不能储存，也不能与投资者分离，他的存在是与生产经营过程的消耗同行。目前在会计业务处理上也有其特点，对人力资源的量化是通过"应付工资"进行的（此处理与实际情况不符，将在会计计价中解答），当人力资源投资出来后，就形成了生产经营过程的费用，投资产生效益的大小与费用成反比例。当劳动者所产生的效益与他的投资不一致时，就形成了企业的利润或亏损。亚当·斯密也认为劳动者创造利润，“制造业工人把劳动投入到劳动对象上，劳动对象的价值增加。这样增加的价值通常可以补偿工资的价值，并产生利润。”[18]所以企业的利润或亏损都有劳动者的一份，企业之所以发给职工奖金和配给干股，道理就在人力资源是一种投资。而目前的会计方程式资产中不包括人力资源，而利润中也不包括人力资源投资所产生的利润，把利润都说成是物力、财力的投资者所有。所以现有会计方程式中的资产这一概念是不科学的，会计方程式“资产 = 所有者权益 + 负债”，没有包含人力资源在内。如果说人力资源包括在负债内（即应付工资内），那是不符合客观实际的，现在对劳动者暂定报酬的处理，是会计理论工作者没有认识到人力资源的本质造成的错误处理。假如把会计方程式中的资产改为资源，而所有者权益和负债仍然没有包括人力资源投资所产生的利润，他的利润是体现在收入和费用中，所以当会计方程式中的资产改为资源后，它的等式右方必须加上收入和费用两个要素，即会计方程式为：“资源 = 所有者权益 + 负债 + 收入 - 费用”。由于现有的会计方程式不包括人力资源，更没把他作为投资看待，因而无法从理论上解释奖金的发放以及配给员工的干股，只是从激励员工积极性的角度来解释，那么奖金和配给的干股从何而来，难道是物质资源投资者拿出一部分应得给员工的？如果是这样，物质资源投资者绝对不会给员工发奖金和配干股。之所以发奖金和配干股是因为人力资源是一种投资。除此之外，现有的会计恒等式没有反映财富的产生和实现，不能把会计理论与《政治经济学》理论紧密结合在一起，特别是与《政治经济学》的价值理论和资本循环和周转理论紧密结合在一起，它只是一个最终结果的静态表达式。这个表达式是不符合客观情况的，只有将五个要素列成的方程式，才与客观情况一致。

资源是企业进行生产经营活动的重要方面，也是会计方程式的重要方面，它的运行使企业与环境产生各种关系。

我国不少学者提出了人力资源会计并进行了大量研究，但未涉及人力资源投资问题，也未涉及到现有的会计方程式和“应付工资”等会计账户问题。

“所有者权益是指企业资产扣除负债后由所有者享有的剩余权益。”[19]美国把所有者权益定义为“业主产权等于企业的净资产，净资产被定义为资产与负债之间的差额。”[20]这两个定义，实质是一样的，都是指资产与负债的差额。此定义只是从数量关系上解释所有者权益，并未从质上进行定义，再者未包括人力资源的投资。因此所有权应有两方面的权益，一是拥有权；二是索取权。现有的定义，只有拥有权，没有索取权。拥有权只有在企业破产清算时才真正体现出来。作为投资者所要求的权益，不是为了破产清算的权益，而是在生产经营过程中的权益。投资者之所以投资，是为了索取生产经营过程中所创造的财富大于所耗费的财富的差额，即收入大于费用的差额，在经济学中称为的利润。这种索取权是人力资源投资者和财力、物力投资者共享的，而拥有权只属于财力、物力投资者，当企业破产清算时不存在人力资源的投资，人力资源自然就不存在拥有权；在生产经营过程中，它也只存在发挥和实现，体现在收入和费用中，从而它拥有索取权，而没有拥有权，它的拥有就是自己身躯所存在的一切。所以所有者权益应定义为：所有者权益是投资者投入的人、财、物在企业生产经营过程中所取得的索取权和财力、物力，投资者对企业资源扣除负债后的拥有权。拥有权等于企业的净资产。它是表述投资者与企业的一种关系。

“负债是指企业过去的交易或者事项形成的、预期会导致经济利益流出企业的现时义务”。[21]此定义受西方“流入论”的影响。如果企业在交易和事项当时把款项付清，是等价交换或应履行的义务，就不存在负债，也就不存在经济利益的流出，而事后支付，或事后交易只是承担的一种责任。所以负债应定义为企业由于交易和事项与付款时间不一致所承担的在未来用资源支付的一种责任。此定义没讲过去的交易，是因为预收账款也是负债，它是收款在先，而真正的交易在后，因此，只要交易与付款时间上不一致时，都会形成负债。由于交易引起的负债有：应付票据、应付账款、预收账款；由于事项引起的负债有：银行借款、目前还有应付工资、应付福利费、应付股利、预提费用、其他应付款、应交税费。它反映的是企业与个人、其他企业单位、社会团体以及国家之间的关系。

收入这一概念，会计界有不同的理解。“早期学者坚持流转过程论（Flow process opproach），视收入为一种流转过程，即企业在某一特定期间进行的物品和劳务的创造过程。企业经营过程的‘产品’，应通过资产的流出才能转化为收入。比如，美国会计学会的会计概念与准则委员会于1957年将收入定义为‘企业在某一期间转让给消费者的产品或劳务总量的货币表现’。……另一种观点即‘流入论’（Inflow approach）。这种观点认为，收入是企业在经营过程中所产生的现金（或其他资产）流入量，它应通过销售物品和提供劳务而实现，而且是通过流入的资产来计量。”[22]

在2006年我国《企业会计准则——基本准则》及《企业会计准则第14号——收入》中，对收入下的定义是“收入是指企业在日常活动中形成的、会导致所有者权益增加的、与所有者投入资本无关的经济利益的总流入。”[23]以上定义是否科学，应从五个方面分析：一是要阐明收入的产生，只有说明产生的根源，收入才不会是无源之水、无本之木；二是要阐明收入的实现，只产生不实现，收入还是水中月、镜中花；三是要阐明收入在生产经营过程中的作用，不阐明收入在生产经营过程中的作用，收入将失去意义；四是要阐明收入不一定大于费用，取得利润，它应包含有利润或亏损两方面；五是收入是从环境中取得（在环境中产生和实现），它应符合系统理论的开放性原理。只有企业会计系统向环境开放，它才能不断地循环下去，企业会计系统才能生存。根据这五条评判《企业会计准则——收入》中对收入下的定义是“企业在日常活动形成的”包含了收入的产生和实现两方面，因为企业日常活动形成既包括了产品的创造和产品的销售，产品的创造产生了收入，产品的销售实现了收入，“日常活动中形成的”是对产生和实现所进行的科学抽象，但未阐明收入实现与社会的关系；“导致所有者权益增加的……经济利益的总流入”既包含了收入的作用，同时也包含了收入中有可能盈利，有可能亏损的情况。因为只要有收入，就一定会增加所有者权益（此处不是指所有者权益的绝对额增加，而是相对无收入而言），同时也一定会增加经济利益。这也是对收入的作用及其包含的可否盈利的科学抽象。如果企业会计系统组成的依据是投资者，此收入的定义将是完美无瑕的。然而企业会计系统组成的依据是生产经营过程系统及其与环境的关系，此定义就值得推敲了。作为投资者来说，当然是为了取得利润。然而利润从何而来？自然从生产经营过程而来，那么只有将生产的产品销售出去，取得收入，并从中收回所消耗的资源，投入下一轮生产经营过程，使生产经营过程持续进行，这样才能使企业会计系统生存下去并使所有者权益持续增加；也只有生产经营过程持续进行，才能说明收入中一定包含了利润，这才能真正使所有者权益增加。即使收入中某一个时期不包含利润，但经过企业领导的决策，使下一个时期就会产生利润。如果长时间的收入中都不包含利润，那么是不能持续经营的。所以收入的作用应是使生产经营活动持续下去，这时所有者权益的增加才是有源之水。因此，收入应定义为：收入是企业生产经营过程将创造的产品和劳务通过交易转让给消费者而取得本企业生产经营过程持续经营所需要的资金从环境中引入的负熵，并增加所有者权益。此定义把收入的产生和实现分开了。之所以分开，是因为收入的产生与实现有不同的关系，产生是生产经营过程之间的关系；实现是产品与社会的关系——是否是社会需要的以及是否是消费者喜欢的产品？收入的主要作用是为了持续经营。短时间内收入里有利无利都为收入，只有有收入，才能谈得上持续经营，只有收入中有了利润，才能谈得上长久持续经营，也才能谈得上真正的增加所有者权益。收入这一要素所表述的是企业内部、企业与社会消费者以及投资者之间的关系。从系统理论来讲，它是从环境中引入的负熵。

“费用是指企业在日常活动中发生的、会导致所有者权益减少的、与向所有者分配利润无关的经济利益的总流出。”[24] 这是我国《企业会计准则——基本准则》给费用下的定义。我们又怎样分析此定义？这里的费用是会计要素所指的费用，它不同于生产经营过程中所发生的支出以及完工未销售产品的成本。生产经营过程中所发生的支出首先形成在制品、半成品，或是待摊支出，这些支出和未销售产品的成本形成资源，而不会以费用的形式流出企业。所以我们应将会计要素的费用与形成资源的支出以及成本区分开来，而又要阐明费用的产生，费用的收回，费用的作用，费用与企业和社会以及系统理论之间的关系。我们用这些前提条件来分析企业会计准则中费用的定义，就不怎样完美了。“企业在日常活动中发生的”，它既包括了产品制造过程的成本和销售过程中的费用，也未把已销售产品的成本和未销售产品的成本分开，并且在会计中把成本与费用混用；定义中也未提及费用的收回，不收回费用，怎样维持简单再生产？再者“会导致所有者权益减少”是把费用与收入割裂开来并把费用孤立起来的一种形式上的表述。没有费用，哪里会有收入？费用又怎能是“与向所有者分配利润无关的经济利益的总流出”？难道费用就白白地流出了？答案是否定的。它是为了取得收入的流出，当它的流出等于产品生产时的耗费与社会必要平均耗费一致时，取得的收入中就包含社会平均利润；当它的流出等于产品生产时的耗费低于社会必要平均耗费时，取得的收入中就包含超额利润；而当它的流出等于产品生产时的耗费高于社会必要平均消耗时，取得的收入中就包含低于社会平均利润的利润；当费用流出大于收入时就产生了亏损。所以费用是为了取得收入的一种流出，它流出的大小与投资者的利润分配的多少是密切相关的。在取得同等的收入时，费用少，流出的资源就少，取得的利润就更多，投资者就会分到更多的利润。只是费用的流出形式不属于利润分配的流出。从系统理论来讲，费用是企业会计系统向环境输出的熵。只有企业会计系统向环境输出产生的熵，它才能循环和生存下来。

通过以上的分析，目前我国会计准则对费用的定义是不符合哲学的辩证法思想，只是表面的，形式上讲费用，没有把费用的实质讲清楚；再者也没有以政治经济学和经济学中价值理论作为会计理论的基础来阐述收入和费用的定义。它应定义为：费用是销售产品和劳务时所取得的收入引起的资源流出并按流出的资源从取得的收入中收回，使生产经营过程在维持简单再生产的同时向环境输出熵，并使企业会计系统不断地循环得以生存下去。这一定义既阐明了费用的产生又把生产过程中发生的成本支出以及未销售产品的成本分开了，同时又把费用与收入紧密地结合在一起，阐明了费用与收入的关系及其在生产经营过程中的作用，并与系统理论紧密结合在一起。此定义中的流出很清楚地表示不包含对投资者的利润分配的流出，所以不需再作解释。费用这一要素也是反映企业与社会之间的一种关系。

现有的教材将成本与费用混用，这是错误的。在生产过程中发生的支出，不能叫费用。因为成本与费用有两点区别：一是二者归属的会计要素不同。成本归属于会计要素的资源，它与资源相联系，并是资源的组成部分。如生产过程中的在制品、半成品，它反映为“生产成本”或“基本生产”账户的月末余额，此余额就是资源；而费用是一个独立的会计要素，它与收入相联系。“产品成本将计入存货的价值，只在存货被售出时才被计入到费用中。”[25]二是成本与费用反映的关系不同。成本反映的是企业内部单位之间以及内部员工之间的关系；费用是反映企业与社会之间的关系，所以成本与费用不能混为一谈。

为了规范会计语言，更准确地表述成本和费用，不使用生产费用这一术语，而使用生产成本。设置会计账户时，就设“生产成本”或“生产”、“基本生产”、“辅助生产”，而“制造费用”改为“制造公共成本”，“待摊费用”改为“待摊成本”，因为待摊账户的余额仍在资源内反映，如果是费用，它就不应在资源内反映，当待摊还没有形成真正的费用时，用“成本”这一术语，既符合实际又不造成成本和费用的混用。“管理费用”在产品计算完全成本时，它是追溯到单位产品的成本上，而现在是一个期间费用账户，月末一次性转入“本年利润”，作为销售费用处理，所以它只是一个费用的集合账户，为了便于控制和分析，此账户不需更改。“预提费用”应改为“预提成本”，这样从账户设置就划清了费用与成本之间的区别。

我国的会计准则把利润作为会计要素。如果利润是要素，那么它和其他要素在现有的会计方程式中处在同样的地位，应与其他要素同时列入会计方程式，即“资产 = 所有者权益 + 负债 + 收入 - 费用 + 利润”。这个公式显然是不等的。在教材中是这样推导的：“资产 = 所有者权益 + 负债 + 收入 - 费用”，“收入 - 费用 = 利润”，因而变为“资产 = 所有者权益 + 负债 + 利润”。这个公式虽然两边数字相等了，但收入和费用却退出了此公式，以利润代替以上两要素。所谓要素，是组成系统的材料。这个材料之间，有着相应的关系，组成企业会计系统要素的关系，就是要素相互结合的关系，如果某一要素结合进来，不能组成相应的关系，就不是这一系统的要素。那么到底收入和费用是组成企业会计系统的要素，还是利润是组成企业会计系统的要素呢？两者只能择其一。如果把利润作为组成企业会计系统的要素，那么利润是怎么来的？因此利润只是收入和费用的衍生物。它不能像收入和费用那样列入会计等式。它只是一个计算结果，更不能把人力资源的投资内涵体现出来，它不能直接反映企业与社会、个人、单位等之间的关系，所以它不是组成企业会计系统的要素。只有将费用和收入列入会计恒等式，才能既符合系统输出熵、引入负熵的理论，又与人力资源进入会计恒等式的内涵一致。

根据系统论提供的理论，企业会计系统要有序地运行并从他组织转化成自组织，必须是一个开放系统，它必须从环境中取得负熵，同时把本系统产生的熵输入环境。企业会计系统只有在从环境中取得的负熵大于向环境输入的熵时，企业会计系统才会有序地进行。那么这里的熵和负熵是什么呢？熵只能是费用，负熵就只能是收入。费用和收入是企业会计系统运行后向环境开放取得的必然的信息联系。因此，费用与收入必须成为企业会计系统的要素，并且要列入会计方程式。如果把利润作为会计要素，它是从环境中输入的负熵，还是企业会计系统向环境输出的熵？显然两者都不是，把利润作为企业会计系统的要素，不符合系统理论的开放性原理。

以上已把现有的会计要素阐述完了，是否还有组成企业会计系统的要素？还应考虑两个问题，一是营业外收入；二是营业外支出。它们虽是收入和支出，但和现有会计要素中的收入和费用两要素的性质不一样。会计要素中的收入和费用，都是日常经营活动中发生的，而营业外收入和营业外支出，不一定是日常经营活动中发生的。它不应包括在《企业会计准则》收入和费用“总流入”和“总流出”中，如果包含这两方面的内容，那么就与“在日常活动中发生的”相矛盾。再者营业外收入和营业外支出反映的关系也不同于收入和费用。如应付账款由于对方单位已注销或债权人死亡所取得的收入，既不是经常发生的，也不是经营活动产生的，它只是意外的、偶然的收入，它反映的只是企业与某一单位或个人偶然的一种关系。由于天灾人祸引起的支出，如火灾（煤的自燃）或水灾引起的财产损失。这是企业和自然的关系。二要素虽不能从生产经营过程系统及其与环境的关系中抽象出此概念，但它反映的是企业与环境、企业与投资者等之间的关系，所以此二者应是组成企业会计系统的要素。那么会计要素应是七个。现有的会计方程式就应是：“资源 = 所有者权益 + 负债 + 收入 - 费用 + 营业外收入（利得） - 营业外支出（损失）”。

在此说明一点：收入与费用是存在内在关系的，而营业外收入与营业外支出不存在任何内在关系。有时只有营业外收入，无营业外支出；有时只有营业外支出，无营业外收入；有时两者都有，但两者无任何关系。西方把营业外收入叫作利得，把营业外支出叫作损失。在企业内，二者不会经常发生，但作为企业会计系统，要考虑这一要素。因为它最终影响资源数量，从而影响所有者权益。然而，在会计理论中没有分析这些的必要，因此在之后的论述中将不涉及上述两个要素。

二、会计动态平衡式左、右两边的关系

现有的会计原理把“资产 = 所有者权益 + 负债”叫作会计方程式或叫恒等式，它只是从数量关系而论的，并且只是一个静态结果之间的数量关系，没有把系统对内对外的开放表示出来。虽然会计工作者根据这一方程式的数量关系，从静态的角度来处理企业的生产经营过程的经济活动没有任何问题，会计工作的历史已充分证明了这一点。但同时也证明了利用会计方程式处理企业的生产经营过程的经济活动，使会计理论停滞不前，很多问题难以解决，使人最注目的是会计所提供的信息不能与生产经营过程同步进行（实时信息），信息的滞后性带来的是管理者无法在生产经营过程各阶段掌握实现标准成本的程度，对标准成本实现情况无法掌控；成本的事后计算，缺乏正确性和科学性等。怎样才能解决这些问题？根据系统科学开放原理，现在的会计方程式没有完整地表述企业会计系统与生产经营过程系统及其与环境的关系，没有把费用（熵）输出企业会计系统，而又没有把收入（负熵）从环境中输入企业会计系统，企业会计系统怎样循环？所以它是一个对死亡系统的表述。死亡的系统是不能存在的系统，为什么它能存在，因为它依附在生产经营过程上，随生产经营过程面上的运行而运行，不能深入到生产经营过程的内部层次，所以它是一个依附性的表达式。由于生产经营过程是一个产品形成的动态过程，企业会计系统也应是一个成本形成和对内对外开放的动态过程，会计方程式也应是一个反映实际成本达到标准成本并与外部环境取得联系的动态过程的方程式。只有这样，企业会计系统的记录才与企业生产经营过程的动态一致。企业会计系统是否能做到此点？回答是肯定的。因为会计要素是根据生产经营过程系统及其与环境的关系不同方面的性质抽象出的概念转化而成的，但此时的会计方程式不应是资源、所有者权益、负债所组成，它应由所有的会计要素组成。此时的会计方程式应为：“资源 =

所有者权益+负债+收入-费用+营业外收入-营业外支出”。为什么由所有的会计要素组成的会计方程式能反映企业经营过程实际成本达到标准成本的动态？因为这一方程式囊括了全部生产力和生产关系，使企业会计系统与环境取得了联系，成为一个对外、对内的开放系统，使会计要素形成新的组织结构（此问题在第九章论述）。企业会计系统成为开放系统后，就将他组织系统变成了自组织系统，将他组织的运动规律转化成了企业会计系统的内在有序运动规律。因此，当企业会计系统建成运行后，它的表达方程式不再是“资产=负债+所有者权益”。如果还是这一表达方式，它不能对外、对内开放，形成新的组织结构，仍停留在他组织系统，它将是封闭的、死亡的系统。现在对这一新的会计方程式分析如下：

首先我们分析等式的右边，它是由所有者权益、负债、收入、费用组成。所有者权益是由于生产引起了对社会资源的首次分配。企业根据社会分配（投资者投入的人、财、物）的资源，对投入的财力进入市场交换（购买），取得生产经营所需要的材料，机器设备等工具，投入生产使用（产生生产消费）。企业会计系统为了使生产经营过程所消耗的资源达到社会必要平均水平或低于社会必要平均消耗水平，使产品的社会成本与价值一致，在进行生产之前，必须按企业内部各单位所承担的任务，对企业所拥有的资源进行内部分配（生产引起内部分配），企业内部各单位根据分配的资源指标进行内部交换，取得实实在在的资源并进行生产消费。企业的生产经营过程，既是消耗过程也是创造新产品的过程；当完工产品进入市场交换，取得收入，并根据公司法和国家有关规定进行分配，形成了各种社会关系。企业从收入中收回已出售产品中包含的全部费用，又投入生产经营过程，进行简单再生产。由此可见，由于生产引起社会资源的分配和企业内部的资源分配，根据分配的资源进行市场交易和企业内部交易，然后进入生产消费。这一过程包括了马克思生产关系理论的四个因素——生产、分配、交换、消费。所以新的会计方程式右边是生产关系的表述，从而与内、外环境取得了紧密的联系。而原有的“资产=所有者权益+负债”，这一会计方程式的右边没有展现生产引起的各种社会关系，“所有者权益+负债”没有把生产关系完整的表述出来。

新的会计方程式的左边是资源，当资源投入生产，生产就形成了生产关系的组成要素，而资源又以生产力呈现出来，因为生产力包括人力、物力、财力，即活的劳动力、劳动对象、劳动手段，这是生产力的三要素。在企业里，生产力三要素的有机结合，形成了企业的生产经营过程系统，所以资源即新的方程式左边是对生产力也是对企业生产经营过程系统的完整表述。

根据辩证唯物主义和历史唯物主义的理论，“生产力是在生产方式中起决定作用的因素。在生产力和生产关系的相互作用中生产力是起决定作用的方面，每一种生产关系，都是适应于一定的生产力状况而建立起来的。……任何一个社会历史时期的生产方式，都以一定的生产力为其内容，而与之相适应的生产关系则是生产力赖以发展的社会形式。内容决定形式，形式必须适应于内容。有什么样的生产力，就会产生什么样的生产关系。”[26]“生产力决定生产关系，生产关系一定要适合生产力的发展状况，这是历史唯物主义的最基本的原理之一。”[27]新的会计方程式的左边包括了生产力的三要素，是生产力的完整表述，而整个新的会计方程式就是生产方式的表达式，那么新的会计方程式左边与右边就具有了历史唯物主义生产力决定生产关系的关系，即新的会计方程式的左边决定右边，这里说的左边决定右边，不是指生产力的发展水平决定生产关系，而是指会计对生产力中三要素的利用决定了方程的右边。左边的问题解决了，右边牵涉费用和收入的真实性的问题就会迎刃而解或自然解决了。此问题在后面章节再阐述。

新的会计方程式左边是怎样决定右边的？因为资源是从生产经营过程中抽象出来的概念，是由生产经营过程转化而来，而生产经营过程又是生产力的具体表现形式，所以新的方程式的左边决定右边，是通过生产经营过程表现出来的。因为生产经营过程占用资源的多少决定了投资的多少；生产经营过程资金周转的好坏，决定了负债的产生及其大小；生产经营过程对资源消耗的多少，决定了费用的大小；生产经营过程所生产的产品是否是社会所需要的产品，产品在市场上是否畅销无阻，是否按价值出售或高于（低于）价值出售，决定了收入的多少；生产经营过程的消耗和收入水平又决定了盈利水平，最终决定了所有者权益。

历史唯物主义还告诉我们："生产力和生产关系之间的关系是辩证的关系。生产力对于生产关系固然有着决定的作用，但是生产关系也不是消极的东西，生产关系是生产力赖以发展的社会形式。……当生产关系同生产力的发展要求相适合的时候，它就有力地推动了生产力的发展；当生产关系不适合于生产力发展要求的时候，它就严重地阻碍生产力的发展，这就是生产关系对生产力的反作用。"[28]新的会计方程式的右边又是如何反作用于左边的？正如前所述，左边决定右边的道理一样，它是通过右边反作用于生产经营过程表现出来的。当投资者看好此企业，愿意多投资，就促进了此企业生产经营过程的发展，如果不看好，少投或不投甚至撤回原投资，就会阻碍此企业生产经营过程的发展，甚至停业。当银行和社会各界看好此企业，愿意贷款和赊销时，就会使该企业资金充盈，扩大生产，发展了生产力；如果银行和社会各界不看好此企业时，不但不贷款和赊销，还纷纷逼债，企业日子难过，生产得不到发展，甚至面临倒闭。产品市场需求大，收入多，费用又低，就会取得较大的利润，甚至超额利润。企业将取得较多的留存利润，可支付以前的负债，并有充裕的资金发展生产；如果产品卖不出去，就会给生产经营过程所需资金带来困难，不仅不能发展生产，可能连简单再生产都维持不了。

从以上的阐述可以看出，会计方程式的右边，即所有者权益、负债、费用、收入是企业在生产经营过程中与个人、社会团体和组织以及国家形成能用货币计量的一种关系，没有这种关系，资源不可能存在，也不可能有会计方程式。既然会计方程式右边包括了这些关系，企业也存在这些关系，企业会计系统又是企业母系统的子系统，它必须服务于母系统，但不能指导母系统。既然要服务于母系统，就必须把企业与环境产生的这些关系反映出来，只有把企业内外能用货币计量的所有关系反映出来，与企业有关系的个人、社会团体和组织以及国家才会利用企业会计系统反映出的资料了解企业，决定自己的行为，从而起到对生产力的反作用，这就是企业会计系统对企业的服务。我们不能把企业会计系统对企业的服务当成对企业与环境产生的关系的服务。因此，企业会计系统对这些关系只需要进行客观的反映就行了，这对企业会计系统来说是简单易行的事情。

会计方程式的左边是资源，它是对企业生产经营过程所需的全部人力、物力、财力的抽象概括。企业经营的好坏，完全看企业怎样对人、财、物组织和利用。因此企业会计系统的理论和实务重点应在方程式的左边，而不在右边。企业会计系统理论和实务主要是解决怎样通过对生产经营过程的控制指导实现产品生产所耗资源达到社会必要平均水平或低于社会必要平均水平的问题，要解决这一问题，就必须要求企业会计系统所提供实现标准成本的信息与生产经营过程同步，使实际成本实现标准成本状况可随时了解，此时会计信息的滞后性得到解决。只有这样，才能从根本上保证会计方程式右边的费用等于或低于社会必要平均水平，取得社会平均利润或超额利润，确实保证所有者权益的增加。如果我们把企业会计系统理论研究的重点放在方程式的右边收入减费用的收益上，那么企业会计系统就永远不会使收益增加。因为收入是与市场相联系的，而企业会计系统是管不了市场中的交易的，市场中的交易是供应部门和销售部门的工作范围，企业会计系统只能对经营过程即交易过程所发生的费用进行控制，对收入进行记录，对收益只能计算，所以它对收入和收益不能掌控，而对市场交易的全部费用能进行控制。因为费用是由已销售产品的成本转化而来的，要使费用减少，就必须控制生产过程的成本以及销售过程中发生的直接费用，所以当成本和销售过程中发生的支出未转化成费用之前，它属于会计方程式左边的资源，而不属于会计方程式右边费用的内容。这样，会计方程式的右边既不能降低费用，也不能增加收入。

新的会计方程式是生产方式的表达式，生产力和生产关系是不断变化的，它们相互促进又相互制约，使两者一直保持动态平衡关系。如果把这种动态平衡等式叫作会计方程式或恒等式，那么它只能表达其形式，不能表达它的实质，因为它不是像数学方程式那样求解，求解的重点是结果，而企业会计系统的重点不是结果，而是产生财富的过程，过程决定结果，是过程与结果的统一，这种统一又是一种相对静态与动态的统一，为了使表达的形式与内容统一起来，应把新的会计方程式或恒等式叫作会计动态平衡式。

以上我们对企业会计系统建立的客观实体依据以及这一依据与会计要素的关系进行了阐述。根据系统的组织结构理论，任何系统都可向上、下两方面延伸，企业会计系统也是如此。目前讲的会计系统，实际上就是指企业会计系统，把企业会计系统当成了整个即一般的会计系统，这样就会束缚人们的思维，不会思考企业会计系统怎样向上、下两头延伸再建立会计系统，解决目前会计理论存在的问题。根据系统层次性理论，系统的层次不同、运动形式不同、组织结构不同、功能不同、性质也不同。所以在一个层次解决不了的理论问题，可能在高一个层次或低一个层次再或是两个层次的结合下就解决了，也可能还能解决现在没有意识到的理论问题。根据建立企业会计系统的客观实体依据——生产经营过程系统及其与环境的关系以及会计动态平衡式的内容，企业会计系统虽离不开生产关系，但它的重点还是在生产力的利用上，要完全解决会计理论存在的问题，就必须按企业的生产经营过程牵涉到的内外关系在企业会计系统之下建立子系统和在企业会计系统之上建立社会会计系统，子系统解决对内的消耗控制问题，使生产经营过程的资源消耗与社会必要平均消耗一致或低于社会必要平均消耗。这样，也就体现出了建立企业会计系统的理论依据。社会会计系统解决供需平衡，从而促使产业结构协调，使企业产品按社会必要平均劳动消耗形成的价值得到实现，所以以建立企业会计系统的客观实体依据和理论依据为企业会计系统上下延伸建立社会会计系统和企业内部会计子系统打下了理论基础。会计动态平衡式也是如此。企业会计系统虽有这些要素，但收入这一要素的实现牵涉外部环境，这一要素的实现不仅是企业会计系统管理不了的，而且是企业系统也无法管理的，尽管企业生产经营过程的消耗符合社会必要平均消耗水平或低于社会必要平均消耗水平，但收入中不一定包含社会平均利润或超额利润，必须要建立社会会计系统，对产业结构进行协调，使供需平衡得到实现。此时企业的产品就能按产品形成的价值进行交易，企业的决策将完全依赖于供求关系转移到以产品形成的价值为主、市场为辅的环境中来进行。亚当·斯密在《国富论》中提出的“看不见的手”支配着人们的经济活动的名言将退出历史舞台。因为“看不见的手”只找到了社会经济运行的外在环境，即外因，未找到社会经济运行的内在规律，即内因，因而就不能将社会经济运行的内在规律和外在环境有机结合起来，即内因和外因有机结合起来。社会会计系统是两者有机结合的工具。“看不见的手”指导社会经济运行，是神化了社会经济运行的外在条件，我们必须改变这一现状，建立社会会计系统，使交换价值按产品的内在价值进行，促使社会经济的外在环境与内在规律形成统一，使“看得见的手”代替“看不见的手”。

三、会计动态平衡式的实质

在本书的开篇就提出了“科学的突破点，往往发生在社会需要和科学内在逻辑的交叉点上。”会计科学企业会计系统部分的内在逻辑就是企业会计系统的组织结构应与生产经营过程的组织结构一致，分清内部单位的责任和效率，增加产生的财富。由于工厂是由车间、工段、班组不同层次的结构组成，企业会计系统也应有这样的组织结构，就必须根据系统的层次性理论按车间、工段、班组建立企业会计系统的子系统。这些子系统的建立，仍离不开会计要素。子系统的会计要素与母系统（企业会计系统）基本一致，但内涵不同，它的要素都要加上“内部”二字，即：“内部资源 = 内部权益 + 内部负债 + 内部收入 - 内部费用”，这时两个系统的组织结构就一致了。因此，企业会计系统的会计要素动态平衡式以及子系统内部会计要素的动态平衡式，既是对生产经营过程依存关系的表达式，又是对企业会计系统的内在规律（逻辑）的表达式，它把生产经营过程与社会经济有机地结合在一起，这一内在规律表达式有三方面的具体内容，一是包含了生产经营过程的全部要素（生产力和生产关系）；二是使《政治经济学》的价值理论、资本循环与周转理论、分工、交换、资源分配、货币理论成为会计理论的工具，并使会计成为经济理论得以实现的工具，使经济理论与会计理论水乳交融；三是使企业会计系统成为对内、对外的开放系统。如果只有资产、负债和所有者权益，没有费用和收入，是不能建立与生产经营过程组织结构一致的企业会计系统的，也就不能表述企业会计系统的内在规律。这就是会计动态平衡式的实质。

前面已对企业会计系统建立的依据、会计要素与建立依据的关系、要素之间的关系以及动态平衡式的实质进行了阐述，并指出企业会计系统研究的重点是动态平衡式的左边，为什么要阐述这些内容？就是要使企业会计系统怎样才能按社会必要平均劳动指导生产经营过程生产出产品，又怎样将社会必要平均劳动形成的产品价值得到社会承认，这就需要会计回答一个实质性的问题：会计到底是研究什么的？它要解决什么问题？它就是研究怎样科学合理的组织会计要素的组织结构。会计动态平衡式从面上看，只是一般表达式，只有通过剖析后，才能知道它是企业会计系统内在规律的表达式，而要成为企业会计系统内在规律的表达式，就必须要建立科学合理的会计要素组织结构，它才能指导经济活动按自己的内在规律运行，这就是它要解决的中心问题。这一问题的解决，使会计的过程和结果都具有客观性，从而其他问题都得到解决。它研究的问题使会计与系统论、协同学、管理学有机结合在一起；而要解决的问题又使会计与经济学、控制论有机结合在一起。

第四节 企业会计人员行政组织结构系统

以上对建立企业会计系统的阐述，主要是从会计要素组织结构系统的角度而言。实际上，企业会计系统，它包含会计要素组织结构系统和会计人员行政组织结构系统。因为企业会计系统像人工实体系统一样，由执行功能的要素组织结构系统和对此要素组织结构系统进行操作的组织结构系统所组成。如果只有要素组织结构系统，没有操作组织结构系统，要素组织结构系统就只是一个死物，它并不会使自己运行起来。如企业购买了车床、磨床、铇床、铣床、镗床等设备，每一台设备都是由要素所组成的，有组织结构的系统，具有一定的功能，假如没有车间、班组这些操作组织结构系统，这些设备只是一堆死物，不能运转，功能不能发挥，要使这些设备运行起来，发挥出功能，就必须使设备所具有的系统和人的组织结构系统结合在一起。设备的组织结构和人的组织结构是两个组织结构系统，人的操作行为，绝不会包含在设备要素组织结构系统中。企业会计系统也是如此，它是由会计要素组织结构系统和由会计人员组成的会计人员行政组织结构系统组成一个完整的企业会计系统。会计要素组织结构系统就相当于一个具有功能系统的设备。会计人员行政组织结构系统就相当于车间、班组组织结构系统，每一个会计人员就相当于每一个工人，操作每一台设备（账本、账户），这样才能使企业会计要素组织结构系统运行起来，发挥出内在的功能，所以企业会计人员行政组织结构系统是操作系统。但机器设备要素组织结构系统和车间、班组行政组织结构系统的结合，与会计要素组织结构系统和会计人员行政组织结构系统的结合，还是有一定的区别的。它们的区别就在于机器要素组织结构系统是由科技人员进行研究和设计完成的，由企业的技术人员和工人进行具体操作，车间班组这一操作组织结构所组成的人员，即工人、管理人员是不需要懂得每台设备要素组织结构。企业会计人员行政组织结构系统的会计人员，必须懂得会计要素的组织结构，特别是会计师和总会计师，他要根据会计要素的组织结构，结合本企业的生产规模和生产特点，具体设计本企业会计人员行政组织结构，只有懂得和掌握了会计要素组织结构的会计师，才能组织好会计人员行政组织结构。所以会计师要集会计要素组织结构系统知识和会计人员行政组织结构系统知识于一体。正因如此，会计理论工作者没有认识到会计要素组织结构系统，与会计人员行政组织结构系统的区别与联系，将两个子系统混在一起进行论述，把会计人员当作会计要素组织结构中的一个要素，这在国内外会计理论中都可见到。由于这种混淆，会计理论对以上两子系统都未分别进行深入的研究，特别是没有对会计人员行政组织结构进行专题研究。到目前为止，还未见到会计人员行政组织结构是由哪些要素组成的呢？它们之间怎样结合才能与会计要素组织结构系统共同发挥会计的功能，实现会计目的的专题论文。每个企业会计人员行政组织结构系统，完全是由本企业会计部门的负责人世袭前人的做法和经验而建立的。那么怎样才能建立科学的企业会计人员行政组织结构系统？与建立会计要素组织结构一样，要确定建立的依据、要素（这里的要素不是会计要素，而是会计管理的要素）。

一、建立会计人员行政组织结构系统的依据

建立会计人员行政组织结构系统有两个依据，第一个依据仍然离不开生产经营过程这一实体系统，但与会计要素组织结构不同，他的岗位设置以及岗位的组织结构是由生产规模来决定的，同时又受会计要素组织结构的约束，它要根据会计要素组织结构设置岗位和建立下一层次的子系统，因此第二个依据就是企业会计要素组织结构系统，有什么样的企业会计要素组织结构系统，就有什么样的企业会计人员行政组织结构系统，因为企业会计人员行政组织结构系统是操作系统，它必须按企业会计要素组织结构进行组织才能操作好。因此，这两

个系统都是企业会计系统的两个平行的子系统，但企业会计要素组织结构子系统在企业会计系统中占主导地位，只有设计好企业会计要素组织结构系统，才能设计好企业会计人员行政组织结构系统。

二、建立企业会计人员行政组织结构系统的要素

建立企业会计人员行政组织结构系统的要素有三个：一是工作岗位；二是岗位职责；三是会计行政组织的内控制度。

要建立会计人员行政组织结构系统，会计部门负责人根据生产规模的大小，估计经济活动的业务量以及管理要求，确定工作岗位即人员编制，此时完全是凭经验确定的。当然，在系统成立后，可根据系统运行情况，进行调整或增减岗位。会计人员是与会计岗位紧密结合在一起的，会计岗位包括了会计人员。

岗位职责是对每个岗位的权利和责任的划分，各岗位工作人员必须按应有的能力和应有的责任去工作。岗位职责是考核每个岗位人员的标准。岗位职责的确定在我国实践中，大概有两种类型，一种是按会计业务处理性质来定岗位，即根据发生的经济业务（原始凭证）编制会计凭证；一个（或多个）记账员，专门负责记录明细账和总账，一个成本计算员和报表编制员等。另一种是按经济业务发生的性质来定岗，如材料采购、材料发放、工资、应收、应付、行政报销、福利、成本计算、对外销售、报表编制等。每个岗位负责哪几个会计账户，从头到尾的所有业务处理，包括编制会计凭证，登记明细账，账务结算等。这两种岗位职责的确定，前者较劣，缺点较多，不适应加强管理的要求，如编制凭证这一岗位，负责所有凭证的编制，有些经济业务前后相隔很久，制单人能记住多少呢？因此难免业务处理出差错；再如应收账款，应付款谁来负责及时收回款和付出款呢？这种分工责任是不清楚的，还有一个问题是不能随生产规模的变化，增设或减少工作岗位。实行这种设置岗位的单位，一般都是会计部门负责人的业务水平不高所致的。后者设置岗位的优点较多。由于每笔经济业务从头到尾都由一个岗位人员处理，每个岗位人员对自己处理的经济业务很清楚，基本不会发生差错，并对本岗位的经济业务负责到底，如负责材料采购账户的，会及时汇出货款，以及入库验收和转账。而负责销售账户的，会及时收回货款；再者，便于分工和均衡每个岗位的业务量，根据生产规模的大小，岗位设置可多可少，岗位的设置可适应对生产经营过程加强管理的需要。业务水平高的会计部门负责人都采用此种岗位设置。

会计行政组织内控制度，是对各岗位之间的业务处理进行控制，控制企业工作人员以及会计人员的舞弊行为，从而把各个岗位有序有机地结合在一起。每个岗位是组成此系统的零件，而会计行政组织内控制度是将零件科学地结合起来。

为了使会计人员行政组织结构系统更好地运行，大型企业可将零件（每个岗位）组成组件（划分几组）如决策组、控制组、对外业务处理组等。

三、系统的融合

会计人员行政组织结构系统和会计要素组织结构系统，是通过会计方法和会计原则，形成企业会计系统。这两个子系统又可分别向下延伸，形成各自的子系统，这些子系统又有机结合在一起，形成企业会计系统两个平行的子系统。为什么会计方法、原则、准则，能把会计要素组织结构系统和会计人员行政组织结构系统有机结合在一起呢？因为

会计要素组织结构系统所确定的功能，必须要求会计人员按确定的会计方法、原则和准则去做，才能保证实现。会计人员行政组织结构系统，它是对会计要素组织结构系统进行操作的系统，它必须了解会计要素组织结构系统和操作规程，所以会计方法、原则、准则属会计要素组织结构理论研究的内容，而会计方法、原则、准则制定后，供会计人员行政组织结构系统使用，会计要素组织结构系统和会计人员行政组织结构系统是会计方法、原则、准则的两面，正像一张纸的正面和反面，从而形成了一个整体——企业会计系统。

四、企业会计系统与企业管理系统的区别与联系

企业管理理论从多方面论述了会计是企业管理的组成部分，但会计与企业管理是存在一定区别的，只有认识到了区别，我们在建立企业会计系统时，才不会犯形而上学的错误。既能用管理学相关的理论指导企业会计系统的建立，又不生搬硬套管理学的全部理论和做法。首先我们应看到二者的区别，只有看到了区别，才会找到它们之间的真正联系。例如，男人和女人之间，不仅是外形的区别，更主要的是生理的区别，因此男女之间相互联系，组成家庭，繁衍生息，产生了人类社会。管理学与会计学的主要区别在于管理学对生产经营过程的管理是直接的，即直接对生产经营过程进行操作，如计划管理，由计划部门直接规定计划任务，生产经营过程按计划执行，在执行过程中，计划部门按计划进行检查，实际执行情况是否与计划要求一致？以此确保计划的完成。而会计对生产经营过程的管理不是直接的，即不能直接对生产经营过程进行操作，首先它必须根据生产经营过程系统及其与环境关系各方面的特点，把它转换成会计要素，然后通过会计要素对生产经营过程以及生产经营过程与环境发生的关系进行记录，这种记录在多步骤连续生产的前提下，是不能在过程中了解产品成本的计划完成情况的（标准成本的实现情况），因此，它必须将会计要素组成有组织结构的系统，企业的会计人员行政组织结构系统通过对企业会计要素组织结构系统的操作，从而达到对生产经营过程系统的管理。这就是两者的本质区别。为什么有这些区别？这是因为管理部门对生产经营过程系统的管理具有可视性，控制指令与内控制度紧密结合在一起，并在管理系统内运行。（这些内容已在管理学为建立企业会计系统提供的理论中进行了阐述。）正因为有这些区别，二者才有联系，正因为企业会计系统的控制指令，不能在系统内运行，使产品成本在过程中实现标准成本的状况无可视性，所以我们就将管理系统的这一优点引入企业会计系统，这就是二者在区别中的联系。

管理与会计的另一联系，是由两者都有由人员组织的行政组织结构系统，他们都由相同的要素名称组成，但二者的具体内容不同。正因为管理与会计有这一共同点，会计界把会计内控制度当成了会计的控制功能。管理内控制度对生产经营过程是有控制功能的，会计的内控制度主要是业务处理程序，审批手续和不相容职务的分工制度，他只能保证资源的安全和防止人员之间的舞弊，并不能在生产经营过程中，按社会必要平均劳动消耗来控制成本。这就是管理系统控制与会计系统控制联系中的区别。所以管理系统控制与会计系统控制区别中有联系，联系中有区别。我们只有从区别中找到联系，从联系中找到区别，我们才能找到企业会计系统控制的科学方法。

第五节 企业会计系统的相对独立性

企业会计系统不能离开生产经营过程系统独立存在，没有生产经营过程系统，就不可能产生企业会计系统。但有了生产经营过程系统，并根据生产经营过程系统，一旦建立了企业会计系统，企业会计系统就从依附转化成依存于生产经营过程系统，它有相对的独立性，它的相对独立性表现在如下两个方面：

一是生产经营过程系统对环境开放的形式，与企业会计系统对环境开放的形式不同。前者向环境输出的熵是产品，而产品是费用和收入的集合体。从环境中取得的负熵是物质、能量和信息。生产经营过程系统通过输出熵和输入负熵与环境取得联系进行周而复始的循环。后者向环境输出的熵是费用，而从环境中取得的负熵是收入。

二是企业会计系统通过对生产经营过程的指导，反作用于生产经营过程。企业会计系统虽然是按生产经营过程系统及其与环境的关系建立的，并按生产经营过程系统及其与环境的关系的客观运动进行真实的记录，但它通过生产经营过程应该发生多少费用来指导实际发生的费用，从而促进生产经营过程系统及其与环境的关系发展变化。

企业会计没有相对的独立性，就会完全依附在生产经营过程上，它将会失去对生产经营过程的指导作用，也就不会思考企业会计要素的组织结构问题，它永远只能服务生产经营过程，处在报账型地位，不能将报账型转化成管理型。

第六节 会计动态平衡式与社会制度

历史唯物主义告诉我们："生产方式的变化，决定着从一种社会形态向另一种社会形态的转变。当一种生产方式发展到一定时期，随之而来的必然是整个社会制度的变化。人类社会的发展史证明了这一点：从原始社会转向奴隶制社会，从奴隶制社会转向封建社会，从封建社会转向资本主义社会，以及目前在不少国家中已经实现的从资本主义社会向社会主义社会的转变，都是由生产方式的更替所决定的"。[29]根据这一理论，给会计动态平衡式提出了如下的两个问题：一是会计动态平衡式是否随生产方式的变化而变化？二是会计动态平衡式是生产方式的表达式，为什么能适应不同的社会制度？查特菲尔德教授在《会计思想史》也论及这一问题："复式簿记最基本的优点在于，与其说它是为企业服务而设计的，毋宁说它是可以适应非常复杂的环境……"[30]这里说的非常复杂的环境，就是不同的社会制度。他只是认识到了结果，并未阐述产生结果的原因。

生产方式的变化，是生产力与生产关系相互变化的结果。因此，不管生产方式怎样变化，都存在生产力与生产关系的动态平衡关系。而会计动态平衡式就是生产方式的表达式，所以生产方式的变化，不影响会计动态平衡。

生产方式的变化，会引起社会制度的变化，不同的社会制度，代表不同阶级的利益，不同阶级的利益有自身的特殊性。唯物辩证法告诉我们："每一个事物内部，不但包括了矛盾的特殊性，而且包含了矛盾的普遍性。普遍性存在于特殊性之中，共性存在于个性之中，绝对存在于相对之中”。[31]会计动态平衡式是生产力和生产关系的表达式，任何社会制度都存在生产力和生产关系，所以它是一般表达式，也就是普通表达式，它存在于每个特殊社会制度内，即普遍性存在于特殊性之中。所以会计动态平衡式适应各个时期的不同社会制度。

第七节 会计假设理论与建立企业会计系统的关系

会计假设理论是1993年我国会计与西方接轨进行改革时引入的。在我国的教材中，一般都表述为会计的“必要前提”，但每本教材的具体表述又不同。“会计基本假设，是对会计信息系统（主要指财务会计）运行所依存的客观环境中与会计相关的因素进行的抽象与概括，是会计信息系统运行与发展的基本前提与制约条件。之所以称为‘假设’，首先是……缺乏或违背这些前提，会计信息系统就无法提供真实而公允的信息。其次，还因为……在来自客观环境的‘前提’尚未得到完全证实之前，才冠之以‘假设’……如果客观环境发生了急剧的变迁……，此时就需要适时地对‘假设’进行重新的审视与修正，以保证会计信息系统的‘良性’运行。”[32]“会计假设，又称会计的前提条件……”，[33]“会计假设……也称会计核算的基本前提……”，[34]这里首先应弄清楚的是假设本身是否是理论？假如它本身是理论，为什么叫假设？假如它本身不是理论，为什么它能成为会计的前提条件？指导会计的实践呢？科学管理之父泰罗认为：“科学管理迈出的每一步，都是一个演变，而不是一种理论。在任何时候都是实践先于理论……。”[35]实践先于理论，理论是在不断的实践中逐步完善的，这是千真万确的真理。但实践也不完全是盲目的，在没有理论指导实践的前提下，实践是以存在于人们大脑里的假设来进行的，通过实践，此假设是可行的，它就成了理论。假如实践证明不可行，此假设就被淘汰，不成其假设，所以未被淘汰的假设是被实践证明确实可行的理论，因此，假设是理论的种子，实践的胚芽，通过实践发育成真正的理论，对于人造系统来说，没有假设就不会产生理论，也就不会有人造系统，人就会等同于一般的动物，只能遵从“适者生存，不适者淘汰”的规律。人就没有改造世界的动力。如泰罗的科学管理，假如泰罗的头脑里没有这种假设，就不会有科学管理的实践，也就不会产生科学管理的理论，将科学管理发展成管理科学。

人们头脑中的假设又从何而来？它是来自其他相关的实践和相关的理论。“历史过程就是这样：某种思想特别的导致了另一种更好思想的出现……”[36]某种理论会导致出另一种思维，从而会导致出另一种实践，形成另一种新的理论，这就是创新。人工系统的假设是来自天然系统（基础科学、数学、物理、化学等）的理论，将天然系统的理论应用到人工系统的建立上。人工系统的成功，是将很多天然系统的理论综合进行假设，并进行实践而成的。这就是天然系统的理论，要先于人工（应用）系统理论的道理。所以人们头脑中的假设对创立理论是很重要的，它是实践和理论的桥梁，没有假设，也就没有实践，也就没有理论。会计假设，是被实践证明了可行的理论，它应叫作会计假设理论，它指导会计实践。

为什么叫会计假设理论？作为一门学科，首先它是由一个个井井有条的逻辑理论体系所组成的，这些理论的产生，都是人们根据其他相关学科理论和实践，引出会计理论的一些猜测和想法，然后不断的实践，不断的演变，最终被实践证明是可行的，才能成为理论。这些理论的形成，与会计假设理论的形成情况基本一致，但这些不是假设理论，只有成为会计系统运行的基本前提，并制约着会计系统发展的基本方向，这样的理论，才叫会计假设理论。实际上，任何学科都存在一个理论体系，会计学科也同样存在一个学科理论体系，会计学科理论体系（本书的会计学科理论都是指企业会计系统），是由企业会计系统运行和发展方向理论、建立企业会计系统的依据理论、企业会计系统目的理论、企业会计系统职能理论、企业会计系统方法理论、企业会计系统原则理论、企业会计系统准则理论等构成的。这些理论是层层推进，相互联系的。前一个理论，制约后一个理论，后一个理论是为了实现前一个理论，但同时，这个理论体系不是平分秋色的，它有一个重点和中心，所有的理论都是以这个重点和中心相一致，形成会计系统运行的最终结果。会计假设理论是企业会计系统理论中的一个重要理论，即企业会计系统运行和发展方向理论，并不是当人们对这一理论与企业会计系统理论的关系认识还不深刻时，才冠以“假设”，也不是“……来自客观环境的‘前提’尚未得到完全证实之前，才冠之以‘假设’……。”更不是“……由于会计实务中存在着不确定因素，在会计处理时难免运用判断和估计，这就需要先作一定的假设……会计假设或假定是指会计人员对那些未经确切认识或无法正面论证的经济事物和会计现象，根据客观的正常情况或趋势所作出的合乎事理的推断……”[37]

会计假设理论既然是企业会计系统运行和发展方向理论，那么它是怎样使企业会计系统运行？又怎样决定企业会计系统的发展方向？下面就对现有会计假设进行分析，并提出新的运行和发展方向理论。

一、对现有会计假设的分析

（一）会计主体假设

“会计主体假设规定会计核算的空间范围和界限。”[38]“会计主体又称经济主体……，每个企业都是一个与业主或其他企业相独立的会计主体……”[39]，“会计主体假设……，是指会计所反映的是一个特定企业的经营活动，而不包括其他企业或业主本人的经济活动”。[40]以上引用的三种对会计主体的解释，都是指企业会计系统运行的空间范围，它不能包括其他企业或业主个人的经济活动。如果我们对企业会计系统不作这样的假设，企业会计系统的运行将是一片混乱，无法运行的。但这一假设以上的三种解释都是以企业为会计主体，这就制约了企业会计系统的发展方向是实现企业的目的，这样从理论上讲就会把企业的目的当成企业会计系统的目的。前已述及，企业会计系统只是企业母系统的一个子系统，每个子系统都有各自的目的，各子系统目的的综合，才是母系统的目的。如果将企业母系统的目的当成了企业会计系统的目的，就超出了企业会计系统所具有的能力，使企业会计系统无法实现这一目的。如利特尔顿教授就是把收益决定作为企业会计系统的目的。收益决定是企业会计系统所实现不了的。收益决定是企业的目的，它需要企业母系统下属各子系统共同努力才能实现（此理论在企业会计系统的目的中再阐述）。

把企业当作会计主体，不仅混淆了企业目的和企业会计系统的目的，而且改变了企业会计系统直接服务的对象。因为企业是直接服务于投资者的，企业会计系统是直接服务于企业的生产经营过程，把企业的目的，当成了企业会计系统的目的，也就把企业服务于投资者变成了企业会计系统直接服务于投资者了，从而使企业会计系统忘掉了自身的真正目的，改变了企业会计系统的本质，因此，会计主体不应是企业。

（二）持续经营假设

持续经营假设是指企业的经营状态是持续进行的，这一假设很重要。没有持续经营假设，就没有必要购置设备，也就没必要不断地购买原材料，就没必要建立企业会计系统，也就不会产生会计理论。此假设的意义，远远不是人们所认为的会计核算的一些原则，如权责发生制、划分收益支出与资本支出等将不能够应用，而是不能建立整个会计理论体系。然而持续经营不等于连续生产经营过程，两者是有区别的。持续经营只是指经营状态的连续性，但经营的商品可能不是连续性的，这个月可能经营A商品，下个月可能经营B商品，而连续生产经营过程，不仅是经营状态的连续性，同时是生产经营同一商品的连续性。这种连续性的企业业务处理，比持续经营的连续性的会计业务处理要难得多。所以持续经营假设并不能建立深层的企业会计理论体系。

（三）会计分期假设

会计分期假设，是根据持续经营假设而提出的假设，既然企业是不断地持续经营下去，那么投资者、企业管理者怎样才能知道在某一定时段的经营结果？因而就需要人为的分期，从而就产生了固定资产折旧、递延、待摊、预提、成本计算等理论方法，同时提出了实现原则和配比原则。然而，此假设只是从怎样得到某一期间的结果进行阐述，而未从系统怎样运行来阐述。

以上三个假设，表面上看来划清了时空范围，但是空间范围太大。因为企业是一个经济组织，此组织不仅有生产经营过程的物质运动，而且有随物质运动的管理系统的运动，企业也包括随物质运动的会计系统的运动。会计主体假设以企业为空间范围，不仅包括了生产经营过程的物质运动，还包括了管理系统的运动和会计系统的运动。这不符合逻辑，把会计系统本身的运动也包括在这一假设之内，没有把空间范围紧紧地限制在生产经营过程的物质运动上，这就使空间范围没有与物质运动紧紧地结合在一起，第二个和第三个假设，是划清会计核算的时间范围，但只是从会计核算产生的结果上来阐述，并未从物质运动上来阐述，使时间范围与物质运动没有紧密结合在一起。所以这种对会计核算时空的假设，只能使时、空和物质运动相脱离，把时、空变成安放物质的不动的空架子，使空间和时间并不是同运动着的物质有内在联系的存在形式，这是形而上学的时空观。根据辩证唯物的时空观，物质运动离不开空间和时间。“物质是在空间和时间中运动着的，空间和时间是运动着的物质的存在形式，在空间和时间之外的物质运动是没有的。”[41]

我们谈论物质的存在和运动时，“……首先要指明它在什么地方存在……，确定一事物存在的空间地位，必须了解这一事物同周围其他事物的空间联系，如距离、排列秩序等。当我们说到任何一事物的运动时，必然要联系到它的位置的移动，它的规模或体积的增大和缩小……任何事物的存在和运动，都要涉及它的存在和运动的空间形式”。[42]“运动着的物质也不能离开时间形式而存在，各种物质运动过程，具有一定的发展顺序和或长或短的持续性。离开了时间的形式，任何物质的运动、变化、发展都是不能存在的。”[43]

物质运动虽离不开空间和时间，但空间和时间也离不开物质运动，空间和时间同物质运动是不可分的，空间和时间是随物质运动的变化而变化。“按照形而上学的观点，空间和时间的特性是一成不变到处一样的，物质的运动绝不会使空间和时间有所变化，这种观点是不正确的。非欧几里得几何学证明，事物的空间特性，在范围广大的天文学计算领域内，是不同于比较狭小的普通的地面计算的领域的。欧几里得几何学的定律，只适用于后一种领域，对于前一种领域则是不适用的。狭义相对论揭示出空间和时间特性的相对性……空间和时间是同物质的运动相联系着的。空间和时间随着物质运动的变化而变化，它们和运动着的物质是不能分离的，它们彼此之间也是不能分离的。”[44]

空间和时间离开了物质运动，就难以理解。“……空间的三维性，就是物质的体积伸张的三维性，就是一物和他物的位置关系上（也就是坐标关系上）的三维性……任何物体都具有长度、宽度和高度的广延性，离开了物和物的位置关系，空间的三维性就无从理解。时间的一维性和时间一去不复返的特性，只能用物质本身的不断发展和变革来说明。‘时乎时乎不再来’，是说事物的某种具体联系不可能绝对的重复出现。要‘掌握时机’，要‘当机立断’，就是说，人们要趁着事物发展过程中出现了某种有利的联系条件，迅速确定行动的决心，否则就会失去时机，这又说明，时间的一维性和时间一去不复返的特性不能离开事物的具体联系而得到正确的理解。”[45]

按照辩证唯物主义的时空观，现在空间和时间的会计假设，是不符合客观实际的。空间范围的假设，不“是解决会计人员为谁核算，核算谁的经济业务的”[46]问题，而是解决对什么进行核算，为什么要核算的问题。投资者的投资，要想取得社会平均利润或超额利润，企业会计系统必须对生产经营过程进行核算，使生产经营过程的消耗符合社会必要平均劳动。这就必须划清经济业务发生的空间范围，凡是与本企业生产经营过程无关的经济业务，都不得进入本企业会计系统。它规定了企业会计系统的目的。时间范围的假设，不仅是解决某一时间段所取得的经济成果问题，而是解决怎样核算问题，它规定了企业会计系统的职能、方法。从而假设就成为企业会计系统核算的前提条件和发展方向。

（四）货币计量假设

货币是商品交换发达到一定程度的产物，它是《政治经济学》的基础理论。没有货币理论，就不会有价值和价格理论，也就不会有价值规律和亚当·斯密“看不见的手”的理论。企业会计系统要对生产经营过程产生的结果进行核算，并按价值理论控制指导生产经营过程的消耗，自然离不开货币理论，货币计量是对货币理论量化的表现形式，企业会计系统的运行，必须要有货币计量假设。

在此假设中，提出货币计量假设中包括币值不变假设，这一假设是不符合客观情况的。因为货币在产生时，它本身就是一种特殊商品，因而它的价值也是随取得货币所耗费的时间决定的，只有劳动时间才能决定价值。“……金和银像每一种其他商品一样，价值是变动的……，16世纪美洲发现了丰富的矿藏，使欧洲的金银价值比原来的价值下降了大约三分之一。”[47]由于各行业以及同行业不同单位的生产力发展的不平衡，从而引起了生产资源和生产资源价值的变化，即使货币的价值不变，在交换时所取得的资源数量是变化的。货币发展到今天，人们进行日常交换商品的货币——纸币本身不具有任何价值，它只是人们对社会财富进行分配的一种凭证，通过此凭证对商品的交换，取得自己所需要的生产资源和生活资源。正如亚当·斯密所说：“……与其说他的收入是一片纸，不如说这片纸所能换得的物品。”[48]然而，同样的货币（纸币）在不同的时期与商品交换时，会取得不同数量的商品。这说明货币的价值是变化的，币值不变假设，既不符合哲理，（世界上万事万物都是变化的），也不符合客观实际。

货币计量这一假设理论到目前为止，人们只停留在企业会计系统运行的前提上，对制约企业会计系统的发展方向并未认识到。因为货币计量假设理论是与《政治经济学》的价值理论相联系的，企业用于生产经营过程所取得的资源以及所取得的成果，都是通过货币计量来实现的，企业想要取得社会平均利润或超额利润，就必须要使生产经营过程中生产的产品所消耗的资源符合社会必要平均水平，为了使生产经营过程对资源的消耗达到这一要求，在分配资源时，就应使分配的资源与社会必要平均消耗水平一致或略低于社会必要平均水平。这一切只有通过货币计量，才能做到，也才能使《政治经济学》的价值理论成为会计理论的基础。所以货币计量假设理论使会计理论与《政治经济学》价值理论联结起来，并使《政治经济学》的价值理论得到实现。价值理论的实现将使“看得见的手”代替“看不见的手”。因此，货币计量假设理论，制约着企业会计系统，使生产经营过程的消耗向社会必要平均消耗方向发展。

通过对现有会计假设理论的分析，尽管现有会计理论没有提出建立企业会计系统的依据，但通过会计假设理论，可以看出，现有企业会计系统是根据企业系统为依据建立的，因而把企业的目的（收益实现）当成了企业会计系统的目的，自然也就把企业直接服务的对象当成了企业会计系统服务的对象。从逻辑上说，这样的假设理论与现有的会计理论是顺理成章的，但使企业会计系统忘记了本身直接服务和指导的对象，并割断了会计理论与经济学理论的关系，把会计系统的建立囿于企业范围的平面之上，既不能冲破企业系统，建立更大的系统即社会会计系统，不能使会计系统成为协调社会经济结构的工具，也不能在企业内部下层建立子系统，制约了企业会计系统真正的发展方向。那么企业会计系统应有哪些假设理论？

二、新的会计假设

（一）生产经营过程会计主体假设

此假设理论包括三方面的内容：

1. 建立企业会计系统的依据及其企业会计系统理论研究的重点。企业会计系统的建立，是企业会计系统运行的首要前提条件。如果系统没有建立，那么该怎样运行？企业会计系统虽不是生产经营过程系统，而是以生产经营过程系统及其与环境的关系为依据建立的，但生产经营过程系统是唯一的实体系统，并且是企业会计理论研究的重点，（此点已在会计要素的关系中论述）它隐含地指出了企业会计系统建立的依据。

2. 划清了企业会计系统核算的空间范围。凡是与本企业生产经营过程相关的经济业务，才进入本企业会计系统核算，否则不得进入。

3. 企业会计系统的目的。企业会计系统是直接服务和指导生产经营过程的。生产经营过程是企业母系统唯一的一个实体子系统，作为系统都有本系统的目的，企业会计系统既要服务和指导于生产经营过程系统，企业会计系统的目的又必须与生产经营过程系统的目的一致，而不是与企业的目的一致。只有这样，才谈得上对生产经营过程系统服务和指导。只有确定目的之后，才谈得上企业会计系统的运行以及运行的方向。

（二）生产经营过程与社会经济相联系假设

通过第一个假设，虽划清了企业会计系统的空间范围，但生产经营过程不是孤立的，企业会计系统也不是孤立的，生产经营过程与环境有着千丝万缕的联系，企业会计系统要反映这些联系，也必然与环境有着千丝万缕的联系。如果我们只有企业会计以生产经营过程为会计主体假设，没有生产经营过程与社会经济相联系假设，就与客观情况不符，使生产经营过程成为一个人为的封闭系统，从而建立的企业会计系统也将是一个封闭系统。二者怎样输出系统产生的熵？又怎样从环境中输入负熵？不输出系统产生的熵和从环境中输入负熵，生产经营过程系统和企业会计系统又怎能运行？又怎能通过生产经营过程，推导出全部的企业会计要素？没有完整的会计要素，又怎能建立企业会计系统？没有此假设，怎能使企业成为社会经济的细胞，又怎能使社会经济形成一个有机整体？

（三）生产经营过程连续性和持续性假设

生产经营过程的连续性是指生产经营过程不断的投入，不断的产出，这是生产经营过程连续性的特点。持续经营是对经营而言的连续性，在此期间，可经营一段时间的甲产品，紧接着经营一段时间的乙产品，只要企业不歇业，都是持续经营。但持续经营并未指出生产经营过程是否不断地投入和产出，只有将生产经营过程连续性和持续性结合在一起，才能完整地体现出生产经营过程的特点。这一假设，决定企业会计系统的职能和会计核算方法以及物质资源的计价、怎样从按历史成本计算的费用调整为按现时市场价格计算的费用，都离不开连续性。第一个会计假设确定了企业会计系统的目的，而目的的实现依靠的是功能，由于生产连续性的特点，企业会计系统需要有对连续性服务指导的特殊功能。而功能的实现，依靠的是方法和物质资源的计价，没有方法和物质资源的计价，功能是无法实现的，并且企业会计系统也无法运行。

（四）定期计算生产经营过程成果假设

生产经营过程的经营者必须要了解自己经营的成果，因为要维持生产经营过程的连续进行和持续经营，必须收回要大于或等于耗费，才能维持简单再生产和扩大再生产，所以要定期计算。同时也便于与企业有关系的个人、单位、社会团体及国家机关利用定期计算的成果为自己服务。对生产经营过程成果的计算，也需要一定的方法。

（五）生产经营过程不同阶段或同一阶段不同单位效率不同假设

事物的发展总是不平衡的，生产经营过程各阶段及其内部单位也是如此，效率永远不会自然地齐头并进，为了分清内部单位的责任和效率，必须按内部单位设置子系统，并使内部单位协调发展和实现会计目标。设置此假设，它有两方面的内容：一方面是由于效率不同，消耗资源就不相同。为了使企业生产产品的消耗，符合社会必要平均水平或低于社会必要平均水平，在生产经营过程进行之前，企业会计系统必须按社会必要平均消耗水平，在不同阶段以及同一阶段的不同内部单位进行资源分配，在生产经营过程中，企业会计系统才能按此水平对内部单位通过控制进行指导，使生产经营过程的实际消耗达到或低于社会必要平均消耗。如果在生产经营过程前不按社会必要平均消耗水平进行资源分配，企业会计系统对生产经营过程进行控制指导就没有标准。另一方面是企业会计系统要反映出生产经营过程内部单位的效率，并保证协调发展，必须对内部单位采用相应的会计方法。此假设是实现企业会计系统目的的前提，以及企业会计系统下设子系统的运行前提。因为不进行资源的内部分配，下设的会计子系统就不会形成组成会计系统的要素，也就不能形成企业会计系统的子系统，自然也就不能改造现有企业会计系统的组织结构，也就实现不了企业会计系统对生产经营过程系统的控制功能。

（六）生产经营过程与企业管理系统相联系假设

生产经营过程的运行，既离不开与社会经济的关系，也离不开企业管理部门的管理。这一假设，解决两个问题。一是将管理系统所发生的费用纳入企业会计系统核算的内容，如果我们只按以生产经营过程的主体假设，企业会计系统对经济业务核算的空间范围就不包括企业管理部门发生的经济业务，有了这一假设，就包括在内了。二是能对企业管理系统发生的费用进行直接控制。现在管理会计对费用分成可控费用和不可控费用，不可控费用就是指管理系统所发生的费用，有了这一假设，企业会计系统对各管理部门的费用可直接控制，具体控制方法，在控制职能的发挥中再阐述。

（七）货币计量与市场价值同步性计量假设

现有的货币计量假设里包含币值不变假设，这种假设不符合实际情况，也不符合哲理，所以它不能成为假设理论。要使货币计量成为真正的假设理论，只有通过货币计量，才能反映出生产经营过程的客观情况，以及真实的成果。所以货币计量必须与市场价值同步即一致。（此问题在会计计价中再阐述。）也就是说，货币的价值量是变化的，这样的假设，才能使企业会计系统的理论通过货币计量与《政治经济学》的理论相衔接，使《政治经济学》的价值理论成为企业会计系统理论的基础，同时使企业会计系统理论成为《政治经济学》中价值理论得以实现的工具。

以上七个会计假设理论，与现有的会计假设理论的主要区别在于，都是以企业的生产经营过程为依据建立的。现有的会计假设是重结果，它的直接服务主体是企业的不同关系户，这样的会计假设理论，使企业会计系统理论永远存在于人格化之中。而新的会计假设，它是重过程，因为只有过程才是产生财富的源泉，只有过程产生了大量的财富，投资者才能真正受益。所以这样的会计假设，它改变了企业会计系统的发展方向，它直接服务于生产经营过程。而企业的所有关系户都只能利用企业会计系统运行的过程和结果为自己服务。它彻底地脱离了会计的人格化。从逻辑上来说，它也是顺理成章的。会计假设制约了建立企业会计系统的依据，同时又制约了企业会计系统的目的，从而制约了企业会计系统的发展方向。新的假设不仅符合逻辑，而且它为建立社会会计系统进行了铺垫，因为它重视过程，以生产经营过程为重点，而生产经营过程又只是生产方式的一个方面，要把生产经营过程产生的财富变成现实，必须要与环境发生关系才能得出结果，这就是生产关系，它是生产方式的另一半，要解决这一问题，必须建立社会会计系统。

会计假设理论，与会计原则没有直接关系。会计假设理论不仅是企业会计系统运行的前提条件，而且决定企业会计系统发展的方向。之所以是运行的前提条件，是因为没有会计假设理论，它是运行不了的，即使运行也是紊乱的，其结果以混乱而结束运行。之所以说它决定企业会计系统发展的方向，是因为不同的假设理论，就会有不同的企业会计系统的目的、职能和方法。但真理只有一个，错误的会计假设理论，导致企业会计系统错误的发展方向。会计原则，只是规范会计人员业务处理的行为。因为企业会计系统是虚拟人工系统，它虽有实现企业会计系统职能的方法，但不像人工实体系统那样，人们只能按设计时的方法（程序）去操作，如自动洗衣机系统，只能按规定程序选择其中的一种。而企业会计系统就不同，它可以不按规定的方法进行业务处理。为了使会计人员按规定的方法处理，因此制定会计原则。从企业会计系统理论的层次讲，会计原则属于最后一个层次，而会计假设理论属于第一层次，它们之间没有直接关系，更不能混为一谈。最后还要指出的是：此假设增加了生产经营过程与社会经济相联系假设，以及生产经营过程不同阶段或同一阶段不同单位效率不同假设。这两个假设，使企业会计系统彻底地成为开放系统，前者是对外开放，后者是对内开放。并指出，会计系统发展变化的原因是内因，而不是外因。建立企业会计系统时，引入社会必要平均劳动作为序参数，单从企业来看，这是外因，但从整个社会经济来看，它是内因，因为社会经济是由企业组成的。对内对外，使企业内部子系统之间展开竞争，通过竞争，又形成企业会计系统新的序参数，使企业会计系统不断地向前发展。

注释：

[1]《会计理论结构》[美] A. C. 利特尔顿著，林志军，黄世忠，谢琳琳，苏钖嘉译，中国商业出版社，1989 年 8 月第 1 版第 160 页。

[2]《会计理论结构》[美] A. C. 利特尔顿著，林志军，黄世忠，谢琳琳，苏钖嘉译，中国商业出版社，1989 年 8 月第 1 版第 31 – 32 页。

[3]《会计理论结构》[美] A. C. 利特尔顿著，林志军，黄世忠，谢琳琳，苏钖嘉译，中国商业出版社，1989 年 8 月第 1 版第 143 页。

[4]《辩证唯物主义、历史唯物主义》艾思奇主编，人民出版社出版，1961 年 11 月第 1 版第 227 页。

[5]《会计思想史》[美] 迈克尔・查特菲尔德著，文硕，董晓柏译，中国商业出版社，1989 年 10 月第 1 版第 89 页。

[6]《会计思想史》[美] 迈克尔・查特菲尔德著，文硕，董晓柏译，中国商业出版社，1989 年 10 月第 1 版第 43 页。

[7]《会计思想史》[美] 迈克尔・查特菲尔德著，文硕，董晓柏译，中国商业出版社，1989 年 10 月第 1 版第 77 页。

[8] [9]《会计学》葛家澍，余绪缨主编，高等教育出版社，2000 年 7 月第 1 版第 26 页。

[10]《会计学》葛家澍，余绪缨主编，高等教育出版社，2000 年 7 月第 1 版第 48 页。

[11]《会计原理》上册 [美]，厦门大学经济系财务会计教研室译，中国财政经济出版社，1982 年 2 月第 1 版第 15 – 23 页。

[12]《会计学》葛家澍，余绪缨主编，高等教育出版社，2000 年 7 月第 1 版第 49 页。

[13]《会计学》葛家澍，余绪缨主编，高等教育出版社，2000 年 7 月第 1 版第 26 页。

[14]《会计理论结构》[美] A. C. 利特尔顿著，林志军，黄世忠，谢琳琳，苏钖嘉译，中国商业出版社，1989 年 8 月第 1 版第 55 页

[15]《企业会计准则》，中华人民共和国财政部制定，经济科学出版社，2006 年第 2 页。

[16]《管理的实践》[美] 彼得・德鲁克著，其若兰译，机械工业出版社，2006 年 1 月第 1 版第 10 页。

[17]《管理思想的演变》[美] 丹尼尔・A. 雷恩著，赵睿，肖聿，陆钦琰，戴旸译，中国社会科学出版社，2000 年 4 月第 1 版第 222 页。

[18]《国富论》[英] 亚当・斯密著，唐日松译，华夏出版社，2005 年 1 月北京第 1 版第 242 页。

[19] [21]《企业会计准则》，中华人民共和国财政部制定，经济科学出版社，2006 年第 3 页。

[20]《会计原理》上册 [美]，厦门大学经济系财务会计教研室译，中国财政经济出

版社，1982 年 2 月第 1 版第 18 页。

［22］《会计学》葛家澍，余绪缨主编，高等教育出版社，2000 年 7 月第 1 版第 195 页。

［23］《企业会计准则》，中华人民共和国财政部制定，经济科学出版社，2006 年第 4 页、第 62 页。

［24］《企业会计准则》，中华人民共和国财政部制定，经济科学出版社，2006 年第 4 页。

［25］《决策与控制会计》［美］杰罗尔德·L. 齐默尔曼著，邱寒，熊焰韧，李芳译，东北财经大学出版社，2000 年 4 月第 1 版第 57 页。

［26］《辩证唯物主义、历史唯物主义》艾思奇主编，人民出版社，1961 年 11 月第 1 版第 229 页。

［27］［28］《辩证唯物主义、历史唯物主义》艾思奇主编，人民出版社，1961 年 11 月第 1 版第 230 页。

［29］《辩证唯物主义、历史唯物主义》艾思奇主编，人民出版社，1961 年 11 月第 1 版第 226 页。

［30］《会计思想史》［美］迈克尔·查特菲尔德著，文硕，董晓柏译，中国商业出版社，1989 年 10 月第 1 版第 57 页。

［31］《辩证唯物主义、历史唯物主义》艾思奇主编，人民出版社，1961 年 11 月第 1 版第 86 页。

［32］《会计学》葛家澍，余绪缨主编，高等教育出版社，2000 年 7 月第 1 版第 12 - 13 页。

［33］《会计学基础》莫国强主编，北京经济学院出版社，1995 年 4 月第 1 版第 21 页。

［34］《基础会计学》吴俊杰主编，云南人民出版社，1994 年 4 月第 1 版第 9 页。

［35］科普利《弗·温·泰罗：科学管理之父》第二卷，第 348 页，转引自《管理思想的演变》［美］丹尼尔·雷恩著，赵睿，肖聿，戴旸等译，中国社会科学出版社，2000 年 4 月第 1 版第 173 - 174 页。

［36］《管理思想的演变》［美］丹尼尔·A. 雷恩著，赵睿，肖聿，陆钦琰，戴旸译，中国社会科学出版社，2000 年 4 月第 1 版第 222 页。

［37］［39］《现代西方会计理论》葛家澍、林志军著，厦门大学出版社，2001 年第 1 版第 68 页。

［38］《会计学》葛家澍，余绪缨主编，高等教育出版社，2000 年 7 月第 1 版第 26 页。

［40］《现代会计理论》陈今池编著，立信会计出版社，1998 年 3 月第 1 版第 56 页。

［41］［42］《辩证唯物主义，历史唯物主义》艾思奇主编，人民出版社，1961 年 11 月第 1 版第 45 页。

［43］《辩证唯物主义，历史唯物主义》艾思奇主编，人民出版社，1961 年 11 月第 1 版第 45 - 46 页。

［44］《辩证唯物主义，历史唯物主义》艾思奇主编，人民出版社，1961 年 11 月第 1 版第 47 页。

［45］《辩证唯物主义，历史唯物主义》艾思奇主编，人民出版社，1961 年 11 月第 1 版第 47 - 48 页。

［46］《基础会计学》吴俊杰主编，云南人民出版社，1996年第2版第10页。

［47］《国富论》［英］亚当·斯密著，唐日松等译，华夏出版社，2005年1月北京第1版第26页。

［48］《国富论》［英］亚当·斯密著，唐日松等译，华夏出版社，2005年1月北京第1版第214页。

第四章

会计系统的目的

系统是有目的的“……亚里士多德认为，事物的存在和变化有四种原因：质料因、形式因、动力因和目的因。……目的因是指事物的形成是为了什么目的。他把自身目的的完全实现称为‘隐德来希’，自然界中万事万物的发展变化都是有目的的，都由这个往往是神秘的‘隐得来希’在起着支配作用”。[1]由于系统有自然系统和人工系统，二者的目的形成是不同的。“自然系统……表现为‘自在的目的’即因有内在规律而表现为合乎某种目的性。但自然系统却绝没有‘自为的目的’”。

“……人造系统是人们为了达到某种目的而建造起来的系统，这种系统是有‘自为的目的’。”[2]不管“自在的目的”还是“自为的目的”，都是系统的目的。目的对系统来说是很重要的，它支配着系统的发展变化。会计系统的目的也是如此。“会计的基本目的，是为了帮助人们对企业所提供服务的成功与否作出适当的判断……它是会计的核心，因而是会计理论的核心”。[3]“……对会计本质的理解在某种程度上取决于对会计系统的目的与特性的理解”。[4]因此，会计系统的目的是会计理论的核心，并且只有理解了会计系统的目的，才能理解会计系统的本质，会计系统的目的是什么？

第一节　现有会计理论对会计目的的论述

到目前为止，所谓会计的目的，就是指企业会计系统的目的，不是指所有会计不同层次系统所共有的目的。由于人们对企业会计系统服务主体的认识不同，因而对企业会计系统的目的的认识也不同。会计的真正目的，不是人们开始设计会计系统时就能认识到的，会计系统也不是开始设计就很完善的，它是随着建立会计系统依据的认识变化而不断完善的，因而人们对会计系统目的的认识也有一个演化过程。古希腊的一位财政官“芝诺之所以记账，并不是为了向外界报告，也不是用于计算税额或尽可能多地创造和确定不动产收入，而是为了揭露主人的雇员和其他使用财产者的盗窃、欺诈和效率不高所带来的损失。他的最大目的是通过管理这些人来保护财产”。[5]在封建社会里，“防止舞弊是封建社会簿记的主要目的”。[6]“庄园主记账的目的是由于他需要检查这些管家是否诚实可靠，防止损失和盗窃，提高功效。而从受托的管家方面看，会计记录乃是自己忠实履行义务的证据”。[7]此时的所谓会计目的，是商品交换还不发达，没有形成商品社会所致，会计还没形成自己的目的，这时的会计目的，只是人们为了利用会计达到自己的目的。芝诺的目的是利用会计保护自己的财产；庄园主是利用会计检查管家是否忠诚，从而防止损失；管家利用会计证明自己的忠诚。这都不是会计本身的目的，而是建立会计系统的人的目的，即会计人格化的目的。当然，此时也有会计系统本身的目的的萌芽，“如提高效率”“功效”以及“管理这些人”。由于当时还未形成商品社会，自然这些目的只停留在一个单位的会计系统上。

到了资本主义社会，“赫斯特克拉夫特－斯蒂芬斯（Hustcraft Stephens）……他认为，簿记的目的在于确定‘人们财产的状况和价值’”。[8]会计是由簿记发展而来，簿记的目的就是会计的初始目的。但此目的存在如下问题：第一是会计本身对财产状况没有任何责任，通过会计对经济业务的处理，财产是什么样的状况就是什么样的状况，计算出的价值是多少就是多少，会计不为财产状况和价值负任何责任，只是确定“人们财产的状况和价值”，这一目的虽也是会计自身的目的，但停留在初级基础和静态上，只是对财产的一种确认，没有把目的向前推进一步即增加创造价值和增加产生的财产上；第二是没有脱离会计的人格化，那么会计就是主动为人们服务的，而不是人们利用会计为自己服务的。这样就产生了会计永远也解决不了的理论问题——人们按各自的利益要求会计处理业务和计算收益。因为“人们财产的状况和价值”随着经济的发展变化，形成不同的企业组织主体，主体不同经济利益关系不同，会计业务处理的关系或处理的重点也不同，因而在会计理论中出现了（美）迈克尔·查特菲尔德著《会计思想史》所阐述的业主权理论、企业主体理论、资金理论、剩余权益理论、指挥者理论、企业理论等。历史上之所以出现如此之多的理论，是把会计人格化的结果，使会计永远走不出人们各自利益要求的范围。第三是把企业会计系统的目的当成了整个会计系统的目的。因为在资本主义社会里，商品经济已形成，会计系统已不局限于企业会计系统了，不能把企业会计系统的目的，当作整个会计系统的目的。

［美］A. C. 利特尔顿教授在他所著的《会计理论结构》一书中，用了一章的篇幅“重心”论述了会计的目的。他以“企业收益的重要性”推论出收益决定是会计的中心问题。“……对于基本上是一种特殊类型计算服务的会计来说，就意味着正确的收益决定是它的中心问题。”[9]从而推论出收益决定是会计的目的，他从三方面进行了论证：第一是“对正确决定期间净收益的广泛要求，使得收益表成为企业会计的最重要产品。”[10]第二是“收益决定的基本重要性，在近年来已获得相当的认可，这一认可是近代之事，但收益决定的重要性犹如复式簿记一样早就存在。而这一点可以作为上述假定的第二个论据。”[11]“关于收益决定是会计的基本目的的假说还有第三个理由，即收益信息的广泛有用性。”[12]利特尔顿教授通过三个证据，使收益决定确信无疑地成为会计系统之目的。但我们仔细地思考一下，收益表是否是会计的最重要产品？假如是会计的最重要产品，那么收益表的“生产过程”都由会计系统完成。而收益表的结构包括成本和收入，利特尔顿教授也论述了“净收益的一个基本方面就在于，它是各种因素平衡的结果，净收益并不是对一个因素的计量结果，而是对一种关系的计量——投入是以相应产出为条件的，而产出要以相应的投入为条件。”[13]净收益是投入与产出（这里的产出是指企业生产的产品已出售，而不是指企业内部各阶段的产出）的平衡结果。如果只从企业产品生产的成本（投入）和企业销售收入（产出）的计算来说，收益表确实是会计系统的产品。利特尔顿教授之所以得出这样的结论，就是把投入与产出局限在计算上，而没有意识到对投入和产出的掌控方面。收益表要真正成为会计系统的产品，不仅要能计算收益，而且要能掌控收益，这是企业会计系统不能直接完全做到的。它在未来直接能做到的也只能是对产品生产成本的掌控。此点在目前还做不到，因为这是本书要解决的主要问题。而对收入的直接掌控是企业会计系统永远做不到的。利特尔顿教授也认

识到“……影响企业收入的外部市场和需求条件一般是管理当局所无法控制的。”[14]既然管理当局都无法控制收入，那么企业会计系统就更无办法控制收入了。因为收入要通过市场交易才能实现，而企业会计系统不与市场打交道，就谈不上直接掌控销售收入的实现了。所以损益表现在不是，未来也不是企业会计系统的产品。损益表只是生产经营过程自然结果的呈现，企业会计系统只是揭示了损益之间的关系而已。

收益决定的重要性早已存在，也不是收益决定是会计目的的充足理由。作为投资者的投资目的，就是要取得好的收益，当然对收益很关注。但收益不因投资者关注就能增加，也不能因为企业会计系统能计算收益，收益就能增加，收益不是计算出来的，要想收益增加，首先是降低成本，使产品的成本达到社会必要平均水平或低于社会必要平均水平。这需要企业会计系统通过控制来指导生产经营过程才能实现。这是产生和增加收益的根源。其次是增加收入。要想增加收入，产品必须是社会所需要的，这就关系到管理者的决策是否对路。企业会计系统不能直接使收入增加，前已述及，但它可间接促进收入的增加。产生增加的收益和增加收入是关键。投资者要想取得好的投资效果，只关注收益决定是不够的，必须关注产生增加收益的成本和实现收益的收入。因此，以收益决定早就存在为理由作为会计系统的目的，也是站不住脚的。早存在的东西，随着事物的发展变化，原来重要的变成不重要的，甚至被淘汰。如世界上原有四个文明古国——埃及、印度、巴比伦、中国，现在却成了第三世界的国家。不因为过去的文明，现在就依然是世界强国一样。会计系统关注的不是结果，而是过程，好的过程才会产生好的结果。

“收益信息的广泛有用性”也不能成为收益决定是会计目的的理由。因为这种“有用性”有两方面的解释。一种是社会各界利用收益信息为自己服务。如果是这方面的有用性，那么这种有用性就不能成为收益决定是会计目的的理由，因为收益决定本身就不是会计的目的。另一种是会计系统提供收益决定主动为社会各界进行服务，那么收益决定就能满足社会各界对收益的要求，会计系统的收益决定显然是做不到这一点的。因为不同的利益者对交易有不同的处理，“……自身利益倾向于对某些所包括的交易的解释带上色彩，而其他集团将要求对所提供信息的形式和内容加以调整。”[15]每个集团都要求按自己的利益对收益决定进行调整，那么收益决定将无所适从，会计系统无法做到，同时收益决定将失去客观性。因此，“收益决定信息的广泛有用性”只能是第一种解释，不可能是第二种解释。从以上的分析，支撑收益决定是会计目的的三个理由均不存在。

收益决定作为会计系统的目的，必将会计系统的目的人格化，因为收益决定与人的利益有关。目的的人格化，将给会计系统带来无法解决的问题，并使会计理论走入歧途，是研究会计理论的祸根。所以收益决定也不是会计系统的真正目的。

利特尔顿教授之所以认为收益决定是会计的目的，是因为“收益是导致物品生产和劳动就业所必需的‘服务费用’。根据约翰·R. 康芒斯所说，‘利润生产者是所有其他阶层的出纳员’。收益是使储蓄用于最有效项目和确保供给根据需求变动而调整的重要因素，它的存在证明，可满足需求的服务是按买主能支付的价格以及管理当局可提供成本的方式生产出来的。因此，收益成为生产者试图通过观察已被接受的物品来了解哪种商品和服务是合乎需要的一种十分必要的指南”。[16]收益确实很重要，但是“可满足需求的正按买主能支付的价格以及管理当局可提供成本的方式生产出来”不是收益，而是管理按社会必要平均劳动生产出的产品所确定的价格就是买主能支付的价格，这个价格才是客观公正的价格。这个价格，使企业取得合理的也是最大的收益，使劳动者取得合理公正的也是最多的报酬，购买到客观、公正价格的商品，只有客观公正的价格，才是买主能支付的价格。利特尔顿教授按收益确定成本生产出产品，那么确定收益的客观公正性的标准是什么？买主能支付的价格的客观标准又是什么？利特尔顿教授的标准就是“根据需求变动而调整”也就是根据“看不见的手”支配成本、价格和收益，这不是客观、公正的，也不是科学的。会计发展到今天，再不能沿着这条路前进了，应根据现代其他科学提供的理论开拓新的前进之路，用“看得见的手”取代“看不见的手”，才能使会计走进科学的殿堂。

利特尔顿教授认为“如果没有虚账户，可转入资本账户的充分相关联账户体系的内在严密结构是不可能的。如果没有这样一个结构，我们现在称之为复式簿记的运转是不能进行的，而为分析作为企业存在原因的经济活动所设计的报表将无法编制。”[17]“如果忽略掉收益决定，复式记账簿记将会成为什么样，去掉损益汇总账户和费用账户，整个系统将残缺不全……”[18]虚账户的设置，确实很重要，它使会计系统不断完善，并促进了会计系统的发展，它把反映生产系统的账户与反映销售系统的账户联结起来了，使反映生产经营过程的账户形成了一个整体。但虚账户的重要只停留在计算收益上，不能掌控收益。如果只从计算上讲收益的决定，那么收益决定确实是会计系统的目的。因为它通过设置虚账户，使会计系统具有计算收益的功能。功能支撑目的的实现，技术方法支撑功能的实现，所以从逻辑关系上来说，收益决定是使会计系统的目的顺理成章，它不需要添加任何理由。然而计算收益只是一个结果，并未反映出产生收益的形成过程，更未将会计系统计算出的收益揭示出与《政治经济学》价值理论的关系。企业要获得好的收益，它所生产的产品首先应是社会需要的产品；其次是生产产品所消耗的资源必须符合社会必要平均消耗或低于社会必要平均消耗。要做到此点，必须由会计系统按社会必要平均消耗对生产经营过程进行控制，这时所产生的收益，既反映了收益的形成过程，也揭示出了与《政治经济学》价值理论的关系，并给投资者源源不断地创造收益，这才是投资者所需要的。所以反映收益的形成过程和揭示收益与价值理论的关系，比只计算收益结果更重要，更能显示出会计系统本身所具有的效用。因此虚账户的设置也不能使收益决定成为会计的目的。

收益决定是否是复式簿记“必不可少的要素”？笔者已在建立企业会计系统的依据和会计要素中论述了会计要素。收益决定不是会计要素，复式记账不是有了收益决定才有借项和贷项，借项和贷项是会计要素之间动态平衡关系所决定的，借项和贷项是人们对要素动态平衡的一种具体表达形式。对收益决定所设置的账户也不是复式簿记的要素，账户只是组成会计系统的零件，而不是组成会计系统的材料（要素），零件的多少是随人们对会计系统的功能认识的变化而决定的，功能不同，零件（账户）的多少以及零件之间的组织结构即账户之间的组织结构也不同，所以收益决定只涉及零件（账户）的设置及其组织结构，并不涉及组成会计系统的材料（此问题将在会计系统的方法账户设置中进一步阐述）。再者，要素只是组成会计系统的材料，它本身不是目的，只有将要素组成系统之后才有目的。因此，即使收益决定是组成复式簿记的要素，收益决定也不是会计系统的目的。

利特尔顿教授还提出了“会计的根本目标在于帮助人们了解企业的经营活动”[19]和“会计的最高目标是通过以数据为手段来帮助人们了解经营企业。”[20]收益表是不能帮助人们了解企业的，要说了解也只是了解表面，而不能了解实质。因为计算出的“……利润通常是有效管理和预测的结果；利润不仅不是哄抬物价的投机报酬，也绝不是不劳而获的飞来横财。所有这些事实都不可能在会计数字里得到清楚的说明，它们隐藏在企业收益表的背后。”[21]所以要了解企业的经营活动，必须了解过程，这个过程不仅是利润的实现过程和计算过程，最重要的是利润的产生过程。只有了解了利润的产生、实现和计算过程，才算是了解了企业的经营活动。所以，收益表也达不到这一目标。

利特尔顿教授对会计目的的阐述，仍只停留在企业会计系统的目的上，并未对会计系统的整体目的和各层次会计系统的目的进行论述。

我国有的会计学者通过对西方特别是美国会计目标的研究进行了历史的回顾，指出西方的会计目标形成两个流派即受托责任学派的会计目标和决策有用学派的会计目标，并对受托责任英语词汇的演变进行分析后，指出受托责任含义所包括的内容以及受托责任产生和发展的原因，在此基础上指出受托责任的关系产生的原因及理论基础，最后指出“将受托责任确定为会计目标，表明会计不仅要为因资源的让渡而形成的委托代理会计关系提供信息，还要为因权力的转授而形成的委托代理关系提供信息。从会计发展现状来看，财务会计侧重于前者，而管理会计或成本会计侧重于后者。”[22]而对决策有用学派的会计目标通过社会经济环境的分析，指出“……企业外部经济环境的根本特征在于：①社会资源的所有权与经营权一般是分离的。……②社会生产资源（即社会资本）的分配是通过资本市场进行的……”[23]因此，财务会计的目标“就是向信息使用者提供对决策有用的信息。”[24]而“西方会计界在研究会计目标时，一般都不区分财务会计的目标与财务报表（告）的目标。”[25]两者是混用的。

受托责任学派和决策有用学派的会计目标实质都是一样的——提供信息。它们之间的区别只是信息的接收人不同，以及对资源的计价方法不同（资源计价问题在资源计价进行专节论述），前者只是受托者，而后者是广大的投资者和债权人。至于提供信息的有用性，不是会计所能解决得了的。除了真实可靠之外，还取决于投资者的能力，同样的会计信息，张三取得投资的成功，赚取了很多钱，而李四投资失败，亏本甚至血本无归。这难道会计信息的有用性只对张三不对李四吗？如果会计信息的有用性是会计所能决定，那么任何人只要根据会计提供的信息进行投资，都能取得成功。然而，社会实际告诉我们不是这一回事。因此，会计只能提供客观可靠的信息，它的有用性是由投资者的能力决定的。

提供信息是否是会计的目的？这牵涉到会计是一个什么性质的系统呢？而要弄清会计系统的性质，又必须弄清楚会计与企业的关系以及企业与环境（投资者、债权人、社会）之间的关系，会计与环境的关系，此问题在后面专节论述。

这里应指出的是会计系统的目的不是财务会计的目的，更不是财务报表（告）的目的。财务报表（告）是生产经营活动某一阶段的自然（客观）结果，它本身没有任何目的，只是人们利用它达到某一目的，那是利用会计报表的人的目的，或者是编制会计报表的人的目的，如旨在满足广大使用者共同的财务信息需求的财务报表，称为通用目的财务报表；按照特殊目的编制的财务报表，称为特殊目的财务报表，旨在满足特定使用者的财务信息需求。因此，不能把人利用会计报表达到的目的或编制会计报表人的目的说成是会计报表的目的。

收益决定和提供信息作为会计系统的目的，都不符合系统论的目的性原理。系统的目的性是指系统发展所坚持的方向，它是对过程而不是对结果而言的，它在坚持自己的发展方向时，会受到环境的干扰。因此，它要在发展过程中，克服各种干扰，从而在发展过程中与环境发生相互关系。而收益决定和提供信息，已是会计系统过程结束的产物，它就不是会计系统所坚持的发展方向，因此它不是会计系统的目的。

我国有的会计学者很明确地提出会计的目的是节约劳动时间。如吴水澎教授在他所著的《财务会计基本理论研究》一书中，专门论述了会计的动因，他对众多动因如保管财产的需要、管理经济的需要进行分析评估后，指出“……人类进行会计活动的原因和目的：为了节约劳动消耗。并有根据地、正确地分配劳动时间，一切都是时间经济，一切节约归根到底都是时间的节约。……会计之所以产生，是由于一个重要的经济规律——时间节约规律发生作用的结果”。[26]提出节约劳动时间为会计系统的目的，是因为追溯每一具体物质形态生产源头，都是通过劳动消耗而取得的。这从创造具体物质形态的价值上说是对的，并与《政治经济学》的价值理论相衔接，而且包含整个会计系统发展变化各阶段的目的。但存在如下几个问题：一是没有指出在什么地方和在什么范围节约劳动时间，就不知道会计系统的目的与什么有关以及怎样确定节约的量，也就不知道它应采用什么方法实现。如果此目的只是人的主观愿望，那它就不是会计系统本身的目的。如果会计系统是为业主节约劳动时间，这样就没有杜绝会计人格化；二是过于抽象。在任何一个生产过程中，都无法计算节约多少劳动时间，在经济发展的各个阶段，无法提出具体的奋斗目标，也就无法考核目的的实现情况；三是它只是整个会计系统的目的，把会计系统的目的说成是企业会计系统的目的，使企业会计系统难以实现。到目前为止，无论是中、西会计学者所提出的会计系统的目的，都局限在企业会计系统上，即都是指企业会计系统的目的。会计作为一个系统，一方面它是有层次性的，不同的层次，所形成子系统的形态不同，各层次的目的具体表现形态也不同，但各层次的目的又围绕一个总的目的；另一方面，它是由会计要素组织结构系统和会计人员行政组织结构系统所组成的，二者在系统目的中有不同的地位。而以上所阐述的会计目的，并未按会计要素组织结构系统与会计人员行政组织结构系统分别阐述他们在会计系统的目的中各处在何种位置，那么会计系统的目的以及企业会计系统的目的到底是什么？

第二节　企业会计系统的目的

根据系统论层次性原理提供的理论，系统的层次不同，组织结构、功能、性质都有等级的差异性，其目的也有等级的差异性。企业会计系统只是会计系统在一个层次上的系统，它的目的只是在企业这一个层次上所呈现出的目的，它不是会计系统的总体目的。

企业会计系统是一个人工系统，它的目的要满足人们设置该系统的需要，但也要考虑到客观的可能性。只有该系统建成后，它的内部运行规律能实现人们设置企业会计系统的目的，企业会计系统就具有了实现该目的的客观可能性，人们的目的才能实现。然而企业会计系统一旦组成，它的内在规律性就是一种客观存在，此时不以人的意志为转移，人们设置企业会计系统的主观目的就转换成企业会计系统自己本身的目的了，它对人们来说是一种客观存在。例如洗衣机系统，它是人工系统的实体系统，它是根据人们洗衣服的需要设计的，人们设计洗衣机的目的就是通过洗衣机减少体力、节约时间、洗干净衣服。因此，洗衣机应具有人工搓洗、清洗、拧干等功能。当设计人员根据自然科学中的基础科学和应用科学的理论，按搓洗、清洗、拧干，设计出了零件及其组织结构和操作程序，人们只需要按设计的程序操作，洗衣机就把衣服洗干净了。如果此时要改变它的组织结构和程序是不可能的，因为此时的组织结构和程序对人们来说已是一种客观存在。设计人员主观的目的已转化成洗衣机自身的目的了。人们只可以利用洗衣机能洗净衣服这一自身目的为人们服务，而不是洗衣机主动为人们服务。这里应指出的是：洗净衣服对人们来说是洗衣机具有的功能，而对洗衣机本身来说是一个目的，它的功能是搓洗、清洗与拧干，所以目的和功能对不同的主体而言是可转换的。人工系统的目的是由人们主观需要和客观可能相结合而成的，客观可能性将主观需要的目的转换成系统的客观目的。会计系统是人工系统，它同样具有这种目的。但企业会计系统是人工系统中的虚拟系统，它与人工系统中的实体系统又有所不同。人工实体系统是根据自然科学中的基础科学和应用科学的理论，以及该系统应实现目的所需的组织结构进行设计，而虚拟系统是以人工实体系统为依据以及协同学提出的系统组织结构的起源理论设计的。在建立企业会计系统的依据中已论述，企业会计系统是根据生产经营过程以及生产经营过程与环境的关系为依据建立的，它的目的是由投资者的愿望、生产经营过程以及生产经营过程与环境的关系中存在投资者愿望的可能性以及企业会计系统组织结构能实现生产经营过程以及生产经营过程与环境的关系中存在的投资者的愿望，三者结合而成。就是说，投资者尽管有非常好的愿望（目的），而投资者的目的不存在生产经营过程以及生产经营过程与环境的关系之中，企业会计系统组织结构无实现生产经营过程以及生产经营过程与环境的关系中所存在的投资者目的的功能，那么投资者的愿望绝不能成为企业会计系统的目的。因此，只有投资者的愿望存在于生产经营过程以及生产经营过程与环境的关系之中，并能在企业会计系统实现时，存在于生产经营过程以及生产经营过程与环境的关系之中的投资者的目的将转换成企业会计系统的目的。那么我们就应弄清投资者的目的和投资者的目的存在于生产经营过程中的表现形式以及企业会计系统组织结构的功能实现这一目的的可能性。

投资者的目的就是取得尽可能多的财富，在商品社会里，就是取得社会平均利润或超额利润。而生产经营过程就是使生产力向前发展，生产力的发展，在企业范围内就是多、快、好、省地进行产品生产。多指产品数量多；快是指速度快，还要求生产的效率高；好是指产品的质量，如果产品数量多、速度也快，但质量不好不行，生产出来的产品一定要保证质量；省是以尽可能少的资源，生产出尽可能多和尽可能好的产品。省把多、快、好辩证统一起来了。多、快、好是企业会计系统管不了的，都是生产部门的事；快是人的效率问题，那是人事劳动部门的事；好是产品、工艺设计部门和质管部门的事；省才是会计部门的事。它就是体现在用尽可能少的资源生产出尽可能多且好的产品，这就必须节约资源。一是节约物化劳动（原材料等物质）；二是节约活的劳动力以及提高设备的利用率和速度（提高效率）；三是生产出的产品无次品和废品；四是要求产品设计创新和制造工艺创新，此点才是无止境的节约资源。如计算机和电器的生产就是例子，产品质量越来越好，材料消耗越来越少，价格越来越低。生产经营过程资源的节约，自然就产生了财富即利润。生产经营过程节约的资源越多，产生的财富即利润也就越多。因此，生产经营过程存在投资者增加财富的目的。那么怎样才知道生产经营过程节约了多少资源？是否是以本企业以前的单位产品消耗为基准？回答是否定的。例如本企业以前单位产品消耗资源100个单位，现在消耗为80单位，而社会必要平均消耗为60个单位，此企业现在单位产品的消耗水平虽比以前节约了20个单位，但它并未达到社会必要平均消耗水平，这时对于社会必要平均消耗水平来说，它仍然没有节约资源，而是在浪费资源，只是浪费得比原来少一些，此时仍然产生不了社会平均财富即利润。那么企业会计部门怎样才能知道社会必要平均消耗水平？社会必要平均消耗水平是不能通过对社会各种产品生产的消耗计算出来的。因为社会各种产品生产的消耗是相互渗透的，市场价格也是相互渗透的，它只能通过产品设计和工艺设计来计算所耗资源的数量，以及所耗资源的价值按现时市场的价格进行计算来确定。因为产品设计和工艺设计一定要达到社会平均技术水平，如果企业产品的设计和工艺设计低于社会技术平均水平，生产出的产品性能质量都是较差的，此产品投入市场将无人问津。所以产品生产资源消耗的社会必要平均水平是以产品和工艺设计的社会平均技术水平确定的。假如产品和工艺设计低于社会平均技术水平，而产品生产所耗的资源，即使是实际消耗低于按产品设计和工艺设计计算出的资源消耗，此时的资源消耗仍不是社会必要平均消耗。所以要想产品生产资源消耗水平达到社会必要平均水平，产品设计和工艺设计一定要达到社会平均技术水平，此时生产经营过程才会产生社会平均利润。当产品设计和工艺设计超过社会平均水平或处于技术领先地位时，那么按产品设计和工艺设计计算出的资源消耗将低于社会必要平均水平，它将产生超额利润。由于技术的超前，可能用到昂贵的材料，计算出的标准成本可能较高，但产品的功能可能更能满足生产和生活的需要，更能提高效率或生产出更好的产品以及改善生活质量，尽管它的资源消耗的价值高于现有产品，但它仍然低于社会必要平均消耗。

从以上的论述可知生产经营过程存在投资者增加财富的目的，然而存在投资者心中的目的只是一种可能，并不是现实。怎样把可能变为现实，把心中想要的财富变为现实的财富呢？由于企业会计系统是以生产经营过程为依据建立的，而企业会计系统的组织结构是根据协同学理论和控制论系统理论建立的，应按序参数或控制指令形成，只要企业会计系统把生产经营过程潜在增加多少财富所需要的成本作为序参数或控制指令，企业会计系统就能把生产经营过程潜在能增加的财富变成现实，即把生产经营过程应该有多少财富产生出来。企业会计系统的目的就是使生产经营过程按社会必要平均消耗水平或低于社会必要平均消耗水平生产出产品，产生社会平均利润或超额利润，简言之，它的目的就是在生产经营过程中产生增加的财富。

以上阐述的企业会计系统的目的，是由企业会计要素组织结构系统和企业会计人员行政组织结构系统共同确定的。前已述及，企业会计系统目的的确定，是由三方决定的，企业会计系统的组织结构是确定目的的关键所在。这里所说的企业会计系统的组织结构，就是企业会计要素组织结构系统，要素组织结构不同，呈现的功能不同，确定的目的也就不同。因此，企业会计要素组织结构系统决定企业会计系统的目的。而企业会计人员行政组织结构系统只是操作系统，它根据企业会计要素组织结构系统所确定组织结构对生产经营过程进行反映，使要素组织结构确定的目的得到实现。因此，会计是否能客观公允地反映生产经营过程的资源消耗，关键不是会计人员，而在于会计要素组织结构是否科学，对会计人员的要求只是按确定的会计要素组织结构进行操作。假如会计人员不按会计要素组织结构进行操作，就只能通过会计原则、准则以及会计法规来规范会计人员行为。

第三节　社会会计系统的目的

企业会计系统通过形成的会计要素组织结构把生产经营过程中存在的财富挖掘出来，把可能变成了现实。但投资者的愿望不仅要产生社会平均利润或超额利润，而且要实现社会平均利润或超额利润。由于企业会计系统只能掌控生产经营过程的资源消耗，不能掌控产品的销售，更不能掌控市场，销售是销售部门（系统）负责，它同样也不能掌控市场。在价值规律支配市场的前提下，当产品供大于求时，尽管企业在生产经营过程中产生了社会平均利润或超额利润，但不能实现社会平均利润或超额利润。它有两个问题，一是企业的产品卖不出去；二是虽卖得出去，但只能低于价值出售，价格与价值产生背离，因此二者都不能使投资者取得社会平均利润或超额利润，这样还是不能实现投资者的目的，企业会计系统是否能解决这一问题？笔者已在建立企业会计系统的依据和会计要素中论述了所有者权益、负债、收入、费用都是与企业产生的一种关系，由于企业会计系统是企业的子系统，它要服务于企业母系统，必须对企业的这些关系予以反映，并为企业关系户提供信息。然而，企业会计系统除了能对费用管理外，其他的都无法管理。但这些关系都是组成会计系统的要素，既是要素，会计系统就能管理，只是这些外部关系不属于企业会计系统这一层次管理的范围。根据系统论的层次性原理，系统是有层次的，“一个层次一种运动形式，高一层次就有高一级的运动形式，因而各层次性能也不同。高一级层次常常会出现较低一级层次所没有的性质，再高一层又有新的性质。”[27]层次不同，它的内容范围不同，下一层管理不了的，上一层能管理，因此，会计系统应在企业会计系统之上再建立一个更大的系统，即社会会计系统。

从以上的论述可知，现在的会计系统是不健全的。它把企业会计系统当成了所有层次的会计系统，它既包括了社会会计系统，也包括了企业会计系统以及组成企业会计系统的子系统。会计系统层次不清，使企业会计系统负担太重，到头来，它什么事情也干不了，发挥不了应有的作用。究其原因，还是会计理论工作者没有把有关其他科学理论引入会计系统，特别是没有按系统理论建立健全会计系统。

社会会计系统的目的是什么呢？根据企业会计系统目的的阐述，以及系统论中的层次理论原理，它应实现与企业会计系统目的有关而又是企业会计系统实现不了的目的，那就是使企业会计系统在生产经营过程中产生的利润，在社会经济中切实地实现了。只有这样，企业会计系统才能使生产经营过程按社会必要平均消耗或低于社会必要平均消耗所产生的财富得到社会认可。要做到此点，社会会计系统必须对社会经济产业结构进行协调。通过产业的协调，使供需达到平衡。只有供需平衡，企业生产的产品才会按价值出售，价格与价值不会背离，生产经营过程中产生的社会平均利润或超额利润才会实现，此时就能用“看得见的手”代替“看不见的手”，支配社会经济的发展。简言之，社会会计系统的目的就是实现企业会计系统所产生的财富。

社会会计系统的建立，虽无专著提出，但在会计控制理论中有所体现。“……会计控制可分为宏观控制（即社会发展比例控制）……”[28]这里的宏观控制，就是指对社会经济发展比例的控制，通过发展比例的控制，使社会经济组织结构协调，从而使供需平衡，这就必须建立社会会计系统，对整个国民经济按村、乡、县、市（地区）、省、中央进行核算和控制。如果只想“……通过财务计划、工资计划和成本计划进行控制”[29]，是实现不了的。

第四节　会计系统的目的

这里指的会计系统，它包括各个层次的会计系统，它的目的也就是各个层次会计系统的一个总的、本质的目的。企业会计系统要使生产经营过程生产的产品按社会必要平均消耗水平或低于社会必要平均消耗水平，企业会计系统就必须使生产经营过程所耗资源按社会必要平均消耗或低于社会必要平均消耗，只有节约资源，生产经营过程才会产生社会平均利润或超额利润。社会会计系统协调产业结构，使供需平衡，这样各企业生产出的产品没有积压，这对社会资源的利用来说，是最大的节约，所以会计系统总的目的就是节约资源。会计系统的目的，不是到此为止，它必须有效地利用社会资源，指导经济的发展。我们现在所处的时代，已不是亚当·斯密所处的时代，更不是奴隶、封建社会以及资本主义萌芽的时代，那时社会自然资源很丰富，开发技术落后，而社会再生资源，由于科学技术落后，相对不足，现在虽然开发技术先进，自然资源却越来越少，就必须使有限的自然资源得到最有效的利用，对再生资源进行充分开发，因此必须从生产和消费两方面进行研究。单位、企业和个人不能无限度地消费自然资源即不能再生的资源。更不能谁有钱，谁就可随意消费，自然资源是社会的，是人类所共有的。再者，无限度的消费自然资源，对社会经济的发展不一定有好处，正如营养学研究人体每天应摄入多少营养对身体最好，它要求每餐只吃七八成饱，规定每天蛋白质、油脂等的摄入量，并要有饥饿感，人才健康长寿，不是能吃多少就吃多少，吃得越多越好，如果按这种吃法，人的身体将会不健康。社会经济的发展也是如此。对再生资源，生产出不同档次、不同风格的产品，满足不同层次、不同性格和喜好的需要，尽可能激发出人们的消费欲望（消费的饥饿感），指引经济应怎样向前发展。怎样节约资源应是今后会计理论发展的方向。

把会计系统的日的确定为节约资源，使反映微观（企业）经济活动的企业会计系统和反映宏观（社会）经济活动的社会会计系统的目的既有区别又统一到节约资源上，并把产生和实现财富统一起来了。这一目的，才是会计系统本身的目的，是客观存在的目的。它能掌控全部会计要素，企业会计系统掌控资源和费用（费用是企业内部关系），社会会计系统掌控所有者权益、负债、收入，这样会计系统就能掌控一个完整的会计动态平衡式所组成的会计系统的全部要素，使会计系统体现出一个完整的生产方式。会计系统的这一目的，既体现了投资者的目的，也体现了人们的目的（按社会必要平均劳动购买产品），但它又完全脱离了会计人格化，并为不同历史阶段的生产方式服务，指导生产方式的发展方向。因此，它不是为某一组织主体服务，而是在人类社会经济发展的长河中，不同的经济组织主体都利用会计系统客观的目的为自己服务。而现有的会计理论把会计系统的目的人格化后，不是各经济组织主体利用会计系统的目的为自己服务，而是会计系统本身服务于某一经济组织主体，把二者的关系颠倒了。这样一颠倒，使会计理论莫衷一是，无所适从。一方面带来了很多会计理论难以解决的理论问题；另一方面又放弃了会计能解决的理论问题。

节约资源这一会计系统目的，明确指出了在什么地方（微观经济在企业的生产经营过程中，宏观经济在整个社会经济中）和在什么范围内（微观经济在产品设计、工艺设计和效力效率要求以及生产经营过程各阶段各方面的创新的范围内；宏观经济在产业结构及其创新范围内）节约资源，它不抽象，又具体但又不很具体。说不抽象，是因为它可以计算和洞察。资源是有价值的，在企业中可按产品设计和工艺设计以及效率要求计算出应该消耗的资源，在生产经营过程中实际消耗也是可计算的，节约多少，自然也是可计算的，当实际消耗达到应该消耗的水平，这时就产生了社会平均利润，当实际消耗低于应该消费水平，这时就产生了超额利润。在宏观经济中，通过市场人们是可以感觉到的，当社会生产产业结构协调发展，各种商品既能满足社会需要，又无过剩时，各企业生产出的产品都可销售出去并实现社会平均利润或超额利润，此时整个社会资源就无浪费。正因为它有节约社会资源的目的，它就有责任应对社会生产产业结构协调负责，它应成为社会生产产业结构协调具体操作的工具。协调产业结构，是会计系统未来的发展方向，也是它未来发展的潜力所在。产业结构是一个动态过程，会计系统对它的协调也是一个动态过程，因此协调是会计系统永恒的工作内容。说它具体又不具体，因为它可以覆盖任何经济发展阶段和任何社会制度。对生产经营过程来说，不管经济发展到哪一个阶段，生产经营过程总是要消耗资源，就应节约资源的消耗。节约资源在企业会计系统不因生产经营过程在不同企业主体中提出不同要求。这一目的，不受不同经济发展阶段的经济主体所左右，它跳出了经济发展阶段的不同主体的范围；对社会会计系统也是如此，在任何经济发展阶段和任何社会制度里，都需要产业结构协调发展，都需要生产与消费的相互促进。会计系统的这一目的，只与生产经营过程和社会的产业结构以及消费有关（此书只解决生产经营过程节约资源的问题）。而与不同经济发展阶段企业不同主体的经济利益和社会制度无关，会计系统是随生产经营过程和社会经济的变化而变化，发展而发展。它反过来服务于生产经营过程和社会经济，这就是会计系统脱离人格化的真正原因。正因如此，我们才能把企业的目的、业主和其他管理者的目的与会计系统的目的分开，把会计摆到应有的位置，解决会计能解决的问题，使会计在企业中和在国民经济中发挥出最大的作用。此目的也不很具体，它没有提出节约多少资源，即没有提出量化指标，只是一个定性的规定性，正因如此，它才能覆盖整个经济活动发展的全过程。

节约资源这一会计系统的目的，既与建立企业会计系统的实体依据和理论依据一致，也符合会计产生的历史起点和人们的主观要求，还符合客观的可能，当可能变成现实，也就把人们原来的主观要求变成了客观现实，节约资源就变成了会计系统本身的目的了。

节约资源这一目的，使企业的利润完全是由于资源的节约而取得的。可以说在这种环境下，价值规律已失去了效用，投机取巧更不可行。企业要取得更多的利润，必须一方面靠创新，另一方面是减少现有产品生产的资源消耗，前者是主要的。因为创新是无止境的，它是节约资源的源泉。

节约资源这一目的以及生产产品的资源消耗为社会必要平均水平或低于社会必要平均水平产生财富这一企业会计系统目的和协调产业结构实现财富这一社会会计系统目的，都是会计系统各层次与环境相互作用下而又不受环境影响所坚持的会计系统发展方向，所以此目的符合系统论目的性原理。

第五节　会计系统的目的与目标

现有的会计理论把会计系统的目的和目标混合起来使用，这样是不妥的。目的应是抽象的、定性的，是质的规定性，没有具体量的表示；目标是具体的、定量的，它由目的派生出来的，是某一阶段的具体指标；目的是不变的，目标在各个阶段的量化是不同的；目的包含整个历史过程的目标，正像哲学中的绝对真理和相对真理一样，绝对真理是对整个历史阶段而言的，相对真理是对具体历史阶段而言的，相对真理的历史长河就组成了绝对真理。节约资源是一个抽象的、质的规定，只是定位在节约这一性质上，但没有指出节约额，节约一个单位是节约，节约10个单位、100个单位也是节约。而目标就不同了，在具体的时间和经济环境下，规定了具体节约额，如规定20××年××月节约9个单位，当实现了节约9个单位时，才实现了目标。如果只节约8个单位，就未实现目标。当各个阶段实现了目标，也就达到了目的。所以目的与目标既有区别又紧密联系在一起。目的不能过于具体，也不能太抽象，它只能是可用具体的指标进行量化的一种抽象。所以目的寓于目标之中，目标包含着目的。

根据彼得·德鲁克在《管理的实践》一书中所论述的企业的目的与目标的关系，目的是长久的和定性的，目标是某一具体阶段定量的之外，目标的实现还应有很多其他的具体指标。会计系统也是如此。如为了实现企业会计系统的目标，在效率方面对人力资源要求的指标有：出勤率、工时利用率、达额率等；对设备使用的要求有：设备完好率、设备利用率；对产品质量有：等级品率、合格率、良品率等；对资金（资本）使用的要求有：资金周转速度。这些指标，牵涉到企业人、财、物的使用情况，只有方方面面完成了各项指标，才能实现企业会计系统的目标，所以企业会计系统的目标是一个综合目标，它是企业内部管理的带头羊，引领着企业内部的管理工作。作为企业内部单位，根据本单位的具体情况，又可自行决策，怎样才能更好地保证实现本单位的会计目标？假如本内部单位工人技术力量较薄弱，达不到规定的良品率要求，可提高其他指标，降低消耗，来弥补良品率降低所产生的资源消耗，同时，抓紧对工人的技术培训。总之，企业内部单位，根据本单位的具体情况进行决策，最终保证本单位会计目标的实现。

以上是从哲学概念和德鲁克的理论解释了目的和目标的区别，但未对目的和目标下定义。那么，什么是目的？什么是目标？目的是系统按内在规律运行自然产生的最终结果，目标是人们根据系统内在运行规律结合环境进行决策所确定的量化指标，它受系统的内在规律、环境、决策的制约。

注释：

[1]《系统论——系统科学哲学》魏宏森，曾国屏著，清华大学出版社，1995年12月第1版第234页。

[2]《系统论信息论控制论与马克思主义认识论》冯国瑞著，北京大学出版社，1991年6月第1版第98-99页。

[3]《会计理论结构》[美] A. C. 利特尔顿著，林志军，黄世忠等译，中国商业出版社，1989年8月第1版第41-42页。

[4]《会计理论结构》[美] A. C. 利特尔顿著，林志军，黄世忠等译，中国商业出版社，1989年8月第1版第55页。

[5]《会计思想史》[美] 迈克尔·查特菲尔德著，文硕，董晓柏等译，中国商业出版社，1989年10月第1版第12-13页。

[6]《会计思想史》[美] 迈克尔·查特菲尔德著，文硕，董晓柏等译，中国商业出版社，1989年10月第1版第31页。

[7]《会计思想史》[美] 迈克尔·查特菲尔德著，文硕，董晓柏等译，中国商业出版社，1989年10月第1版第32页。

[8]《会计思想史》[美] 迈克尔·查特菲尔德著，文硕，董晓柏等译，中国商业出版社，1989 年 10 月第 1 版第 332 页。

[9][10]《会计理论结构》[美] A. C. 利特尔顿著，林志军，黄世忠等译，中国商业出版社，1989 年 8 月第 1 版第 27 页。

[11][18]《会计理论结构》[美] A. C. 利特尔顿著，林志军，黄世忠等译，中国商业出版社，1989 年 8 月第 1 版第 32 页。

[12]《会计理论结构》[美] A. C. 利特尔顿著，林志军，黄世忠等译，中国商业出版社，1989 年 8 月第 1 版第 37 页。

[13]《会计理论结构》[美] A. C. 利特尔顿著，林志军，黄世忠等译，中国商业出版社，1989 年 8 月第 1 版第 26 页。

[14]《会计理论结构》[美] A. C. 利特尔顿著，林志军，黄世忠等译，中国商业出版社，1989 年 8 月第 1 版第 71 页。

[15]《会计理论结构》[美] A. C. 利特尔顿著，林志军，黄世忠等译，中国商业出版社，1989 年 8 月第 1 版第 38 页。

[16]《会计理论结构》[美] A. C. 利特尔顿著，林志军，黄世忠等译，中国商业出版社，1989 年 8 月第 1 版第 25 页。

[17]《会计理论结构》[美] A. C. 利特尔顿著，林志军，黄世忠等译，中国商业出版社，1989 年 8 月第 1 版第 34 页。

[19][24]《会计理论结构》[美] A. C. 利特尔顿著，林志军，黄世忠等译，中国商业出版社，1989 年 8 月第 1 版第 94 页。

[20]《会计理论结构》[美] A. C. 利特尔顿著，林志军，黄世忠等译，中国商业出版社，1989 年 8 月第 1 版第 155 页。

[21]《会计理论结构》[美] A. C. 利特尔顿著，林志军，黄世忠等译，中国商业出版社，1989 年 8 月第 1 版第 117 页。

[22]《会计理论——关于财务会计概念结构的研究》葛家澍，刘峰著，中国财政经济出版社，2003 年 1 月第 1 版第 92 - 93 页。

[23]《会计理论——关于财务会计概念结构的研究》葛家澍，刘峰著，中国财政经济出版社，2003 年 1 月第 1 版第 96 - 97 页。

[25]《会计理论——关于财务会计概念结构的研究》葛家澍，刘峰著，中国财政经济出版社，2003 年 1 月第 1 版第 93 页。

[26]《财务会计基本理论研究》吴水澎著，辽宁人民出版社，1996 年 11 月第 1 版第 71 页。

[27]《系统科学精要》苗东升著，中国人民大学出版社，1998 年 5 月第 1 版第 224 页。

[28][29]《内部会计控制规范操作实务》、《内部会计控制规范》课题研究组编著，中国商业出版社，2001 年 8 月第 1 版第 48 页。

第五章

企业会计系统的职能

会计职能就是会计系统的组织结构通过内在运行规律体现出的一种能力，它能做什么呢？确定企业会计系统的目的之后，我们就应研究企业会计系统的职能，因为职能是支持目的的，有一个很理想的目的，如果没有实现目的的能力，那么这一目的是不能实现的。到底企业会计系统有什么样的职能，我们应先研究一下现有会计理论对企业会计系统职能的阐述，然后再根据企业会计系统本身的目的，研究应有什么样的职能。

第一节　现有会计理论对企业会计系统职能的论述

不同的目的，应有不同的功能。由于人们对企业会计系统目的认识的不同，对职能的认识也不同。利特尔顿教授认为“……会计系统基本上具有统计的职能，并且一直是与分类手段浓缩大量数据的基本目标密切相关的。”[1]并用账户的历史演变证明了这一职能。早期的经济业务记入账户，不是通过对经济业务内在的逻辑分析而是通过规则进行处理的。一个账户也不仅只记录一种经济业务，如商品账户，混合许多经济业务，成为一个计算账户，而不是一个对单一业务记录的账户。将计算账户变为单一业务记录的账户，是通过设立几个新的账户进行简化的。“后来商品账户销声匿迹了，用一个账户累计混合数据似乎迟早都要通过统计的简化而告终，即为每一种不同的数据分别设立一个账户。商品账户消失后，取而代之的是购货账户、销售账户（这两个账户记录了所有商品存货的购销活动）和一系列附属账户，如购货退回、购货折让、销售退回、销售折扣和运费等。”[2]“在制造企业中，旧式商品账户被分解成原材料、在制品和产成品三个账户。”[3]由于账户的性质是“对企业经济数据进行分类的准统计类目，所以再也不必对账户拟人化，也不需要使用名目繁多的记账规则了……经济交易分析已变成了一个推理的程序，而不仅仅是运用规定的记账规则。”[4]利特尔顿教授把账户演变到只对一种经济业务进行记录确定为统计的分类方法，所以账户是一个统计类目，并且是一个双重类目，因而企业会计系统具有统计的职能，这一职能是与他提出的“由于会计的一个基本目的是对企业的经济事实进行分门别类……”[5]相符的。但是“一个账户必须只反映一种类型的事实”，[6]分门别类并不是会计的目的，这只是对设置账户的一种要求或设置账户的前提条件。因为账户要客观地反映生产经营过程的运动状况，就必须只能记录一种经济业务，否则账户就不能反映生产经营过程的运动状况。设置账户是一种方法，方法是支撑功能的，只有实现了功能，最终才能实现目的。会计理论的论述是有层次性的，它们之间不能混淆。再者，利特尔顿教授在此却忘记了在《会计理论结构》的第二章“重心”所提出的“关于收益决定是会计的基本目的的假说……”[7]的三个理由，收益决定不是统计出来的，而是计算出来的。会计系统就应具有计算的功能，因而也应有实现计算这一功能的方法，这一方法应该现在就存在，事实证明它确实存在，这一方法就是“本年利润”账户的设置。然而，这一方法又与会计系统具有统计功能的历史演变的论证——计算账户发展到分类账户相矛盾。实际上，这两类账户同时并存，因为账户除了反映某一类型经济业务外，还有“范畴的结合”（要素结构）。因此，把账户作为统计类别，是解释不了的。事物之间的区分是由于质的不同，会计之所以叫会计，而不叫统计，是因为会计与统计有质的区别，它的目的、职能、方法以及操作规则都是不同的。之所以有所谓的分类账户与计算账户同时并存，是有其客观依据的，现在所说的分类账，并非分类账户。它是生产经营过程及其与环境关系的具体形态的反映，之所以制造企业将旧式商品账户分解为原材料、在制品和产成品，是制造企业的生产经营过程中确实存在这三种具体形态，只有按具体形态进行记录，才能反映生产经营过程的客观情况。人们才能通过企业会计系统的记录，了解生产经营过程，只有了解了生产经营过程，才能管理生产经营过程，而不是为了分类。它的借、贷两方是对生产经营过程及其与环境的关系的动态反映，此问题将在企业会计系统的方法里再阐述。所以账户就是账户，没有什么分类和计算之分。账户是相互联系的，这种联系是由生产经营过程及其与环境的关系的运动所决定的。“账户之间的相互关系天然地存在于企业交易的联系之中。”[8]反映生产经营过程及其与环境的关系的动态和具体形态才是账户的实质，也只有用反映动态和具体形态才能解释所有的账户，所以账户不是统计类目，企业会计系统也不具有统计的职能。

马克思在《资本论》提出“簿记当作生产过程的控制和观念总结就越是会变得必要”，[9]在我国的教材中，对会计职能的表述目前一般都是引用马克思中提出的“当作生产过程的控制和观念总结”这一职能。而我国会计学者又把“观念总结”理解为“反映”，把“过程控制”理解为“监督”，因此把会计的职能表述为反映和监督。这两种表述都欠妥。“对过程的控制”不能理解为监督，控制与监督虽然都是为了实现目标，但二者采用的方法不同，控制是把影响目标实现的不利因素消除在过程之中，对有利因素在过程中进行巩固和加强；而监督是对某一事件发生后的结果所采取的补救措施。例如，为了使人们不随地吐痰，采取的控制方法是在未吐痰之前设置痰盂缸或垃圾桶，当人们要吐痰时就吐在痰盂缸或垃圾桶内，这样就能控制人们随地吐痰的现象；而监督是人们随地吐痰在先，而后才有监督，人家没有吐痰，就不能监督。所以监督是对结果而言的。对随地吐痰监督的方式是采取罚款或清理干净，所以它带有惩罚的性质。然而尽管进行了监督，也不能改变现在已随地吐痰这一现象。由于监督是对结果而言的，因此在生产经营过程中，有很多事情是不能进行监督的，如劳动效率、设备利用率、原材料的有效利用、产品质量和工作质量等只能在生产经营过程中进行控制。只有控制才能实现企业会计系统的目的，监督是实现不了的，对结果的监督是改变不了结果的。再者，把“对过程的控制”理解为监督，使企业会计系统与生产经营过程系统形成了两个对立系统，把本是一个战壕作战的战友推到了被监督的对立面，产生对抗情绪，不利于企业母系统内的两个子系统的合作。因为监督是人们行为之间的一种关系，即使通过设施或先进技术进行监督，也不能脱离是人们之间的行为关系，之所以如此，最根本的原因是监督者在过程中不能指导被监督者的行为。而控制就可按《管理思想的演变》一书所介绍的玛丽·帕克·福利特通过建立一种组织结构营造一个客观情景的思想，在过程中指导被控者的行为，因而我们可以通过会计要素组织结构，营造一个这样的情景，去指导被控者的行为（它的具体做法在建立企业会计要素组织结构系统中论述）。所以“对过程的控制”就是“对过程的控制”，不能把“对过程的控制”理解为“监督”。

把会计检查（审查）当作监督也是不妥的。从会计理论讲，会计检查（审查）属于会计方法，它是为了保证会计职能的实现。如会计部门为了控制出差，事先就分配每个部门的出差经费，当出差时还必须审核该不该出差，并规定出差的路线、时间以及完成的工作，这是对出差这一行为的控制。当出差人员回单位报销差旅费时，会计人员要检查（审查）所发生的费用是否符合出差前规定的路线、时间，是否完成了规定的工作，票据是否真实，这是对执行过程的事后检查，在出差过程中，出差人员只能按事先规定的路线、时间和完成的工作内容进行自我约束，当出差结束后，会计人员不管出差人员是否按规定进行了自我约束，都必须进行审核检查，保证结果与对过程的控制一致起来，达到预期控制的效果。所以会计检查与监督是有区别的，检查是对控制的执行结果而言，并且对每一个执行者都必须进行检查，而监督只对违规者进行监督。

反映这一职能，体现出了会计系统的特征，因为反映“……它是第一个系统的特征以另一种形式在第二个系统的特征中的再现。”[10]这里的第一个系统是生产经营过程系统，即反映的是生产经营过程的特征在企业会计系统中的再现。因而“观念总结”不应只是单纯的理解为反映。反映是通过记录来完成的。如果只把生产经营过程的经济事项通过记录反映出来，仍然是零散的，不能在人们的思维中形成一个总的概念，要使人们在思维中有一个总的概念，就必须对记录的经济事项采取一定的方法进行汇总计算，得出一个总的结果，这样才能形成“观念总结”，观念总结应包括记录和计算。

西方的会计学者也认为会计具有控制功能，“……会计的控制职能是以过去的规划职能为前提的，而且每种会计制度都潜在地包含着将实际业绩与希望的预算进行比较的内容”。[11]然而对控制的认识，没有找到控制的理论标准，过去的规划它不是应该的，社会必要平均劳动消耗才是控制的理论标准，也是应该消耗的标准。实际业绩与期望的预算进行比较，只是一种结果，它不能改变已结束的过程，因而不具有控制的功能。

第二节 企业会计系统应有的职能

任何事物都有发生、发展和完善的过程，企业会计系统的职能也不例外。企业会计系统的职能是随企业会计系统的结构变化而发展的。职能不是一开始都有，它不是固定的，如手机开始只有电话机的职（功）能，即只有打电话和接收电话的职（功）能，而现在是掌上电脑，能视频、查信息资料、发短信、发微信、网上购物、网上付款、汽车导航、摄影等，所以随着结构的变化，职能也随之变化、增多。那么企业会计系统的组织结构变化后所产生的行为到底能体现出哪些职能？

企业会计系统最初始、最基本的职能是记录。但企业会计系统的记录不同于一般的记录，一般的记录只记录单项结果，是一个静态的记录。利特尔顿教授也认为账户的记录与一般记录是不同的，他在《会计理论结构》中写道：“……仅有记账职能是微不足道的。人们可以设计出种种记录经济资料的有效办法，但它们可能不具备复式记账的特征。历史上最早出现的会计萌芽是欠人和人欠备忘录。它们是纯粹的记录，即为了帮助记忆，因而用途极其有限。”[12]而企业会计系统的记录，是复式记录，即动态记录，是对一个过程的记录。它有起点和终点，使得它的记录秩序井然。“复式簿记的主要优点是它有秩序井然地、详细地记录经济业务的能力。”[13]能力就是职能。因此，企业会计系统的最基本职能就是动态记录，其他的任何职能都是这一职能衍生出来的。没有动态记录这一职能，就无从谈其他的职能。企业会计系统要使生产产品的消耗符合社会必要平均水平或低于社会必要平均水平，从而实现节约资源的总目的，首先要保证资源的完整，没有任何损失，这就离不开动态记录。

动态记录，从哲学角度进一步地剖析，它是对事物从量变到质变的飞跃的记录，没有从量变到质变的飞跃的记录，财富怎能从一种形态变成另一种形态？它又怎能增加？此点在企业会计系统的方法——设置账户中再进一步阐述。

企业会计系统第二个职能就是计算。动态记录只能客观地反映，重现生产经营过程的特征，但人们并不知道生产经营过程是否有损失，损失多少；生产经营过程生产产品的耗费是否与社会必要平均水平一致还是低于社会必要平均水平或高于社会必要平均水平，必须对动态记录的资料进行计算。通过计算得出某一段时间内（如一月、一个季度、一年）的过程所形成的结果，给人们在思维上产生对这一生产经营过程的一个总的看法。

以上两个职能都需要会计要素组织结构系统和会计人员行政组织结构系统共同完成，前者不仅为记录提供了载体，而且体现出记录的动态性质和结构特征（账户是组成会计要素组织结构系统的零件，此问题在设置账户中阐述）。而记录和计算的实现，必须由会计人员行政组织结构系统的会计人员完成。

企业会计系统第三个职能是对资源的分配。企业会计系统为了使生产经营过程产生更多的财富，必须要求生产经营过程按社会必要平均消耗水平或低于社会必要平均消耗水平进行产品的生产，为达到这一目的，企业会计系统必须对企业所拥有的资源，根据企业内部单位承担的生产任务，按社会必要平均消耗水平，对资源进行内部分配，使内部单位按分配的资源，生产出所规定的产品。如果企业会计系统只有记录和计算的职能，企业会计系统仍处在被动地位，当它有了资源分配的职能之后，企业会计系统将从被动地位变为主动地位。因为资源分配可形成控制指令，通过控制指令，可对企业内部各阶段以及同一阶段的不同内部单位进行控制，从而实现企业会计系统的目的。资源的具体分配在建立会计要素组织结构系统中阐述。此职能由会计人员行政组织结构系统的会计人员完成。

企业会计系统的第四个职能是对过程的控制。什么是控制？“列尔涅尔给出了关于控制的一种定义：‘为了改善某个或某些对象的功能或发展，需要获得并使用信息，以这些信息为基础而选出的，加于该对象上的作用’。”[14]这一定义有三层含义：第一是指出控制的目的，改善被控单位的（对象）功能或使被控单位（对象）得到发展；第二是为了实现以上的目的，必须从很多的信息中形成一个控制指令；第三是控制主体通过控制指令，对被控单位（对象）的支配作用即为控制。因此，控制有三个要素，一是控制主体；二是被控客体；三是控制指令。根据控制的三要素，通俗地说，控制就是控制主体通过控制指令使被控客体按控制指令行动，实现控制主体的目的。但列尔涅尔的这一控制定义，是一般的控制定义，没有把机械自动化控制与管理控制区分开来。

拉尔夫·C. 戴维斯给控制下的定义是：“对一项目标的完成中的各次活动进行限制和调节的职能。”[15]（美）斯蒂芬·P. 罗宾斯在《管理学》一书中给控制下的定义是：“监视各项活动以保证它们按计划进行并纠正各种重要偏差的过程。”[16]以上两个定义用不同的词汇隐含地表述了控制主体，明确地表述了被控客体（各次活动、各项活动）以及控制指令（目标、计划）。这两个定义，虽然表述出管理中控制的特点，但二者在定义中控制主体对被控客体进行控制时所采用的方式是限制或监视。这种方式在管理中，有点不妥，控制主体与被控客体都是为了完成一项工作，二者都是为了实现一个共同的目标，他们应是一个战壕的战友，是合作关系，然而通过限制或监视，使合作关系形成了对立关系，使被控单位产生逆反心理，不利于控制。限制或监视对敌人的活动进行控制时可采取此形式，但对管理不能采取这一形式。应给管理中的控制下这样的定义：为实现组织确定的目标，根据目标上层管理者制订出一套较完整的制度、方法、程序，通过一定的途径传递到执行单位，使执行单位每一个成员都自觉地按制订的制度、方法、程序规范自己的行为，并随时将执行的情况反馈到上层管理者，上层管理者根据反馈情况与目标对比后产生的差异，进行动态分析，并采取有效措施，消除影响目标实现的不利差异，巩固有利于目标实现的有利差异，保证在控制阶段内（过程中）实现组织确定的目标的一种管理职能。

根据控制的定义，企业会计系统怎样才有控制功能？它又怎样实现控制功能？要解决这两个问题，必须要弄清企业会计要素组织结构系统和企业会计人员行政组织结构系统的关系。在会计要素与生产经营过程及其与环境的关系中阐述了会计要素是由生产经营过程及其与环境的关系抽象出来的概念，是由生产经营过程及其与环境的关系转化而来的，只要会计要素组织结构与生产经营过程组织结构一致，会计要素组织结构系统就能客观反映出生产经营过程的现状。然而企业会计系统要具有控制功能，不仅能客观地反映生产经营过程的现状，而且能客观地随时（现时）反映生产经营过程实现标准成本的现状，即能客观地随时（现时）反映生产经营过程实际成本与标准成本之间的差异，通过差异，就可了解过程中实现标准成本的现状。要做到这一点，又必须解决两个问题：一是企业会计系统必须先制定出标准成本（标准成本的具体制定在建立企业会计要素组织结构系统中阐述）；二是标准成本进入企业会计要素组织结构系统进行核算。这两个问题，分别由组成企业会计系统的两个子系统来解决；标准成本的制定是企业会计要素组织结构系统无法胜任的，只能由会计人员行政组织结构系统中的会计人员完成。标准成本要进入企业会计要素组织结构系统进行核算，就必须设置新的会计账户，形成新的企业会计要素组织结构，这就必须由企业会计要素组织结构系统完成。这样企业会计系统才具有对生产经营过程的控制功能。因此，企业会计系统的控制功能必须由两个子系统合作来完成。现在的企业会计系统之所以没有控制功能，是因为没有使标准成本进入企业会计系统核算的企业会计要素组织结构，不能在过程中客观随时（现时）反映实际成本与标准成本之间的差异，也就不能了解过程中标准成本实现的现状了。

了解了标准成本实现的现状，不等于实现了标准成本，要使过程中实际成本与标准成本一致或低于标准成本，就必须对反映出来的差异进行分析，对现状存在的有利因素和不利因素，采取措施，巩固和加强有利因素，克服或削弱不利因素，使过程结束时产生的结果与事先确定的标准成本一致。这里的分析和采取的措施，在企业会计要素组织结构系统中设置有分析模块，分析可由企业会计要素组织结构系统完成，但采取的措施一定由会计人员行政组织结构系统完成，如果企业会计要素组织结构系统无分析模块，分析与措施就全部由会计人员行政组织结构系统完成。差异分析在有分析模块时，会计人员行政组织结构系统的会计人员也会参与分析过程，因为人掌握的情况更具体，更详细。

企业会计系统的控制功能为什么需要两个子系统共同来完成，是因为对企业会计系统而言，会计人员行政组织结构系统是操作系统，企业会计要素组织结构系统是执行系统。通过会计人员组织结构系统按企业会计要素组织结构系统的组织结构进行记录，就能客观地随时将生产经营过程实现标准成本的状况呈现出来。

根据以上的阐述，企业会计系统的控制功能，它与人工实体系统的控制既有相似之处，又有区别。相似之处是都需要人的操作；区别是人工实体系统的组织结构能进行全自动控制，如生产线的控制、数控机床的控制、洗衣机的控制等。企业会计系统的控制功能，也不同于企业管理控制。如计划管理控制，它是以计划作为控制指令，通过文件形式下达各单位，结合管理内控制度，自动就会在系统内运行，并具有可视性，它只是管理人员行政组织结构系统。而企业会计系统的控制，它是由企业会计要素组织结构子系统和会计人员行政组织结构子系统共同完成的。通过会计人员行政组织结构子系统按企业会计要素组织结构系统对生产经营过程的记录，显示出实际成本实现标准成本的状况，解决控制的可视性问题。没有可视性，就不能控制，因此二者必须结合在一起才能实现控制。这里的企业会计控制职能，不是指企业会计内控制度的控制，而是通过企业会计要素组织结构及会计方法和人的行为相结合形成控制。会计要素组织结构的控制是主要的。

企业会计系统的第五个职能是调节。企业生产经营过程中的不同阶段或同一阶段不同的内部单位，由于主客观的各种原因，可能会出现资源运行不畅，而有的单位又会出现资源有所剩余，为了使企业整个生产经营过程畅通无阻，资源得到合理运用，企业会计系统必须根据生产经营情况，对各阶段以及内部单位的资源进行调节。所谓调节，就是把资源调入需要资源的内部单位，保证生产经营过程的顺利进行。它可能是从有剩余资源的内部单位调入资源不足的内部单位，也可能从银行贷款调入资源不足的内部单位。

企业会计系统的调节功能，也是由两个子系统合作完成的。因为要有调节功能，必须增设调节账户，并重组账户之间的结构关系，所以此任务需要会计要素组织结构系统来完成，而调节的具体业务处理，仍需要会计人员行政组织结构系统来完成。

这五个职能，就是马克思所说的“观念总结”和“过程控制”。前两个职能是“观念总结”，后三个职能是“过程控制”。因为有控制，就应有控制标准，也就应按控制标准分配资源，在分配的资源内进行投入和产出，并进行循环和周转，通过循环和周转的记录，反映出实际消耗与标准成本产生的差异，同时通过循环和周转的实际情况，发现存在的问题。只有知道产生的差异和存在的问题，才能采取具体的措施，保证在过程结束时使实际消耗与标准消耗一致，或低于标准消耗。在控制过程，由于环境的干扰，会出现偶发事件，为了克服干扰，维持正常秩序，企业会计系统必须进行调节，只有这样，才能保证“对过程的控制”。

以上五个职能只对企业会计系统而言。社会会计系统的职能还有待研究。而这五个职能在目前已基本实现的只是一个层面的动态记录和计算，过程控制是本书要解决的主要问题。

这里之所以说动态记录和计算已基本实现，是因为过程控制职能的实现，会引出新的动态记录和新的计算，可能已有的计算将退出历史舞台，让位于新的计算，所以现在所具有的动态记录和计算还没有真正较全面地实现。

这五种职能是相对独立，又相互联系、相互渗透的。在不同的发展阶段，有不同的表现形式。在工业革命前，只有业主还没有工厂即未集中进行生产的前提下，只进行单一产品单一步骤的生产，会计系统只需记录发出多少原材料，按消耗量收回多少产品，就能控制资源的使用。如发出多少纱，收回多少布，付多少工钱，这些都是预先规定的，会计系统只按规定的即应该消耗多少进行记录，就能控制投入与产出，不需对生产者的实际消耗进行记录。控制的方法简单，就是对应该消耗多少进行记录；原材料实际消耗和工作效率都是由生产者自己来控制的，产生的差异由生产者负担。会计记录和控制是融合在一起的，但此时还谈不上用尽可能少的资源生产出尽可能多和尽可能好的产品。工业革命后，随着工厂的出现，劳动的集中，又加之工厂规模不断扩大和生产组织形式不断地变化，进行多产品多步骤的连续生产，使得产品与产品、完工产品和在制品耗费的资源交织在一起，此时对资源使用控制的方法和手段也应随生产经营过程的发展变化而变化，就没有单一产品单一步骤生产那么简单了。由于原材料不断地投入，会计系统只能按实际投入量进行动态记录，不能对应该投入量进行动态记录，将原来工业革命前会计系统对应该是多少消耗的动态记录让位给了实际消耗的动态记录，而应该是多少消耗的会计系统的动态记录从此退出了历史舞台，在会计系统中无一席之地，生产者对原材料的实际消耗也无法控制，不仅如此，生产者本身的生产效率也不能掌控，“……工人工作中的生产力情况却丢失了。”[17]这时控制资源消耗对会计理论工作者和实践工作者来说，都是一个难题，直到现在都未得到解决。

注释：

[1]《会计理论结构》［美］A. C. 利特尔顿著，林志军，黄世忠等译，中国商业出版社，1989 年 8 月第 1 版第 45 页。

[2]《会计理论结构》［美］A. C. 利特尔顿著，林志军，黄世忠等译，中国商业出版社，1989 年 8 月第 1 版第 51 页。

[3]《会计理论结构》［美］A. C. 利特尔顿著，林志军，黄世忠等译，中国商业出版社，1989 年 8 月第 1 版第 52 页。

[4]《会计理论结构》［美］A. C. 利特尔顿著，林志军，黄世忠等译，中国商业出版社，1989 年 8 月第 1 版第 53 页。

[5]［6］《会计理论结构》［美］A. C. 利特尔顿著，林志军，黄世忠等译，中国商业出版社，1989 年 8 月第 1 版第 55 页。

[7]《会计理论结构》［美］A. C. 利特尔顿著，林志军，黄世忠等译，中国商业出版社，1989 年 8 月第 1 版第 37 页。

[8]《会计理论结构》［美］A. C. 利特尔顿著，林志军，黄世忠等译，中国商业出版社，1989 年 8 月第 1 版第 57 页。

[9]《资本论第二卷》，北京人民出版社，1968 年版第 147 页。

[10]《控制论信息论系统科学与哲学》王雨田主编，中国人民大学出版社，1988 年 3 月第 2 版第 367 页。

[11]《会计思想史》［美］迈克尔·查尔菲尔德著，文硕，董晓柏译，中国商业出版社，1989 年 10 月第 1 版第 286 页。

[12]《会计理论结构》［美］A. C. 利特尔顿著，林志军，黄世忠等译，中国商业出版社，1989 年 8 月第 1 版第 44 页。

[13]《会计思想史》［美］迈克尔·查特菲尔德著，文硕，董晓柏译，中国商业出版

社，1989 年 10 月第 1 版第 85 页。

［14］《控制论信息论系统科学与哲学》王雨田主编，中国人民大学出版社，1988 年 3 月第 2 版第 36 – 37 页。

［15］转引自《管理思想的演变》［美］丹尼尔·A. 雷恩著，赵睿，肖聿，陆钦琰，戴晹译，中国社会科学出版社，2000 年 4 月第 1 版第 400 页。

［16］《管理学》［美］斯蒂芬·P. 罗宾斯著，黄卫伟，孙建敏，王凤彬，闻浩，杨军译，中国人民大学出版社，1997 年 4 月第 4 版第 476 页。

［17］《管理会计兴衰史相关性的遗失》托马斯·约翰逊，罗伯特·卡普兰著，金马工作室译，清华大学出版社，2004 年第 1 版第 16 页。

第六章

企业会计系统的技术方法

确定企业会计系统的功能之后，就要研究它的技术方法，因为技术方法是支持功能（职能）的，没有技术方法，职能是不能实现的。

我国现在很多《会计原理》或《基础会计》等教材，把会计方法分为会计核算方法、会计分析方法、会计监督和检查方法、会计预测和决策方法。表面看来，这些方法很全面，但仔细分析，这种分法并不科学，技术方法是支撑职能的，只有能使职能实现的方法，才是会计的技术方法。至于决策方法，它不是使会计功能得以实现的方法，不应在会计的技术方法里阐述。再者职能是相互联系，甚至是相互渗透，不可能哪种技术方法支撑哪一个职能实现，而是整个技术方法支撑整个职能实现，所以在方法面前不能冠以任何定语，只能统称为企业会计系统的技术方法。

有的《会计学》教材把会计的基本程序与会计方法在一起进行论述，这也不妥。会计的基本程序是指“会计确认”“会计计量”“会计记录”。“会计确认”和“会计计量”都属于会计准则所解决的问题，它是指导会计人员确保无误地将生产经营过程所发生的经济业务，按照复式记账的有关要求在账簿中进行登记。所以会计准则是保证企业会计系统的技术方法得以实现的方式。（此问题在会计原则部分再论述）那么什么是会计方法？会计方法是为了实现企业会计系统的功能，以组成企业会计系统要素之间的结构为核心的全部技术方法，它包括：设置账户和会计科目、复式记账、填制会计凭证、登记账本、应用标准成本进行核算、整体与分层相结合核算的组织结构、按标准成本进行内部交易、过程分析、差异分配、财产清查、会计检查、编制会计报表（包括企业内部报表和企业外部报表）。

第一节　设置账户和会计科目以及账户的实质

账户与会计科目的关系是：会计科目是账户的名称，账户是会计科目的载体。为什么要设置账户？在我国一般的教材中解释的逻辑是这样的：首先介绍会计恒等式，然后举例说明企业经济业务的发生，不会打破恒等式的平衡。然而它不能全面、概括、清晰地反映企业的财务状况，于是将经营业务活动变化后的结果以表格的形式表示出来，这种表格就是资产负债表。这样就引出了资产负债表。由于资产负债表是由会计恒等式要素组成的，企业经济活动的发生，自然不影响资产负债表的平衡，但每发生一笔经济业务，要调整一次资产负债表，因而烦琐工作量大，于是通过设置账户来解决这一问题。西方（美国）的《会计原理》[1]也是先介绍资产负债表，其目的是引出资产负债和业主权益三者的关系，从而引出会计方程式，然后便于解释交易和费用的发生，不影响会计方程式的平衡关系。表面看来有一定的逻辑性，但仔细分析，其不符合哲理，是本末倒置的唯心的逻辑。这里牵涉到的问题是先有账户呢？还是先有资产负债表呢？如果先有资产负债表，它的项目名称从何而来？显然是先有项目名称和数字，即先有账户，然后根据账户记录的结果，才能编制出资产负债表。我国教材的问题是在会计恒等式与账户中间插了一个资产负债表，没有把会计恒等式即会计要素与设置账户直接联系起来。而西方（美国）是通过报表，引出会计恒等式，没有恒等式，谈什么资产负债表呢？当然，在我国也有根据会计恒等式与会计要素直接阐述账户设置的，但账户的设置是“将会计要素进行进一步的细化和具体化，以便分门别类地、完整地反映企业的各种经济活动”。[2]这一阐述存在的问题，一是将细化和具体化相提并论，细化不等于具体化，细化是认为要素与账户是同类的概念，只是粗细之别，而具体化是抽象与具体的问题。二是把账户当作“分门别类”，这一提法虽与“账户是统计类目”“每一个分类账户都是双重类目……”[3]表述有所不同，但实质还是一样的，账户仍是一个分类的手段。如果账户的实质真是一个分类手段，那么它不仅仅包括现在已有的所有账户，而且应包括以后随生产经营过程系统及其与环境的关系设置的新账户，以及人们对生产经营过程系统及其与环境的关系认识深化而设置的新账户。既如此，那么现在的“本年利润”账户，借方记录的是本期全部费用，贷方记录的是已实现的本期收入，这个账户它分的是什么门？别的是什么类？是费用门？还是收入门？或者是费用类？还是收入类？它的统计标志是费用还是收入？按统计标志分类，要么是费用要么是收入，“一个账户必须只反映一种类型的事实”，[4]而“本年利润”账户既包括了费用，又包括了收入，它是一个计算账户，而不是一个分类账户。它就不是按统计某一标志进行分类的“统计类目”，也不是什么“分门别类”，它也包括不了本作品根据企业内部单位所承担的生产任务，按标准成本进行资源分配将要设置的账户，它的借方记录的是实际投入成本，它的贷方记录的是资源分配及其周转（此问题将在企业会计要素组织结构系统的建立中阐述）。这样的账户，它是按什么统计标志设置的类目呢？它既不是按实际成本，也不是按标准成本作为统计标志设置的。所以把账户作为“分门别类”的提法是与“账户是统计类目”的提法是一样的，它不能解释现有的及以后将要增设的所有账户，那么企业会计系统的账户是根据什么设置的？企业会计系统的账户是根据会计动态平衡式（即现在所说的会计恒等式）和生产经营过程系统及其与环境的关系运动的每个具体形态，特别是企业生产经营过程的具体形态设置的。它不需要通过资产负债表来引出账户的设置，因为会计动态平衡是反映了资源、负债、所有者权益、费用、收入之间的动态平衡关系，以它为理论依据设置账户，账户的任何记录，都不会影响动态平衡。又由于根据生产经营过程系统及其与环境的关系，特别是企业生产经营过程的具体形态设置的，它就能记录生产经营过程系统及其与环境的关系的动态过程，账户与会计要素的关系是：会计要素是组成会计系统的材料，而账户是组成会计系统的零件，一种会计要素（材料）可制成多种零件，如资源（现在所说的资产）这一要素（材料）可制成“现金”“银行存款”“材料采购”“原材料”“市场价格波动额”“生产成本”“制造公共成本”“待摊成本”“应收账款”“递延成本”“低值易耗品摊销”“固定资源”“折旧”等零件，这些零件又可组成组件，如“现金”“银行存款”等又可组成货币资源，“材料采购”“市场价格波动额”“原材料”“生产成本”“低值易耗品摊销”“产成品”可组成存货。货币资源、存货以及“应收账款”“待摊成本”等账户又可组成流动资源大组件。企业会计系统是通过零件组成组件，由组件组成企业会计系统。会计要素只是提供组成企业会计系统的材料，并确定要素（材料）之间的相互关系，而具体组成是账户（零件）和组件来完成的。具体设计多少零件和组件以及零件之间是怎样组织的呢？就决定了企业会计系统的组织结构。组织结构不同，企业会计系统的功能就不同。比如化学中的同素异构体，同样的元素不同的组织结构，具有不同性质、不同功能的物质。因此，会计要素是不能直接组成企业会计系统的。正如机械设备的制造一样，它所需要的材料堆在一起，仍然是一堆材料，它不会成为机械设备，必须把所需要的材料加工成零件和组件（有的材料可加工几种零件，而有的材料只能加工一种零件），然后按一定的组织结构进行装配，才能成为机械设备，也才具有一定的功能，企业会计系统的组成也是如此。

账户的设置以及账户之间怎样组织，对会计系统来说是非常重要的，所以“利特尔顿教授和齐默尔曼教授主张，复式簿记的本质……是范畴的结合。‘……实账户与虚账户的结合，较之会计发展的其他方面，其重要性要大得多’。正是这些账户的结合……，所有的经营业务均记入会计账簿”，[5]虚账户的设置，以及与实账户的结合，把反映生产过程的会计系统与反映销售过程的会计系统连接起来了，形成了对生产经营过程系统进行反映的企业会计系统，同时解决了利润的计算问题，并且把生产经营过程内在的勾稽关系，通过资产负债表和损益表呈现出来了。复式簿记的本质是范畴的结合这一理论思维方式，为会计的发展指明了方向，对会计理论是一个伟大的贡献。根据现如今系统科学所提供的理论，企业会计系统应具有核算的层次性（这里的层次性不是指单个账户的二级或三级明细账，而是指整体账户之间的组织结构），怎样按层次核算、范畴的结合这一理论，为我们提供了思维方式。范畴的结合，就是账户的结合，通过设置新的账户并重新组织，就能按层次进行核算。分清生产经营过程内部不同阶段，不同内部单位的责任和效率，同时又把不同层次的核算联结起来，形成一个有机整体，使会计系统的资料既能反映生产经营过程的整体状况，又能剖析生产经营过程的内部，把现有企业会计系统的整体论改变为整体性。

弄清楚账户设置的依据之后，就应弄清楚账户的作用。因为企业会计系统功能的实现，主要依据的是账户，只有知道了账户的作用，才能知道它是怎样实现功能的。由于对企业会计系统目的的认识不同，对账户作用的认识也不同。利特尔顿教授认为账户是为了浓缩企业大量交易，“会计方法在本质上属于统计学，因为它的核心机能是由账户所组成的，而账户是用于浓缩和简化大量的企业交易的分类类目标志。”[6]“……应用分类方法是对企业数据进行综合和浓缩的一种既有规则又有条理的手段……”[7]他同时认为“把大量交易事项浓缩到一个易于理解的企业报表是十分艰巨的”，因而对交易进行初始“分类”后还必须“再分类”，他在《会计理论结构》一书中用了一个章节论述“期间再分类”。利特尔顿教授认为成本会计有三个目标，第一个目标是“详尽地处理和加工相当可靠的内部事项”；第二个目标是“把会计数据重新组合成有用的新类目”；第三个目标是“在于使成本数字能够代表或反映与企业生产过程相关的实际经营活动”。[8]成本会计之所以列入再分类，是因为“成本会计本质上是为了对原始数据进行再分类而精心设计的程序。”[9]为了使费用与收入配比计算出尽可能真实可靠的净收益，设置了待摊费用、递延资产、预提费用、坏账损失、折旧等费用调整账户以及应收账款、销售退回、销售折让和销售折扣等收入调整账户“……必须在会计系统中适当分类；必须根据期间报告加以再分类；最后还必须相互配比。所有这些程序都是为了使所报告的经营成果既真实又可靠。”[10]

账户的作用既不是浓缩大量交易，也不是加工内部事项和重新组合成有用的新类目。而是为了反映生产经营过程系统及其与环境的关系客观运动的实质状况。这里提出了客观与实质二词，客观是指真实的运动状况，实质是指内在价值形成的运动状况，即实际成本实现标准成本的运动状况。因为生产经营过程总有起点和终点，上一个阶段的终点是下一个阶段的起点，反过来，下一个阶段的起点是上一个阶段的终点，通过起点和终点的转换，把生产经营过程的运动客观地反映出来了。如生产部门从供应部门领用原材料，此时原材料退出了供应部门（供应阶段的终点），而进入了生产部门（生产阶段的起点），当产品生产完毕后，又退出了生产阶段（生产阶段的终点），进入了待销售阶段（待销售阶段的起点），企业会计系统账户的结构，就是根据生产经营过程运动起点和终点的转换而设置的。账户的左右两方，每一方都是起点和终点，如“生产成本”这一账户，左方是供应阶段的终点，又是生产本阶段的起点，它的右方是生产本阶段的终点，又是待销售阶段的起点。如图 6－1 所示。

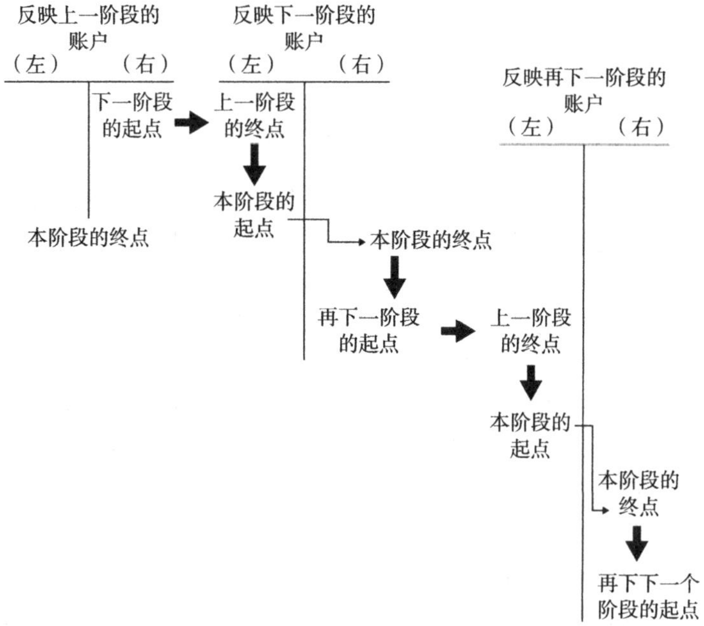

图 6－1　账户运动状态图

通过账户左右两方起点和终点的转换与结合，形成了账户和会计要素的运动，并使账户和会计要素的整体运动与生产经营过程系统及其与环境的关系的整体运动一致，所以各阶段之间起点与终点运动的数量是相等的。生产经营过程系统及其与环境的关系的运动主要是通过生产经营过程的运动来实现的，因为生产经营过程系统及其与环境的关系，即生产力决定生产关系，所以只要了解生产经营过程的运动，就能了解生产经营过程系统及其与环境的关系的运动。生产经营过程的运动与其他运动一样，都有相对静止和显著变化状态，当生产经营过程运动从一个阶段到另一个阶段时，既是显著变化状态，也是相对静止状态，二者重合在一点。只有相对静止，账户才能记录，也只有账户进行了记录，才能把生产经营过程运动的显著变化呈现出来。并且生产经营过程每一具体阶段（如供应阶段），不断的投入（购进）和产出（发出材料），使投入和产出的累计额随时间的推进不断变化，构成了投入与产出的分别运动。

因此，使账户左右两方分别记录的相对静止纵向系列，形成了动态系列，即每个账户的左方和右方纵向系列随时间的推进，形成了左右两方各自的运动。生产经营过程和各阶段的横向运动，以及每个具体阶段及形态的投入和产出的纵向运动，使生产经营过程形成了相互联结的有机整体，从而使账户也形成了有机整体，它是以相互的勾稽关系体现出来的。现在企业会计系统所涉及的账户，只能反映生产经营过程的客观情况，如图 6－2 所示。

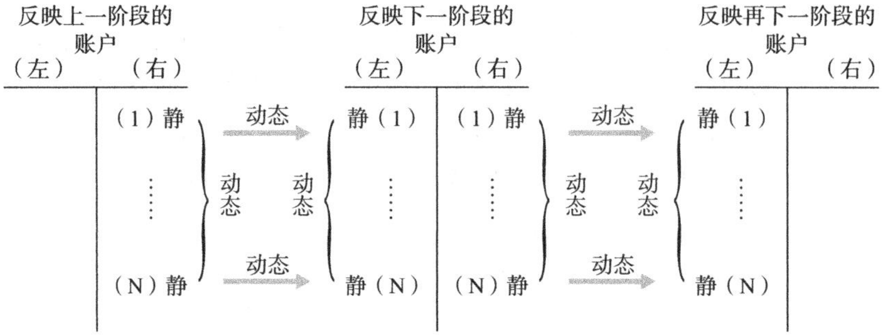

图 6－2　账户动与静的示意

生产经营过程运动状况，是由生产经营过程各阶段的量变和质变而引起的，阶段与阶段之间的飞跃是质变（通过外部交易和内部交易体现），如从供应阶段飞跃到生产阶段后，它就进入了生产阶段的量变过程，当产品没有完工验收入库，都处在这一量变过程之中。此时账户是不能对这种变化进行记录的，它处在相对静止当中，所以账户的静态孕育着动态变化，账户的这一特征，也是由生产经营过程的运动变化所决定的，是为了反映生产经营过程客观运动的需要。目前会计理论与实践由于完工产品实际成本要在一个会计期（1 个月）结束时才能计算这一特殊性，而产品是陆续完工入库，当产品完工验收入库后，会计人员还不能进行业务处理，账户自然也不能记录，这样账户记录与生产过程阶段质的飞跃不能同时进行。因此，现在企业会计系统所设置的账户，只能反映生产经营过程的客观运动状况（即表面的），不能反映运动的实质状况。

以上从生产经营过程各阶段的起点和终点、量变和质变两方面阐述了它的运动以及账户记录的运动。而运动总有一个结果，这个结果在账户中的表现就是左右两方相比较的余额，它是由账户左右两方量的渐变和质的飞跃数量不一致所引起的。所以余额也是生产经营过程运动状况的体现。它体现了三种状况：第一种是体现本阶段具体形态的状况，大多数账户属于此类；第二种是体现整个生产经营过程运动的状况，虚账户即“本年利润”账户属于此类，它的借方余额体现为整个生产经营过程运动的亏损（即不好的运动状态），它的贷方余额体现为整个生产经营过程运动的盈利。但盈利有大有小，到底盈利多少是最佳运动状况？目前还无准确的标准进行判别。到目前为止，账户的余额只能体现这两种运动状况；第三种是体现生产经营过程按标准成本消耗的实现状况，即客观运动的实质状况。此账户的设置，就能解决目前账户记录与产品完工验收入库时间不一致的问题，它是本书要解决的主要问题。它的左方是投入的实际总成本，它的右方是标准总成本，此时左右两方比较产生的数额，不是余额，而是差异，右方大于左方为节约差异（实际总成本小于标准总成本），左方大于右方为超支差异（实际总成本大于标准总成本）。通过此账户，可以揭示出利润产生的原因，从而知道盈利多少是最佳运动状况。这样的账户记录，才能反映生产经营过程客观运动的实质状况，也才能与《政治经济学》的价值理论联系起来，并能使投资者真正了解企业的经营状况。所以账户的余额并非浓缩出来的，是生产经营过程运动变化的自然结果，账户只是客观地进行记录而已。利特尔顿教授也认识到账户记录是变动的，并多处阐述了这种运动变化。"……对账户来讲，最重要的是它的余额，而不是它的借方总额或贷方总额。汇集这两个总额的目的在于计算余额。由此可见，账户是个动态类目，它是为了'确定余额'，而不是为了'计算余额'而设计的，它的重点不是'累计额'而是'变动额'。"[11]"……账户余额不仅仅是个剩余数额，也是个处于不断变化中的动态余额。"[12]但它没有把"动态余额"、"变动额"与生产经营过程的运动联系起来，认识到这种"动态余额"和"变动额"是生产经营过程运动呈现出的状况，却把它与统计分类联系起来，把账户说成"是个动态类目"，并把它作为"会计的统计类目，具有一般统计所没有的特征"[13]来阐述。

现在的成本账户也不是"加工相当可靠的内部事项"和"重新组合成有用的新类目"。什么是加工？加工就是改变原有物质的形状和功能。如将麦子磨成面粉，再将面粉做成各种口味的面条和糕点，加工出来的产品与麦子的形状和功能绝对不同，麦子能发芽，而面粉再也不能发芽，这就是加工。生产过程本身是一个加工的过程，也是一个重新组合的过程，这是一种客观运动。而成本账户不是加工和组合这一客观运动的，它是把生产加工和组合过程的客观运动原汁原味地呈现出来，绝不允许偏离生产过程的客观运动。当然，成本账户只做到此点是不够的，它必须借助新的账户的设置，对账户结构进行新的组合，这里的账户结构，不是指每一个账户内的结构，即借、贷、余，而是指账户与账户之间的组合。账户与账户的组合不同，它的功能就不同。例如半自动洗衣机到全自动洗衣机，不仅有零件多少的区别，而且有零件组合不同的区别。账户也是企业会计系统的零件，它也有设置账户的多少和相互组合问题。使账户不仅能记录生产经营过程的客观运动，而且能记录客观运动的实质。这里所说的账户结构新的组合，不是利特尔顿教授所说的账户对生产经营过程所发生的经济业务处理的组合，而是账户本身的组合，账户这一作用是统计分类，再分类是绝对做不到的。

"待摊成本""递延成本""预提费用""低值易耗品摊销""折旧""应收账款""预收账款"等账户，是由于交易时间与进入成本和收入的时间不一致所致的，在运动过程中，它的质变是两次或两次以上的飞跃来完成的。这些账户的设置，都是为了客观地记录生产经营过程运动的实质状况，它也不是什么再分类。

账户不仅是为了记录生产经营过程运动的实质状况，而且是为了在执行阶段指导生产经营过程活动符合会计目标的要求，实现企业会计系统的控制功能，最终实现企业会计系统的目的。因为只有通过账户的记录，掌握了生产经营过程运动的实质状况，就能分析它的有利因素和不利因素，从而采取措施，巩固有利因素，克服不利因素，使生产经营过程的运动向着企业会计系统目标的方向进行。只有这样，才能实现企业会计系统目标。

把账户作为一个双重"分类类目"，是既没有认识到账户从量变到质变以及质变到量变的运动过程，也不符合系统科学中的开放性原理。前已述及，现有会计方程式是对一个封闭系统即孤立系统的表述，使企业会计系统变为一个死亡的系统即不存在的系统，从而使账户成为一个静止的、平衡的双重分类类目，这是不符合客观实际的。因为企业会计系统一旦建立，就是客观存在的，有自己的运行规律，把账户作为双重分类类目，是人们一种认识上的错误。实际上，会计动态平衡式是对一个开放系统的表达式。然而，会计动态平衡式只是对企业会计系统要素之间的关系的表述，它只是组成企业会计系统的材料，而企业会计系统的具体组成是将要素这一材料制成零件即账户。如果企业会计系统的零件即账户是一个静止的平衡的分类的双重类目，会计动态平衡式又怎样向环境输出熵，而又怎样从环境中输入负熵？因此账户必须是一个动态的、变化的、开放的。通过账户整体的运动，形成一个与环境开放的“流”，向环境输出企业会计系统产生的熵，而又从环境中输入负熵，这样账户就与会计动态平衡式一致起来了。

通过以上账户的阐述，账户做到了四个统一：一是动与静的统一；二是过程与结果的统一；三是形式与内容的统一；四是量变与质变的统一。第一个统一能通过记录把生产经营过程的现状呈现出来；第二个统一通过记录了解过程；第三个统一只有把账户的记录与《政治经济学》的价值理论紧密结合在一起，它才能反映生产经营过程的实质状态，并使价值的形成具体化；第四个统一能通过价值量把不同形态的财富记入账户。只有这四个统一形成一体，账户才能发挥出应有的功能，实现企业会计系统按社会必要平均劳动量消耗生产出产品的目的。这是把账户只当作统计分类的双重类目绝对做不到的地方。

账户的借贷两方具有运动的实质以及会计不同于统计，西方的会计理论也有相同表述。账户借、贷方的形成，与银行业务相关。“商人们要通过银行转账，支付款项，就应将现金存入银行。银行仅仅是将一客户账户的借方转入另一客户账户的贷方，但正是这种方法，成为联结各个账户的推动力”。[14]这种联结就是一种运动，就能对客观事物的动态进行反映，因而“……反映企业经济业务的会计毕竟是与收集和解释数据的统计大不相同的工作。”[15]

第二节 应用标准成本进行核算

现有的会计核算方法，都只提到成本核算。这里的成本核算又都只是指实际成本的核算，而在成本计算中，又以怎样取得准确的实际成本为研究的中心，而准确计算中又以采取什么标准对间接成本进行分配，成为难中之难的问题。为了解决这一问题，会计理论工作者提出了作业成本，先按作业将间接成本分配到成本中心，然后分配到产品上。似乎间接成本通过作业分配后，实际单位成本就很准确了。其实不然，同样的作业，也会有量的差别，产生的成本同样也有差别，因而按作业法分配成本也不是一个非常准确的办法。在会计实践工作中，实际成本的准确性，不仅只是多产品之间的间接成本分配，即使是多重业务单一产品机械加工企业的间接成本，也很难计算准确。因为在连续生产的前提下，资源是不断地投入，而产品是不断地产出，这样就存在直接成本在完工产品与在制品之间的分配问题。由于在加工过程中会产生浪费和废品，这些浪费和废品的成本要在完工产品和在产品之间分配。完工产品是成套产出，而在制品不是成套的。因为投入时虽然是成套投入，然而废品和浪费的产生却是不成套的。由于某零件加工难度大，或者某工人技能差，出现废品较多，所以每道工序产生的废品数量是不相等的，因而也是不配套的，这样就引起了对废品本身成本计算的难度。由于废品的不成套，又引起了在制品的不成套，对成本的分配产生了两个问题，一是直接成本难以在完工产品与在制品之间进行准确分配，二是除废品本身成本难以准确计算外，它在完工产品与在制品之间的分配也难以准确计算，这一问题在机械制造企业很显著，我们不能以纺织和化工企业代表一切企业。而会计理论却要涵盖所有的企业，是放之企业而皆准的理论。

多重业务单一产品的生产成本，在完工产品与在制品之间的分配，虽没有产品之间交叉补贴问题，但仍存在完工产品和在制品直接成本和间接成本之间分配的扭曲问题，严格说，按此实际成本信息提供给上层管理者进行决策，仍存在一定的问题。特别是不守规矩的企业领导和会计人员，根据自身利益的需要，利用生产成本在完工产品与在产品之间的分配，形成人为利润。例如，为了多实现利润，人为加大在制品数量，使在制品分配的成本增加，完工产品的成本减少，如果少实现利润对企业有利，企业领导和会计人员又会通过在制品与完工产品的成本分配，人为地加大完工产品的成本。使生产成本在完工产品与在制品之间的分配，成了利润的调节器。通过生产成本的分配来调节利润，审计人员很难审计，这样的成本信息对上层管理者有何作用？因此，上层管理者既不利用这样的成本信息进行决策，也不会利用这样的成本信息对过程进行控制，其结果造成会计人员在企业中地位低下，使会计在生产经营过程管理中起不到应有的作用。造成这一局面的根本原因，就是会计理论没有解决怎样通过会计方法对成本的形成进行控制。通过控制，取得比较准确的成本，并在生产经营过程中，为企业领导和上层管理者随时提供实际成本达到目标（标准）的信息。因此，我们不能再因循守旧，只想着怎样去准确计算实际成本，而要为上层领导提供决策和过程控制的信息。实际上，现在采用的方法，不仅不能计算出较准确的实际成本，就是能计算出100%准确的实际成本，是由于它是事后计算出来的，与产生实际成本的生产过程不是同步进行的，这样的实际成本计算对产生实际成本的过程有何作用？因此，我们应寻找一个与实际成本形成同行的成本计算方法，只有采用这种方法，计算出来的成本所提供的信息才能根据成本信息对产生成本的过程进行决策（采取措施），并控制本过程。因为“成本与时间的流逝同时发生”。[16] “……工业会计人员则应采用某种方法使成本与生产的流程在时间上保持一致”。[17]

采用什么方法能使成本的计算与成本的形成同行呢？科学管理之父泰勒提出了用标准进行管理，通过标准动作提高效率。随后标准也引入了企业会计系统，提出了标准成本。然而直至现在，只是通过标准成本与实际成本的比较，对产生的差异进行分析。由于标准成本是标准价值与标准消耗资源量的乘积，而实际成本是实际价值和实际消耗资源量的乘积，两者比较的差异，既包括消耗资源量的差异，又包括价值的差异。价值差异是由市场价格波动而产生的，市场价格的波动是企业、企业会计要素组织结构系统、企业会计人员行政组织结构系统都管不了的，因此，应把价值产生的差异，从标准成本与实际成本相比较产生的差异中剔除出去，使二者相比较的差异纯粹是由于资源消耗量所引起的。这样的差异才合理。要得到这样的差异，必须使实际消耗资源量的价值按标准价值计价，实际消耗量与标准消耗量采用同一计价就有希望将标准成本引入企业会计系统，与实际消耗量同时进行日常核算。此问题的解决，就能使“成本与时间的流逝同时发生”，改变现在的实际成本在过程结束后才计算、才分析差异，改变现在不能根据差异分析对过程控制的现象。现在的会计理论做不到在过程中对产生的差异进行分析，说明会计理论工作者没有真正认识到在会计领域，怎样应用标准成本解决会计的理论问题，只是把标准这种形式引入了企业会计系统，这样就发挥不了标准成本的作用。

要把标准真正引入企业会计系统，解决会计理论问题并发挥作用，首先应弄清会计中的标准成本与科学管理中标准的区别与联系。

二者的区别：科学管理的标准动作制定后，必须进入生产操作过程，并且在生产操作过程中标准动作、原来的实际动作及两者产生的动作差异都是在操作过程中看得见的，它可以通过录像进行比较。而标准成本制定后，当不进入生产经营过程，它只是人们头脑中的一个概念，在生产经营过程中，不会把标准成本、实际成本及二者产生的差异自动呈现出来，企业会计系统也不会自动改变对生产经营过程的记录，这时仍然无法对生产经营过程进行控制。因此会计理论只是从形式上没有从实质上将科学管理的标准引入企业会计系统。怎样才叫作将标准的实质引入企业会计系统？那就是将标准成本像实际成本一样，纳入企业会计系统进行日常核算，使标准成本与实际成本在形成的过程中进行比较，随时可得出其过程差异，通过对此差异的分析，根据分析找出的原因，采取措施就可控制本过程的成本形成。如果标准成本不纳入企业会计系统进行日常核算，标准成本就永远不能控制本过程的实际成本的形成，如果是科学管理的标准动作不进入生产过程进行操作，就不能与原来的实际动作作比较，也就改变不了原来多余的不规范的动作。科学管理的标准与企业会计系统中的标准成本的区别在于：前者在过程中都是可见的，无论标准动作还是实际动作，以及两者比较产生的差异动作都是如此。而标准成本和实际成本在生产经营过程中是看不见、摸不着的，它是通过企业会计系统对标准成本和实际成本的日常记录，并将日常记录进行比较，得出差异，通过差异，使人们得知实际成本实现标准成本的状况，从而把看不见的成本形成情况变成看得见的成本。实现对本过程的成本形成的控制。

科学管理的物量标准与成本中物化劳动，消耗标准的制定也是有区别的。科学管理制定的物量标准，只将物量固定，但物量的价格是变动的，所以物量标准的价值随价格的变动而更新，这种更新不影响科学管理。即科学管理只管理消耗物资的数量，不管理消耗金额，因为消耗金额是随价格变动的。

标准成本，制定的物量消耗的价格和数量都是固定的，在制定标准和在实际生产经营过程中，消除市场价格的波动即外部交易价格对成本形成的影响，因而实际成本也是按制定标准成本的固定价格计算的，实际成本的形成，只考虑物量消耗的影响，这样便于分析生产经营过程。同时把市场价格的波动堵截在生产过程的大门之外。（此问题在会计计价的存货计价中再阐述）。

二者的联系是都以标准作为实现的目标。

标准成本引入企业会计系统进行日常核算，能解决现有会计理论的如下问题：

第一是能解决成本形成的本过程控制问题，使成本的形成与控制同时进行。通过控制，能真正实现标准（目标）成本，只要此标准成本制定的依据是客观科学的（此问题在第九章专节再阐述）就一定能实现。

第二是通过标准成本对生产经营过程全面进行控制。在生产经营过程不同的阶段以及不同的部门，制定有不同的标准成本。在供应阶段有购货标准成本，在生产阶段，有各单位的所有零部件以及完工产品的标准成本，各管理部门有管理费用的标准，只要生产经营过程各阶段、各单位以及各部门都实现了标准成本，产品生产所消耗的资源与社会必要平均消耗一致，企业就能取得社会平均利润，并与《政治经济学》的价值理论相衔接，使《政治经济学》的价值理论成为会计学的基础理论。

第三是标准成本是根据科学依据事先制定的，它不需要像现在这样进行事后的成本计算，只需将生产经营过程中实际资源消耗按标准价值计算了的总成本与标准总成本产生的差异在在制品和完工产品之间进行分配即可。因此解决了产品之间对间接成本分配的准确性以及完工产品与在制品对直接成本分配的准确性问题。不存在交叉补贴和扭曲问题，同时堵截了完工产品与在制品之间成本分配的舞弊问题，使成本分配再也不成为利润的调节器。

第四是解决了资源流动与价值流动脱节的问题。现有的会计核算方法，零件的流动是按生产工艺规定进行的，价值流动要等到实际成本计算出来之后才进行会计业务处理。制定标准成本之后资源转移时，企业会计系统就能按标准成本做业务处理，资源转移与价值紧密结合在一起，为内部单位之间的交易业务处理创造了条件。

第五是分清了内部责任和效率。企业内部各单位的责任不同，实际效率也都存在一定的差别，由于资源的转移价值不按实际成本而是按标准成本，各单位的效率就不随资源的转移而转移，分清了各单位的职责和效率。

第六是对各管理部门的管理费用进行了控制。“很少有人将注意力放在管理费用账目上，这才是成本增长最快的地方。”[18]

第七是能真正地为上层管理者提供客观的决策信息。

第八是使费用与收入都按现时市场价格进行配比。它能真正按现时市场价计算出准确的利润，此利润是实实在在的。现有会计核算方法计算出的利润，无论单位产品实际成本计算多么准确，也不能计算出准确的利润，因为费用与收入不是在同一市场价格下的配比。由于产品实际成本是按历史成本计算的，当产品销售后，产品的实际成本转换成费用时，它仍然是历史的，而不是按现时市场价格计算出的费用。怎样按现时市场价格计算费用与收入进行配比，现有会计理论并没有解决此问题。这个问题不解决，就不可能计算出准确的利润。因为科学技术的发展水平在各领域和行业是不一致的，这种不一致将引起产品生产的社会必要平均消耗水平的不一致，从而引起市场交易价格的变化。所以市场价格的波动，即使没有通货膨胀也是存在的。物价可能有的上涨，有的下跌，这种波动在行业中是参差不齐的，市场价格的波动是绝对的，只是通货膨胀时更明显。为了使费用与收入的客观配比，必须考虑市场价格的波动问题。采用标准成本对生产过程进行计价能解决这一问题。它既能把市场价格堵截在生产过程的大门之外，又能把市场价格的波动直接引入费用，使配比原则具有真正的客观性（费用与收入都按市场价格配比）。它的具体做法在第八章介绍。

第九是可将资源按现时市场价格进行调整，反映现有资源按现时市场价格计算出的价值能客观反映所有者权益和负债。调整方法在第八章中介绍。

标准成本之所以能解决实际成本不能解决的问题，是因为实现了企业会计系统的控制功能、费用与收入按现时市场价格配比，以及按现时市场价格反映资源价值和所有者权益、负债的现状，因此标准成本不是单纯的一个成本问题，也是一个计价理论问题，它应成为企业会计系统核算方法的内容。

第三节　整体与分层相结合核算的组织结构

应用标准成本进行核算以及账户的组织离不开组织结构，企业会计系统的功能也是通过组织结构实现的，因此，组织结构应成为会计方法的组成部分。

现有的会计方法，只是会计人员行政组织结构系统的操作方法，没有企业会计要素组织结构系统的执行方法，因此，现有企业会计要素组织结构，是依附在生产经营过程的系统上，没有自己的组织结构，它的执行和运行只能随生产经营过程的运行而运行。由于生产经营过程是连续不断地进行，会计人员行政组织结构系统无法在过程中对生产经营过程的实际成本实现标准成本的状况进行记录，只能对生产经营过程进行事后的整体核算，这种核算，既不能分清每个内部单位的效率，也不能在过程中进行有效的分析，采取有效措施，确保标准成本的实现。整体与分层相结合核算的组织结构方法，就是为了解决这一问题。

什么是整体与分层相结合核算的组织结构？就是通过会计要素组织结构既对各个内部单位进行核算，又使各内部单位的核算与企业的核算形成一个有机整体，形成相对独立的自己运行的企业会计要素组织结构系统。它的结构如图 6 - 3 所示。

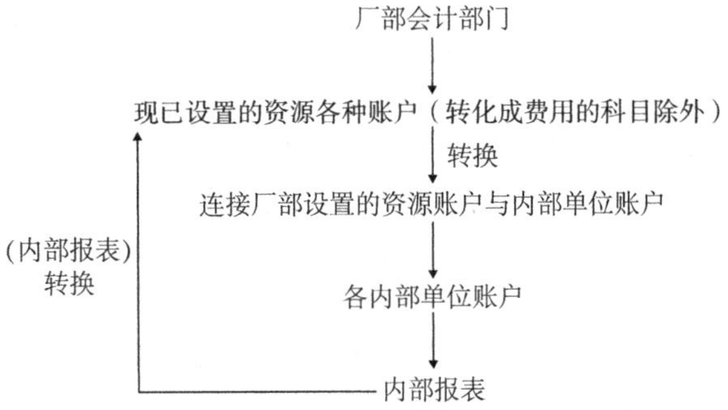

图 6 - 3 企业会计要素组织结构

此组织结构的关键是设置转换账户，通过转换账户将原来厂部会计核算的资源账户，变为企业内部权益，形成下一层次子系统的资源，从而组成下一层次子系统的会计动态平衡式，进行本子系统的日常核算。企业会计部门不对生产经营过程进行日常核算，只对各子系统的日常核算进行控制管理，月末（会计期末）各子系统通过内部报表的方式，将本月发生的经济活动，报送给厂部会计部门。厂部会计部门将各子系统的报表进行合并汇总，计入厂部会计部门相应的会计账户，恢复未转换前的状态，内部报表将子系统的日常核算转换成厂部会计部门的日常核算，厂部会计部门编制对外报表。这一组织结构的会计业务处理，不仅符合会计原则、会计准则的要求，而且与《政治经济学》的价值理论、《协同学》的序参数、控制论的控制指令紧密结合在一起，厂部会计部门通过转换账户对子系统的控制，达到对生产经营过程的控制，从而使财务会计与现在的管理会计真正地合并在一起。这一企业会计要素组织结构的建立，能解决现在依附在生产经营过程的企业会计要素组织结构所存在的一切问题。具体操作在建立企业会计要素组织结构系统中再阐述。

第四节 其余的会计技术方法

由于复式记账、填制会计凭证、登记账簿等会计技术方法，现有的教材中阐述得很清楚，在此不再阐述。

一、按标准成本进行内部交易

内部交易对产出来说，它是系统的一种输出。根据控制论阿尔贝勃的递归函数算法，一个控制论系统在任意工作瞬间，只能接受一个确定的输入，同时只能发出一个确定的输出，这时的系统才能处在一个确定的状态。由于资源分配是按标准成本进行的，因而在每一瞬间都是以标准成本输入的，它的输出也应是标准成本，因为只有按标准成本输出才是确定的，所以内部交易必须按标准成本进行。只有这样，企业内部生产过程才能按标准成本运行。它有如下几个优点：一是能随资源的流动处理经济业务，使资源流动与价值流动紧密结合在一起，便于价值与实物的管理；二是分清了企业内部单位之间的责任和效率；三是保证标准成本进入企业会计系统，进行日常核算。它是实现会计系统控制功能不可缺少的核算方法。

二、过程分析

标准成本进入企业会计系统进行日常核算后，就能随时和实际投入进行比较，实际投入也就是实际总成本（包括在制品和完工产品的成本），二者之间的比较就是标准总成本与实际总成本的比较，比较产生的差异就是实际总成本实现标准成本的状况。在成本形成的过程中，要实现标准成本或超额实现标准成本，就必须随时对产生的差异进行分析。因为标准成本虽然进入了会计系统的日常核算，并不等于标准成本就能自动实现，它只是为了与实际成本在过程中比较提供机会，使会计人员在过程中随时知道二者的差距。但差距是不会自动消除的，只有通过分析，找出原因，并把产生的差异和分析出来的原因等信息提供给上层管理者和基层管理者以及每个操作者。因为有的差异需要相互协作、相互配合才能消除或巩固（对有利差异而言），由于大规模生产，个人和基层单位并不一定了解整体情况，需要企业会计系统给他们提供在过程中实现标准的具体信息，一方面指导他们该怎样做；另一方面，使全体员工都参与管理，根据具体情况，群策群力、献计献策，采取更加有效、更加有针对性的措施，把有利因素巩固下来，发扬光大，对不利因素进行消除，从而确保标准成本在过程中得以实现。没有过程中分析的方法，会计系统对过程的控制也是难以实现的。因此，过程分析也是企业会计系统核算的方法之一。

三、差异分配

对会计期末产生的差异，要在产品之间、完工产品和在产品之间进行分配。只有通过差异的分配，才能计算出完工产品的实际成本。全体员工才会知道本期的成果，从而鼓舞士气，再接再厉，不断奋进。

四、会计检查

会计检查是根据有关法规、制度、会计原则、准则对会计系统的业务处理进行审核或核对，是否能进入企业会计系统？原始凭证与记账凭证的金额是否一致？原始凭证的内容是否与会计账户核算的内容相符？业务处理的错误，会造成费用的不实，资源的不实，利润的不实，这种不真实的信息，会作出错误的决策。

五、财产清查

人在工作中，难免产生差错，为了保证会计记录和计算的正确性，必须对财产进行清查，同时也可防止舞弊发生。

六、会计报表

会计报表包括企业内部报表和企业外部报表，它是生产经营过程在某一阶段的自然结果，假如我们不编制会计报表，它也存在这样的结果，只是人们不知道罢了。所以报表是对客观结果的反映，一方面使人们知道生产经营过程的客观状况；另一方面，也是最主要的方面，它把各层次的会计系统通过内部报表，有机地连接起来，组成一个整体。如企业内部车间会计系统报表，它把车间会计系统与企业会计系统连接起来，企业会计系统报表，把企业会计系统与社会会计系统连接起来。如果没有会计报表将会计母系统与子系统连接起来，会计就不能组成一个完整的系统，也就无法实现会计系统的控制功能。会计报表是会计核算中不可缺少的会计核算方法。现在只有对外报表，无车间对企业的内部报表，因此会计仍处于整体论阶段。

上述会计方法是一个整体，共同完成企业会计系统的反映、计算、资源分配、控制、调节职能。但这些会计方法既相互联系，又各有所侧重。设置账户和会计科目、复式记账、填制会计凭证、登记账簿侧重于实现反映职能，这四种方法不能拆开，否则各自难以实现其职能。但账户动与静的结合，以及账户之间的组织所形成的结构，又为控制功能的实现打下了基础，同时又把反映和控制功能有机地结合起来，应用标准成本进行核算、整体与分层相结合核算的组织结构，按标准成本进行内部交易、过程分析、差异分配侧重于控制功能的实现，这几种方法，也离不开设置账户和会计科目、复式记账、填制会计凭证、登记账簿等方法；会计检查和财产清查是以上方法的善后工作，是为了确保会计系统数据正确无误。数据的正确无误，才能使反映、计算、控制功能真正实现。会计检查这一方法，不仅与会计职能联系起来，而且与会计原则联系起来，因为只有会计人员按会计原则处理业务，业务处理才正确。编制会计报表，才能把各层次的会计系统连接成一个整体，使会计系统的功能发挥出来。因此，会计核算方法是一个整体，共同去实现会计的所有职能，同时又将会计技术方法与会计原则联系起来。

注释：

[1]《会计原理》[美] P. H. 沃尔金巴克，N. E. 迪特里克，E. I. 汉森合著，厦门大学经济系财务会计研究室译，中国财政经济出版社，1982 年 2 月第 1 版。

[2]《会计学》葛家澍，余绪缨主编，高等教育出版社，2000 年 7 月第 1 版第 49 页。

[3]《会计理论结构》[美] A. C. 利特尔顿著，林志军，黄世忠等译，中国商业出版社，1989 年 8 月第 1 版第 14 页。

[4]《会计理论结构》[美] A. C. 利特尔顿著，林志军，黄世忠等译，中国商业出版社，1989 年 8 月第 1 版第 55 页。

[5]《会计思想史》[美] 迈克尔·查特菲尔德著，文硕，董晓柏译，中国商业出版社，1989 年 10 月第 1 版第 47 页。

［6］《会计理论结构》［美］A. C. 利特尔顿著，林志军，黄世忠等译，中国商业出版社，1989 年 8 月第 1 版第 11 页。

［7］《会计理论结构》［美］A. C. 利特尔顿著，林志军，黄世忠等译，中国商业出版社，1989 年 8 月第 1 版第 66 页。

［8］《会计理论结构》［美］A. C. 利特尔顿著，林志军，黄世忠等译，中国商业出版社，1989 年 8 月第 1 版第 72 – 74 页。

［9］《会计理论结构》［美］A. C. 利特尔顿著，林志军，黄世忠等译，中国商业出版社，1989 年 8 月第 1 版第 77 页。

［10］《会计理论结构》［美］A. C. 利特尔顿著，林志军，黄世忠等译，中国商业出版社，1989 年 8 月第 1 版第 91 页。

［11］《会计理论结构》［美］A. C. 利特尔顿著，林志军，黄世忠等译，中国商业出版社，1989 年 8 月第 1 版第 55 – 56 页。

［12］《会计理论结构》［美］A. C. 利特尔顿著，林志军，黄世忠等译，中国商业出版社，1989 年 8 月第 1 版第 90 页。

［13］《会计理论结构》［美］A. C. 利特尔顿著，林志军，黄世忠等译，中国商业出版社，1989 年 8 月第 1 版第 55 页。

［14］《会计思想史》［美］迈克尔·查特菲尔德著，文硕，董晓柏译，中国商业出版社，1989 年 10 月第 1 版第 52 页。

［15］《会计思想史》［美］迈克尔·查特菲尔德著，文硕，董晓柏译，中国商业出版社，1989 年 10 月第 1 版第 357 页。

［16］《会计思想史》［美］迈克尔·查特菲尔德著，文硕，董晓柏译，中国商业出版社，1989 年 8 月第 1 版第 397 页。

［17］《会计思想史》［美］迈克尔·查特菲尔德著，文硕，董晓柏译，中国商业出版社，1989 年 8 月第 1 版第 148 页。

［18］《管理会计兴衰史相关性的遗失》托马斯·约翰逊，罗伯特·卡普兰著，金马工作室译，清华大学出版社，2004 年 4 月第 1 版第 143 页。

第七章

会计原则和会计准则

科学的会计技术方法，一般来说，是能保证会计系统职能的实现的。但由于会计系统是一个人工系统，系统运行的操作需要人来完成，为使会计人员的业务处理符合会计技术方法的规定，必须建立会计原则。“即建立一套明确的会计原则来约束会计实务，使各种会计方法与作为会计方法基础的概念相互一致起来。”[1]企业会计系统与机器设备系统一样，都必须按规定的方法进行操作，否则，就不能实现系统的功能，并且还会出现事故。为了使人更好地操作系统，机器设备系统规定了操作规程以及使用说明书。会计原则就是企业会计系统的操作规程，而会计准则是使用说明书，规定会计人员具体怎么做。

第一节　现有会计原则存在的问题

我国现有会计教材阐述了 12 条原则，有的教材又把它分成四大类。有的原则提法并不科学，如及时性原则、配比原则、历史成本原则、谨慎原则。

及时性原则。这是对会计人员工作上实效性的要求。但是“及时”这个词是一个模糊性的概念，什么叫作及时？当天早上发生的业务在当天下午处理叫不叫作及时？今天发生的业务明天处理及不及时？及时的客观依据是什么？信息使用者的要求是不是及时性原则的客观依据？评判它的客观唯一依据是生产经营过程的经济活动，会计人员的业务处理和记录，必须与生产经营过程发生的经济活动，在时间上同时进行，现在电脑操作完全可以做到此点，如果是手工操作，稍有一点时间差，因为它有一个传递时间。只有会计人员的业务处理和记录与生产经营活动同行时，才能把生产经营过程的活动呈现在企业会计系统上，会计人员和管理者才能了解生产经营过程实现目标的状况，以便分析和控制。如果早晨发生的经济业务，下午才做会计处理，就不能与过程同行。所以此原则应改为现时性原则。这一原则不会牺牲准确性取得。现时性更加保证了信息的准确性。

配比原则。这一原则包括“产品销售收入与生产产品的成本、销售产品的费用之间的配比，也包括时间性的配比，如一个会计期间内发生的各项期间费用应该从该期间的收入中直接进行扣除以计算利润”。[2]

配比包括两方面的内容：一是按现行市场价格计算的费用与收入的配比；二是同一个会计期内费用与收入的配比。现在的配比原则，只做到了第二点，没有做到第一点，因为产品成本的计算是按历史成本计算的，当产品成本转化成费用后，仍然是历史成本。那么按历史成本计算的费用与按现行市价计算的收入自然不配比。所以配比原则并未起到真正配比的作用，计算出的利润也自然不准确。为了解决这一问题，牵涉到存货计价问题，迈克尔·查特菲尔德教授，在所著的《会计思想史》用了一章的篇幅阐述了“资产计价概念的变迁”，资产采用什么方法计价才是科学的？然而这些问题并未解决，是否意味着这一问题就无法解决了？它是完全可以解决的。在论述历史成本原则中，再阐述这一问题，具体怎样做在第八章再论述。此原则要明朗一些，应改为按现行市价配比原则。

历史成本原则。我国学者认为：“按照历史成本进行核算，有助于各项资产、负债项目确认，计量结果的检查与控制；同时按照历史成本核算，也是收入和费用的配合建立在实际交易的基础上，能够促使会计核算与会计信息真实可靠。”[3]国外学者认为：“按历史成本计价‘既稳健，又方便’”。[4]国外学者对历史成本“方便”的认识是对的，但不稳健，因为它不能反应客观状况。我国学者的认识有助于对资源的确认，计量结果的检查是对的，但不利于控制。因为历史成本只反映购买时转化的价值，“所谓历史成本，就是取得或制造某项财产物资时所实际支付的现金及其他等价物。”[5]既然是取得时所支付的现金，那么取得的时间不同，所支付现金的数量也不同。因为市场价格随时在波动，所以用历史成本来控制，即用一个不变量对一个在随时波动的价格中实现既定目标（定量）进行控制，似乎会造成不便。至于历史成本转化而来的费用与收入的配合，虽是建立在“实际交易的基础上”的，但两者交易的时间是不同的，因为不在同等的时间里，所以二者不能配比。此点已在配比原则中阐述，所以计算结果和提供的信息是不真实可靠的。

历史成本最大的问题是不能客观地反映生产经营过程的状况和经营成果，它是机械唯物论在会计理论的反映，因为一切事物都是发展变化的，市场交易价格也是变化的，历史成本在交易取得的当时是客观的，但随着时间的推移，它从客观变成了不客观。因此我们不能以历史成本（过去的交易价格）对存货和销售费用进行计价。那么我们应采用什么成本对存货和销售费用进行计价呢？既客观又真实地反映生产经营过程和成果呢？它需要价格和成本的相互结合。一是现时的市场价格；二是标准成本。价格与成本是两个不同的概念，成本是价值，价值与价格怎样结合？因为价格是价值的货币表现。在市场交易过程中，买卖双方都会进行讨价还价，讨价还价的过程，就是用价值衡量的过程，当卖家坚持原有价格时，买家认为不值而不买，交易失败。当卖家认为买家还的价格与价值不一致，因而不卖，交易同样失败。只有在讨价还价的过程中，双方认为价格与价值大体相等时，交易才成立。一旦交易成立，交易的市场价格就转化成了价值，因此，使交易成立的价格就是价值。标准成本是价值，两种价值是同质的就能结合起来。

标准成本与市场价格相结合，其目的是随时间变化的市场交易价格成为某一时间需要的确定的现时市场交易价格。它是将现时市场价格分解成标准成本和市场价格波动额，然后根据某一时间对市场交易价格的需要，又将标准成本与市场价格波动额相结合，形成某一时间的现时市场交易价格。通过分解和结合，使标准成本以不变应万变。因此，历史成本原则应改为“现时市场价格与标准成本相结合计价原则”。只有按这一原则对存货进行计价时，才能对生产经营过程进行控制，也才能使销售费用与销售收入都按现时市场交易价格进行真正的配比。这种配比不仅是“建立在实际交易的基础上”，而且是建立在“现时”实际交易的基础上的，计算出真实可靠的生产经营过程的成果。

谨慎原则。“谨慎原则又称稳健原则，或称保守主义。”[6]这一原则在19世纪末和20世纪初就受到了批评。“以稳健主义为基础的会计实务，在理论上是站不住脚的”。[7]“万斯

(Uance）和利特尔顿也指明成本与市价孰低概念是稳健主义必然产生的原则……，成本与市价孰低概念在不同时代被用于不同的目的，它从不同的方面为庄园管家、偷税商人以及现代公司的经理们大开方便之门。”[8]“……在大规模的持续经营企业中，以盈利而使用资产比从物质上保护资产更为重要。公司的经济寿命是不确定的，它的股份常常易手，因此，要求提供有关该公司数据的财务报表应尽可能公正和客观，而不是采用稳健主义的原则来反映收益和资产价值。稳健主义向来具有随意性和内在的不一致性。随着从经管责任报告转向为投资决策提供经济数据，也使得稳健主义不再适合。”[9]从以上的批评来看，谨慎原则并不谨慎，它不能提供客观真实的情况。按哲学理论，任何事物都有相互对立的两方面组成，在发展变化中，总存在有利和不利两方面因素，当有利因素战胜了不利因素（使不利因素转化成有利因素或使不利因素直接消失），事物就会向前发展，否则就会停滞不前甚至倒退。谨慎原则只注重一个方面，并且只注重不好因素的一面，会计系统提供这样的信息给决策者，决策者就不能掌握全面情况，从而不能做出符合客观情况的决策。当然报喜不报忧，纵然不好，但报忧不报喜同样不好，它会使人失去斗志。企业会计系统只有根据客观情况提供信息，决策者才能客观地分析情况，采取更有效、更有针对性的措施，利用有利因素，克服不利因素，促使事物向前发展。这样也防止了舞弊的发生。所以客观的才是谨慎的，也才是稳健的，保守是庸人的处世哲学。因此，客观性原则已包含谨慎性原则。

客观性原则是会计原则的总原则，也是最根本的原则，其他任何原则都从不同的侧面体现出客观性。这里值得探讨的是“相关性原则”，这一原则本身无问题，而问题是对相关性的解释。我国的教材中对相关性的表述各异，但总的思想是一致的，它的相关性是指与投资者、决策人以及宏观经济相关。因此对此原则的解释是从信息的使用者的角度解释的，而不是从信息的产生的客观性来阐述相关性的。只有与生产经营过程相关的信息，才是客观的、真实可靠的、全面的信息。这样的信息对所有的使用者才是相关的，如果企业会计系统产生的信息只是为了满足各方的使用者，由于使用者各自的利益不同，要求会计系统提供不同的信息，一方面给会计系统的业务处理带来困难，另一方面会产生不客观的信息。所以相关性原则只能与产生信息的客观过程相关。

从以上的分析，现有的会计原则在内在质的规定性与客观性的内在质的规定性是不一致的。我们不能把客观性只理解为事物发生时的客观性，不看到事物发展变化的客观性。客观性不是一个固定的不变的静止的概念，而是一个发展的、变化的、动态的概念。如果我们把客观性只理解为固定的、不变的、静止的概念，那只是机械的唯物论，只有把客观性理解为发展的、变化的、动态的才是辩证的唯物论。只有辩证地理解了客观性，我们建立的会计原则之间才会不产生矛盾。

现有会计理论，把会计原则与准则的区别，认为是粗与细之分，这种认识也不科学。准则是说明书，说明书都要介绍该产品的组成元素及其结构，然后指导使用者怎样具体操作。所以会计准则首先就解释了会计要素。如果会计人员不懂会计要素，就无法操作会计系统。紧接着就介绍每个具体内容的操作。随着经济发展和变化，会出现新的会计业务，就会制定新的会计准则指导会计人员怎样处理，如一个公司（企业）发展成全国性的公司，下面有很多的子公司，子公司与总公司以及子公司之间有很多的业务往来，这时总公司对外报表就出现了将子公司的报表与母公司的报表怎样合并的问题，为了指导会计人员怎样编制这一报表，就制定了“合并财务报表”准则。也有时由于经济发展变化，对会计提出新的要求，如要求会计人员编制现金流量表，就制定了现金流量表的准则。所以会计原则与会计准则不是抽象与具体之别。会计原则是对整个经济业务处理的注意事项，是操作规则。而会计准则是使会计人员了解整个会计系统的组成要素，以及每一个具体内容的业务处理，如基本准则就是阐述会计要素的定义、确认以及表述。而每一类具体的业务处理，都相应有一个准则，每一个准则，相应地指导某一具体经济业务的处理。它是指导会计人员的操作说明书。“准则是衡量在特定情况下什么是正确的实务的一种认可的标准……是作为真实、诚实和公正的处理方法的指南而设计的。”[10]“公认会计准则”是为了具体规范会计人员业务处理的行为，指导会计人员具体操作，是客观性原则的具体化。

第二节　按辩证唯物的思想建立健全会计原则

会计原则是指导会计人员处理经济业务的操作规程，这个规则制定不好，会计人员自然操作不好，或者会计人员会钻规则的空子，自然会出这样那样的问题。而一出现问题，就将板子打在会计人员身上，这是不公平的，即使会计人员钻了会计准则的空子，也不应该把板子打在会计人员身上。现象在会计人员的操作，根源在会计理论，理论上杜绝了钻空子的可能，就无空子可钻了，那么它应有一些什么原则呢？

一、客观性原则

（一）客观性的评判标准

客观性原则在教材中，一般都是指真实性、可靠性和可验证性。这种表述，表面看来确实是很客观的，但仔细分析，却不尽然。历史成本是不是真实的、可靠的和可验证的？可是历史成本只是在市场交易的当时是真实的、可靠的和可验证的，但随着经济的发展、技术的进步、市场价格的变化，按历史成本计算出的费用与收入配比，是否能计算出客观的利润？这一问题会计理论界至今未解决，既然按历史成本不能计算出客观的利润，那么历史成本就从客观转化成不客观的了。既如此，真实性、可靠性和可验证性就不是衡量客观性的唯一标准，它必须还有其他的衡量标准。

会计记录就是要反映现状，将现状体现在会计记录之上。如果会计记录做不到这一点，会计记录将失去意义。怎样做到这一点？要求会计记录与生产经营过程发展变化一致。市场价格的变化，就引起了经营过程的变化，经营过程的变化，又引起存货成本和生产成本的变化，所以会计必须按现时的市场价格反映现时的生产经营过程。做到了这一点，会计记录是否完全符合了客观性？答案是否定的。假如其他企业生产与本企业同样的产品，它的单位成本只需 10 元，而本企业需要 20 元，究其原因，是落后的产品设计和工艺设计以及工人的操作技术都很落后，虽是实际情况，但不是客观的，因为它不科学，所以衡量客观性有四个标准：真实性、可靠性、可验证性和科学性、会计记录与环境变化的一致性。科学性、会计记录与环境变化的一致性是否具有可靠性和可验证性？它同样是可以的。会计记录与环境变化的一致性所具有的可靠性和可验证性将在第八章阐述。

（二）客观性的内容

会计的客观性原则，不是抽象的，它包括如下内容：

1. 会计记录的客观性。会计记录必须根据能证明经济业务发生的原始凭证进行记录，并随时呈现出过程的现状。

2. 交易价格的客观性。交易什么时间发生，就按什么时间的交易价格计价。

3. 资源的客观性。资源必须按现时市场价格计算价值。取得资源的价格，是过去的客观存在，在没有出售前不能改变。在出售时，应按现时市场价格计价，它由过去的客观性转化成现时的客观性，如果按取得时的市场价格计价，又是不客观的了。期末的库存资源，按现时市场价格进行调整。(调整方法将在第八章介绍)。

4. 产品成本的客观性。产品成本的客观性是标准成本（应该是多少）加按标准价格计算的数量差异价值。这样阐述似乎很难理解，成本的客观性应是实际成本，这里关键是差异，这里的差异不是消耗资源的实际价值和实际消耗数量的乘积与标准价值和标准消耗数量乘积比较得出的差异，而是标准价值和实际消耗数量的乘积与标准价值和标准数量乘积相比较得出的差异。只有这样计算出的差异价值，才能与标准成本是同质的，才能相加。只有这样的产品成本的客观性，才能把未销售（库存）产品以及已销售产品按期末现时市场价格进行调整。

5. 费用的客观性。按出售产品时的现时市场价格计算的成本价值转换成的费用，就是客观的费用，(具体操作在第八章)

6. 收入的客观性。按权责发生制和现时市场价格计算的收入，就是客观的。

7. 利润的客观性。按销售时的市场价格计算出的已销售产品的成本转化成费用与收入配比计算出的利润，就是客观的。即根据客观性的费用与客观性的收入计算出的利润。

8. 负债的客观性。负债发生时，按发生时的现时市场价格计算。期末余额按期末的现时市场价格计算。它与所有者权益一样，已设“市场价格波动负债”账户进行反映，不需再计算，此问题在第八章再进行阐述。

9. 所有者权益的客观性。所有者投资的资本与投资时的金额一致。所投的实物，按投资时的市场价格计算。它不受市场价格波动的影响。因为市场价格的波动会引起资源的变化，已设“市场价格波动权益”进行了反映，费用、收入都按现时市场价格进行反映，所以把市场价格变化引起的存货资源以及利润变化，都纳入了所有者权益之中，权益就不需要按现时市场价格再计算了。

（三）客观性原则的作用

为什么要有客观性原则？因为它有如下几方面的作用：

1. 能反映生产经营过程的实质，再现生产经营过程实现标准成本的现状，只有了解了现状，才能控制现状。

2. 只有客观，才能稳健。一切不客观的做法，都是不稳健的。所以客观性原则，包含了真正的稳健性。

3. 只有客观，才能公平地处理经济业务，只有经济业务进行公平的处理，才能公平合理地处理各经济利益者的关系。成本与市价孰低规则在任何情况下，对某一方都是不客观的。成本是历史的客观，市场价格是现时的客观。不管市场价格是涨是跌，都只能根据现时市场价格计算收益才是客观的。因此，必须把已销售产品所耗资源量按供应阶段的购入标准成本与现时市场交易价格产生的价格波动额进行调整，调整后已销售产品的成本转化成费用后，它就是按现时市场价格计算的费用，它是客观的，计算出的收益也是客观的。只要资源、负债、收益都是客观的，编制出的资源负债表和收益表也是客观的，它不需要再做任何调整。

二、相关性原则

现有会计教材基本上都只与信息使用者和决策者相关。这是把相关性人格化的解释。如果是这样，相关性就不是操作原则，而是一个结果。相关性应是指会计人员对业务处理的内容，一定要与生产经营过程的经济活动相关，它是从会计记录与生产经营过程的关系来阐述会计记录的客观性原则的。只有与生产经营过程相关的记录所得的结果（信息），才自然与信息使用者和决策者相关，这是不说自明的道理。如果只按信息使用者和决策者需要而进行业务处理，那么会计人员将无法进行业务处理，因为不同的信息使用者和决策者对信息的要求不一样。

三、可比性原理

现有会计教材基本都指不同企业之间，因采用相互可比的会计程序和方法，以便会计信息使用者对企业的经营成果进行比较，这也是对可比性原则人格化的一种解释。可比性原则是要求会计人员按规定的会计程序和方法进行业务处理，只有各个企业的会计人员都按会计理论规定的程序和方法处理经济业务，产生的成果才能比较。通过比较，找出本企业与其他企业之间的差距或成功有效的做法，挖掘潜力、消除差距、扩大战果。它是从横向关系来阐述会计记录的客观性原理。如果各企业的记录不是客观的，成果进行比较是无意义的。

四、一致性原则

现有会计教材基本上是指一个企业在不同会计期间对经济业务处理的方法应一致，便于评价不同时期的经营成果，同时防止企业利用会计处理方法弄虚作假。此解释只停留在评价经营成果上，没有把一致性变为企业向前发展的动力。一致性原则是指对经济活动的业务处理应保持一致性，通过分析，找出变化的规律，总结经验教训，推动企业向前发展。它是从纵向关系阐述会计记录的客观性原则。

五、现时性原则或随时反映现状原则

现时性原则就是会计记录应与生产经营过程同步进行的，这样的会计记录，才能将生产经营过程的现状体现在会计上。只有这样，会计信息才能指导生产经营过程，实现会计目标。这一原则，是从会计记录与生产经营过程在时间上的一致性阐述客观性原则的。如果会计记录在时间上与生产经营过程不一致，如生产经营过程是昨天发生的经济活动，会计却在第二天才记录，而成本要在下月初才能计算出来进行记录，那么这种时过境迁的记录是不能反映生产经营过程现状的，也是不客观的。

六、权责发生制原则

权责发生制原则，它是根据权责发生的关系确定收入来阐述客观性原则的。

七、按现时市价配比原则

按现时市价配比原则是指销售收入与费用配比。由于现有会计理论没有解决资源的计价问题，从而使产品成本按历史成本，而不是按现时市场价格进行计算，所形成的费用与收入并不配比。费用必须按现时市场价格计算，才能与收入配比。计算出真实的收益。此原则是从费用与收入的关系来阐述客观性原则的。

八、现时市场价格与标准成本相结合计价原则

历史成本在前一节中已分析，它在当时是客观的，随着时间的推移，它转换成不客观的了。历史是由现实转化而来，所谓历史，昨天对于今天来说，昨天是历史，明天对今天来说，明天是将来，今天才是现时。作为会计记录，要反映生产经营过程的现状，首先就应弄清楚生产经营过程的现状指的是什么？如果说现状是指生产经营过程消耗多少，会计就记录多少，我们现有的会计理论和实践就是这样做的。然而，它的成本计算必须到月末才能进行，计算出的成本所产生的信息是不能指导产生信息的过程，这样的成本信息，无论对企业管理人员还是会计人员没有多大作用。因此，会计反映生产过程的现状是指标准成本的实现情况，这就要求生产经营过程所耗费的资源，必须按标准成本计价，在过程中将标准成本的标准消耗量与实际消耗量相比较，就能了解到生产经营过程实现标准成本的现状。如果我们不采用标准成本对资源计价，而是采用历史成本计价，由于历史成本是不断变化的，实际消耗与标准消耗的比较，就包含了价格变化的差异，也就无法了解生产经营过程实现标准成本的现状。

为什么要现时市场价格与标准价格相结合进行计价？因为标准成本与现时市场价格是不一致的，标准成本对现时市价来说，也是不客观的。生产经营过程中，资源的购买和产品的销售都必须按现行市场价格进行计价，它是现时的，也是客观的。所以我们必须通过标准成本作为中介，将历史成本转化成现时市场价格，通过这样的转换，既能使会计按现时市场价格反映资源的价值，又能按现时市场价格计算出已销售产品的费用，使费用与收入都按现时市场价格进行配比，计算出真正的利润。这一原则是从会计记录与生产经营过程的关系来阐述客观性原则。（它的具体做法将在第八章介绍。）

九、交易成立立即付款原则

交易成立后，应立即付款，这是会计人员的职责。只有立即付款，现时市场价格才有客观性，社会经济才会和谐发展。

十、划分收益性支出与资本性支出原则

此原则是从支出的性质来阐述会计记录的客观性。

以上这十条原则，都是指导会计人员操作（业务处理）应遵守的规则。那么会计人员在操作过程中要不要谨慎行事？谨慎是需要的，会计人员对每一笔经济业务的处理，都必须按以上的原则进行操作，随时都应以客观性原则为准绳处理业务。客观性原则是会计原则的总原则，而谨慎是对会计人员行为的总要求。

明晰性和重要性没有体现客观性的某一方面，因此，不用单独列出。凡是客观的，就是

明晰的、重要的。

注释：

［1］《会计思想史》［美］迈克尔·查特菲尔德著，文硕，董晓柏译，中国商业出版社，1989 年 10 月第 1 版第 353 页。

［2］《会计学》葛家澍，余绪缨主编，高等教育出版社，2000 年 7 月第 1 版第 33 页。

［3］《会计学》葛家澍，余绪缨主编，高等教育出版社，2000 年 7 月第 1 版第 34 页。

［4］《会计思想史》［美］迈克尔·查特菲尔德著，文硕，董晓柏译，中国商业出版社，1989 年 10 月第 1 版第 351 页。

［5］［6］《会计学》葛家澍，余绪缨主编，高等教育出版社，2000 年 7 月第 1 版第 34 页。

［7］《会计思想史》［美］迈克尔·查特菲尔德著，文硕，董晓柏译，中国商业出版社，1989 年 10 月第 1 版第 353 页。

［8］《会计思想史》［美］迈克尔·查特菲尔德著，文硕，董晓柏译，中国商业出版社，1989 年 10 月第 1 版第 359 页。

［9］《会计思想史》［美］迈克尔·查特菲尔德著，文硕，董晓柏译，中国商业出版社，1989 年 10 月第 1 版第 359 - 360 页。

［10］《会计理论结构》［美］A. C. 利特尔顿著，林志军，黄世忠等译，中国商业出版社，1989 年 8 月第 1 版第 178 页。

第八章

会计计价以及市场价格波动的会计业务处理

计价是一个重要的会计理论问题，因为它关系到会计是否客观地反映了经济业务。迈克尔·查特菲尔德教授所著的《会计思想史》中给资产计价的评价是："会计理论的根本改善将可能始于资产计价程序的变革。"[1]因此，"人们试图将资产计价问题的解决办法纳入会计理论的全面重新建设中去。"[2]把计价作为一个理论问题进行研究，这是应该的，但会计理论的根本改革，是否始于资产计价程序的变革，在本书前几章已作了部分回答，在后面将在会计计价的实质中进一步回答此问题。

第一节　现有会计理论对资产（源）计价的论述

现有计价理论的讨论，根源于通货膨胀，假如没有通货膨胀，会计理论是否要考虑计价问题？它仍要研究计价问题。因为科学技术和社会经济是不断发展变化的，生产产品所消耗的社会必要平均劳动也是在变化的，但这种变化在不同的行业或在同一行业不同的企业中，是不一样的，这种不一致性，就引起了价值变化的不一致性，会计为了客观地反映经济业务，就必须将价值变动对会计记录的影响进行研究。在现有的研究中，有如下的一些观点：

一、持续经营计价

持这一观点的劳伦斯·R. 迪克提出"……资产就应该'按持续经营资产'进行估价。……流动资产和固定资产不严加区分所引起的原则性错误。他认为，固定资产应该按历史成本减去折旧进行计价……是因为固定资产无须考虑变现。因为这些资产是购来使用的而不是为获取一定的盈利而出售的。流动资产……按可变现净值……进行计价……资产增值应贷记收入项目。"[3]

亨利·兰德·哈特菲尔德"……他主张在资产负债表中使用重置成本……支持加速折旧法……认为加速折旧法能更好地符合经济现实。""……流动资产价值的减少或增加应作为损益处理……存货的销售价格则应该在资产负债表上加以反映……"。[4]

威廉·A. 佩顿"早在 1918 年，他就主张应按资产的市场价值而不按资产的成本进行记录……他认为流动资产的成本应与变现价值相联系，产品的价值是销售价格，而不管销售是否已发生。"[5]

约翰·坎宁认为"对于存货计价来说，除非以其产出的资金作为标志，否则就会毫无意义……资产价值的变动都会产生收益，一旦能对未来的交换价值作出可靠的估计时，就应当立即将这些收益入账。”[6]

根据持续经营计价的观点，虽有词语的表述不同，他们的本意都是一样：按现时市场销售价格计价，资产（源）价格的变动引起资产（源）的增加或减少，应计入损益账户。

存货按现时市场价格计价的主张者，并未提出怎样解决销售费用与销售收入的配比问题。为了计算真实的利润，在“1945—1960 年：寻求替代法”提出了加速折旧法和后进先出法。“……但两种方法既不是用来应付持续的物价上涨是正常的经营前景这样一种环境的，而且又均无法有效地达到这一目的。两种方法都成了在部分地进行物价水平调整的幌子下递延所得税的手段。”[7]按后进先出法所计算出的销售费用，仍不是按现时市场价格计算出的销售费用，因为它仍未脱离历史成本原则。加速折旧只与技术进步相关，而与通货膨胀无关。

二、存货按历史成本计价

A. C. 利特尔顿对存货按历史成本计价作了有力的辩护。“他认为，原始购置成本的使用与复式簿记的演变有着非常密切的关系，任何过激地偏离它的做法，例如用现时价值和按物价水平调整的数据来代替它，都会威胁到实账户和虚账户的整体性。而这种整体性远比个别资产和负债的金额数字重要。会计记录从其实质来看不可能反映价值，因为具体的价格经常变化，在通货膨胀期间，它们会很快就失去意义。而且，物价变动本身是不能产生收益的。例如，成本的增加不一定总是导致销售价格的提高。物价水准指数不具有历史成本那样的客观性，它会将‘资产负债表和损益表分离开来’。”[8]

利特尔顿教授的辩护，似乎很有道理，但只是针对当时存货按现时市场价格计价的处理而言。这些辩护只是为了维持会计理论的现状，并没有根据经济环境的变化，怎样推动会计理论的发展变化。物价变动最关键的两点：第一点是销售费用与销售收入的配比。这一问题不解决，会影响利润的客观性，从而影响各方有关利益者对利润的分配，所以这个问题是会计理论必须解决的问题。此问题的解决不会影响实账户与虚账户的整体性。因为只有已销售产品的成本按现时市场价进入虚账户，才能计算出客观存在的利润。它是通过标准成本和市场价格波动率这一中介方法将历史成本转化成按现时市场价格计算的成本，具体方法在第四节阐述。第二点是存货按现时市场价格形成的增值或减值，设置“市场价格波动所有者权益”和“市场价格波动负债”以及“市场价格波动资源”账户进行反映，以上账户反映的内容只是告诉所有的信息使用者，按现时市场价格计价的存货，对所有者权益、债权人影响所产生的金额是多少？不管市场价格怎样变化，会计随时都可计算只是没有必要，只在会计期末计算就可以了。利特尔顿教授之所以认为按照现时价值调整后的数据代替按历史成本计算的数据，会威胁到实账户和虚账户的整体性，有两个原因：第一个是他没有树立事物通过转化使其发展变化的观念；第二个是他在此忘记了自己所主张的复式簿记的本质是范畴的结合，即账户的结合。正因为这一结合，设置了虚账户之后，解决了通过账户计算利润的问题，同样我们现在可以通过增设账户，既保证实账户和虚账户的整体性，又解决价格波动对资源、负债、所有者权益、费用以及利润计算的影响问题。会计必须反映价值，不反映价值，怎样计算利润。正因为物价变动不产生收益，所以必须将现行市场价格产生的虚假收益消除掉，要消除虚假收益，必须使已销售产品的费用和取得的收入在同一价值的基础上。这一价值基础就是现行市场价格。因为销售收入不可能按历史销售价格计算。历史成本在当时是客观的，但随着经济环境的变化，历史成本已从客观转化成不客观了，它的客观存在已转化成人们的观念存在，要将历史成本转化成现时市场价格所体现的价值，它才是客观的。20世纪30年代，把历史成本当作集大成的存货计价理论，是不客观的。佩顿和利特尔顿“他们一致认为‘正是盈利能力（而不是成本价格，不是重置价格，也不是销售或清算价格）才是企业价值的重要基准’，会计人员的主要任务是通过成本和相关收入的配比确定收益。”[9]企业的盈利能力确实很重要，但盈利一定要是客观的、真实的，这就离不开形成成本所耗资源必须按现时市场价格计价，只有这样计算出来的成本转化成费用，才能与收入配比。佩顿和利特尔顿的观点，不能论证历史成本是集大成的存货计价理论，恰恰是证明存货按现时市场价格计价，所形成的费用才能与收入配比，计算出的利润，才是企业的真正盈利能力，这才是集大成的存货计价理论。

利特尔顿教授“把资产看作剩余成本或未耗成本，‘存货和工厂设备不是价值，而是处于尚待转化为费用的积累成本’。”[10]他把价值与成本混为一谈，没有认识到价值和成本的转化过程。

三、站在自身利益的立场上对资源进行计价

对资源计价是按历史成本还是按重置成本计价的争论，首先是在美国的铁路公司与州际商务委员会之间展开的。当时“……铁路资产的历史成本远远超过了它们的重置价格，铁路公司为了争取高额的运费收入，要求用购置成本作为确定费率的依据。而州际商务委员会为了保护公众利益，防止过高的铁路收费，持反对意见，认为重置成本更为合适。……1900年以后……物价水平上升了……这时双方互易了主张……这时，州际商务委员会的委员们也一改初衷，成为比现在更保守的历史成本的倡导者。”[11]

这种以自身利益对存货的计价，失去了客观的标准，是无标准的计价，失去了对计价讨论的意义。

四、人格化的资源计价

亨利·兰德·哈特菲尔德“……认为‘所谓资产的适当价值是对资产持有者而言的，而不是对其他人而言的’。”[12]“他主张在资产负债表中使用重置成本，并在1927年的教科书中，支持加速折旧法而不是直线折旧法，认为加速折旧法能更好地符合经济现实。”[13]

资源的适当价值是为了按现时市价正确计算产品成本的社会必要平均劳动耗费，即正确、客观计算已销售产品的费用，以便与收入进行配比，计算出客观环境下产生的真实收益，以便企业会计系统真正指导生产经营过程怎样才能取得社会平均利润，同时使不同的投资者都取得与当时环境一致的客观合理的投资收益。资源计价，不是对人而言的，而是对生产经营过程而言的。只有对生产经营过程而言，它才能真正使资源计价随市场价格的变化而变化，随时做到按客观价格进行计价。因为只有会计理论工作者认识到资源计价的真正目的，才能认识到资源计价的本质，也才会研究资源怎样才能按客观价格计价的方法，从而解决资源计价的理论问题，不再为不同的投资者对资源计价的不同要求而争论不休，成为会计难于解决的理论问题。

“肯尼恩·麦克尼尔……在1939年出版的《会计的真实性》……一书中指出：‘财务报表旨在反映现在的经济价值，它只有在这样的情况下才有用。’他认为，会计观念落后于经

济的发展是会计报表不健全的原因，并用值得称道的历史分析来支持其论点。他的历史分析把资产计价的实践划分为三个阶段。在第一阶段，会计师仅仅关心如何为自己的雇主提供数据；在第二阶段，公证会计师职业随着债权人对可靠的会计信息的需要应运而生；在第三阶段，从1900年以后，业主被许多股东所取代，从而出现了三个利益相关者，即企业管理人员、债权人和投资者。”[14]肯尼恩·麦克尼尔所划分的三个阶段，是以人为主体划分的，没有以生产力以及生产关系的发展变化引起的社会经济变化来划分。所以各个时期的资源计价，不是服务于企业的生产经营过程，而是为了各个时期的利益代表者，即使对资源按现时市场价格计价的主张者，也是如此。

五、固定资源的计价

对固定资源的计价，在讨论中，有按历史成本、重置成本、市场销售价格以及加速折旧替代方法等进行计价，以上计价方法，除了加速折旧以外的计价观点都是把产品以及生产产品的技术固定在静止状态来讨论对固定资源的计价。现在科学技术用日新月异形容一点也不过分，在这种科学技术发展的前提下，几乎无法买到与现在所用的一模一样的设备。既然买不到，又何谈重置成本？在这样的环境下，已用的设备几乎在市场上无法出售，因为没人买。既然无人买，又谈什么销售价格？然而按历史成本采用加速折旧方法，只考虑技术进步，而未考虑市场的价格波动。因此，为了维持简单再生产，必须保全实物形态的资本，固定资源折旧，既要考虑技术进步，又要考虑市场价格的波动。

资源计价理论的探讨已久，但到目前为止，仍未有一个科学的结论，历史成本原则、稳健原则、成本与市场价格孰低的会计处理，仍保留在教材里。对成本与市场价格孰低的处理方法设置了“资产减值损失”和“存货跌价准备”。设置这两个账户，存在两个问题：一是只能处理市场价格低于历史成本的经济业务，而市场的波动是有低有高的，有时两种情况同时存在，因为经济的发展总是不平衡的，我们设置的账户要对两种情况都能处理才行；二是对存货计价的目的，首先是为了销售费用与收入的配比，计算出真实利润，这两个账户的设置，并不能解决费用与收入的配比问题；再者是为了了解存货价值按市场价格相比较的现状，而不是为了计算损失和收益。因为存货是为了持续经营而存在的，而市场价格又是随时在变化的，作为管理者，要随时掌握它的变化现状。跌价对持续经营来说，它不是一种真正的损失，涨价也不是一种真正的收益。但不按现时市场价格计价，会影响不同投资者的权益。

现有会计理论所说的资源计价，它的实质不是计价问题，而是探讨会计期末根据市场波动价格对现有资源价值的影响程度以及在会计上如何反映出来。再者已完工产品所耗用的资源是按历史成本计价计算出的生产成本，由于市场价格的波动，如何使已销售产品的费用与销售收入配比，能计算出真正的利润。因此，现有会计资源计价理论与市场价格波动对资源价值的影响如何反映出来以及费用与收入的配比如何计算出客观的利润两个问题混在一起讨论，难免争辩不清。

第二节　会计计价

会计计价，既牵涉会计目的的实现，即会计职能和会计方法中的确认与计量，又牵涉会计动态平衡式。因为物质资源计价的不正确，会引起企业生产经营过程按社会必要平均劳动或低于社会必要平均劳动进行生产以及成果的计算不正确，又怎能衡量企业会计系统目的的实现？计价之所以牵涉会计动态平衡式，是因为不仅物质资源有计价问题，而且所有者权益、负债、收入和费用也有计价问题。再者物质资源是在会计动态平衡式的左边，它的计价的变化是否引起平衡式右边会计要素的变化？作为会计理论，都应阐述清楚才能很好地指导实践。

会计要准确地计价，必须要弄清楚什么是价格以及价格与价值的关系，只有这样才能计算成本与财富。现有理论对价格的定义是：价格是价值的货币表现。这个定义不全面，没有把为什么通过价格能计算财富的道理体现出来，价格应是以货币形式表现的单位商品的价值量，是计算财富的基本单位。价格的这一定义，使价值这一概念的量与质得到了统一。价值的质是社会必要平均劳动耗费，它的量就是用货币表现出来的价格，价格只是价值的量的表现形式，不能把价格说成独立的量，而把价值说成单纯的质。从哲学理论来讲，任何事物都是质与量的统一，价值是由社会必要平均劳动耗费所决定的，这是价值的质，社会必要平均劳动耗费的量的表示，就是价格，也就是价值的量。当交易成立后，物质资源的价值就得到了实现，只有价值得到实现，才能对生产经营过程的产品计算成本，也才能按所取得的收入实现的价值计算新的财富。

一、物质资源的计价

物质资源包括流动资源、长期资源。流动资源又分存货、待摊成本、应收账款等；长期资源又分固定资源、无形资源、递延资源。这些资源有各自的特点，对企业生产经营过程和经营成果有着不同的影响，各自的计价是不同的。

（一）流动资源的计价

1. 存货计价

存货又分采购材料（或在途材料）、待投入生产过程的储备材料以及低值易耗品、在制品、半成品、已完工入库未销售的产成品、低值易耗品摊销，它们的计价是不同的。

（1）材料采购（在途材料）的计价。

材料采购（在途材料）按市场价格的买价和发生的交易费用计价。

（2）待投入生产过程的储备材料以及低值易耗品的计价。

待投入生产过程的储备材料以及低值易耗品按购入标准成本计价。购入标准成本是根据较稳定的市场交易价格为依据制定的。为什么它要以购入标准成本计价？因为可将购买原材料等现时市场交易价格分解成购入标准成本和市场价格波动额，并对市场价格波动额设置账户进行反映，通过这样的分解后，就可以只将购入标准成本进入产品成本，把现时市场交易价格的波动额堵截在生产过程的大门之外，因为市场价格的波动是企业控制不了的。这样就能使生产过程产品成本的形成消除市场价格波动的影响，而只受消耗数量的影响，它就可按社会必要平均消耗量和购入的标准成本计算出完工产品标准成本。它有三方面的作用：第一，为与《政治经济学》中的价值理论相联系打下了基础；第二，它为企业会计系统对生产经营过程的控制提供了前提条件。因为完工产品的标准成本是由完工零件的标准成本组成的，零件的标准成本是按社会必要平均消耗制定的，这样就可根据零件标准成本和企业内部各生产单位承担的任务以及工作效率要求，分配资源。资源分配后，会计人员必须对分配的资源进行业务处理，使产品的标准成本进入企业会计系统进行日常核算，并按完工产品的标准成本对生产过程进行控制；第三，材料采购市场价格波动形成的与购入标准成本的差异，可直接进入已销售产品的成本，此成本就是按现时市场价格计算出的产品销售实际成本，转化成费用后，使费用和收入都是按现时市场价格计算的配比，计算出真正的利润。为了反映市场价格的波动，应增设“市场价格波动额”账户。

为生产储存的资源按购入标准价格计价，并不能客观反映占有资源的价值，所以在会计期末，必须按现时市场价格进行调整。为了反映调整的价值额，应设置“市场价格波动资源”账户。

购入标准成本不同于现在会计所说的计划成本，计划成本带有主观性，进入生产过程后，它必须对材料采购的实际成本与计划成本产生的差异进行分配，形成产品的实际成本。因此，它既不能与《政治经济学》的价值理论相联系，也不能形成对生产过程控制的前提条件，只是为了简化计价工作。

（3）已完工入库产成品、在制品、半成品的计价。

已完工入库产成品、在制品、半成品按购入标准成本与实际资源消耗量的乘积计价，此计价既不是按标准成本计价，也不是按实际成本计价。如果按标准成本计价，所耗资源的价值和资源数量都应是标准的，然而所耗数量是实际的；如果按实际成本计价，所耗资源的价值和资源数量都应是实际的，然而所耗资源价值是购入标准成本。这种计价，有两个作用：一是便于按现时市场价格计算已销售产品的真正实际成本，使费用与收入都按各自的现时市场价格计算进行配比，同时便于将投入生产过程的存货按现时市场价格进行调整；二是便于对生产过程的资源消耗进行控制。企业会计系统只对消耗量进行控制，由于消耗量的价值是按购入标准成本计算的，这样生产过程中产品的资源消耗就能与社会必要平均消耗量相比较，二者就取得了联系，使《政治经济学》的价值理论成为会计基础理论打开了通道，同时排除了市场价格波动对生产过程控制的干扰。因为市场价格不仅是企业会计系统控制不了的，而且企业也控制不了，既控制不了，我们就应把它排除在控制之外，这样对生产过程资源消耗的分析也就简单得多了。

这种计价，实际是按购入标准成本计算的实际消耗量成本。这里资源的实际消耗量也不是以实物的重量、长度、体积作为计量单位。它仍是以价值作为计量单位。因为在控制时是按社会必要平均劳动时间为标准进行的，社会必要平均劳动时间是以产品的社会必要平均资源消耗量以及每一资源的购入标准价值确定的，每一个产品生产成本是二者的乘积，就是生产每一个该产品的社会必要平均劳动时间。此时的社会必要平均劳动时间已经转化成了价值计量。已完工产品、在制品、半成品的计价，实际就是“购入标准成本×标准消耗量±生产过程消耗资源的差异价值（即实际消耗按标准价格计算的价值与标准消耗按标准价格计算的价值之间产生的差异价值）”。它不需要按消耗的每一种资源进行计算。

此计价，也像储存资源一样，不能客观反映其价值，在会计期末，必须按现时市场价格进行调整。调整后的价值，仍在“市场价格波动资源”账户内反映。

2. 待摊成本的计价

待摊成本按发生时现时市场交易价格计价。因为待摊成本在一年以内全部转化成费用，不影响会计年报费用与收入配比问题。

3. 应收账款的计价

应收账款按交易发生时的现时市场价格计价。应收账款账户只是会计业务处理的权宜之计。因为根据买卖双方签订的合同，货已发出，交易已成立，卖方已取得收款的权利，根据权责发生制原则，已确认为收入。但货物发出在运输途中有一段时间，买方对商品进行检验也需要时间，这就引起了确认收入与收到货款产生了一个时间差，“应收账款”是为了解决这一问题设置的，而不是为买方拖欠货款所设置的。如果为买方拖欠货款而设置，那么权责发生制原则是不客观的。它不能反映真实的收入，不能反映客观的原则是不成立的，所以现在“应收账款”账户变成了允许拖欠货款的账户，这与权责发生制原则客观性原则相矛盾，在拖欠货款的前提下，应按现时市场价格进行调整。

（二）长期资源的计价

1. 固定资源的计价

市场交易价格的波动，自然会引起固定资源价格的变化。但由于固定资源是在生产经营过程中较长期使用的一种资源，一方面它不像流动资源随着生产经营连续进行而不断的投入和产出，从而不断地购入；另一方面它不是一次而是以折旧形式多次进入生产经营过程。因此，固定资源市场价格波动对生产经营过程的影响，是通过折旧进行的，只要将折旧额按现时市场价格进行调整，调整后的折旧额就是固定资源按现时市场价格计提的折旧额。它的具体计算在第四节阐述，因而固定资源不能像储备材料一样按购入标准成本计价，而要按购买时的市场价格计价。会计期末，为了反映市场价格波动对固定资源价值的影响，应按现时市场价格进行调整。因而固定资源和折旧是分别进行调整的，这样调整才不会影响原有状态。

2. 无形资源的计价

无形资源按形成无形资源的现时确定的价值计价。因为无形资源不是市场上随时可买的，它也不像固定资源需要更新。会计期末，它的价值和已摊销的价值都不需要调整。

3. 递延资源的计价

递延资源是进入以后各年度产品成本或管理费用的已消耗的资源，应按购入标准成本计价。为什么按购入标准成本计价？理由有二：一是它消耗的资源是储备资源，而储备资源是按购入标准成本计价的；二是按购入标准成本计价，当递延资源最终进入已销售产品的成本转化成费用后，便于按现时市场价格进行调整。每月末应对未摊销的递延资源按现行市场价格进行调整，要用“市场价格波动资源——递延资源”账户进行反映。

二、所有者权益的计价

所有者权益按投入时的金额计价。如投的实物，按投入时的现时市场价格或当时投资者与被投资者双方确定的价格计价。理由有二：一是投资者要承担风险，在承担风险的同时，他享有利润分红的权利；二是所有资源已按市场价格波动进行调整，并计入“市场价格波动所有者权益”和“市场价格波动负债”账户内，市场价格波动引起的变动额都属于所有者和债权人。所以在会计期末不需要调整，但应将“市场价格波动资源”，按所有者权益和负债的比例在二者之间进行分配。

三、负债的计价

负债包括银行贷款、出售债券以及应付账款和其他应付款，它们各自的计价是不相同的。

（一）银行贷款的计价

银行贷款按贷款时的金额计价。银行贷款与所有者权益一样，应承担风险，同时取得固定利息。

（二）发行债券的计价

以发行债券时的金额计价。理由与银行贷款计价一样。

（三）应付账款的计价

应付账款不像应收账款。应收账款是由于收入的确认与收到货款有一个时间差，因而要设置应收账款账户。而购买资源付款，在交易和付款之间，不存在时间差，所以不因有应收账款账户就应设置应付账款账户。从理论上来说，企业会计系统是不应设置应付账款账户。但有时双方协定，由于某些原因，使交易与付款引起时间差，尽管有这些情况的发生，也一定要按规定的时间付款。因为从商品交换的最终环节零售，即消费者环节来看，都是一手交钱，一手交货，不存在赊销和欠款现象。因此，在其他环节也就不该存在交易与货款脱节现象。所以应付账款按交易发生时现时市场价格计价，它不应成为拖欠付款的账户。否则客观性原则并不客观，收入也不是真正真实的，权责发生制原则也不能完全做到。

（四）其他应付款

其他应付款应按付款发生时的金额计价。因为它只是一个暂时性的。

负债一般是与流动资源相联系的，由于资源在会计期末都已按照现时市场价格进行调整，调整的价值额应在所有者权益和负债之间按所占比例进行分配，分配金额在“市场价格波动负债”账户内反映。

四、费用的计价

费用包括已销售产品的成本和期间费用以及销售过程发生的费用。由于费用的类别不同，计价也不同。

（一）已销售产品所形成的费用的计价

费用是由成本转化而来的。当产品销售之后，产品成本就转化成费用了。所以已销售产品的费用是以在生产过程中实际物质消耗资源数量与现时市场价格的乘积计价的。由于流动物质资源和固定物质资源各有其特点，按现时价格计算的费用方法也不同。具体计价方法在第四节专门介绍。它既不是按产品销售时的市场价格计价，也不是按标准成本计价。如果按产品销售的市场价格计价，它销售的数量与市场价格的乘积就是收入，那么它的利润从何而来？如果按标准成本计价，它既不能反映实际消耗情况，也不能反映现时市场价格，所以只能按实际消耗资源的现时市场价格计价。只有这种计价，才是已销售产品按现时市场价格计算的实际费用，才能与收入配比，计算出真实利润。

（二）期间费用的计价

期间费用按形成费用时的市场价格计价，因为期间费用的发生与会计期是一致的。然而，当购入资源入库后，都是按购入标准成本计价的，因此，期间费用中所耗物质资源应根据市场价格波动率换算成按现时市场价格计算的价值。

五、收入的计价

收入按出售时的现时市场销售价格计价。

第三节　人力资源的计价及有关问题的处理

人力资源不是商品，它是无价的一种资源，之所以说它是一种无价的资源，是因为它的价值存在于人体之内，这种资源有两个特点：一是它的价值与投入的费用不成正比，如同一个班的学生，社会投入的费用是同等的，但各人体现出的价值都不一样，因为每个人的价值的大小除了投入的成本之外，还有个人不需要成本投入的一种努力付出；二是价值要发挥出来，才能体现出价值。要使价值体现出来，它有两个方面的因素：一方面，每个劳动者主观能动性的发挥；另一方面，社会对每个劳动者基本做到因材施用。这两个因素辩证统一结合在一起，只有把价值通过主观能动性体现出来，社会才能了解每个人的价值，这样社会才能基本上把每个人放在适当的劳动岗位上，而只有做到把每一个劳动者放到适当的劳动岗位上，才能充分激发每个劳动者的主观能动性。在这两个因素当中，每个劳动者的主观能动性占主导地位。因此人力资源价值与对人力资源培养（生产）的成本无直接关系，而与人力资源的潜能发挥有直接关系。

一、人力资源的取得

要取得人力资源，一定要有付出，取得人力资源的付出是怎样决定的？它是通过招聘进行初始决定。招聘是根据招聘岗位所需的知识和技能，对被招聘者进行考试和考核，录取合格的优胜者，然后通过试用，胜任工作者才能成为正式员工。招聘单位通过双方确定的工资而取得人力资源。

二、人力资源工资的实质

人力资源的工资，它并不是人力资源的价值，而是招聘和被招聘双方协定的一个投资额。对劳动者来说，他是以这样多的价值投资给该企业，所以人力资源的计价，与物质资源投资的所有者权益计价相同，以投入时的金额进行计价。

三、人力资源投资与物质资源投资的关系

要弄清人力资源投资与物质资源投资的关系，首先应弄清两种资源的区别。这两种资源的主要区别在于前者创造财富，后者不创造财富，只是通过人力劳动，将原有价值从一种形态转化到另一种形态上。正是前一种区别，使二者产生了密不可分的关系，即物质资源的投资为创造财富提供了外部条件，而人力资源投资使创造财富的外部条件变成现实。从哲学的理论来讲，物质资源投资与人力资源的投资，对产生财富来说，二者是外因和内因的关系，物质资源投资是产生财富的外因，是为人力资源发挥出能动性创造条件；人力资源投资是产生财富的内因，是根据，而物质资源的投资是产生财富的外因，是条件。二者必须有机结合在一起。后者的区别使两种投资的权力不同，人力资源只有对产生财富的索取权，无物质资

源的拥有权，它的拥有权就是取得的工资，而物质资源投资享有拥有权和索取权。

四、人力资源投资与物质资源投资所产生财富的分配

现有会计理论是把人力资源作为负债处理的，这种处理既与实际操作不一致，也不符合人力资源的特点。既然反映人力资源的账户是负债类，那么它就应该先有贷方金额，然后才有借方金额，月末的余额应在贷方。然而实际操作是先有借方金额，后有贷方金额，月末无贷方余额，这怎能是负债类账户？它的负债体现在哪里？再者，人力资源是存在于人体内的一种潜能，只有发挥出来之后，才能体现到这种资源的存在，也才能承认这种资源的存在，因此，实际操作是与人力资源的特点相符的，而理论与人力资源的特点是不相符的。把人力资源作为负债处理，其实质是把人力资源当作商品来处理，所以应将“应付工资”账户改为“人力资源投资”账户，恢复它的本来面目。

人力资源既是一种投资，它就应像物质资源的投资者一样，应有所有权和索取权，所有权就是聘用时双方确定的每月工资额和确定的其他条款；索取权就是分享企业在营业期间所实现的利润，此时也就找到了现在给员工发放奖金的理论依据。人力资源的索取权是否与物质资源投资者的索取权一样，按确定的投资额大小比例来享有利润的分配呢？他的索取权应分两步走，第一步，划清物质资源投资者与人力资源投资者总的索取权，由于人力资源投资不能储存，是一次性转移到产品上，它的投资额与产品成本形成所耗人力资源一致，而物质资源的投资额是可储存的，不是一次性进入产品成本，因此，它应按产品成本中人力资源的耗费与物质资源耗费的比例划分。第二步，划分每一个人力资源投资者对利润的索取权，这一索取权是否按各人的投资额在人力资源总投资额中的比例划分？回答是否定的。因为人力资源的特点就是存在于人体内的一种潜力，只有将潜力充分发挥出来，这种资源才能得到充分利用，也才能创造更多的财富。但由于人的思想素质与思维方法不同，潜能和发挥不同，创造的财富不同，所以不能机械地按每个人的工资额在人力资源总投资额中的比例分享利润，现在发放奖金总的原则是“多劳多得”，这个原则只是一个质的规定性，而没有具体的量化指标。因而需要会计理论指导会计实际工作者怎样反映生产经营过程，通过对生产经营过程的反映，分清企业内部单位直至每个人的工作业绩，提供具体的量化指标。最终使每个人得到对利润应有的索取权，所以提供个人业绩指标是非常需要的会计理论问题。

最后还有一个对于人力资源投资对利润索取的兑现问题，根据个人业绩，分配到了每一个人，企业是否一次性地发放给每个人？这是一个值得探讨、也是现在对某些贡献大的员工配给干股的理论问题。企业要发展，它的内在动力就是自身创造的财富，因此，只能一部分分给投资者，一部分留作企业的扩大再生产。人力资源投资者对利润的索取权也应如此。但这一做法只对贡献大、享有利润权多的员工而言。通过分配干股，把人力资源投资所享有的利润分配转化成以后年度的物质资源投资，这一部分干股就具有物质资源投资者对利润的索取权，这样既利于企业的发展又有利于企业留住人才。

五、人力资源投资索取利润分配权与发放奖金的实质区别

发放奖金并未找到理论依据，只是把人当成经济动物，利用发放奖金，来刺激每个人的行为，采取的手段是事后通过某些指标进行考评，使每个员工处在一个被动的位置上。而把

人力资源作为另一种投资，享有物质资源投资者的同等权利，劳动者就真正成为企业的主人，通过企业会计系统对生产经营过程的控制，给人力资源投资者提供了一个自我控制的环境，从而进行自我管理，从被动地激发行为到主动发挥所有的潜在能力，他（她）不再是经济动物，而是创造财富的主人。这就是两者的本质区别。

第四节　费用与收入的配比

会计计价理论研究的实质表面上就是为了解决两个问题，一是费用与收入的配比。二是市场价格波动对会计要素计量的影响。第二节的会计计价，也就是为解决这两个问题打下的基础。然而会计计价要解决的根本问题是通过计价对生产经营过程系统进行控制，通过控制，使企业产生社会平均利润或超额利润，并与《政治经济学》的价值理论联系起来。

在费用计价中，对已销售产品形成的费用是以在生产过程中实际消耗资源数量与现时市场价格的乘积计价。这里需要两个资料，第一个是生产过程中单位产品实际消耗固定资源和流动物质资源数量，这一数量在已完工产品成本中已确定，与已完工单位产品消耗量相同；第二个是现时市场价格资料。这一资料怎样取得？是否是按我们现有的教材中对成本与市场价格孰低法的方法取得？答案是否定的。如果这样，还是处在理论上行得通，实际走不通或很难走通，因此应另辟蹊径，既在理论上行得通，实际操作上又很简单，可信手拈来。在待投入生产过程的储备材料按购入标准成本计价，而已完工产品是按购入标准成本与实际消耗量的乘积计价。因而现时市场价格与购入标准成本产生的市场价格波动额既没进储备材料的成本，也未进生产过程的成本，那么现时市场价格与购入标准成本之间产生的市场价格波动额怎样处理？它是将购入标准成本与购入市场价格产生的市场价格波动额计算出购入标准成本的波动率，然后按已销售产品成本中的物质资源计算出负担的市场价格波动额直接进入本月已销售产品的成本所转化的费用中，这样就使得已销售产品的费用就变成了生产过程中实际消耗的物质资源数量与现时市场价格的乘积。因为购入资源的波动额按购入标准成本计算出的波动率所负担的波动额和已销售产品的收入都在同一月内，所以本月已销售产品应负担的完工产品成本与应负担的市场价格波动总额结合，就变成了按现时市场价格计算的已销售产品总成本，从而转化成按现时市场价格计算的总费用。由于已销售产品的成本由流动资源和固定资源两部分组成，二者有不同的特点，所以二者按现时市场价格计算的费用方法与业务处理不同，现分别介绍如下：

一、物质流动资源按现时市场价格计算的费用步骤

第一步：计算本月市场价格波动率

$$本月购入流动资源市场价格波动率=\frac{本月购入流动资源市场价格波动额}{本月购入流动资源标准成本总额}$$

市场价格波动率的计算，只限于本月购入已入库流动资源所产生的市场价格波动额与本月购入已入库流动资源的购入标准成本总额的比率。市场价格波动额不包括以前期间的余额，即期初余额，购入标准成本也不包括以前期间的待投入生产存货余额，即期初待投入生产存货余额。因为只有这样计算出的市场价格波动率，才能体现出现时市场价格波动的程度，按此波动

率计算负担的波动额所形成的费用，就是按现时市场价格计算出来的费用。这样计算，一是不需要物价指数；二是计算出的波动率能真正反映市场价格变动对本企业生产经营过程中的存货价值以及已销售产品所耗资源价值的影响。它既符合理论要求，又便于实际操作。

第二步：计算本月已销售产品应负担的波动额

由于已销售产品在未按现时市场价格调整以前，它的成本与完工产品成本相同，将完工产品的成本加减应负担的现时市场价格波动额，就是已销售产品的所耗资源按现时市场价格计算的实际成本，所以

本月已销售产品应负担的波动额 = 已完工产品的物资流动资源单位成本 × 已销售数量 × 本月市场价格波动率

第三步：对市场价格波动额的业务处理

本月已销售产品中所含物资流动资源总数量与本月购入资源购入标准成本总价值数量不同时，它的业务处理不同。

第一种情况：本月已销售产品所含物质流动资源总价值量等于本月购入物质流动资源的购入标准成本总价值，那么本月购入物质流动资源所产生的市场价格波动额全部进入已销售产品的成本，这时已销售产品的成本，才是产品按现时市场价格计算的实际成本（但不包括固定资源），因而已销售产品的实际成本，不同于已完工产品的成本，为了反映已销售产品的实际成本，应设置“已销售产品成本”账户，将已销售产品应负担完工产品的成本以及应负担的市场价格波动额转入“已销售产品成本”账户。业务处理如下：

借：已销售产品成本

　　贷：产成品

　　　　市场价格波动额

通过以上的业务处理，已销售产品的成本就是按现时市场价格计算出来的实际成本，将此成本转入“本年利润”账户后，就是按现时市场价格计算出来的实际费用。

第二种情况：本月已销售产品所含物质流动资源总价值量小于本月购入物质流动资源的购入标准成本总价值，本月已销售产品应负担的市场价格波动额 = 本月已销售产品所含物质流动资源总额 × 本月市场价格波动率。它的业务处理与第一种情况相同。

第三种情况：本月已销售产品所含物质流动资源总价值量大于本月购入物质流动资源的购入标准成本总价值，计算出的应负担的市场价格波动额的金额大于“市场价格波动额”账户的本期发生额与期初余额之和，大于部分说明已销售产品中的物质流动资源超过本月已购入的物质流动资源所动用的存货中有一部分是未涨价的，可不作业务处理，但为了使信息使用者了解利润的真实情况，大于部分也可以作为企业的利润处理，应增设“市场价格波动利润”账户。作业务处理与不作业务处理，最终形成的利润总额相同，只是作业务处理信息明晰一些。业务处理如下：

借：已销售产品成本

　　贷：产成品

　　　　市场价格波动额

　　　　市场价格波动利润

当现时市场价格低于购入标准成本时，即市场跌价，它的计算步骤和业务处理与市场涨价相同，只是金额用红字冲销。不同的一点是：本月已销售产品所含物质流动资源总价值量

大于本月购入物质流动资源的购入标准成本总价值，计算出的应负担的市场价格波动额的金额大于“市场价格波动额”账户的本期发生额与期初余额之和，大于部分，不作业务处理。如本月已销售产品应负担的市场价格波动额（跌价）为120元，“市场价格波动额”账户期初余额为20元（跌价），本期发生额为70元（跌价），合计90元，在业务处理时只按90元进入“已销售产品成本”账户。

借：已销售产品成本

贷：产成品

市场价格波动额　　-90.00（或用红字）

流动资源中还包括“低值易耗品”、本月已销售产品所含流动资源总价值已包含“低值易耗品摊销”的金额，不另外计算。

二、固定资源按购买时的市场价格计算的费用特点和方法

在会计计价中，固定资源是以购买时的市场价格计价的，它对已销售产品成本转化成费用的影响，是通过折旧进行的。因此，我们应考虑提取折旧的方法以及按现时市场价格计算折旧费用。

（一）确定折旧方法

确定折旧方法应考虑两个问题：一是技术进步对现有固定资源的影响；二是新设备与旧设备在功能上的差别，如加工产品精度上的准确性，加工速度等都应考虑。新设备和旧设备虽有同样的功能，但在操作上的表现是不同的，新的设备好操作，能满足加工产品的精度要求，加工的速度也快一些，就像家庭用的菜刀一样，是愿意用新的还是旧的呢？新的快，旧的钝。所以新旧设备折旧金额应是不一样的。在现有的折旧方法中，双倍余额递减法考虑了这两个因素，应采用此方法进行折旧。

（二）按现时市场价格调整已提折旧

固定资源按规定的折旧方法提取折旧后，将所提折旧按现时市场价格转换成销售费用，计算方法在第五节固定资源的价值调整中再阐述。

三、按现时市场价格调整递延资源摊销额

递延资源摊销后，将摊销金额中的物质资源金额按现时市场价格计算进入费用，它的计算方法和业务处理在第五节介绍。

第五节　物质资源、递延资源按现时市场价格的调整

在会计期末为了按现时市场价格反映物质资源的价值，必须将按购入标准成本计价的生产储备资源按现时市场价格进行调整。

一、待投入生产过程的储备材料（包括低值易耗品）的价值调整

（一）计算储备材料市场价格波动额

储备材料市场价格波动额 = 待投入生产过程的储备材料月末余额 × 本月购入流动资源市

场价格波动率（与费用配比的波动率一致）

（二）业务处理

为了反映待投入生产过程的储备材料按现时市场价格的调整，应设置“市场价格波动所有者权益”、“市场价格波动负债”总账账户和“市场价格波动资源”总账账户，因为市场价格波动不会产生财富，“物价变动自身是不能产生收益的。”[5]只是从货币计量上影响所有者权益和资源的价值总额。它还应在两个总账下面分别设置“流动资源”子目。它的业务处理如下：

借：市场价格波动资源——流动资源

　　贷：市场价格波动所有者权益——流动资源

　　　　市场价格波动负债

如果市场价格低于购入标准成本，即跌价应作相反的业务处理。

借：市场价格波动所有者权益——流动资源

　　市场价格波动负债

　　贷：市场价格波动资源——流动资源

此账户的金额不能累加累减，它只是一个反映按现时市场价格计算的所有者权益和库存材料所具有的价值现状。因此，每月末都要用红字冲回上月末已记入的金额，账户上的金额都只是本月末这一时点的市场价格波动权益、市场价格波动负债和市场价格波动资源所处的现状。假如本月出售原材料，并不冲减账户的金额，而按费用与收入的配比的业务进行处理。

二、未销售完工产品、在制品、半成品的价值调整

（一）计算市场价格波动额

市场价格波动额 = 本月末产成品、生产成本、半成品账户余额的代数和 × 本月市场价格波动率

（二）业务处理

与待投入生产过程的储备材料的业务处理相同。

三、固定资源的价值调整

（一）市场价格波动对固定资源影响的处理

市场价格波动影响金额 = 固定资源期末余额 × 市场价格波动率（机械加工行业与费用配比的波动率一致，轻工业按物价变动指数确定）

1. 涨价业务处理

借：市场价格波动资源——固定资源

　　贷：市场价格波动所有者权益——固定资源

2. 跌价业务处理

借：市场价格波动所有者权益——固定资源

　　贷：市场价格波动资源——固定资源

市场价格波动对物质资源的调整，以及物质资源的调整后引起所有者权益和负债的调整，各会计期间的调整后金额不能累加，它的余额只能是本会计期间调整的金额，表明市场

价格波动对会计要素影响的状况。在资源负债表中单独列示。

（二）市场价格波动对所提折旧的处理

本月折旧按规定方法提取后，再根据市场价格波动计算出对折旧的影响金额。

市场价格波动折旧额 = 本月已提折旧 × 市场价格波动率（此波动率与固定资源调整的波动率一致）

市场价格波动折旧额，不另设账户进行反映，直接进入“已销售产品成本”账户，转化成销售费用和“市场价格波动利润——价格波动折旧”。

业务处理：

1. 涨价

借：已销售产品成本

贷：市场价格波动利润——价格波动折旧

2. 跌价

借：市场价格波动利润——价格波动折旧

贷：已销售产品成本

这里应说明的是：为什么不借或贷记“市场价格波动权益”账户，而借或贷记“市场价格波动利润”账户呢？是因为“市场价格波动权益”账户只反映价格波动所形成的现状，不影响利润的大小，并在下一个会计期末要冲销。而市场价格波动所提折旧，它实际在影响收益，使已销售产品的费用增加或减少、当期利润减少或增加，并在下一个会计期末是不能冲销的。然而这种利润的减少或增加，是为了使已销售产品的费用按现时市场价格进行计算，以便与收入进行配比，计算出客观的利润。但企业并未按现时市场价格购入全部固定资源，按现时市场价格所提折旧大于或小于按现有固定资源所提折旧部分，对企业来说是不真实的，应将市场价格波动多提或少提的折旧额所减少或增加的当期利润恢复原状。由于这一利润是市场价格波动所引起的，所以应在“市场价格波动利润”账户反映。

四、递延资源的价值调整

（一）市场价格波动对递延资源影响的处理

市场价格波动额 = 递延资源期末余额 × 市场价格波动率（此波动率与购入流动资源市场价格波动率一致）

业务处理：

1. 涨价

借：市场价格波动资源——递延资源

贷：市场价格波动所有者权益——递延资源

2. 跌价

借：市场价格波动所有者权益——递延资源

贷：市场价格波动资源——递延资源

（二）本月摊销递延资源的业务处理

本月摊销递延资源的市场价格波动额 = 本月推销的递延资源 × 市场价格波动率

业务处理：

1. 涨价

借：管理费用

　　贷：市场价格波动利润——递延资源摊销

2. 跌价

借：市场价格波动利润——递延资源摊销

　　贷：管理费用

市场价格波动影响递延资源摊销部分进入“市场价格波动利润”账户的道理，与固定资源市场价格波动折旧的业务处理的道理相同。

第六节　物质资源计价的实质

要弄清物质资源计价的实质，首先应弄清物质资源计价是否是会计理论的问题，它的依据是什么？从有关会计书籍对物质资源计价的阐述可知，物质资源计价属于会计理论问题。如迈克尔·查特菲尔德教授所著的《会计思想史》“第三编会计理论史”中有一章“资产计价概念的变迁”论述的就是物质资源计价：A. C. 利特尔教授所著的《会计理论结构》“第二篇理论的性质”的“第十二章理论的应用”中论述了“成本与价值”“重置价格的挑战”，也是论述物质资源的计价问题；亨克理德森教授所著的《会计理论》一书中“第七章财务陈报与物价变动”，论述的也是物质资源计价问题。我国的会计学者对物价变动会计处理也列入会计理论，如葛家澍、林志军著《现代西方会计理论》“第十五章物价变动与物价变动会计”，葛家澍、刘峰著《会计理论》“第六章资产计价与收益决定”、陈今池编著《现代会计理论》“第三部分物价变动会计理论”等，都将市场价格的波动对物质资源价格的影响列入了会计理论之中。王松年主编《国际会计前沿》“专题六物价变动会计”，把物价变动作为会计前沿理论，物质资源计价无疑是一个会计理论问题。然而这一理论到目前为止，仍停留在按历史成本计价还是按现时市场价格计价的探讨中。按历史成本计价的学者如利特尔教授认为“物价变动自身是不能产生收益的”[16]，按现时市场价格计价的学者如劳伦斯·R. 迪克西认为“……流动资产……按可变现净值……进行计价……任何耗损都应作为已发生的损失进行记账……资产增值应贷记收入项目。”[17]到目前为止，此讨论并没有一个科学的结论和符合客观的处理方法。究其原因，现有的计价理论只牵涉到物质资源的计价，并未论述资源价值的变化对其他会计要素的影响。因为资源只是会计动态平衡式中的一个要素，但它的变化必然引起其他要素的变化，只有找到它们之间的关系，才能找到对物价变动符合客观的处理方法，也才能找到物质资源计价的理论依据，这个理论依据就是物质资源计价的实质。要做到此点，首先要找出现有资源计价存在的问题。

一、现有资源（资产）计价存在的问题

（一）会计计价只停留在资源的计价上

现有会计理论只讨论物质资源的计价，实际上计价问题贯穿整个会计理论和实务的始终以及生产经营过程的始终，投资者投入资本要计价，购入资源和出售产品要计价，内部单位之间、各阶段之间的交易也需要计价，企业与环境产生的各种经济关系也需要计价。以上这

些计价，都是以物质资源计价为基础，并由物质资源计价所决定的。会计假设中就有货币计量假设，这一假设是由计价和实物量组成的。因此，每一笔会计记录都有一个计价问题。物质资源（资产）价值的变化，引起其他会计要素量上的变化。从而计价问题，是会计的一个基本理论问题，这一理论问题不解决，将影响会计的发展方向。

（二）把物质资源计价与按现时市场价格进行调整混为一谈，把按现时市场价格进行调整当成了按现时市场价格进行计价

企业所拥有的物质资源不能按现时市场价格进行计价的，正如利特尔顿教授所认为的那样："……因为具体的价格经常变化……它仍会很快就失去意义。"[18]会计人员今天把企业拥有的物质资源所具有的价值按现时市场价格调整了，当天企业所拥有的物质资源的价值是按现时市场价格计算出来的，到了明天，它又变成了按历史价格计算出的价值了，假如要保证按现时市场价格计算价值，就必须每天按市场价格更新一次，社会每天必须提供物价变动指数，就像银行每天公布外汇牌价一样，这对社会和企业会计人员的工作量是不可思议的，更没有必要对企业拥有的物质资源每天按现时市场价格计价。应是通过计价，找到这种计价与现时市场价格联系的方法，通过这种联系方法，随时可将物质资源拥有的价值转换成按现时市场价格计算的价值，正如第五节阐述的那样，通过市场价格波动率将物质资源的计价与按现时市场价格进行调整联系起来，所以按现时市场价格进行调整与物质资源计价是两回事，不能等同。先有计价，后才能根据计价进行调整。

（三）把市场价格波动影响已销售产品的收益和物质资源的价值与形成收益混为一谈

市场价格的波动即物价变动，对企业而言都不形成收益和损失，因为它的资源不是以货币形态存入银行的，而是以实物形态在生产经营过程中流转的，这一实际情况是与生产经营过程连续性和持续性假设相一致的。当然，在生产经营过程流转中，也有一定的货币资源，但这些货币资源，是即刻在市场中取得的，又即刻投入市场购买实物资源，因此，企业拥有的现金和银行存款，与私人拥有的现金和银行存款不同，不存在物价变动引起的损益问题，它的现时价值仍体现在企业拥有的实物资源价值之中。企业向其他单位购买的有价证券，它也不是货币资源，而是对外的一种投资。既然是投资，就应承担各种风险。物价变动是承担的风险之一，因此，它也只影响收益，不形成收益。

为什么企业拥有的物质资源只影响收益和价值，不形成收益？

1. 市场价格的波动，影响已销售产品的损益

在第四节费用与收入配比的阐述中，我们可得知，当市场价格上涨时，我们按未涨的价格（即历史成本）计算的产品成本，不按现时市场价格进行调整，就与收入进行配比，所产生的利润，就会将涨价部分的成本转化成利润，使从收入中收回的成本不能做到实物资本保全，也就是涨价部分形成的利润，实际上是将资本转化成了利润。当市场价格下跌时，情况与涨价恰好相反，从收入中收回的成本大于实物资本，此时将一部分利润通过成本的收回，又转化成了资本。因此，无论市场是涨价或跌价，都应对已销售产品的成本按现时市场价格进行调整，再与收入配比，才能计算出客观真实的利润，不会使资本与利润之间形成相互转化，否则将影响利润的客观真实性。因此，涨价和跌价都不产生损益。

2. 市场价格的波动，影响物质资源的价值

在第五节物质资源按现时市场价格的调整中，可得知无论物价怎样变动，是上涨还是下跌，都只影响物质资源的价值，而并不影响形成损益。损益只有在物质资源销售之后，费用

与收入产生差额时，才形成损益。因此不能将按现时市场价格计算出物质资源价格与购入时的历史价值比较产生的差额叫损益。因为这时的差额是未实现的，以后是否能实现，也是一个未知数，因为市场价格不是固定的，而是一个随时变化的。所以只能按现时市场价格，客观、真实反映现有物质资源的价值，使与企业有各种关系的单位和个人，了解企业拥有物质资源的现状。这个现状只影响所有者权益和债权人权益。

（四）对计价的认识只停留在收益上，没有与经济学的价值理论联系起来

企业生产经营过程的计价要与经济学的价值理论紧密结合在一起，通过计价，使企业取得社会平均利润或超额利润。这种超额利润不仅是市场价格与价值背离带来的，而且在不背离的前提下怎样取得。而现在的计价只意识到通货膨胀和紧缩时期对收益的影响。实际上，市场价格的波动不仅只是通货膨胀和紧缩时期，它随时都存在波动。因为社会各行业生产力发展水平不会齐步前进，永远不会整齐划一，它只存在一个动态的平衡。在某一时点上，某一行业的社会必要平均消耗资源最低，这个行业取得了超额利润，它带动了整个社会各行业前进，使各行业在新的起点上趋于平衡。某一行业在整个社会行业的这种领先地位，又是由行业里某一企业的社会必要平均消耗资源最低所致的，这个企业取得了最大的超额利润，带动了整个行业的发展，使整个行业发展到一个新的水平。因此，社会经济的发展的真正原因是社会经济组织内部生产力发展不平衡而引起的，生产力发展不平衡是市场价格波动的内因，价格与价值背离是外因。价格波动并非市场价格与价值的背离所引起的。社会经济就是在这种动态平衡中发展变化。在这动态的发展变化中，物价也就不断地波动，这种波动随时都影响会计的价值计量。不解决这一问题，会计记录就无法实现客观性原则。

（五）把计价所引起的问题的解决方法只停留在历史成本和现时市场价格的选择上，而没有用转化的思维把二者联系起来

历史成本是由现时市场价格转化而来的，它的转化是由时间的推进而引起的，即时间的前进使现时市场价格自然转化成了历史成本，这种转化自然使历史成本再也无法转化成现时市场价格，因此它不能同时相互转化。如前面说的父转化成子，子转化成父，借转化成贷，贷转化成借，都是同时相互转化。当然有的第一次转化可以同时进行，但再转化就不能同时进行。如成本转化成费用可同时进行，而收入再转化成费用，费用再转化成成本就不能同时进行了。但通过中间环节，还是可以相互转化的。当费用从收入中收回时，一部分收入已转化成费用，而收回的费用以资源形式存在，资源投入生产经营过程，转化成成本，费用通过资源这一中介，就转化成成本了。这种相互转换，使企业会计系统不断地运行着。然而历史成本与现时市场价格只以时间为转换前提，按这一前提历史成本是无法再转化成现时市场价格的，因为时间不能倒转，这种单向转化不符合辩证法。因为不能相互转化，就会使企业会计系统运行中断。而人们对系统运行内部转化的认识，需要一个过程。由于系统有天然系统和人工系统，天然系统运行的内部转化，不管人们认识到还是没有认识到，转化照样发生，如儿子转化成父亲，父亲转化成儿子。假如父亲不能转化成儿子，儿子自然也就不能转化成父亲，人的繁衍到此终止，人的繁衍系统就不能运行下去。只有人们认识了这一转化，就能很好地解释事物的运动，从而客观地认识事物并利用它为人类服务。而人工系统的转化，人们首先必须认识到，因为都需要设计人员进行转化处理，处理不好，系统性能就不好甚至系统就不会运行，此时就宣告设计的失败。而企业会计系统由于是虚拟人工系统，它的转化与人工实体系统又有区别，它的成本、费用和收入之间的相互转化，现有会计理论并没有专门

论述。但由于目前企业会计系统是依附在生产经营过程系统之上的，即使人们没有认识这种转化，它也会随着生产经营过程系统运行的转化而相互转化。而历史成本向现时市场价格的转化，它不能随生产经营过程的运行而转化，只有会计理论工作者认识到了此点，才会研究转化的方法，只有有了转化方法，才能使历史成本转化成现时市场价格。迈克尔·查特菲尔德所著《会计思想史》一书介绍的“1945—1960年：寻求替代法”（加速折旧、后进先去法），这两种方法，并非历史成本转化成现时市场价格的方法。加速折旧，主要是由科学技术的飞速发展而引起的，它的提取基数仍是历史成本，因此，按此方法提取的折旧，仍需要采取一定的方法转化成按现时市场价格计算的折旧额；后进先去法，虽在时间上与现时市场价格接近了一些，但仍是一种历史成本。因此，两种方法并未脱离按历史成本计价。采用这种方法，既不能使费用与收入进行客观的配比，计算出客观的利润，更不能按现时市场价格计算出物质资源现有价值的状况和所有者现时拥有所有权的状况以及现时负债的状况。按照“寻求替代法”的方法处理，虽不会使企业会计系统即刻停止下来，但得不到系统运行的客观结果，如长期下去，最终会使企业倒闭。企业倒闭，该企业会计系统自然停止运行。如市场持续通货膨胀，并且膨胀幅度很大，而企业会计系统采取的是历史成本进行成本计价，当成本转化成费用后，使费用也是按历史成本计算的，从而只能从收入中按历史成本收回费用，投入再生产。这样长期下去，通货膨胀使资本转化成了利润，资本就不能以实物形态保全，最终企业只能停止，企业会计系统也只能停止运行。所以历史成本与现时市场价格不能相互转化是不符合哲理的。现时市场价格既然能转化成历史成本，那么，如果不以时间为唯一转化为前提，找一个中介计价作为转化，历史成本就能再转换成现时市场价格，只是会计理论工作者并未找到转化的中介。第四节费用与收入按现时市场价格的配比以及第五节物质资源按现时市场价格的调整就是利用中介计价来实现的。这个中介计价就是标准成本，它既不是历史成本，也不是现时的市场价格，它只有处在中立的一个价值，才能使历史成本转化成现时市场价格。标准成本不仅如此，它还能建立真正的企业会计要素组织结构系统，实现企业会计系统的控制功能，因此标准成本不单纯是一个成本问题，而是一个会计计价理论问题。那么会计计价的实质到底是什么？只要弄清了物质资源计价的实质，就弄清了会计计价的实质。

二、物质资源计价的实质

不同的会计理论，体现出不同的计价实质。

（一）为资源持有者计价

物质资源不管采用什么计价，它都体现出计价的一种实质。现有会计理论对物质资源计价的实质是直接以人为本，把计价人格化。“所谓资产的适当价值是对资产持有者而言的，而不是对其他人而言的。”[19]在这一计价实质思想的指导下，到目前为止，物质资源计价仍以历史成本、现时市场交易成立后的价值即物质资源购入的实际成本以及计划成本进行计价。而计划成本只是为了简化会计工作所采用的计价，它通过对材料采购成本形成的差异进行分配进入产品实际成本，又恢复了按历史成本进行计价。目前的标准成本在管理会计中是与实际成本相对应的，只是为了二者的静态比较，求出差异，从理论上对差异进行分析，告诉人们由于价格变化的差异是多少，资源消耗的差异是多少。然而对差异的分析，不仅要知道产生多少差异，而且更要清除不利差异，巩固有利差异。现在之所以如此，是因为没有把标准成本作为一个计价问题进行研究，就不能在过程中对差异进行控制，在过程中消除不利差异及巩固有利差异。

为资源的持有者对物质资源进行计价，是没错的。但持这种思维进行的计价方法是错的。根据哲学理论，任何事物的发展变化都不是直线式的，而是曲折地向前发展变化的，在曲折的发展变化中悄悄地达到目的地。计价也是如此。实践证明，为资源持有者计价这一直接思维方式，在物价随时变化中，不能解决费用与收入的科学的配比问题，计算出符合客观环境的客观真实的利润，也不能用简便易行的方法随时根据市场物价变动计算出拥有的物质资源价值。为了达到为资源持有者计价的目的，必须通过曲折的方法才能达到。

在迈克尔·查特菲尔德所著《会计思想史》一书中，把物质资源（资产）的计价，仅与原则联系起来，特别是与稳健性原则联系在一起。计价不仅仅与会计原则有联系，会计原则只是规范会计人员行为的理论，使会计人员处理经济业务的行为，符合会计理论规定的要求。而物质资源的计价，主要是与《政治经济学》的价值理论相联系，通过计价，能对生产经营过程的消耗进行控制，使生产经营过程的消耗符合社会必要平均水平，这是会计原则所解决不了的，把计价理论仅与会计原则理论联系在一起，并把稳健性原则作为计价理论的基础，降低了计价在会计理论中的价值。再者，在计价方面，稳健原则必然产生的方法是成本与市价孰低法。这一方法，它只能解决市场物价下跌企业拥有的物质资源价值问题，并不能解决费用与收入客观配比问题，费用仍以历史成本计算，在物价上涨时，此方法既不能反映企业拥有的物质资源价值，也不能解决费用与收入客观的配比问题，更不能客观公允地反映不同投资者的利益问题。当物价上涨时，计算出的利润对短期投资者有利，而对长期投资者不利。因为此时按历史成本转化的费用计算出的利润大于按现时市场价格转化的费用计算出的利润，也就是将一部分资本转化成了利润。当价格下跌时，此时与市价上涨相反，对长期投资者有利，而对短期投资者不利。因此，这一计价理论不能实现为资源持有者计价，只有对物质资源采用科学的计价方法，才能公允客观地处理不同资源持有者的利益。这才能说计价是对资源持有者而言的。

（二）为控制生产经营过程按社会必要平均劳动消耗进行计价

物质资源的计价，是为了按现时市场价格正确计算产品成本的社会必要平均劳动耗费，即正确计算费用，以便与收入进行配比，计算出客观环境下产生的真实收益，以便企业会计系统真正指导生产经营过程怎样才能取得社会平均利润或超额利润，同时使本企业不同的投资者都取得客观合理的投资收益。物质资源的计价，不是对物质资源持有者而言的，而是对生产经营过程而言的，只有对生产经营过程而言，它才能使物质资源计价随市场价格的变化而变化，随时做到按客观价格进行计价，只有这样企业会计系统才能真正反映生产经营过程的真实情况，这才是物质资源计价的实质所在。只有会计理论工作者认识到了物质资源计价的本质，才会研究物质资源怎样才能按客观价格计价的方法，从而解决物质资源计价的理论问题，不再为不同的投资者各自的利益对物质资源的计价的不同要求而争论不休，成为会计难于解决的理论问题，只有这样的计价，才能真正达到为物质资源所有者计价的目的。

当我们知道物质资源计价的真正实质之后，到底采用什么计价，才能解决现有计价存在的问题呢？

物质资源计价，不仅是为了计算相对静止的结果，而主要的是辩证客观地反映生产经营过程，促使生产经营过程产生更多的利润。所谓辩证客观，就不是机械的客观，而是通过反映，剖析生产经营过程内部各阶段各环节以及内部各个单位，促使生产经营过程的变化发展，因此辩证客观就是剖析过程的内部促使它变化发展，会计要做到这一点，必须对过程中物质资源的价值转化按标准成本计价的价值。标准成本不是生产经营过程中自然形成的成本，它是将《政治经济学》的价值理论引入会计的一种计价，它不是现实中的一种客观计价，但它是绝对的一种客观，是在发展变化的一种客观，不管在什么时间，也不管生产力发展到什么程度，它都是由社会必要平均劳动时间所决定的。通过这一计价，对生产经营过程进行控制，使每个企业取得社会平均利润或超额利润。这样标准成本计价就成为联系企业和社会经济的纽带，它将促使市场按社会必要平均劳动时间进行交易，使“看得见的手”代替“看不见的手”支配整个社会经济的发展。在会计期末，又根据标准成本与现时市场价格的差异计算出市场价格波动率，将按标准成本计算的费用和存货价值转化成按现时市场价格计算的费用和存货价值，正如第四节、第五节介绍的那样，解决现有物质资源计价存在的一切理论问题。这才是会计计价的真正实质。

注释：

[1]《会计思想史》［美］迈克尔·查特菲尔德著，文硕，董晓柏译，中国商业出版社，1989 年 10 月第 1 版第 377 页。

[2]《会计思想史》［美］迈克尔·查特菲尔德著，文硕，董晓柏译，中国商业出版社，1989 年 10 月第 1 版第 372 页。

[3]《会计思想史》［美］迈克尔·查特菲尔德著，文硕，董晓柏译，中国商业出版社，1989 年 10 月第 1 版第 353－354 页。

[4]《会计思想史》［美］迈克尔·查特菲尔德著，文硕，董晓柏译，中国商业出版社，1989 年 10 月第 1 版第 354－355 页。

[5]《会计思想史》［美］迈克尔·查特菲尔德著，文硕，董晓柏译，中国商业出版社，1989 年 10 月第 1 版第 355－356 页。

[6]《会计思想史》［美］迈克尔·查特菲尔德著，文硕，董晓柏译，中国商业出版社，1989 年 10 月第 1 版第 356 页。

[7]《会计思想史》［美］迈克尔·查特菲尔德著，文硕，董晓柏译，中国商业出版社，1989 年 10 月第 1 版第 369 页。

[8]《会计思想史》［美］迈克尔·查特菲尔德著，文硕，董晓柏译，中国商业出版社，1989 年 10 月第 1 版第 357 页。

[9][10]《会计思想史》［美］迈克尔·查特菲尔德著，文硕，董晓柏译，中国商业出版社，1989 年 10 月第 1 版第 361 页。

[11]《会计思想史》［美］迈克尔·查特菲尔德著，文硕，董晓柏译，中国商业出版社，1989 年 10 月第 1 版第 362 页。

[12]《会计思想史》［美］迈克尔·查特菲尔德著，文硕，董晓柏译，中国商业出版社，1989 年 10 月第 1 版第 354 页。

[13]《会计思想史》［美］迈克尔·查特菲尔德著，文硕，董晓柏译，中国商业出版社，1989 年 10 月第 1 版第 355 页。

[14]《会计思想史》［美］迈克尔·查特菲尔德著，文硕，董晓柏译，中国商业出版

社，1989 年 10 月第 1 版第 365 –366 页。

［15］《会计思想史》［美］迈克尔·查特菲尔德著，文硕，董晓柏译，中国商业出版社，1989 年 10 月第 1 版第 352 页。

［16］［18］《会计思想史》［美］迈克尔·查特菲尔德著，文硕，董晓柏译，中国商业出版社，1989 年 10 月第 1 版第 357 页。

［17］［19］《会计思想史》［美］迈克尔·查特菲尔德著，文硕，董晓柏译，中国商业出版社，1989 年 10 月第 1 版第 354 页。

第九章

建立科学的企业会计要素组织结构系统

为什么要建立科学的企业会计要素组织结构系统？现有会计理论是将企业会计要素组织结构系统与企业会计人员行政组织结构系统并在一起进行阐述的，并以企业会计人员行政组织结构系统替代了企业会计系统，这样就存在如下问题：一是会计要素与企业会计系统不能有机融合在一起，理论上出现了不同的会计要素；二是无法实现现在会计理论所说的目标成本。实现目标成本的困难何在？目标成本是对完工产品的要求，它是一个预计的静态结果，实际成本是在产品完工入库之后计算出来的产物，是一个实际的静态结果，两个静态结果进行比较得出的差异自然也是静态的。这种事后的静态的差异和对产生的差异的分析，并不能改变已完结的过程状况，消除不了已形成的不利差异，改变不了已完结的过程现状，所以静态的成本计算和静态的比较，不能保证目标成本在过程中实现。要保证实现目标成本，必须在生产过程中随时消除不利差异，而要做到这一点，首先应随时将实际成本与目标成本进行动态比较，掌握所形成的动态差异。其次是即刻对差异进行分析，找出原因，采取有效措施，即刻消除不利因素，巩固有利因素，在过程中保证目标成本的实现。而动态差异是根据动态目标成本与动态实际成本相比较得出的，也就必须在生产过程中计算出动态实际成本，只有这样，二者才能比较，得到动态差异。因此，动态实际成本的计算和静态目标成本转化成动态目标成本是保证目标成本实现的关键，而解决这一关键问题依托的就是建立科学的企业会计要素组织结构系统，因为它改变了系统的组织结构，而组织结构的改变导致功能也随之改变。

企业会计系统是由会计人员行政组织结构系统和企业会计要素组织结构系统两个并行的子系统组成的，前者是操作系统，后者是功能执行系统，前者是依存在后者之上的。现在的企业会计要素组织结构系统是依附在生产经营过程系统的组织结构之上，没有自己相对独立的组织结构，因而不能执行企业会计系统应有的功能。

第一节　组成科学的企业会计要素组织结构系统的要素

要建立科学的企业会计要素组织结构系统，首先应弄清它应由哪些要素组成？在第三章已对企业会计要素进行了阐述，但未对组成科学的企业会计要素组织结构系统所需要的会计要素进行阐述。

一、现有会计理论对组成企业会计系统要素的论述

利特尔顿教授提出“会计系统由三大要素（除了运行规则之外）构成，①分类账（分

类类目表)；②原始记录簿（有效的产生有条理的序时记录的一组机制)；③原始凭证（有待应用记账规则将其转化为账户数据的原始资料)。"[1]我国的于玉林教授提出"会计系统的要素也可以说是会计人员、资金、会计方法、计算工具和会计信息等，这是会计系统运行要素。"[2]以上两种组成企业会计系统的要素都有不妥，两者共同存在的问题是将企业会计系统处理的客体和组成企业会计要素混在一起，如利特尔顿教授把原始凭证当作组成企业会计系统的要素，原始凭证是生产经营过程系统在交易过程中形成的结果，是企业会计系统进行业务处理的客观依据。企业会计系统通过对原始凭证的业务处理，才能使生产经营过程系统运行的现状呈现在企业会计系统之中。企业会计系统之所以能对原始凭证进行业务处理，是因为企业会计已组成系统，所以原始凭证不是组成企业会计系统的要素，而于玉林教授把资金作为企业会计系统的要素。资金是生产经营过程系统物质运动的价值表现形式，企业会计系统对生产经营过程的记录，是以价值形式进行的，它是对生产经营过程系统的资金运动进行反映的，是通过货币计量与市场价值同步性计量假设转化而成的，资金只是企业会计系统反映的客体，只有由会计要素组成了企业会计系统，它才能进行业务处理。资金是企业会计系统处理的客体以及会计要素之间联系的介质，它不是会计要素。

利特尔顿教授提出的分类账和原始记录簿，只是组成企业会计系统的零件（账户)，而不是组成系统的要素（材料)、零件（账户)，与要素（材料）是有层次之别的，不能混淆。

于玉林教授提出的会计人员、资金、会计方法、计算工具和会计信息等要素，只有会计人员是组成企业会计系统中的会计人员行政组织结构子系统的要素。前已述及会计人员行政组织结构子系统是对职能进行操作的系统，企业会计要素组织结构子系统是职能执行系统，职能操作系统和职能执行系统，二者是不能混淆的。会计方法只是建成企业会计系统后实现功能的技术，因此，会计方法不是组成企业会计系统的要素。计算工具也是企业会计系统建成后在运行中利用的客体；会计信息是企业会计系统建成后运行产生的结果。只有会计系统产生后，才会需要计算工具，才会产生会计信息；资金是全部会计要素量化的表现形式，它不是一个独立的会计要素。所以会计方法、计算工具、会计信息、资金都不是组成企业会计系统的要素。

二、组成企业会计要素组织结构系统应有的要素

系统是由要素组成的，要素就是组成系统的材料。由于企业会计系统是人工虚拟系统，组成此系统的材料就是概念。这里我们只谈会计要素组织结构系统的要素，它就是第三章阐述的资源、所有者权益、负债、费用、收入五要素。这五个要素，是从生产经营过程及其与环境的关系中抽象出来的，所以能对生产经营过程系统的运行及其与环境的联系进行客观的反映，一旦组成相对独立的系统，就能形成本系统相对独立的运动。

第二节　标准成本的确定

在确定企业会计要素组织结构系统组成要素之后，就应确定标准成本，只有标准成本确定了，才能将标准成本引进企业会计系统进行日常核算，也才能改变现有会计要素组织结构，建立科学的企业会计要素组织结构系统。

一、现有会计理论对标准成本的确定

标准成本是由弗雷德里克·泰勒及其追随者开发的生产标准和作业规范化的自然结果。科学管理的出现加速了重点的转移，即由以前的成本汇集转移到通过比较实际经营成果和事先设立的标准值来进行成本管理。

（美）P. H. 沃尔金巴克、N. E. 迪特里克、E. L. 汉森合著的《会计原理》用了一章的篇幅对标准成本和预算进行了阐述。“为了实行成本控制，就必须把实际成本与计划成本相比较”。“标准成本指经过分析表明是应该发生的直接材料、直接人工和制造费用的金额。标准成本是在它们适用的经营期之前制定的。直到情况要求修正时止，它们将继续有效”。“产品标准成本要通过十分细致地确定各项生产投入——直接材料、直接人工和制造费用所应耗用的数量和所应支付的价格来求得”。“……直接材料标准成本是……标准耗用量和标准价格的乘积……”，“……直接人工标准成本也是……标准工时和标准工资率的乘积……”，“……制造费用标准成本，必须根据工厂的既定活动水平，通常即正常的开工能力来计算固定制造费用和变动制造费用的分配率。”[3]

（美）丁·H. 罗素、W. W. 胡莱歇、D. H. 泰勤，三位教授将标准分为“标准的基本概念”和“标准的水准”进行阐述的。他们又把“标准的基本概念”分为“静态标准（或基标准）”和“现行标准”。静态标准是：“……只要生产的工艺方法不改变，这个标准就保持不变……，静态标准常常是作为统计上的一种指导，而不是会计记录的组成部分”；现行标准是：“仅仅只用于某一期间一定的情况下。只要方法或价格的改变是有道理的，现行标准也随着改变。这一标准可列入会计记录和财务报表。由于它的建立与当时条件一致，因此任何现行标准成本与实际成本之间的差异都是由一项未预期到的发展结果所引起的。”

标准的水准又分为“理想标准”“正常标准”和“预期的实际标准”。“理想标准建立在最大效率的水准上。这些标准是很难以实现的目标，而不代表一个实际的定额”。“正常标准的建立应该考虑某些特殊因素，并据以采取相应措施，消除季节性和周期性波动的影响，以便在一段相当长的时期内都具有适应性”。“预期的实际标准，它是尽可能地根据预期的变化情况而制定的”。[4]

美国的工程师珀西·阴迈尔和效率工程师哈林顿·埃默森对标准成本的确定也有论述，将在成本计算和差异分配一章介绍。

我国的会计学者对标准成本确定的阐述与国外学者的阐述基本相同。“产品的标准成本，是由产品的直接材料、直接人工和制造费用组成的，其基本形式是以‘数量’标准乘以‘价格’标准而得出的，分别根据直接材料、直接人工的标准用量、材料价格标准、人工工资率标准和制造费用分配率标准进行具体计算。”[5]“……标准成本，是指根据产品设计和工艺方案的要求，在本企业已经达到的生产技术水平，在有效经营条件下应当发生的成本，因而是一种预定的目标成本。”[6]在有关文献中，通常都提到标准成本主要有以下两种：

“（1）理想的标准成本，它是以现有生产技术和经营管理处于最佳状态为基础所确定的标准成本。采用这种标准成本，是意味着实际发生的成本应达到现有条件下理想的最低限度，而不允许存在任何浪费，由于这种标准成本一般难以达到，所以在实际工作中较少采用。”

“（2）正常的标准成本，它是根据已经达到的生产技术水平，以有效经营条件为基础而制定的标准成本。在制定这种标准成本时，把生产经营在现实条件下难以完全避免的超额耗费也计算在内。这是意味着，它的实现既非轻而易举，但又不是高不可攀，而是经过努力可以达到的。”[7]

根据以上对标准成本确定的阐述，归纳起来，谈了如下几个问题：

第一，标准成本是根据标准用量和标准价格（标准工资率、标准分配率）的乘积事前制定的；第二，是应该发生的；第三，它的目的是使实际成本与标准成本比较，得出量差和价差，对成本进行控制；第四，标准成本分类。现有标准成本阐述的这些理论，表面看来很全面，但仔细分析，它回避了一个根本问题，即制定标准的理论依据是什么？用量标准的客观计量依据又是什么？标准成本的确定必须是这两方面的结合，才是客观的。因为理论依据只是一个定性的标准，用量标准的客观计量依据，才是具体的量化标准，并且这一量化标准必须体现理论标准。有了量化标准，会计人员才便于具体操作。我国的会计学者虽未论述标准成本确定的理论依据，但论及了产品设计和工艺方面这一计量标准，由于没有意识到理论标准，又把客观的计量标准与实际情况结合起来，把标准成本说成目标成本。标准成本与目标成本是有区别的，标准成本主要是根据科学理论和客观依据计算的，而目标成本是根据客观条件考虑主观的努力和需要确定的。当然，标准成本也可转化成目标成本，此问题在财务会计与管理会计一体化再阐述。由于标准成本的确定没有与理论依据和计量依据结合进行阐述，就牵扯出了标准成本的分类。标准成本是没有类可分的，它是客观的，必须通过努力达到的标准。

二、标准成本确定的理论依据和客观计量依据

（一）理论依据

标准成本不是单纯的概念，而是有客观的理论依据的。在第四章中论及了企业会计系统的目的是按社会必要平均劳动生产产出产品，这个社会必要平均劳动就是制定标准成本的理论依据。企业会计系统必须按这一标准对生产经营过程的资源消耗进行控制。

（二）客观计量依据

社会必要平均劳动只是制定标准成本一个质的规定性，到底社会必要平均劳动怎样计算？从价值的角度是计算不出来的，因为产品之间所耗费的劳动是互相渗透的，那么是否就无法计算呢？

直接的办法不行，但可以找替代的办法。不管什么产品，在投入生产之前，都要进行产品设计和工艺设计，设计质量分为国际领先水平、国内领先水平、一般水平和低于一般水平。可根据产品设计和工艺设计，对每一个零件规定的材料及其用量和生产流程所用工具、技术要求，按原材料购入的标准成本，可计算出每个零件每一流程的标准成本。在同样的产品设计和工艺设计以及相同的市场交易前提下，不管哪个企业生产，都需要相同的成本，只因为设计的质量水平不同，标准成本才有高有低，因而采用一个平均水平。所谓社会必要平均劳动，就是应该是多少的平均劳动，必要就应该是多少。产品和工艺设计的领先水平，在一般情况下，耗料少、工效高、质量好，但制作技术要求高，这种设计省工省料，自然消耗的资源少于社会必要平均劳动，它可取得大于社会平均利润；产品和工艺设计的一般水平，即社会平均水平，生产产品的耗费也处在社会必要平均水平，它可取得社会平均利润；产品和工艺设计低于平均水平，它的资源消耗高于社会必要平均水平，取得的利润却低于社会平

均水平。所以产品和工艺设计水平决定了应该消耗资源的水平，标准成本的理论依据就体现在计量依据之中。这就使企业会计系统按社会必要平均劳动，对生产经营过程系统资源消耗的控制得到了量化。在（美）罗伯特·S. 卡普兰、安东尼·A. 阿特金森著的《高级管理会计》中，把按产品和工艺设计计算出来的成本叫约束成本。

根据以上的阐述，到底什么是标准成本？标准成本是根据产品设计和工艺设计，生产单位产品应该消耗的资源量与购入标准价格的乘积。它对任何企业而言，只要按产品设计和工艺设计组织生产同一单位产品，任何企业都需要消耗等量的资源。它不是根据企业的具体情况和技术水平确定的。根据企业具体情况和技术标准确定的成本，那是目标成本，生产单位产品的目标成本，每个企业都是不相同的，不能将标准成本与目标成本混为一谈。

三、确定各阶段和内部单位的标准成本

当我们弄清楚确定标准成本的理论依据和计量依据之后，就应按计量依据具体计算产品的标准成本了。

（一）购入资源标准成本的确定

购入资源就是生产经营过程的供应阶段，它的标准成本是根据较稳定的市场价格确定的。因为社会经济各行业以及同一行业不同单位科学技术水平以及管理水平发展变化的不同，引起对资源消耗水平的不同，从而引起销售产品市场价格的波动，使市场价格处在永远的变化之中。在这样的前提下，要想制定购入资源的标准成本，是不可能的，因为以稳定的市场价格作为标准成本，与随时变化的市场价格是相矛盾的。之所以要制定购入资源的标准成本，其目的是消除市场价格波动对生产资源消耗的影响，把市场波动额堵截在生产过程的大门之外，这时生产过程的实际成本与标准成本的比较发现产生的差异完全是由消耗数量而引起的，便于分析产生差异的原因。除此之外，最重要的是可以计算购入资源的市场价格波动率，根据此波动率在会计期末按现时市场价格对存货和已销售产品的费用进行调整，计算出客观的利润及与现时市场价格一致的所有者权益。

购入资源标准成本是否准确，对整个企业会计系统的业务处理，以及拥有资源的价值和利润计算都没有任何影响。因为它通过“市场价格波动率”对现有资源和已销售产品的成本进行调整后，都变成了按现时市场价格计算的资源和已销售产品的费用，购入资源标准成本的正确性，只影响市场价格波动率。然而，只要市场价格波动率是根据现时市场价格与购入资源标准成本计算出来的，最终都能将现时拥有的资源和已销售产品的费用，调整为按现时市场价格计算出的资源价值和已销售产品的费用。尽管如此，购入资源标准成本还是尽可能接近较稳定时的价格，以免人们产生不必要的误解。

（二）生产阶段标准成本的确定

生产阶段由很多车间组成，如机加车间、锻冲压车间、焊接车间、铸造车间、热处理车间、表面处理车间、总装配车间等组成。为了反映车间的责任和效率，每个车间都要进行会计核算，企业会计系统应对每个车间的核算进行统一管理，在生产之前计算出每个车间所加工的每个零件的标准成本。其计算公式是：

每个零件的标准成本 = 原材料消耗标准成本 + 人力资源消耗标准成本 + 制造公共标准成本

1. 原材料消耗标准成本的确定

此项标准成本的确定相对其他的标准成本的确定较为简单，它是根据产品的工艺设计、

用料数量与购入该材料标准成本的乘积，即：

原材料消耗标准成本 = 产品工艺设计用料数量 × 购入该材料的标准成本

因此，生产阶段耗用材料的标准成本与供应阶段的购入标准成本相同。

2. 人力资源消耗标准成本的确定

人力资源消耗标准成本是加工标准工时与标准工资率的乘积。

（1）加工标准工时的确定。

加工标准工时的确定，既牵涉到理论问题，又牵涉到实际问题，它可根据理论计算出每个零件的加工工时。如车工加工一个零件，可根据对零件质量的要求和加工量，选择适合该质量要求的转速，进刀量和进刀速度，计算出每个零件每道工序所需时间，这是理论问题。在实际操作中，操作者对零件加工还有一个装卸问题，这与操作者技术的熟练程度，以及大脑反应速度和动作是否标准有关。有的设备要加工好几种零件，供下一道工序的操作者进行加工，这时就应考虑对每一种零件加工的批量，因为加工的零件不同，对工艺装置和设备运转要求不同，操作者要对设备进行调整，这时既要考虑操作者的效率，又要考虑整个车间的效率，选择多大的批量才是最佳批量。这些问题是会计人员解决不了的，它是由劳动工资部门的定额员制定出标准工时。

（2）标准工资率的确定。

标准工资率的确定，从理论来讲，应是以社会平均每小时工资来确定的，但就目前我国的现状看，不同的行业、不同的地区，执行的工资标准有别，只能根据具体的行业或地区确定的工资标准，计算出本企业的标准工资率。此标准工资率，也是由劳动工资部门负责工资管理的人员进行计算，提供给会计部门。

3. 制造公共标准成本的确定

制造公共标准成本的确定是一个烦琐、细致而复杂的工作，它牵涉到固定资源的折旧、低值易耗品摊销、各种辅料的消耗，如冷却液、机油、汽油的消耗的确定，车间管理人员、辅助人员的工资、办公用品等，这些不同的消耗，有不同的标准，应根据不同的消耗标准确定。

（1）“每个零件负担的标准折旧 = $\sum$ 设备台时成本 × 该零件加工的标准工时”。

设备台时成本包括设备本身的折旧和电的标准成本。设备台时成本的制定是企业会计部门的一项基础工作，特别是专门对外来料加工的企业，当企业接受对外业务签订合同时，企业会计部门应立即根据来料加工产品的工艺计算出标准成本，提出客观合理的收费标准。在一般大型机加企业，都有工具制造车间，生产专用工艺装置，会计人员就能立即根据工艺设计，计算出每一种专用工艺设置的标准成本。在按标准成本对生产经营过程进行控制时，设备台时成本更为重要。

（2）“每个零件低值易耗品标准摊销额 = $\sum$ 购入（或制造）标准成本 ×（低值易耗品 ÷ 设计产量）”。

这里的设计产量是指一件工艺装置（冲压模具、卡具、量具等）能生产或计量多少件产品后就报废了，如设计规定为 1000 件，它的生命周期到 1000 件时就应报废。如果生产 1000 件后它仍可使用，这时就节约了资源。如果只生产 800 件就报废了，实际低值易耗品的摊销额就大于标准摊销额。

（3）每个零件消耗辅料标准成本。

工艺设计只规定在加工中采用什么样的冷却液，如皂液、油液等，但未规定数量，对零件的清洗，也只规定什么零件要用汽油清洗等，因此，很难确定标准，在使用过程中，把辅料分配到班组，最后落实到个人。

（4）“每个零件分摊的车间管理人员、辅助工人的工资的标准成本 = 车间管理人员、辅助人员工资总额 ÷ 本月标准工时总额 × 零件标准工时”。

每个零件都要按工艺流程中的车间，以及每个车间又按材料、人工、公共成本分别计算标准成本，不能将三者合在一起计算标准成本，只有这样，才能将分配的资源分成材料、人工、公共成本与实际发生的材料、人工、公共成本进行对比，分别得出材料、人工、公共成本的差异，从而便于分析产生差异的原因，有利于采取有效措施，然后将每个零件的材料、人工、公共成本进行汇总，形成整个单件产品由材料、人工、公共成本组成的成本，只有这样，才便于对完工入库产成品的标准成本的计算。因此，标准成本按车间计算，便于分配资源；按材料、人工、公共成本进行计算，便于分析产生差异的原因；按产品计算，便于计算已完工入库的产成品成本，并按材料、人工、公共成本提供实际成本信息。标准成本的确定程序如下图 9－1 所示。

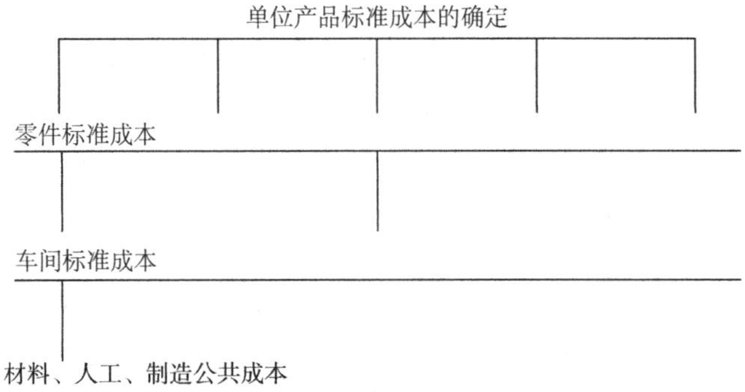

图 9－1 标准成本的确定程序

第三节 资源分配和内部单位现有占用资源处理

按生产经营过程，各阶段以及车间计算标准成本的目的，就是按内部各单位生产产品的标准成本分配资源，企业会计要素组织结构系统按分配的资源，对生产经营过程内部单位进行控制。

一、资源分配

（一）供应阶段的资源分配

供应阶段的资源分配，应满足两个条件：一是保证生产需要，做到既不积压，也不短缺；二是采购和储存成本最低。为了满足这两个条件，必须考虑如下几个问题：

1. 确定每批产品所需材料用量

在现有的《管理会计》教材中，首先是介绍“经济订货量”，根据“经济订货量”建立模型，这种理论只是单纯地考虑采购成本和储存成本最小化，而没有首先与生产需要紧密结合在一起。因此，为了指导会计人员在实际工作中的操作，做到切实可行，改变了现在的阐述程序。为了保证生产的需要，必须根据每件产品对每一种材料的需要用量和每次投入的批量确定每次所需的材料用量。如生产甲产品，每件产品需要 A 材料 10 公斤，每公斤单价 100 元，每次投入批量 200 件，此批甲产品投入的 A 材料需要量计算如下：

所需 A 材料 = 100 × 10 × 200 = 200000 元

甲产品每批需要投入的所有材料量 = $\sum$ 单位价格 × 单件用量 × 投入批量

2. 生产间隔期所需储备的材料量

当每批投入量所需材料确定后，就应考虑每一次投入的生产间隔期所需储备的材料。如甲产品每批投入间隔期为 10 天，那么供应部门必须在投入的前一天即第一次投入后的第 9 天，要有 A 材料 2 吨（10 × 200 = 2000 公斤）的储量，才能满足生产的需要。其计算公式如下：

甲产品所需全部的材料量 = $\sum$ 单件用量 × 批量

3. 材料采购提前期的计算

为了满足生产间隔期投料的需要，必须确定采购的提前期。提前期是指订单发出后到投入生产过程的全部时间，它包括供货企业的准备时间，运输在途天数，材料验收入库天数，材料整理天数。如供货企业的准备时间为 1 天，运输在途为 3 天，验收入库为 2 天，材料整理为 2 天，“提前期 = 1 + 3 + 2 + 2 = 8 天”。如上述甲产品的 A 材料，假若某月一号投入一批，间隔期为 10 天，即十一号投入第二批，那么订单可在当月一号发出。为了保证生产需要，提前期还应加入保险天数。

4. 经济订货量的确定

经济订货量的确定，主要解决采购成本和储存成本最小化问题。此问题在《管理会计》及其他著作中都有所介绍，在此不再阐述。这里应强调的是，确定经济订货量之后，不一定就按经济订货量进行采购，还要考虑生产批量用料量。如前述甲产品每批投入需要 A 材料 2 吨，如果计算出来的经济订货量为 1.5 吨，那么此经济订货量不能满足生产投入需要，在这种情况下，经济订货量对满足生产需要无意义。假如经济订货量为 2 吨或 2.5 吨，此时就能按经济订货量进行采购，所以经济订货量一定要等于或大于生产批量所需材料量。经济订货量还应考虑折扣和折让问题。

5. 确定资源分配量

根据以上阐述的四个问题，前三个问题与资源分配量直接有关。生产批量用料与生产间隔期决定了每日所需材料用量，提前期与生产间隔期紧密相关，生产间隔期决定了提前期，因此，提前期一定要与生产间隔期衔接好，如果衔接不好，要么是资金积压，要么不能满足生产的需要，使生产停工停产。经济订货量与生产批量用料量相关，在资金分配时不直接考虑经济订货量，只需考虑生产批量用料量就行。因为生产批量用料量已经包含了经济订货量。供应阶段资金分配计算如下：

供应阶段资金分配金额 = $\sum$ 购入标准成本 × 产品批量用料量 ÷ 生产间隔期 ×（提前采购天数 + 保险天数）

供应阶段资金分配金额不是以购入单价计算的，而是以购入标准成本计算。因为供应阶段购入资源是与市场相联系的，市场价格的波动，企业无法控制。因此，对供应阶段资源只能按确定的标准成本核定，采购的实际成本与标准成本产生的差异，即现在的“材料成本差异”账户由企业会计部门进行日常核算。这样，供应阶段购入资源的差异，只有购入的数量差异，而没有购入的价值差异。

6. A、B、C 分析管理

根据供应阶段资源分配金额的计算公式，应按产品所耗的全部材料进行分别计算，然后加总求得。在机械制造企业中，由于所需材料品种繁多，有的需要上千种甚至上万种材料，如果按每一种材料计算分配金额，工作量大且无必要，为了提高管理的效率，按各品种材料在产品中所占比重进行分类，对用量大、价格高的材料分为 A 类；对用量少，价格低的材料分为 C 类；在 A 类与 C 类之间的材料分为 B 类。对 A 类材料可逐一计算分配金额，然后加总，对 B 类、C 类通过加权平均计算一个总的分配金额。

7. 采购费用的核定

为了加强管理，除了对材料的储备量进行管理外，还要对采购费用进行管理。根据现行会计制度规定，哪些进入采购成本？哪些进入管理费用？对这两种费用，都要进行单独管理，一是以免二者的混淆，二是便于分析原因，把每一项控制落在实处，彻底克服形式主义。

（二）生产阶段的资金分配

生产阶段由很多的车间组成，为了分清责任和效率，对生产阶段的资源分配必须按每个车间接受的生产任务进行。对生产车间资源的分配，与生产阶段的资源分配所决定的因素相同，只是范围大小不同。资源分配的多少，取决于四方面的因素，一是车间计划年度生产产品（零件）平均每日生产标准成本支出额，如果其他条件不变，平均每日生产标准成本支出越多，则分配的资源越多；二是车间产品（零件）的生产周期即产品（零件）投入生产开始，直到制造完成转入下一阶段为止所需要的天数，如果其他条件不变，生产周期越长，则分配的资源越多；三是在制品成本系数，即在本车间各个工序上的在制品的平均成本占完工产品（零件）成本之比，如果其他条件不变，在制品成本系数越大，所分配的资源越多；四是合格率、良品率的大小。现将四个要素的计算分别阐述如下：

1. 车间计划年度生产产品平均日标准成本 = 本车间计划年度总标准成本 ÷ 年度天数（360 天）

这里应指出的是：标准总成本包括年度折旧金额。因为折旧是对固定资源的消耗，而固定资源由企业统一管理。此问题在本章后面再阐述。

2. 生产周期的决定，不同的行业，有不同的决定方法，生产自动化企业，如化工、纺织从投料到产出所需时间即为生产周期数，而机械制造企业车间所需生产周期，是由零件加工工序时间的长短所决定的，加工工序越多，每道工序加工时间越长，生产周期就越长。它的计算在标准成本的确定已阐述。因为各车间加工的零件有很多种，各零件加工的工序和所需时间各不相同，所以车间要组织好各零件上下工序的衔接，以及所有零件生产在时间上的衔接，使各零件的生产进度齐头并进，在这一前提下，才能准确地计算出生产周期，其计算公式如下：

生产周期 = 在制品每日平均结存额 ÷ 每天平均产出额

这里的每日平均结存额和每日平均产出额应是计划年度的，但计划年度不可能事先有这些信息，只能以基期的数据来计算。然而，基期各零件上下工序之间时间的衔接是否科学？将影响计划期的生产周期的计算，所以要对基期每日平均结存额和每日平均产出额所存在的问题进行分析，剔除存在的问题，根据剔除的问题，修正每日在制品平均占用额和每日平均产出额来计算计划年度的生产周期。每个零件生产上、下工序时间安排总的原则是使每一工序既不积压，也不脱节；各零件加工时间的安排，总的原则是齐头并进，做到工序多、时间长的零件与工序少、时间短的零件基本同时完成。这样生产的时间最短，占用的资源最少，这本是生产管理者的工作内容，但作为会计人员，也必须掌握这些知识，才有利于互相之间的合作。

3. 在制品成本系数。成本的形成是与时间的消逝同行的。成本不是一开始就形成了，而是随着时间的消逝逐步形成的。由于行业不同、产品不同、形成的情况不同，有的是随生产过程经营形成的，这种在制品的成本系数好确定，它的系数基本上是50%，而有的产品如纺织、机械加工，原材料基本是在开始一次性投入，其他辅料消耗随加工过程均匀发生，其计算公式如下：

在制品成本系数 = [$\sum$ 产品（零件）材料投入额 +（ $\sum$ 产品（零件）标准成本 -（ $\sum$ 产品（零件）材料投入额）× 50%] ÷ $\sum$ 产品（零件）标准成本

4. 合格率（良品率）。合格率（良品率）没有一个科学的确定标准，它只能根据本企业人员的技术水平和设备装置以及企业的决策，参考本行业已达到的良品率水平来决定。此指标由企业质量管理部门提供，其计算公式如下：

各车间资源分配 = 平均日标准成本 × 生产周期天数 × 在制品成本系数 ÷ 良品率

此计算公式不是一个单纯的资源分配，也不是一个单纯的会计问题，它是将系统的思想引入了企业会计的每一个环节。“系统思想的突出特点是强调整体性。用之于系统科学本身，就是强调对这一科学作整体的认识和把握……”[8]，资源分配也是如此。它是将标准成本、生产周期、在制品成本系数、良品率结合在一起进行整体认识和把握而计算出来的，那么在运行的执行过程中就应综合地认识和把握它们之间的关系，因为“系统科学是以系统现象、系统问题为研究对象的科学。”[9]会计虽然不是系统科学，但它是一个系统，系统理论应贯穿在整个会计理论之中，即会计整个理论应体现系统理论的思想。只有这样，会计人员在操作中才能对整个生产经营过程运动状况从它们之间的关系进行分析，找出运行中存在的真正问题。只有找准了问题所在，才能采取有效措施，使标准成本在预定的时间内得以实现。所以资源分配不是单纯地为了分清各车间的责任和效率，而是通过分清各车间的责任和效率这种形式，实现对生产过程的控制，从而保证标准成本的实现。因此，对成本的控制离不开系统的整体性思想理论，它可将会计指标和非会计指标有机地融合在一起。

（三）销售阶段的资源分配

企业会计系统对资源分配，是为了建立企业会计要素组织结构系统，使生产经营过程产品的实际成本实现标准成本的状况随时跃然在会计系统的记录之上，这样才便于分析原因，保证在过程中实现完工产品标准成本。因而企业会计系统控制的重点是生产过程。由于产品总的标准成本包括销售阶段发生的费用，所以企业会计系统也对销售阶段发生的费用进行控制。

销售是与市场相联系的，市场对企业来说，它是一个外部环境，谁也控制不了，只能预测它的发展趋势和引导社会大众的消费，根据预测作出决策和制定政策。所以销售阶段不是直观控制问题，而是决策问题。那么，企业会计系统在分配资源时，到底对销售阶段，只分配销售所发生的费用，不包括销售产品本身的成本呢？还是包括销售产品本身的成本在内？如果给销售阶段分配资源时，只分配销售过程中发生的费用，不包括销售产品本身的成本在内的话，它将产生两个问题：一是从系统理论来说，分配资源不包括销售产品本身的成本，就不会有熵的输出和负熵的引入，销售阶段也就不能形成系统；二是从哲学理论来说，事物都是相互联系、相互制约、相互促进的，决策和控制的关系也是如此，如果只分配销售阶段发生的销售费用，不包括销售产品本身的成本，企业会计系统只能控制销售过程中的费用，此控制对决策就没有制约和促进。只有在分配资源时，包括了销售产品本身的成本，此时的控制就能制约和促进决策。只有这样，才符合哲理。因此，对销售阶段的资源分配，不是对环境的控制，而是对决策和政策的控制。企业对市场发展趋势认识正确，引导社会大众消费得力，产品销售就会畅通，不会有滞留时间很长或者滞留时间很短。再者，企业制定一个什么样的销售政策来调动销售部门和销售人员的积极性，关键在于销售政策制定的正确性。

销售费用所需资源的分配，不像生产阶段，可根据标准成本进行分配，它只能根据市场情况，设置销售机构，安排销售人员。产品畅销时，销售人员较少，产品滞销时，销售人员较多，销售费用将增大。总的原则是：销售一个单位产品，给多少费用，企业会计系统根据当时的具体情况确定，其计算公式如下：

销售阶段的资源分配 = 完工产品的标准成本 × 计划完工产量 + 销售阶段费用

资源分配的目的，是将分配的资源进入企业会计系统核算，从而对供应过程的资源使用和生产过程的资源消耗进行控制。而对于销售过程资源分配的目的则不同，它是对决策和制定销售政策的控制，因为销售阶段的库存商品，对企业来说，是最终完工产品，它要负担生产过程产生的资源消耗差异，从生产过程的标准成本转化成不完全的实际成本，对于已销售的库存商品，不仅负担生产阶段资源消耗的数量差异，而且要负担购入资源的市场价格波动额。它的产出也不是像内部交易按标准成本收回，而是按市场价格进行交易，并按市场价格收回所耗资源。只有这样，才能使整个生产经营过程得到顺利循环，同时也才能使资本从物质形态上得到保全。因此，销售阶段是标准成本和实际成本的交接点，也是标准成本与实际成本的转换过程。标准成本对销售过程已失去控制意义。对销售阶段的资源分配，纯粹是从系统和哲学意义上来说的，并无对销售量的控制意义。之所以按标准成本分配资源，是因为产品实际成本在事先无法确定，只好按标准成本确定销售量，其目的只是考核企业上层领导的决策和销售政策的正确性。销售阶段的日常核算和管理，都由企业会计部门进行。

二、内部单位现有占用资源处理

企业会计系统对资源的分配，是将企业现有的资源进行分配，而现有资源是在生产经营过程各内部单位的运行中。因此，资源分配后，内部单位必须将分配时运行的资源进行盘点，供应部门按实际购买成本或计划成本和购入标准成本分别计算所占资源，生产部门只按标准成本计算占有的资源，然后做上缴业务处理，将原来以企业名义拥有的资源转入内部单位拥有。企业会计部门通过业务处理，也就将企业会计部门资源账户上记录的资源转入了内部单位。企业会计部门只保留“固定资源”、“折旧”、“待摊成本”、“递延成本”销售阶段等资源账户，企业会计部门只对资源的购进和消耗进行管理，不进行日常核算，日常核算由供应和生产过程各内部单位进行。资源分配和内部单位占有资源的业务处理，将在第十章中阐述。

按标准成本将资源在内部单位进行分配后，为什么生产阶段按标准成本而不按实际成本进行盘点上缴呢？理由如下：一是在资源分配前，企业会计部门没按各车间记录生产过程的资源消耗，也就无分车间的实际成本记录，因此车间对在制品无法按实际成本进行盘点；二是车间所设账户要与企业会计部门一致，必须要按成本的组成要素即直接材料、直接人工、制造公共成本设置账户，在盘点时，按此三个要素算出各自的盘点金额，这样有利于车间报表和企业会计部门恢复原有账户进行对接，企业会计部门按会计准则编出对外会计报表（此问题在会计报表一章中再阐述）；再者，便于各成本要素实际与标准的比较，计算出各自的差异，便于分析生产差异的原因，也便于采取措施，消除不利差异；三是通过标准成本盘点上缴，企业会计部门可计算出在制品的成本差异，但各车间不能计算出差异，对盘点的初始差异也不便于按成本的要素计算，此时，只能给人们对资源分配前的生产经营过程一个总的认识。

在此应说明一点：车间按直接材料、直接人工、制造公共成本标准进行盘点，并分别按此设立账户，但资源分配前企业会计部门只设“生产成本”、“制造费用”，未设置直接人工方面的账户，因此，企业会计部门应将车间盘点的直接材料和直接人工合并在一起做业务处理，在“生产成本”账户中反映（关于账户的设置，在第四节、第五节阐述）。

企业会计部门通过以上的业务处理，使企业的资源转化成内部单位的资源，它与资源分配一样存在重复值，也应在“资源分配重复值”账户内反映。资源分配重复值在下节阐述。

供应部门对占有资源的盘点不同于生产部门的盘点。现有会计对供应部门如采用实际成本计算的，就按实际成本和购入标准成本进行盘点；如采用计划成本进行核算的，就按计划成本和购入标准成本进行盘点。之所以采用两种计价进行盘点是为了确定盘盈、盘亏，对盘盈、盘亏处理之后，再将按购入标准成本计算出的占有资源与企业层原有资源比较，计算出原有资源的市场价格波动额。否则，盘盈、盘亏将进入市场价格波动额，影响会计资料的真实性。

第四节　企业层会计账户的设置

资源分配之后，就应使分配的资源在企业会计系统内日常核算中运行。如果分配的资源不在企业会计系统内日常核算中运行，资源分配就无多大意义。之所以进行资源分配，是为了对生产经营过程的消耗进行控制，使产品实际成本符合社会必要平均劳动的要求。那么怎样将分配的资源进入企业会计系统的日常核算中运行？根据现在企业会计要素组织结构系统，分配的资源是无法进入企业会计系统日常核算中运行的，我们必须改变现有企业会计要素组织结构系统的结构。一要增设账户；二要改变账户之间的结合。

资源分配后，使其在企业会计系统内运行，企业层应设置“核定内部单位资源”和“下拨资源”以及“资源分配重复值”、“内部资源调节调出”、“内部资源调节调入”、“应收资源调节款”、“成本差异”六个账户。

一、核定内部单位资源账户的性质和作用

“核定内部单位资源”是内部权益账户，它的性质一部分与“实收资本”、“股本”相同，只是范围不同。“实收资本”、“股本”是投资者对企业所拥有的权益。“核定内部单位资源”是企业对内部单位所拥有的权益。但有一部分是与“实收资本”和“股本”不相同的。“实收资本”和“股本”在一般情况下，投资多少不会变动，资本的使用情况不在此账户内进行反映，也就是说，此账户在一般情况下，借贷方不会发生业务，而“核定内部单位资源”账户，是在核定的资金内进行内部交易和周转的，它的借贷方随时都记录内部经济交易业务，它的余额有时在借方，有时在贷方，此余额不代表内部权益，而是实际成本与标准成本随时进行比较产生的差异，还有一个不同的点是“核定内部单位资源”账户能随时掌握内部单位在分配资源内的运行状况，而“实收资本”、“股本”账户是不能随时掌握投资的运行状况的。由于二者的不同点，“核定内部单位资源”账户除了具有权益性质外，它主要是具有管理的性质。

设置“核定内部单位资源”账户有五方面的作用：第一是使标准成本进入企业会计系统进行日常核算。因为资源分配是按标准成本和生产任务和生产速度（效率）计算出来的，并通过业务处理，进入了企业会计系统，标准成本也就自然进入了企业会计系统；第二是能随时了解实际成本在过程中达到标准成本的状况，通过借、贷双方的比较，在过程中计算出差异；第三是改变了现有企业会计要素组织结构系统的结构，通过此账户，可对内部交易进行业务处理，使企业会计要素组织结构系统，由依附生产经营过程系统转化成了依存生产经营过程系统，从而由生产经营过程系统主宰企业会计系统，转化成企业会计系统指导和服务生产经营过程系统；第四是上下两层的连接纽带，起着承上启下的作用。通过此账户的设置，把企业拥有的资源，转化成企业内部单位的权益，并使内部单位也具有生产、分配、消费和交换的关系，从而也使内部单位具有建立会计子系统的会计要素。因为有生产，就会产生费用，有交易，就会产生收入和负债；第五是它把会计理论与系统论、协同学、控制论、管理学和政治经济学提供的有关理论，融合在一起，特别是按标准成本分配的资源进入该账户，从而使政治经济学的价值理论，成为企业会计系统对生产经营过程控制的指令，将价值理论引入企业会计系统，使企业会计系统具有对生产经营过程系统控制的功能。

二、“下拨资源”账户的性质和作用

“下拨资源”账户是企业资源类账户，它将企业拥有的除“银行存款”、“现金”、“应收账款”、“固定资源”、“折旧”以外的具体物质资源账户转化而来，由具体的资源转化成综合的、抽象的资源。它纯粹起着上下层的连接作用，在日常工作中，不发生任何经济业务，除非是在内部单位分配资源有增减变动时，它才有变动，余额在借方，表示内部单位资源占有额。

三、“资源分配重复值”账户的性质与作用

由于内部单位的资源流动，都采取交易的方式进行，对生产过程内部单位的资源分配，会产生重复值。如A零件经过甲、乙、丙三个车间加工转入总装配车间，A零件在甲车间发生的标准材料（10元）、人工成本（2元）、制造公共成本（3元），形成甲车间的标准成

本 15 元，当转到乙车间时，乙车间就应按甲车间的标准成本 15 元进行购买，因此，乙车间的标准成本就包含了甲车间的标准成本，乙车间发生人工成本 2.5 元，制造公共成本 2.5 元，此时乙车间的标准成本为 20 元。完工后转入丙车间，丙车间就应按乙车间的标准成本购买，所以丙车间的标准成本又包括了乙车间的标准成本 20 元。丙车间又发生人工成本 3 元，制造公共成本 4 元，丙车间的标准成本为 27 元，如果内部单位不进行交易，丙车间的标准成本就是 A 零件的全部标准成本，即 27 元。然而，通过交易进行资源分配时，假如材料一次投入，人工成本和制造公共成本每天均匀发生，甲车间生产 A 零件分配的资源等于"10 + （2 +3） ÷2 =12.5（元）"；乙车间分配的资源等于"15 + （2.5 +2.5） ÷2 =17.5（元）"；丙车间分配的资源等于"20 + （3 +4） ÷2 =23.5（元）"；资源分配总金额等于"12.5 +17.5 +23.5 =53.5（元）"，比标准成本 27 元多了 26.5 元。这 26.5 元是由于资源分配引起的重复计算的结果，在业务处理时要消除，否则"下拨资源"账户与企业原有资源金额不相等，这里重复值是通过分配的总资源金额与最终标准总成本相比较得出的。如果我们根据甲车间转到乙车间的重复值是 12.5 元，乙车间转到丙车间的重复值是 17.5 元，两者相加，它的重复值应是 30 元，为何又只有 26.5 元？这是因为人工成本与制造公共成本只按 50% 核定资源分配，没有按 100% 核定，因此丙车间人工成本和制造公共成本也是 50% 核定资源分配，而标准成本是 100%，所以重复值 30 元应减 3.5 元，即为 26.5 元。假如工资和制造公共成本都按 100% 核定，那么重复值按分配资源的总金额（15 +20 +27） =62 元，与总标准成本 27 元比较的重复值与甲车间转到乙车间，再转到丙车间，重复值之和都为 35 元。"资源分配重复值"账户、"核定内部单位资源"账户以及"下拨资源"三个账户的关系如图 9 -2 所示。

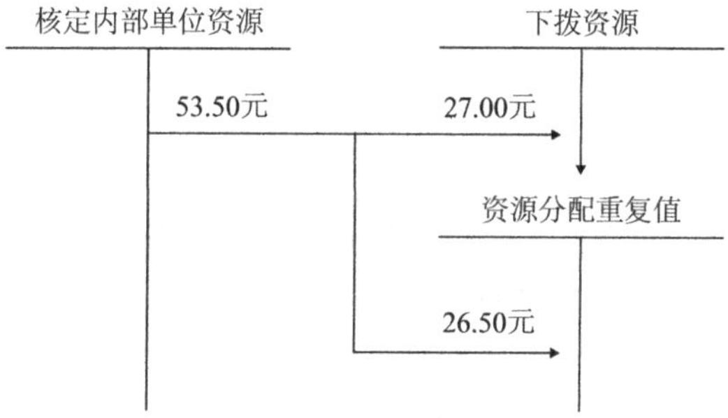

图 9 -2　三个账户的关系

生产阶段资源分配有重复值。当资源分配后，车间将原占有的资源盘点上缴，作投入处理时，照样有重复值。此重复值在"资源分配重复值"的贷方和"核定内部单位资源"账户的借方反映（这一问题将在下章"核定内部单位资源"借方内容分析中再阐述），通过这样的业务处理，该账户从理论上说，借、贷双方应平衡。它的作用就是消除分配时的重复部分。它是一个过渡性账户，资源分配结束后，不再发生任何经济业务。生产经营过程日常交易中的"重复值"随交易的业务处理进入"核定内部单位资源"账户，不对"重复值"进行单独处理。

四、"内部单位资源调节"账户

资源分配后，由于内部单位主、客观原因或者是在资源分配时，由于考虑不周到，引起资源在运行中不足或多余，企业会计部门应对资源进行调节，使各内部单位资源运行顺利进行，因此，应设置“内部单位资源调节调入”账户和“内部单位资源调节调出”账户，前者是反映内部负债类账户，后者是反映内部资源类账户。

五、“成本差异”账户

生产阶段内部单位资源运行产生的差异，月末都应结转到企业会计部门，生产过程各内部单位成本差异的代数和等于企业层“核定内部单位资源”账户借、贷双方比较产生的差异。企业层应设置“成本差异”账户，它是资源调整账户，它的作用就是将产生的差异分配到最终完工产品上，将最终完工产品的标准成本调整为实际成本。供应阶段无成本差异账户，市场价格与购入标准成本形成的差异，已在“市场价格波动额”账户内反映。

六、“应收资源调节款”账户

此账户反映内部单位从企业层会计部门调入资源，它是资源占用账户。

企业层增设账户列表如下：

企业会计层增设的账户

资源类账户：	内部权益、负债类账户：
下拨资源	核定内部单位资源
资源分配重复值	内部单位资源调节调入
内部单位资源调节调出	
应收资源调节款	
成本差异	

七、其他问题

（一）固定资源的处理问题

在生产的标准成本中，包含了固定资源的折旧，资源分配也就自然只包括折旧，不是将整个固定资源下拨给车间，而是将“固定资源”账户仍留在企业层的账户内。理由是固定资源是企业建成时所形成的，在资源分配时无法改变现有固定资源的分配现状。假如车间提出不需要某设备，企业账户层可设置“待处理固定资源”账户，该设备的折旧不计入该车间的“核定内部单位资源”账户内。还有一个重要原因是将固定资源拨入车间，折旧就应由车间提取，由于标准成本包含了折旧，而核定内部单位资源就应扣减折旧，企业会计系统对生产过程的控制，就是通过核定内部单位资源进行的，使生产过程在核定的资源进行循环，由于折旧不在“核定内部单位资源”内，而标准成本中又包含了折旧，车间之间是按标准成本交易的，这时车间收回的资源就大于核定的内部单位资源，因而给控制带来了麻烦，为了使车间在核定的资源内循环，车间必须将提取的折旧上交企业会计部门，这就给企业会计部门增加了不必要的业务处理。因此，固定资源不下拨给内部单位。

（二）低值易耗品的摊销处理问题

低值易耗品有点像固定资源，但又有不同，在现有会计对低值易耗品有逐步分期摊销和五五摊销法。按产品逐步摊销较为合理，在均衡生产的前提下，五五摊销是最合理的。因为逐步分期摊销要考虑工具的使用数量（即使用多少数量报废），虽然使用数量是根据设计确定的，但到底是一个设计数，与实际使用数量不一定完全相符，采用五五摊销就不需要考虑此问题，使产品较均衡地负担摊销成本，只是在企业开始投入生产时负担的摊销费较大。但不管采用哪种摊销方法，当内部单位领用低值易耗品时，“低值易耗品摊销”账户，不像固定资源“折旧”账户那样，由企业会计部门进行管理，而由内部单位进行管理。

第五节　企业内部单位层账户的设置和账户结构

企业会计要素组织结构系统的真正建立，不仅牵涉企业层的账户设置和账户组织，而且牵涉企业内部单位层次的账户设置和组织，企业会计要素组织结构系统要执行控制功能，必须将企业层的账户组织和内部单位层的账户组织有机结合在一起。

一、内部单位账户的设置

（一）内部单位层共同设置的账户

不管什么内部单位都要设置的账户有：“拨入资源”、“存入控制资源“、“资源调节调入”、“资源调节调出”。

“拨入资源”是权益类账户，与企业层“下拨资源”和“资源分配重复值”账户相对应，它一般无日常业务发生，余额在贷方；“存入控制资源”是资源类账户，它与企业层“核定内部单位资源”账户相对应，它反映日常业务的发生，通过借贷双方的比较，在过程中计算出本单位产生的差异。两账户的关系如图 9－3 所示。

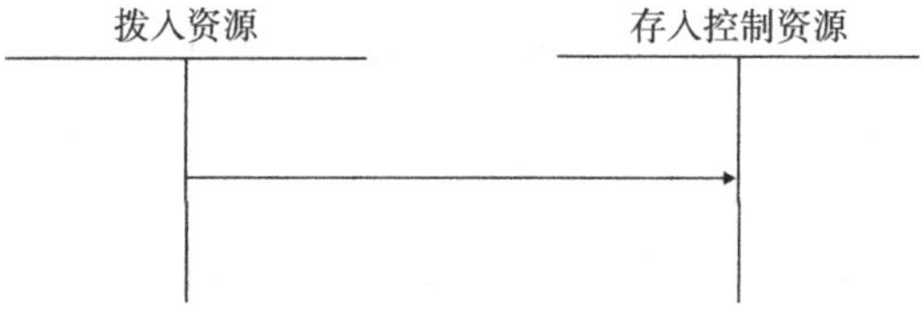

图 9－3　内部单位增设的账户关系

“资源调节调入”是负债类账户，由于主客观原因，引起内部单位资源循环困难，为了使内部单位资源流转顺畅，企业会计系统一方面分析原因，另一方面进行调节；“资源调节调出”是资源类账户。

（二）供应阶段特有的账户设置

供应阶段是为了保证生产阶段所需物资的供给，通过“拨入资源”账户，将现有会计在企业层设置的有关物资供应的账户，全部都转入供应部门。因此，它应有如下账户：“材料采购”、“原材料”、“燃料”、“包装物”、“低值易耗品”，除此之外，它还增设“采购应收款”账户。当采购物资收到发票后，一律按购入标准成本计价。在这里，没有实际成本的一席之地。因为按实际成本计价不便对生产经营过程进行控制，同时也不能将存货的价值和已销售产品的成本，按现时市场价格进行调整，不能使投资者掌握在现时市场价格下拥有的权益，也不能使费用与收入按现时市场价格进行配比计算出客观的真实利润。按实际成本计价，它是机械唯物主义的表现，这些道理前面已阐述。既然按实际成本计价已退出历史舞台，那么“在途材料”账户，同时也退出历史舞台。

供应部门有购入价格和购入数量两种差异，购入价格差异是市场价格的波动与材料购入标准成本之间产生的差异，这种差异是通过“市场价格波动额”账户反映出来的；购入数量差异，它不形成采购材料的成本，而只会增加或减少供应的储备量，从而影响对生产过程保证供应的程度。这两种差异的处理是不同的，价格差异它是通过市场价格波动率，将产生的差异直接分配到已销售产品的成本中，形成已销售产品的销售费用，使已销售产品的费用与已销售产品取得的收入都以市场价格进行配比，计算出客观的利润。采购数量差异，由于它不形成采购成本，不作业务处理，只作分析，保证储备资源的合理性。

供应阶段的会计核算，企业会计系统既可直接对供应部门，也可直接对仓库，按A、B、C分类进行核算，具体怎样做？根据各企业业务大小来确定。不管采取以什么单位进行核算，它的业务关系和处理方法相同。

（三）生产阶段特有账户设置

生产阶段是资源耗费阶段，生产单位（车间）必须在“拨入资源”内进行耗费和循环。为了反应耗费和循环，必须将现有企业层对生产阶段设置的账户转入各生产单位（车间）。因此，它应设置“生产成本”、“制造公共成本”、“人力资源投资”、“内部单位成本差异”这几个账户，都属于成本类账户，由原来企业层会计部门进行日常核算，转入内部单位（车间）进行日常核算。

这里应特别说明的是“人力资源投资”账户，现有的会计业务处理，通过对工资的分配，直接人工（生产产品的工人工资）进入了“生产成本”账户，“人力资源投资”账户在生产过程中就消失了，这种处理，没有把人力资源在生产过程中创造财富的能力突显出来，放在应有的位置上。再者，人力既是一种资源，它本身的耗费也需要控制，在制定标准成本时，人力资源与物质资源一样，是单独制定的，为了在过程中使人力资源的实际耗费与标准人力资源耗费比较并对产生差异的原因进行分析，必须将现在在“生产成本”账户的工资，分离出来，进入“人力资源投资”账户。

“人力资源投资”账户，从“资源”的角度讲，它的借方表示资源的增加，它的贷方表示资源的耗费；从投资角度讲，它的贷方表示投资的增加。只有人的能力发挥出来，它才能产生和增加财富。人力资源的耗费，也就是人的能力的发挥，只有知道能力发挥出来的大小，才能知道投资能力的大小，所以“人力资源投资”账户的贷方，无论是从资源的角度理解，还是从投资的角度理解，它的实质是相同的。它的借方是劳动者与企业管理者协商确定的投资额，投资都是以资源的形式表现出来的，既有投资，就有资源。所以，此账户的借、贷双方反映的内容，既符合资源的特点，也符合投资的特点。因此，它只有对增加财富的索取权，而没有对生产经营过程物质资源的拥有权，根据在生产经营过程中投资的多少，以奖金和分配干股实现投资后的索取权。由于人力资源投资额是劳动者和管理者双方协商确定的，就存在准确性以及投资者在生产经营过程中是否愿意将能力最大限度地发挥出来。因此，协商的投资额，不等于真正的投资额，真正的投资额表现在生产经营过程中创造财富的多少，对实际投资少的只发奖金，对投资大的只分配干股而不是实股。“人力资源投资”账户具有资源和所有者权益双重性质的账户。

生产阶段各车间的零件转移变成交易之后，就应有内部销售和内部收入，也就会产生内部利润，本应设置“内部销售”、“内部销售收入”、“内部利润”等账户，但车间的产出按标准成本分别记入“生产成本”、“人力资源投资”、“制造公共成本”三个账户的贷方，在会计要素组织结构改变后，按标准成本的产出，也是按标准成本收回，使产出和收回结合在一起同时进行，因而能使生产经营过程按分配的资源循环运行，它取代了内部销售账户。此时的产出收回，使车间“存入控制资源”账户增加，取代了“内部销售收入”账户。“内部单位成本差异”账户等于内部单位产生的利润，它不是收入与费用的比较，而是实际耗用资源量与标准资源消耗量的比较，是实实在在的财富增加（节约产生）或减少（超支产生），它取代了“内部利润”账户。因此，内部交易与外部交易是不同的，它不需要设置“内部销售”、“内部销售收入”、“内部利润”等账户。这里应指出的是：它还应设置“低值易耗品摊销”账户，此账户是一个资源类账户，不是成本账户。设置原因在第十章差异之间的关系再阐述。现将内部单位设置的账户列表如图 9－4 所示。

一、供应和生产共同设置的账户	
资源类账户	内部权益、负债类账户
存入控制资源 资源调节调出	拨入资源 资源调节调入
二、供应阶段特有账户设置	
采购应收款 材料采购 原材料 燃料 包装物 低值易耗品	
三、生产阶段特有账户设置	
生产成本 人力资源投资 制造公共成本 内部单位成本差异 低值易耗品摊销	

图 9－4 企业内部单位设置的账户

二、账户之间的组织结构

前已阐述会计要素与账户的关系，会计要素是组成企业会计要素组织结构系统的材料，而账户是组成该系统的零件，所以会计要素的组织结构是通过账户的组织结构体现出来的。对企业层和内部单位层增设账户之后，改变了现有会计系统的组织结构，首先是改变了企业会计要素子系统的组织结构，通过对产品成本按社会必要平均消耗进行资源分配，并进入企业会计系统运行核算，又通过交易把内部单位之间以及企业与内部单位联结成纵横交错的有机系统，使现在依附在生产过程系统的会计要素组织结构系统，变成了依存的组织结构系统，从而使企业会计要素组织结构系统具有层次性，上一层次（企业）执行管理的功能，下一层次（供应和生产单位）执行日常核算。随着企业会计系统组织结构的变化，企业会计人员行政系统组织结构也随之变化，上层（企业）会计人员专司会计决策、预测和管理工作，以及对外和销售阶段的业务处理，下层（内部各单位）进行具体的日常核算。在此，企业会计要素系统的组织结构变化是基础，没有此系统组织结构的变化，企业会计人员行政系统的组织结构是难以变化的，即使按层次设置了，会计人员也无法操作，因为操作是按执行系统的组织结构进行的，企业会计要素的组织结构如图 9－5 所示。

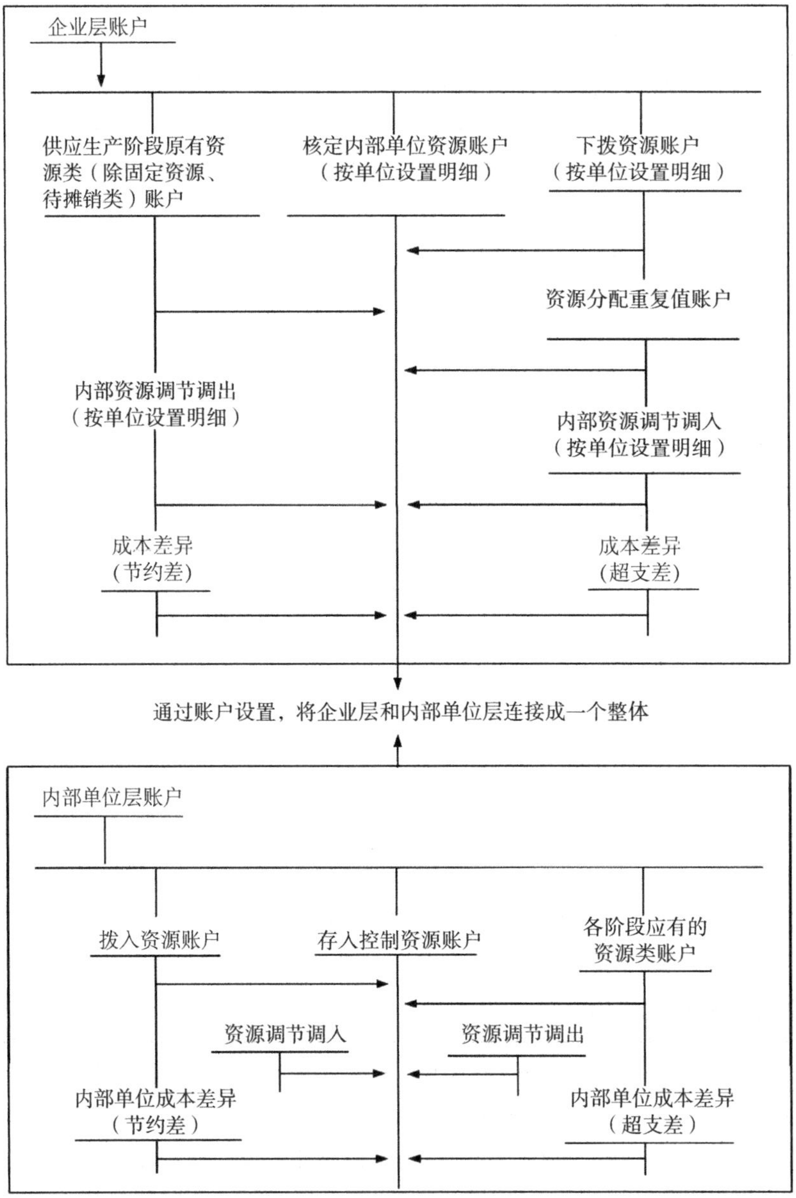

图 9－5　企业会计要素组织结构

通过企业层和内部单位层增设账户，将现有依附在生产过程系统的会计要素组织结构系统，转化成依存生产过程系统的会计要素组织结构系统，这时企业会计系统才能真正反映生产过程系统的运行。因为生产过程系统是由不同阶段或同一阶段不同内部单位组成的，这些不同阶段或同一阶段不同内部单位对生产过程系统来说，是组成生产过程系统的子系统，这些子系统是通过领发材料（供应与生产之间）和按工艺流程办理交接手续的（车间之间的零件转移），使生产过程连接成有机整体，企业对资源使用的委托和受托，也是通过领发和交接手续转移，没有明确的委托与受托之间的责任关系。只有会计要素组织结构系统从依附转化成依存后，供应和生产阶段才将企业固定资源和待摊销之外拥有的资源全部转入内部单位，使生产过程资源使用的委托和受托责任关系明显化，把企业拥有的资源转化成企业对内部的权益。内部单位在使用资源中，又形成了自己的生产过程系统，这时企业对内部单位来说，是一个外部环境，又形成了像企业与外部环境的各种关系，因而就产生了建立会计系统所具有的五个要素，从而建立内部单位的会计系统。会计要素组织结构下层子系统的建立，不仅与生产过程系统的子系统一致起来，而且使企业与内部单位形成了真正的委托和受托的责任关系，这就是会计对生产过程系统的反作用。会计要素组织结构系统的建立既依存生产过程系统，而在建立的过程中，又促使生产过程系统的完善，这就是唯物辩证法。这时企业会计要素组织结构系统才真正建立起来了。

注释：

[1]《会计理论结构》［美］A. C. 利特尔顿著，林志军，黄世忠等译，商业出版社，1989 年 8 月第 1 版第 55 页。

[2]《现代会计哲学》于玉林著，科学出版社，2002 年 4 月第 1 版第 126 页。

[3]《会计原理》［美］P. H. 沃尔金巴克、N. E. 迪特里克、E. I. 汉森合著，厦门大学会计与企业管理系译，中国财政经济出版社，1984 年 10 月第 1 版第 352 - 355 页。

[4]《管理会计概论》［美］J. H. 罗素、W. W. 胡莱歇、D. H. 泰勒著，杨振中，张柏令，龚曼君译，湖南科学技术出版社，1986 年 4 月第 1 版第 149 - 150 页。

[5]《管理会计》余绪缨编著，中国财政经济出版社，1990 年 4 月第 2 版第 303 页。

[6]《管理会计》余绪缨主编，辽宁人民出版社，1996 年第 1 版第 451 页。

[7]《管理会计》余绪缨主编，辽宁人民出版社，1996 年第 1 版第 452 - 453 页。

[8]《系统科学精要》苗东升著，中国人民大学出版社，1998 年 5 月第 1 版第 1 页。

[9]《系统科学精要》苗东升著，中国人民大学出版社，1998 年 5 月第 1 版第 4 页。

第十章

企业会计系统管理功能的体现

企业会计要素组织结构系统是功能执行系统，由于现有的企业会计要素组织结构是依附在生产经营过程系统上的，它受生产经营过程系统运行的制约，因而它不具有对生产经营过程管理的功能。我们把依附性的组织结构转化成依存（相关）性的组织结构后，企业会计要素组织结构系统就具有执行管理的功能了，从而企业会计系统也就具有了管理功能。

第一节　企业会计要素组织结构账户之间的关系和作用

要弄清楚企业会计系统管理功能的发挥，就必须要弄清楚企业会计要素组织结构账户的关系及其作用。上一章中，在设置账户时，已从整体构架上介绍了账户之间的关系，但未从具体内容上介绍，账户的作用也未从具体管理的角度阐述。

一、账户之间的关系

在第九章的账户设置中表明，依存生产经营过程系统建立的企业会计要素组织结构系统的账户，是分企业层和内部单位层两层设置的，那么这两层之间的账户具体是怎样连接的呢？

（一）企业层与内部单位层账户之间的连接

1. 企业层的资源与内部单位权益的连接。

企业层的资源要转化成内部单位的权益，企业层就应设置一个综合性的资源账户，此账户的总金额要与企业层转化成内部单位的权益金额一致。因此，企业层的“下拨资源”“资源分配重复值”与内部单位设置的“拨入资源”账户相对应。“下拨资源”和“资源分配重复值”是企业层的资源账户，“拨入资源”是内部单位的权益账户。

2. 当企业层分配资源后，企业层对已分配的资源取得了内部权益的权利，而内部单位取得已分配的资源时，就取得了资源的占有权。因此企业层“核定内部单位资源”账户与内部单位“存入控制资源”账户相对应。“核定内部单位资源”是企业层的内部权益账户，“存入控制资源”是内部单位的资源占用账户。

3. 企业层的资源账户与企业层拥有的内部权益账户的连接。

此连接已在企业层的账户设置中进行了阐述。当企业层的资源下拨给内部单位时，它要先转化成企业层对内部单位层的内部权益，说明此权益属于企业层，而企业层失去了原有资源的直接拥有权，只拥有已下拨资源的间接拥有权，也就是下拨资源转化成核定内部单位资源的拥有权益，因此，“下拨资源”账户与“核定内部单位资源”账户相对应。

4. 内部单位层资源账户与权益账户的连接。

此连接已在内部单位层账户的设置中进行了阐述。内部单位取得的资源来源于企业拥有的资源。此时企业对于内部单位是投资者，内部单位接受投资者的投资，因此，“拨入资源”相当于“实收资本”账户、“存入控制资源账户”，相当于从投资者那里取得的资源，自然两账户相对应。

5. 四种对应关系之间的关系。

以上分别将新设置的主要账户在两个层次之间的关系进行了阐述，但尚未阐述总的关系，为了很好地掌握和运用这些账户，还必须了解它们之间总的关系。它们之间总的关系如图 10－1 所示。

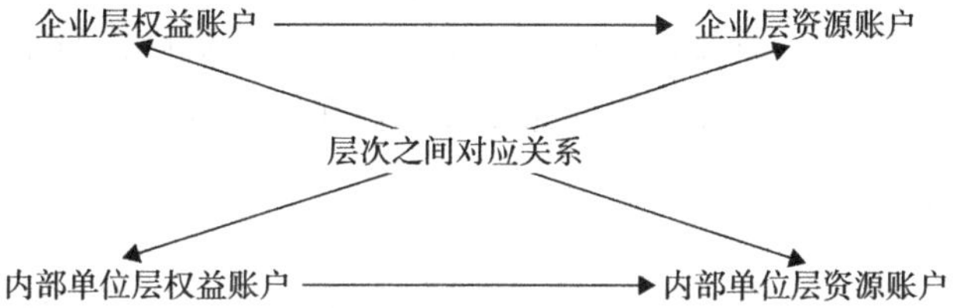

图 10－1　上、下层次账户对应关系

从图 10－1 的关系可以看出，每一层的权益账户与资源账户都是通过业务处理取得联系的，两个层次的连接不能直接通过业务处理取得联系，而是一笔业务同时在两层次的权益和资源账户进行业务处理，使企业层的权益类与内部单位层的资源类账户相连接，把企业层的权益账户转化成内部单位层的资源账户；企业层的资源账户与内部单位权益账户相连接，把企业层的资源账户转化成内部单位层的权益账户。如企业层分配给乙车间的资源为 17.5 万元，下拨资源为 2.5 万元，资源分配重复值为 15 万元，业务处理如图 10－2 所示。

企业层的业务处理：

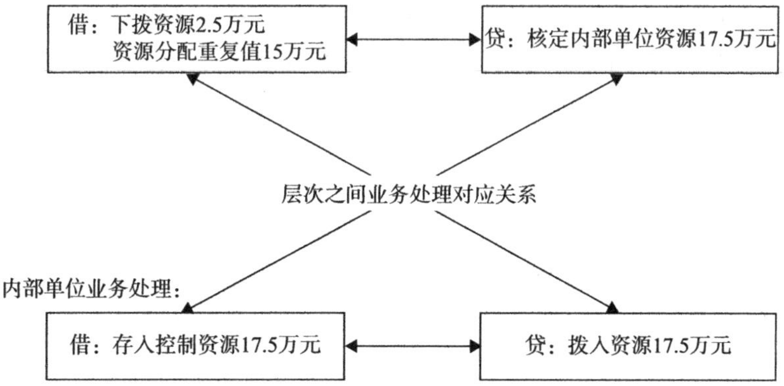

图 10－2　上、下层业务处理关系

两层同时做此分录，就把企业层分配的资源转化成内部的权益即“核定内部单位资源”，同时也转化成了内部单位层的资源占用，即“存入控制资源”；企业层的资源占用即“下拨资源”“资源分配重复值”转化成了内部单位层的权益，即“拨入资源”。

从此笔业务处理可以看出，由于账户的设置增多（零件的增加），使账户之间的结合（零件的组织结构）发生了变化，业务处理也发生了变化，原来只是从一个平面上进行业务处理，现在要从两个平面上同时对同一业务进行处理。凡是生产阶段领取资源和车间之间的资源转移，以及内部单位层和企业层之间发生经济业务，都必须经过“核定内部单位资源”和“存入控制资源”这两账户，才能将企业层的业务转化成内部单位层的业务，或内部单位层的业务转化成企业层的业务。企业层将内部单位层之间的业务连接起来了。

（二）新增账户与企业层原有账户之间的关系

企业会计系统在未进行资源分配时，供应过程和生产过程拥有的资源，都在企业层所设置的账户内进行核算，供应过程中涉及的“材料采购”“原材料”“燃料”“包装物”“低值易耗品”“材料成本差异”等账户，生产阶段的“生产成本”“辅助成本”“制造公共成本”“人力资源投资”等账户都在企业层。资源分配后，所增设的账户将原企业层供应和生产两阶段资源账户上反映的金额，全部转入内部单位层。因此，新增设的账户与企业层原有账户的关系，就是资源转移关系。资源转移的业务处理，在第二节、第三节再阐述。

二、新增账户的作用

新增账户改变了现有企业会计要素组织结构系统的结构，从而改变了企业会计人员行政组织结构系统的结构，也就改变了整个企业会计系统的结构。系统组织结构的改变，也就改变了系统的功能。它有如下作用：

（一）在企业会计系统内的作用

企业会计系统内，通过资源的分配，使内部单位层建立了与企业会计系统要素一致的子系统，进行日常的核算工作，企业层对供应阶段和生产阶段的日常业务处理，完全由内部单位层的会计系统承担，此时企业层的会计系统就能承担管理工作了，在企业高层的预测、决策下，进行会计的预测、决策工作，使会计的管理与企业的整体管理一致，并同步进行。

（二）对生产经营过程的作用

企业会计要素组织结构系统新增账户后，内部单位层建立了会计子系统，此子系统与组成生产经营过程的单位相对应，即会计子系统与组成生产经营过程的单位一致，会计子系统就能如实地记录反映内部单位生产经营运行情况；企业层通过增设账户后，改变了现有企业会计系统的组织结构，通过标准成本与产量和生产周期的关系，进行资源分配，并对资源分配进行业务处理，使分配的资源进入了企业会计系统运行，同时也将标准成本引入了企业会计系统的日常核算中，其目的是使内部单位生产过程的消耗，通过产出收回，在分配的资源内进行循环，使分配的资源成为一个周而复始不断运行的流，从而也将标准成本从事先的静态结果，转化成了动态过程，这个动态过程总成本，包括完工转出标准成本和在制品的标准成本，使事先确定的静态的标准成本转化成生产过程中的动态标准成本，只有这样，标准成本才能在企业会计系统中不断地运行。

生产过程的实际总成本，随着生产过程的不断运行，自然形成不断地投入和不断地产出，这时的实际总成本也是一个不断运行的流。它也包括完工产品和在制品的实际成本，当企业层增设账户后，使内部单位生产过程的实际总成本与标准总成本在同一账户内的借、贷双方运行，借、贷双方就能随时比较，由于借、贷双方都在不断地运行，借、贷双方的比较是一个动态比较，经比较得出的差异也是一个动态差异。既然是动态的，也就是过程中的，它就能使企业会计人员行政组织结构系统随时知道生产过程实际的资源消耗达到标准成本的状况，随时可对状况进行分析，采取措施，消除不利差异，巩固有利差异，使生产过程的实际消耗沿着标准成本或低于标准成本运行。由于这一分析随时在进行，差异分析就成为企业会计系统的日常工作内容，因而企业层会计系统对生产过程系统具有控制功能，实行对生产过程系统的资源消耗进行管理。

第二节　企业会计系统对生产阶段控制功能的发挥

企业会计系统控制功能的发挥，除了改变企业会计系统的组织结构外，还必须创造满足控制的其他要素。

一、控制的其他要素

根据控制论系统理论，若要控制，必须有控制指令、传递线路、前馈设置和实际的输入以及管理业务处理程序。前面所阐述的资源分配，只解决控制指令问题，把生产过程的消耗控制在分配的资源之内。增设账户，只是改变系统的组织结构，根据前面的论述，组织结构只解决控制指令的传递。那么前馈、反馈以及实际的输入又怎样体现出来？没有实际输入，就没有标准成本与实际的比较，不会产生差异；没有前馈，就不会知道运行过程中的差异，从而不会在运行过程中分析差异产生的原因，也就不可能巩固有利差异，消除不利差异，在会计期内保证标准成本实现。因此事先要确定一个投入资源指标，前馈是将运行中的输出（产出）回输到控制指令，它的输出（产出）按什么价值计算呢？生产经营过程经济业务发生的审批应不应该经过企业会计部门，这些问题都要一一解决，才能做到控制。

（一）投入资源指标的确定

1. 生产阶段各车间投入资源指标计算方法

各车间的投入量指标与单位产品标准成本，会计期间投入产量以及合格品数量相关，计算公式如下：

投入资源指标 = 单位产品（成套零件）标准成本 × 会计期间投入产量 ÷ 良品率

2. 投入资源指标与实际投入的关系

投入资源指标是一个概念上的数额，它不是实际投入，而是指在会计期为实现规定的生产任务，允许生产单位最大总的资源消耗量的限定。因此，它是对生产经营过程系统资源消耗投入的一种控制，当生产过程内部单位进行交易时，投入资源指标就逐步转化成实际投入，这种实际投入就可与规定（标准）产出相比较。

投入资源指标与资源分配不是一个概念。资源分配是按规定（标准）产出计算出来的，它是一种产出控制，资源分配直接进入企业会计系统进行核算；而投入资源指标是不能直接进入企业会计系统核算的，它必须转化成实际投入后才能进入企业会计系统进行核算。

（二）内部结转价值

这里所讲的内部结转价值，不是管理会计中大集团公司（全国型、国际型）各分公司、工厂产品之间的转移价格，而是指工厂内部供应部门与生产车间、上道工序车间的零件转入下道工序车间的零件，按什么价值进行结算？是将产品按市场价格计算出来所取得的利润分配到各车间所承担的零件上，是按市场价格进行结算，还是按标准成本进行结算呢？有的企业为了加强管理，调动职工的积极性，曾采取按市场价格进行结算，此做法存在如下几个问题：一是车间计算的利润与工厂计算的利润在时间上不同步，车间计算出了利润，但工厂并未将最终完工产品出售；二是车间利润的总和不一定就是工厂实现的利润；三是不符合控制论系统理论，控制论系统理论要求按控制指令输出，只有按控制指令输出的产品，才是合乎标准的产品。企业会计系统的控制是以分配的资源作为控制指令的，它是以标准成本和规定的生产周期以及工作质量标准（良品率）计算出来的，所以它的输出一定是标准成本和规定的生产周期以及工作质量决定的，因此，内部单位的结转价值一定是标准成本，而不是包括市场价格中的利润在内的价格作为结转价值。只有这样，才便于与实际投入进行比较，产生确切的差异。

（三）前馈

企业会计系统虽然是一个虚拟人工系统，但它要实现控制的功能，也应像人工实体控制系统一样，在对供应和生产过程的反映中必须有前馈设置。前馈设置，实际上是企业会计系统的组织结构问题。如果企业会计系统没有前馈这一组织结构设置，绝不会将供应、生产过程中的状况回输到控制指令里。但不是组织结构单方面完成的，企业会计系统的前馈是通过组织结构和业务处理共同完成的。如甲车间将完工的 A 零件转入乙车间，甲车间完工 A 零件单位标准成本 15 元，数量为 1000 件，金额为 15000 元，甲车间的业务处理是：

借：存入控制资源　　　　15000 元

　　贷：生产成本、人力资源投资、制造公共成本　　　　15000 元

（根据成本项目确定的标准成本转出，不能综合转出），同时企业层进行业务处理是：

借：核定内部单位资源——乙车间　　　　15000 元

　　贷：核定内部单位资源——甲车间　　　　15000 元

这时甲车间就将在过程中完工的标准成本反馈到了输入控制指令里，就可与此账户的借方比较，得出甲车间的差异。因为是过程中的一种反馈，所以是前馈。企业会计系统的前馈与人工实体控制系统的前馈也是有区别的。人工实体控制系统的前馈是直接将实际状况反馈到控制系统的输入端，由系统将实际状况与控制指令进行比较，得出差异，并自动调节，使最终输出与控制指令一致。而企业会计系统对生产过程的控制却不同，它不能像人工实体系统那样，使每一个完工产品的实际消耗都与标准成本一致，这是生产过程系统的特点所决定的，生产过程系统是不断地产出，不断地投入，完工产品和在过程中加工产品的消耗交织在一起，不可能等到一个产品完工后，再投入第二个产品。因此，企业会计系统也不可能按标准成本对每一件产品进行计量。这也是为什么标准成本不能直接作为控制指令的原因。标准成本一定要与批量、生产周期以及工作质量相结合，按标准成本生产量、生产周期以及工作质量计算出所需资源，把分配的资源作为控制指令，使会计期间生产的产品所消耗的资源与标准成本基本一致或低于标准成本，不得高于标准成本，企业会计系统为了做到此点，它必须假设在会计期内随时产出（完工）的产品所消耗的资源都是标准成本，按标准成本收回所耗资源，使内部企业会计系统在分配的资源内进行运行。企业会计系统只能按会计期对成本进行控制，将会计期内连续不断地产出，按标准成本回输到系统的输入端。因此，它的回输（前馈）的程序与人工实体控制系统是相反的。

（四）管理业务处理程序是会计控制最重要的前提

企业会计系统要履行管理的职能，对生产过程资源的消耗进行控制，必须改变现有管理业务处理程序。所谓管理业务处理程序，就是内部交易的处理步骤。现有会计理论对企业资源在生产过程的流动，不存在内部交易这一说法。当资源从供应储备阶段流入生产阶段时，一般辅料是领料单，由使用单位填写，经使用单位领导签字和供应单位领导签字后，由保管员发放，事后由保管员将会计部门做账务处理联交到会计部门；主要材料是投料单，根据产品工艺流程规定和生产计划进行投料，交接人相互签字后，此投料成立，会计账务处理联像辅料领料单一样，由投料单位事后交到会计部门，会计部门只有对领发料的业务处理权，没有对领发料的管理权。在生产过程中，车间之间的零件按工艺流程规定转移，是通过零件交接单完成的，需通过两个车间计划调度员或车间零件收发员签字认可。完工车间将一联交到生产管理部门的作业台账员进行零件流转登记。零件在生产过程的流转没有会计处理联。只有产品最终完工入库后，会计部门才收到一份产品验收入库单，会计部门不仅对零件的流转没有管理权，而且没有业务处理权；供应部门进行采购时，会计部门只有对采购的付款权和验收入库后的业务处理权，没有管理权，所以称这种业务处理程序为报账型会计。会计部门只是碌碌无为地做一些事后的业务处理和计算工作，不能通过加强管理产生效益，导致会计工作不受人们的重视。如果不改变现有管理业务的处理程序，不管会计理论如何符合科学发展规律，也不管企业会计系统组织结构如何合理，企业会计系统绝不会具有切实可行的控制功能，不把会计对管理业务处理放在合理的步骤之内，企业会计系统永远都是处在一个报账型地位，用多少，会计记多少，自然也就算多少。这种局面不能再维持下去了，必须改变现有管理业务处理程序。既然企业会计系统根据内部单位承担的生产任务以及产品设计和工艺设计计算出了所需资源，并按所需资源进行了资源分配，内部单位就必须在分配的资源内运行。所以企业会计人员行政组织结构系统就要把好这个关，资源在生产过程的内部单位运行时，单位之间一律作交易处理，资源使用单位需从供应部门领取资源时，先由经办人员填写申请单，由该单位领导签字后，到企业会计部门负责资源控制的会计人员处核实批准，做业务处理并录入计算机系统，然后到资源管理部门领取。车间之间的零件转移，由交接双方负责资源控制的会计人员在企业会计部门办理交接手续，并查阅转入车间是否有足够的资源进行本次交易。如没有，转入单位立即提出内部资源调节申请，经批准后取得了资金来源，双方的交易才成立。负责控制的会计人员将资金调节和交易做业务处理并录入计算机系统。供应部门进行采购所需款项，采购前必须向企业会计部门提出申请，企业会计部门负责资源控制的会计人员核实批准后，才能采购。若供应部门总投入资金已用完，应分析原因后提出申请，经企业上层领导批准，企业会计部门负责资源控制的会计人员认可后，并在内部单位进行资源调节，才能采购。管理业务只有采取这样的处理程序，将现在的资源领取或按工艺流程转移，一律变为内部交易，并先经过企业会计部门审核同意，此内部交易才成立。企业会计要素组织结构系统才能将控制的功能发挥出来，企业会计人员行政组织结构系统才能按会计要素组织结构系统进行操作，实现对生产过程的控制。

管理业务处理程序的改变，引起审批程序的变化，从而引起原始凭证的格式发生变化，为使操作者进一步理解管理业务处理程序，现将主要原始凭证格式列举如下。

原始凭证1　结算代领料单（见表10－1）

处理程序如下：①由领料单位的材料员填写“领料部门”“用途”“指标名称”“材料名称”“规格”“单位”“数量”；②经领用单位的会计核算员对消耗指标审核并查阅是否有

存入资源后签字；③由领料单位负责人签字；④供应单位的负责人或计划人员审核消耗指标并签字；⑤供应部门计划员或保管员填写标准价格、计算金额；⑥会计部门控制人员审查投入指标和核定资源，无误签字；⑦保管员签字，领用单位材料员签字后，领取材料。

结算单一式三联，库房一联，领料单位一联，会计部门控制人员一联。控制人员对每天的结算单进行汇总计算。

有的单位对产品生产的主要材料，采用投料单，投料单也可和结算单结合使用。

表 10－1　　××厂内部结算单（代领料单）

年　　月　　日

领料部门：

领料单位：		审核批准单位：				
用途：		指标名称：				
材料名称	存放库别	规格	单位	数量	标准价格	金额
大写						

审批负责人：　　供应部门负责人：　　领用单位负责人：

领用单位核算员：　　企业会计部门：　　仓库保管员：

原始凭证2　结算单代投料单（见表 10－2）

表 10－2　　××厂内部结算单（代投料单）

年　　月　　日

投料部门：　　计划数量：

收料单位：		投料依据：				
工作令号 或产品名称：		指标名称：				
材料名称	存放库	规格	单位	数量	标准价格	金额
化学成分	物理性能	炉号				
大写：						

审批负责人：　　投料员：　　收料单位会计：

企业会计人员：　　仓库保管员：　　收料单位零件收发员：

处理程序：

①投料单的投料员填写："投料部门"、"计划数量"（根据当月作业计划填写）、"收料单位"、"工作令号或产品名称"、"存放库"、"规格"、"单位"、"数量"、"标准价格"、

“金额”、“化学成分”、“物理性能”、“炉号”。②送收料单位签字，收料单位会计核算员审核有无存入控制资源，如符合作业计划，生产需要，并有存入控制资源，可签字，如不符合生产作业计划，生产又不需要，车间可拒收；如符合作业计划，生产正常而不需要，应调整生产作业计划；如符合生产作业计划，生产需要，没有存入控制资源，应调节资源。③开票员或收料单位核算员送交企业会计部门控制人员审批，既有投入指标，又有核定资源才能签字。④送料员送料，收料单位的收发员签字。此单一式四联，一联仓库保管员，一联送企业会计部门作账务处理，一联收料单位核算员，一联送生产管理部门登记产品零件流转台账。

原始凭证3　结算单代产成品转移单或入库单（见表10－3）

表10－3　　××厂内部结算单（代产品转移单或入库单）

年　　月　　日

完工单位：

接受单位：

产品代号	名称	数量	标准价格	金额

金额大写：

检验负责人：　　完工单位产品收发员：　　接收单位会计人员：

企业会计审批：　　接收单位产品收发员：

企业的生产过程，是由很多小的阶段组成的，由于每个阶段的加工手段不同，就分成了不同的环节，形成不同的单位，每个单位加工完之后，都要向下一个阶段转移或交半成品库房，转移时就需要办理结算手续。

处理程序：

①完工零件经检验人员检验合格以后填写“产品代号”、“名称”、“数量”栏，并签字交完工单位产品收发员；②完工单位收发员清点无误后签字；③交完工单位核算员填写“标准价格”、“金额”、“金额大写”栏；④完工单位产品收发员移交接收单位产品收发员，清点无误后，接收单位产品收发员签字；⑤由完工单位核算员通知接收单位核算员共同到企业会计部门办理交易手续；⑥企业会计部门控制人员查阅接受单位的投入指标和核定资源，如无核定资源，经批准调节后，双方交易才成立。此结算单一式四联，一联交完工单位，一联交接收单位，一联交企业会计部门，最后一联交生产管理部门登记产品零件流转台账。转出单位的会计人员要按每个零件的“生产成本”、“人力资源投资”、“制造公共成本”计算出转出产品的标准成本，并将此成本计算单附在结算单后面。

原始凭证4　结算单代付款单（见表10－4）

车间领发工资及有些急需用的零星用品，先由单位或个人垫付购买，财会部门需要付款同时也需控制，因此也是要办理结算手续的。

表 10 -4　　××厂内部结算单（代付款单）

年　月　日

付款内容：	
收款单位：	审批单位：
付款金额（大写）：　　　　小写：	
备注：	

收款单位领导：　　　　收款单位核算员：

企业会计部门会计：　　　　审批负责人：

处理程序：

①由经办人员（零星报销）或内部单位企业核算员（领取工资）填写“付款内容”“付款金额”栏，交本单位领导签字，核算员签字；②企业会计控制人员审核投入指标和核定控制资源后签批；③企业会计部门财务会计或工资核算会计签发支票或现金。此单一式二份，财会部门一份，领款单位一份。

原始凭证5　结算单代劳务成本单（见表10 -5）

在生产过程中，各单位之间必须要发生一些劳务成本，特别是辅助生产部门对各车间部门的供电、供水、供气、风以及修理和运输等，都需要结算，并且对这些成本也需要控制。

表 10 -5　　××厂内部结算单（代劳务费用单）

年　月　日

收款单位：		付款单位：	
收款内容：	数量	标准价格	金额
审批单位：		备注	

收款单位计量员：　　　　收款单位会计核算员：

付款单位会计核算员：　　企业会计人员：　　审批人：

处理程序：

①劳务供应单位的计量人员填写“收款单位”“付款单位”“收款内容”“数量”；②劳务供应单位会计核算员填写“标准价格”“金额”；③劳务供应单位核算员通知使用单位会计核算员落实使用数量，并签字；④共同到企业会计部门办理结账手续。此结算单一式三份，劳务供应部门一份，使用部门一份，企业会计部门一份。

原始凭证6　结算单代汇款申请单（见表10 -6）

材料供应部门的采购、工具易耗品的采购、设备仪器仪表的采购、技术资料的采购、外协加工费、办公用品的采购、医药的采购等一切需要对外购物和付款的单位，都用此结算单。

表 10－6　　　　**××厂内部结算单（代汇款申请单）**

年　　月　　日

申请单位：				审批单位：			
申请依据（填写合同号）							
用　途		数　量		现时市场价格		金　额	
大写：							
汇入单位：				银行：		账号：	

审批人：　　申请单位负责人：　　经办人：　　企业会计部门：

此结算单基本上是各管理部门使用，车间一般不使用。外协加工也是由生产管理部门的外协计划调度员办理的。处理程序是：申请汇款单位填写“审批单位”以外的栏目，经本单位负责人签字后，送企业会计部门签批，审查采购或成本指标和核定资源，对已订货的托收业务，应查对合同，无误后签字。此单一式三份，一份给申请单位，一份留企业会计部门对外汇款依据，并作账务处理，一份存根。

原始凭证 7　成本差异结转单（见表 10－7）

表 10－7　　　　**成本差异结转单**

年　　月　　日

差异结转单位：							
成本差异金额	金　　额						
	十	万	百	十	元	角	分
金额大写：							

企业会计部门：　　　　内部单位会计员：

内部单位日常核算中产生的成本差异，只供分析差异产生的原因使用，不进行结转，会计期末各内部单位与企业会计部门才结转差异，并分配到最终产品。因为日常核算中产生的差异，是一个随时变化的动态差异，到会计期末，动态差异转化成相对静态的差异，此时才能对成本差异进行结转和分配的业务处理。

会计从报账型变为管理型，具有对生产经营过程系统的控制功能，首先应有控制功能的组织结构，如果没有控制功能的组织结构，只改变管理业务的处理程序，企业会计系统绝不会有管理的控制功能，并且会把改变的管理业务处理程序视为管、卡、压，因为企业会计系统无法控制生产经营过程系统，也就无法指导生产过程系统怎样去提高效率，使消耗达到社会必要平均水平。因此，企业会计要素组织结构的变化，是从报账型会计转变成管理型会计的内因。然而，只有内因，没有与内因相适应的外因，企业会计系统也无法实现对生产经营过程系统的控制功能，正如一个受精的鸡蛋，没有在一定的温度下，绝不可能孵化出小鸡。所以管理业务程序是企业会计系统实现对生产经营过程系统控制的外因。内、外因的紧密结合，企业会计系统才能实现控制功能。

二、"核定内部单位资源"账户的借方、贷方，以及借、贷双方比较形成的差异

"核定内部单位资源"账户的性质和作用已在第九章进行了阐述。但此账户为什么具有管理的性质，并未进行分析。在此，必须剖析借方、贷方以及借、贷双方比较后产生的效果。

（一）借方

弄清楚"核定内部单位资源"账户的借方，应从三方面分析：一是反映的内容；二是它与内部单位会计核算的关系；三是它的作用。

1. 借方反映的内容

借方反映四个内容：第一个内容是企业会计部门对内部单位资源的使用，采取控制进行资源分配，并按分配的资源下拨做业务处理后，内部单位必须将资源分配前占有的资源进行盘点，从账户上做上缴业务处理。因为企业层所分配给内部单位的资源，只是存在企业层的资源账户上，这些资源的物质形态都具体存在于企业内部单位，如企业层的"材料采购""原材料""燃料""包装物""低值易耗品"账户，它的物质形态都在供应部门，当供应部门将原有的资源从账面上做上缴业务处理后，供应部门就取得了实有资源，此时企业层也应将原供应部门占用而记录在企业层账户上的资源进行业务处理，形成供应部门拥有的资源，此资源将退出企业层的资源账户，即企业层的资源账户为零。生产阶段同样如此，它的第二个内容就是记录生产经营过程实际投入量。由于生产经营过程不同阶段有其特点，投入形式表现不同，供应阶段就是会计期内按购入标准成本采购总量，生产阶段就是在会计期内按标准成本计价的实际总消耗，包括完工产品和在制品的所有实际消耗量按购入标准成本计算的实际总成本。第三个内容是内部单位资源调出和调入的归还。当本单位将暂时循环多余的资源调给其他内部单位和从其他的内部单位调入归还时，等于本单位增加的投入，应记入"核定内部单位资源"账户的借方。第四个内容是月末结转节约差异。这四个内容的实质就是记录会计期内生产经营过程不同阶段实际总投入和节约差异。

2. 借方与内部单位会计核算的关系

（1）内部单位将资源分配前所占资源盘点上缴，企业层会计核算与内部单位层的会计核算业务处理的关系。

对生产阶段实际占有资源盘点进行业务处理，要解决好四个问题：一是盘盈盘亏的处理。从理论上说是很简单的问题，将占用资源按实际成本计价所得金额与账户金额比较，差额就是盘盈或盘亏数，这里的关键是资源分配前企业会计部门并未按各车间的消耗记录，因此就无账面金额，对在制品无法计算盘点的盈亏。盘点就有盈、亏，这只是从理论上讲，由于生产过程中都有零件流程卡，上、下工序都有交接并签字确认，一般都无盈、亏，即使有盈亏，数量也很小。二是占用资源的差异处理。车间将资源分配前所占资源，上缴做业务处理时，无法计算差异，道理已在第九章阐述。三是在制品盘点按标准成本计价，并将直接材料成本与直接人工成本、制造公共成本分别计算。四是重复值的处理。按标准成本分配企业层账户有重复值问题，按标准成本盘点上缴企业层账户也有重复值问题，它在"资源分配重复值"账户的贷方进行反映，在盘点时必须将上道车间转入的重复值与直接投入本车间的材料、人力资源、辅料工具等分别计算。"资源分配重复值"账户和企业层原"生产成

本”、“人力资源投资”、“制造公共成本”账户与“核定内部单位资源”账户的关系如图10－3所示。

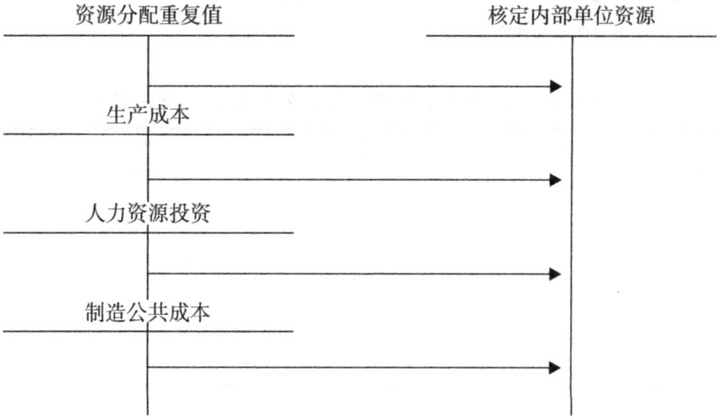

图10－3　企业资源转入内部单位资源业务处理

生产阶段各车间的盘点金额，不一定正好等于资源分配金额，可能有的车间盘点金额大于分配的资源，有的少于分配的资源。这里又产生了两个问题需要处理：一是多占用资源和资源占用不足怎样处理；二是多占用或少占用的资源重复值怎样处理。对这两个问题的解决方法是：在盘点上缴按实际标准成本金额和实际重复值进行业务处理时，多占用或少占用资源不作业务处理，多占用资源通过产出收回自动解决，少占用资源通过投入自动解决。盘点中的重复值，对具体每个车间来说，与资源分配中的重复值比较，会有多有少，但从整体来说，盘点的重复值应与资源分配的重复值一致，借、贷双方应当是平衡的。它的业务处理如下：

企业层的业务处理：

借：核定内部单位资源——××车间
　　贷：生产成本
　　　　人力资源投资
　　　　制造公共成本
　　　　资源分配重复值
　　（按标准成本计算盘点金额）

内部单位层（各车间）的业务处理：

车间在资源分配时原来占用的资源，通过上缴做业务处理后，变成了车间拥有的资源，车间层的资源账户同样有重复值，企业层通过设置账户，消除了重复值，车间又怎样消除重复值？它是通过账户结构设计消除的。“生产成本”、“人力资源投资”、“制造公共成本”账户的期初余额借、贷两方以及期末余额下都要设置三栏：一栏“重复值”、一栏“投入”、一栏“合计”。重复值是指上道工序（车间）转入下道工序（车间）的成本，投入是指本道工序（车间）追加的成本。如机加车间转入焊接车间，机加车间的成本记入焊接车间的“重复值”栏中，焊接车间增加的成本，记入“投入”栏中。当此组件转入总装配时，焊接车间的成本账户的贷方也要按“重复值”和“转出”两栏分别记录，“转出”是指追加成本的转出，它的期初、期末余额也是如此。通过这样的账户结构记录，到会计期末，车间层会计系统按账户结构的记录，编制内部报表。企业层会计系统将内部报表的“投入”、“转出”栏分别相加，计算出企业层“生产成本”、“人力资源投资”、“制造公共成本”的期初余额、本会计期发生额、期末余额，恢复原来账户面貌。

车间的账户结构如表 10－8 所示。

表 10－8　　生产成本、人力资源投资、制造公共成本的账户结构

月	日	摘要	期初余额			借方发生额			贷方发生额			期末余额		
			重复值	投入	合计	重复值	投入	合计	重复值	转出	合计	重复值	投入	合计
		总计												

借：生产成本——重复值

　　　　　　——投入

　　人力资源投资——重复值

　　　　　　　　——投入

　　制造公共成本——重复值

　　　　　　　　——投入

　　贷：存入控制资源

通过企业层与各车间的业务处理，将生产阶段账户的资源转入各车间占有的资源，对成本进行日常核算。

（2）生产单位使用分配的资源时，企业层会计核算与内部生产单位层会计核算业务处理的关系。资源分配后，当生产单位发生资源消耗时，企业层和内部生产单位层同时进行业务处理，企业层总的实际投入，形成了内部生产单位对分配资源的消耗。它的业务处理如下：

企业层的业务处理：

借：核定内部单位资源——资源使用车间

　　贷：核定内部单位资源——供应部门或资源产出车间

　　或：银行存款（发工资）

内部单位层（各车间）的业务处理：

①资源使用车间

借：生产成本（直接材料）——重复值

　　　　　　　　　　　——投入

　　人力资源投资（直接人工）——重复值

　　　　　　　　　　　　　——投入

　　制造公共成本——重复值

　　　　　　　　——投入

　　贷：存入控制资源

②资源产出车间

借：存入控制资源

　　贷：生产成本（直接材料）——重复值

　　　　　　　　　　　　　　——转出

　　　　人力资源投资（直接人工）——重复值

　　　　　　　　　　　　　　　　——转出

　　　　制造公共成本——重复值

　　　　　　　　　　　——转出

车间会计系统使用分配的资源时，也有重复值，它又怎样消除重复值？从上面的业务处理可以看出：企业层的业务处理是使“核定内部单位资源”借、贷双方以同一数字记录，即借、贷双方同增相同数额，双方比较产生的数额不变。因此，它是通过借、贷双方同增同一数额来消除重复值的，而车间层会计系统则是通过账户结构来消除重复值的。

3. 借方反映内容的作用

第一，从总的实际投入控制内部单位的消耗，内部单位对资源的实际消耗，不是随意投入的，而只能在核定的总额里面进行投入；第二，将企业层的日常核算转到内部单位进行，使企业会计系统和内部单位的会计系统能随时了解本内部单位生产过程的消耗情况；第三，只能与贷方直接相比较产生的差异，并为产生差异分析原因创造条件。

（二）贷方

对贷方的分析，也是从贷方反映的内容、贷方与内部单位会计核算的关系、贷方的作用，三方面进行分析。

1. 贷方反映的内容

该账户贷方反映的内容与该账户的名称一致，它反映四个方面的内容：第一个方面，记录生产经营过程各阶段的内部单位分配的资源；第二个方面，记录内部单位按标准成本收回的产出；第三个方面，资源调节调入和调出的收回。资源调节调入和调出的收回，都相当于增加了资源分配，应计入“核定内部单位资源”的贷方；第四个方面，月末结转超支差异。这四个内容的实质就是会计期内标准总成本，这个总成本包括会计期内的在制品的标准成本和产出（完工产品）标准成本以及超支差异。

在此应说明的是：生产阶段“核定内部单位资源”账户借、贷双方都有四个内容，其中包括内部资源的调入和调出以及归还和收回。为什么借方是实际总成本，贷方是标准总成本呢？这是因为，在会计期末对调入的资源，内部单位要归还，对调出的资源要收回，这时使“核定内部单位资源”账户借、贷双方同时增加了一个等量数额，不影响借、贷双方实际总成本和标准总成本的比较结果，只是实际总成本和标准总成本中都增加了一个等量金额。

2. 贷方与内部单位会计核算的关系

（1）企业层将分配的资源拨入各内部单位。

当核定资源后，企业会计部门将核定的资源拨入内部单位，形成内部单位运行的自有资源，企业层和内部单位层同时做此业务处理。

企业层的业务处理：

借：下拨资源

资源分配重复值

贷：核定内部单位资源

内部单位层（各生产车间）的业务处理：

借：存入控制资源

贷：拨入资源

(2) 内部单位产出企业层会计核算与内部单位层会计核算业务处理的关系。

内部单位产出，企业层会计核算与内部产出单位会计核算，同时进行业务处理。

企业层的业务处理：

借：核定内部单位资源——使用车间

贷：核定内部单位资源——产出车间

内部单位层（各车间）的业务处理：

借：存入控制资源

贷：生产成本——重复值

——转出

人力资源投资——重复值

——转出

制造公共成本——重复值

——转出

3. 贷方反映内容的作用

贷方与借方一样，它有三个作用：第一是把企业拥有的资源转化成车间的权益；第二是按核定的资源消耗，并在此资源内进行循环；第三是“核定内部单位资源”借、贷双方比较产生资源消耗的数量差异。

(三) 借、贷双方比较形成的差异

现有会计理论对账户借、贷双方的比较所产生的数额叫余额，资源账户借、贷比较产生的余额，表示现时此时点企业所拥有的资源；权益账户借、贷比较产生的余额，表示现时此时点所有者拥有的权益；负债类账户借、贷比较产生的余额，表示现时此时点企业所承担的负债；费用与收入比较账户产生的余额，表示在会计期间产生的利润或亏损。

“核定内部单位资源——生产车间”账户会计期末借、贷双方的比较产生的不是余额，而是差异，是生产产品消耗资源的数量差异。

为什么此账户借、贷的比较是实际数量与标准数量产生的差异，而不是余额呢？因为在分配资源时，既考虑了生产周期，又考虑了产量和批量。因此，资源分配既包括了在制品所需资源，又包括了生产周期内完工产品所需资源。只要实际生产过程按标准资源消耗量和规定的生产周期产出，就能顺利地不断循环下去，实际投入与产出平衡，此时无差异。若实际过程不是按标准资源量消耗和规定的生产周期产出，此时就会产生差异。

生产周期的实质也是资源消耗，它是对生产效率即人力资源消耗的一定规定，生产效率高，会缩短生产周期，从而节约活的劳动力和固定资源的消耗。此种差异，是成本差异，它是实际消耗量按购入标准成本计算的实际成本与标准消耗量按购入标准成本计算的标准成本相比较产生的差异，这种差异是消除了市场价格波动，完全由消耗资源数量引起的，通过分析原因，在生产过程中，是完全可以消除的，从而达到对成本的控制目的。

还应指出的是："核定内部单位资源"账户借贷双方的比较，是借贷双方都包含了等量"重复值"的比较，不是纯粹的实际总成本和纯粹的标准总成本的比较。但借贷双方包含的"重复值"相等，不影响比较产生的差异，此点从生产阶段内部单位之间交易的业务处理可以一目了然地得知。

三、生产阶段成本差异分析

要对成本差异进行分析，首先要确定成本差异的数量。由于企业会计要素组织结构的变化，使企业会计系统形成了不同的层次，各层次的差异是怎样确定的？它们之间的关系又是怎样的？

（一）成本差异的确定

1. 企业层成本差异的确定

企业层成本差异的确定，从理论上来说，就是核定内部单位资源借、贷双方比较的结果。因为贷方是按标准成本和确定的标准生产周期，以及在制品系数和确定的良品率计算出的所需资源量，不断地产出收回进行循环，因此贷方的累计发生额包括在制品和完工产品标准总成本，它的借方是实际投入的包括在制品和完工产品实际总成本，双方的比较自然是差异。但仔细思考一下，由于借、贷双方是不断产出、不断投入的流，没有对完工产品的实际成本进行计算，也无法确定借、贷双方的在制品标准成本，这种比较得出的差异是否准确？这里借贷双方比较得出的差异应有一个前提条件，在不需要投入的前提下，借、贷双方比较的结果才是差异。在需要投入的前提下，贷方产出、收回大于需投入的资源数，大于部分为节约差异，若小于需投入的资源数，小于部分为超支差异。只有这样，才能在过程中得出动态差异，分析原因，消除不利差异，巩固有利差异，实现真正的控制。

以上是在正常循环情况下的差异确定，如果有资源调节的情况下，又怎样确定差异？资源在内部单位之间进行调节，差异确定与正常情况一样，不影响整个生产经营过程产生的差异，只影响内部单位产生的差异；资源从企业进行调节的，在生产过程中若未归还，"核定内部单位资源"账户借、贷双方比较得出的差异，应从企业调节额中加或减，如为节约差异，应减掉企业调入数额后的金额，才是节约差异；如为超支差异，应加上企业调入数额后的金额，才是超支差异。生产阶段产生的成本差异，月末车间一定要与企业层核对并结清。

2. 生产阶段内部单位（车间）差异的确定

生产阶段内部单位差异，是根据"存入控制资源"账户的借、贷双方比较确定的。此账户虽不是成本账户，但本单位生产的耗费和产出都要通过此账户进行记录。因此，它的投入和产出的比较，就能确定差异。它的借方是按标准成本和生产周期，以及在制品系数和良品率分配的资源，内部单位应在分配的资源内进行循环。因此，它的借方累计数包括在制品的资源占用和产出收回，即在制品和完工产品的标准总成本；它的贷方是实际投入数，它的累计投入自然包括在制品和完工产品的实际成本，即在制品和完工产品的实际总成本，借、贷双方的比较，就是实际总成本和标准总成本的比较，比较产生的差额就是差异。

为了按分配的资源进行控制，内部单位的差异，在会计期末，一定要与企业会计部门进行结算。这时就应做业务处理。因此就应确定"生产成本"、"人力资源投资"、"制造公共成本"账户的差异，这三个账户的成本差异，并不是借、贷双方比较能得出的，因为它们的借方包括在制品和完工产品的实际成本，而贷方只有完工产品的标准成本，没有在制品的标准成本，借、贷双方的累计数不能直接比较，怎样计算出各自的差异？由于资源分配时对每个零件都按车间的材料、人工、公共成本计算出了标准成本，根据车间生产任务，按材料、人工、公共成本进行了汇总，由资源分配前的企业拥有权转化成资源分配后的内部单位拥有权，由内部单位进行日常核算。这时，记录在企业层的“生产成本”账户的借方发生额，转入了内部单位“生产成本”和“人力资源投资”账户的借方发生额，并且“生产成本”只记录直接原材料消耗和产出收回，直接人工耗费和投资记入“人力资源投资”账户。通过这样的转化后，日常的成本核算由内部单位进行，此时这三个账户只有借方金额，无贷方金额。当内部单位有完工产品产出，并按标准成本收回时，贷方才有发生额。而当贷方按标准成本收回产出时，它又要将收回的产出投入到生产过程中来，只有这样，生产过程才会形成不断的“流”。当产出收回正好满足投入的需要时，此时产出与投入无差异；当产出收回不能满足投入的需要时，此时产出收回与投入产生超支差异；当产出收回大于投入的需要时，此时产出收回与投入产生节约差异。因此，此三个账户的差异确定是会计期间借、贷双方发生额比较的结果，而不是累计额的比较。

“生产成本”、“人力资源投资”、“制造公共成本”这三个账户的差异确定后，还需要将确定的差异在“重复值”和“投入”或转出的比例进行分配，如为节约额，应按借方发生额的“重复值”和“投入”的比例进行分配，然后将分配的差异分别记入“重复值”和“投入”栏中；如为超支额，应按贷方发生额的“重复值”和“转出”的比例进行分配，然后将分配的差异分别记入“重复值”和“转出”栏中。

3. 差异之间的关系

生产阶段的成本差异之间，有非常紧密的联系。“生产成本”、“人力资源投资”、“制造公共成本”三个账户差异的代数和等于“存入控制资源”账户的差异；生产阶段各内部单位差异的代数和等于“核定内部单位资源”账户生产部分的差异（因为核定内部单位资源账户包括供应阶段和生产阶段）。

这里有一个问题会影响差异之间的关系，那就是低值易耗品的摊销。因为低值易耗品既具有固定资源的特点，又具有材料的特点，它的采购和储存由供应部门进行，它的领用也按材料的领用一样，然而它进入成本又像固定资源，逐步摊销或五五摊销，这样就使投入生产过程的金额和进入“制造公共成本”账户的金额不一致，从而使“存入控制资源”借、贷方比较产生的差异，与“生产成本”、“人力资源投资”、“制造公共成本”会计期间借、贷发生额比较产生的差异代数和不一致。这种不一致，不能通过会计方法的处理进行消除，因为低值易耗品的管理不同于固定资源，它的摊销处理也就不能像折旧一样进行处理，而只能促使低值易耗品的使用单位，尽可能均衡领用，并使摊销金额与领用金额一致。这时低值易耗品的领用就像材料领用一样，相当于一次性进成本，然后加强对实物的管理。因此，制造公共成本的差异不能根据会计期的借、贷双方发生额进行比较得出，而是根据“存入控制资源”账户借、贷双方的累计额比较得出的差异，减“生产成本”、“人力资源投资”的差异，得出“制造公共成本”的差异。这样计算出的差异，只能用作对差异分析。同时，使企业层计算出的差异，等于各生产车间的差异之和，各生产车间的差异又等于本车间“生产成本”、“人力资源投资”、“制造公共成本”差异之和，差异的计算使企业层与内部单位层有了稽核关系。当然，这里存在“制造公共成本”账户的差异与客观实际有些不符，这种不符能促使内部单位对低值易耗品的管理，促使均衡报废、均衡领取，当领取与报废一致时，“制造公共成本”的差异也就与客观一致了。

通过差异的确定，只是使人们得知生产过程实际消耗资源达到标准的状况，并未实现真正的控制，要实现真正的控制，就是按控制指令输出，即最终输出无差异。因此，应根据前馈（过程中）回输的差异进行分析。为弄清楚差异分析，应了解现在管理会计对差异分析的现状。

（二）现有管理会计对差异的分析

现有管理会计对差异的分析，它是将统计的指数分析方法引入管理会计。这种分析方法是一种对结果的静态分析方法，它对成本的材料消耗分别计算出价格差异和数量差异，从而告诉人们，由于价格的变化产生了多少差异；由于消耗数量的变化又产生了多少差异。它对直接人工差异的分析是分别计算出直接人工工资率差异和直接人工效率差异；它对制造费用首先分为变动性和固定性制造费用。对变动性制造费用分别计算出效率差异和消费差异；固定性制造费用分别计算出预算差异和生产能力利用差异。这些分析表面上看来既合理又全面，但作为差异分析理论，一是能指导实际会计工作者进行操作；二是通过分析后，怎样去消除这个差异而不是通过分析后只了解那方面产生了多少差异。从这两个评判标准，现在的分析连“纸上谈兵”都谈不上。就以成本对材料消耗分析来说，如果产品生产只消耗几种或数十种材料，倒也有操作性，但有的产品生产所需材料上千甚至上万种，每种材料的价格不同，所需用量也不同，因而价格和用量都不能综合，这种分析工作量非常大，即使用计算机操作，也不可能对差异分析达到现时性要求。没有可操作性，这样的理论有何作用？再者，该差异分析没有提及差异的消除，对差异的分析，不是计算那方面产生了多少差异，而是找到在过程中产生差异的原因，从而消除差异，达到标准，并为以后提出新的标准做准备。

（三）差异的形成和特征

现在之所以采用统计指数分析方法来分析成本差异，是因为没有找到差异的真正特征和形成的真正原因，把差异看成是预计的标准成本与过程结束后计算出的实际成本比较的结果，预计的果和实际的果都是一个相对静态的，既然是两个静态结果的比较，差异自然是静态的。然而，当我们改变会计要素组织结构后，将预计的果（标准成本）进入企业会计系统进行日常核算，随着生产过程不断地产出，企业会计系统将不断地产出反映出来，按标准成本回输到企业会计系统的输入端，这时连续不断的实际投入与不断回输的产出相比较，形成了差异，这个差异是在过程中产生并回输到了输入端。因此，它是一种前馈，这个前馈是一个动态的产物，因此差异的特征是一个动态的，它的形成也是不断产出的回输与不断投入的比较而得到的，因此，它的形成也是动态的。既然它的特征和它的形成都是动态的，就能在动态的过程中进行消除。

（四）差异分析方法和不利差异的消除

差异分析方法就是用什么方法找到产生差异的原因，只有找到了原因，才会有精准的措施来消除它。差异是怎样形成的呢？原因就在形成之中。前已述及，差异是投入与产出的比较的产物，既如此，就应从投入与产出的关系来寻找原因，首先我们从一个例题来说明投入与产出二者的关系。

例题一：某企业生产 A 产品资料如下：

1）每件标准成本 19 元/件

2）生产产量：120 件

3）生产周期（从投入到完工产出）30 天

4）投入批量：40 件

5）投产间隔期：10 天

6）开始一次性投入材料 10 元/件

7）其他成本每天均匀发生，每件为 9 元/件

8）良品率为 95%

问题：根据以上资料，分配多少资源能满足需要？

解答如下：

第一步，计算前 10 天所需资源。

1—10 号，投入一次性材料：10×40=400（元）

1—10 号，投入均匀发生的资源（包括人力资源、固定资源、辅料、工具等）：9÷30×40=120（元）

第一批 1—10 号需要占用资源：400+120=520（元）

第二步，计算 11—20 号投入的资源。

11—20 号，投入第二批产品生产，由于与第一批数量相等，生产时间相同，它所需资源与第一批相同，即一次性投入材料和每天耗费的资源相同，也应是 520 元。

第一批 11—20 号每天均匀消耗资源 120 元，11—20 号共消费资源：520+120=640（元）

第三步，计算 21—30 号所需资源。

21—30 号，投入第三批生产，它所发生的费用也应是 520 元。

第一批和第二批产品在 21—30 号应发生费用：9÷30×400×2=240（元）

21—30 号共消费资源：520+240=760（元）

这三批产品从 1—30 号共消耗资源：520+640+760=1920（元）

如考虑良品率所需资源：1920÷0.95=2021（元）

30 号第一批产品产出收回金额：19×40÷0.95=800（元）

收回的资金正好满足循环。因为下一轮的第一批一次性投入需要 400 元，下一轮 1—10 号需要投入每天均匀发生的其他资源 360 元（包括本次投入的 120 元和上一轮第二批，第三批各 120 元），共 760 元，考虑良品率，应收回 800 元。如果没有其他问题，就能按分配的资源不断地循环下去。

以上是根据每一批投入的时间段逐步计算出的所耗资源数量，这些资源消耗中，包括固定资源折旧，折旧是消耗过去的资源，并不需要每天投入资源，还有人力资源的工资，也不是每天发放，所以按每批投入段计算出的所需资源额大于实际资源消耗额。

按资源分配的公式计算需消耗资源为：

第一步，计算平均日标准成本系数：19×120÷30=76（元）

第二步，计算在制品成本系数：[10+（19-10）×50%]÷19=0.7631578

第三步，分配所需资源：76×30×0.7631578÷95%=1831.58（元）

根据以上的两种计算，虽不完全相等，但相差不是很大，按公式计算较准确，因为考虑了在制品成本系数。

以上从产出计算出了所需资源，下面再按投入计算所需资源。投入资源，不管资源是一

次投入，或每天均匀投入，还是最后一次投入，在生产期间都要按每件所需资源和生产产量，计算所需资源量，它在未投入前是一个指标，计算如下：

核定投入资源指标：19×120÷95%＝2400（元）

这里是以一个月的投入生产量计算的，假如以一年的投入生产量计算，投入的资源指标应是：19×120×12÷95%＝28800（元）然而它的产出所需资源仍为1831.58元，因为产出所需资源是进行循环的。如果没有其他问题发生，投入这么多资源，就能保证生产出预计的产品。

1. 资源分配与投入资源指标的关系

从以上的例题可以看出，投入资源指标与产出所需资源不是一回事，二者既有联系也有区别，应利用二者的联系和区别，来分析产生差异的原因。因为二者都是按标准成本进行核定的，按核定的标准成本投入又按核定的标准成本收回，如果生产经营过程的资源消耗符合标准成本，那么产出按标准成本收回，就能满足不断投入的需要，就能使生产过程在分配的资源里进行循环，这时核定的投入资源指标也正好满足生产量所需资源消耗。因此，在投入和产出分别进行控制的情况下，内部单位要使用资源，一定要符合两个条件：一是要有投入资源指标；二是要有资金购买投入的资源。二者缺一，不得使用资源。正是利用这种关系对差异展开分析。

2. 情况分析

（1）内部单位有大量投入资源指标，“核定内部单位资源”账户借方差异成正反馈增加，说明贷方剩余资金越来越多。

①账面分析。在控制辨析中已阐述了正反馈。“核定内部单位资源”账户借方差异成正反馈增加，说明资源节约额随生产过程的进行越来越大，在这种情况下，有两种可能，一种是标准成本不客观合理；另一种则是通过控制后，生产过程对资源的消耗产生了质的飞跃。经过对标准成本检查，与产品、工艺、设计吻合，是客观合理的。

②生产过程实际情况的了解。第一，B、D两零件工艺的改进，原材料用量减少，加工量也随之减少，既节约了材料，也减少了加工量（在实际工作中，可具体计算减少用料的节约金额和减少工作量带来的效果）。第二，由于资源层层分配，落实到了个人，使辅料用量减少。第三，工人技术水平的提高和工作责任的加强，良品率由95%提高到98%。第四，管理水平的提高，使各道工序做到了相互衔接，基本上做到了上、下工序既无零件的积压，又无脱节现象，工时利用从原来的92%提高到96%。第五，激发出了职工的积极性，各部门的工作效率得到提高（在实际工作中，根据以上列举事例具体分析）。由于资源层层分配，哪里有节约哪里有浪费一目了然。良品率是硬指标，只要在过程中坚持检验，不是完工再进行检验，随时便可得知；工序之间的衔接，查阅零件流程卡就可得知。以上分析，都是促进标准成本实现的有利因素，这一正反馈是特别好的现象，应进一步采取措施，加以巩固，为制定以后的标准成本打下基础。

（2）内部单位无投入资源指标，在会计期内还需要投入大量资源，“核定内部单位资源”账户贷方差异成正反馈增加，说明借方的实际投入大大地超过贷方收回的资金。

①账面分析。根据账面情况，贷方差异说明在此时点实际总成本已大量超过标准总成本，并随生产过程进行，对资源使用超支将越来越大，离标准成本线越来越远，这种正反馈的方向与节约资源的正反馈方向相反。此内部单位在会计期内还需要大量投入资源，而又没

有投入资源指标，这也表明实际总成本大量超过标准总成本，在这种情况下，仍有两种可能：一是标准成本是否客观合理；二是生产过程对资源的消耗出了严重的问题。

②生产过程实际情况的了解。经了解，无论在辅料、工具消耗都低于标准成本，良品率提高了3%，零件流转各工序之间衔接很好，无积压、无脱节，工时利用率提高了4%，职工的积极性都很高，但同时发现某些工人加工以前没有的零件，经询问得知由于产品局部升级，提高某方面的性能，增加了一个部件，局部改变了产品结构。由于负责产品和工艺设计的资料人员，没有及时将更改通知送达企业会计部门，会计部门也未修改标准成本，对资源也未重新分配。这就是管理部门没有很好地协调衔接造成的，原标准成本制定无问题。这种情况下，只需调整一下就解决了，把好的因素巩固下来。

（3）内部单位需投入资源，有充足的投入资源指标，而“核定内部单位资源”账户借方无差异，说明贷方无资金满足正常的实际投入。

①账面分析。该内部单位有充足投入资源指标，说明在该生产期内，到目前为止，实际总成本还未超过标准总成本，或超支不多，表现在“核定内部单位资源”账户上，借、贷双方基本平衡。借方无差异，说明该内部单位无资金，内部单位需投入资源而没有资金购买，表明产出循环出了问题，不能按生产周期进行产出，也就不能收回资金进行再投入。

②生产过程实际情况的了解。第一，查原材料耗用有无浪费；第二，查每个工人耗用辅料有无浪费，是否超指标；第三，查良品率是否达到规定指标；第四，查工序之间零件流程是否衔接，有无积压和脱节；第五，查工时利用情况。经以上检查，前三项都完成很好，而第四项大部分工序都有零件积压，但无脱节现象，工时利用率超过预定指标，90%以上的工人完不成任务，因此造成零件积压，使产品不能按规定的生产周期产出。在这种情况下，应将此信息反馈到劳动部门（实际上劳动部门也应随时掌握这一情况），劳动部门应立刻检查定额工时制定的科学性和合理性，并马上进行调整，重新计算生产周期。会计部门应根据新计算的生产周期，重新分配资源，生产部门和车间计划调度人员对生产任务应重新安排，进行合理组织。

（4）内部单位需要投入资源，但无投入指标，在“核定内部单位资源”账户上有借方差异，但数额不大，不能满足投入的需要。说明贷方有一点资金，但不能满足实际投入的需要。

①账面分析。指标已投完，还需投入；“核定内部单位资源”账户借方有一点差异，表明有一点资金，但不能满足投入的需要，这说明实际总成本大于标准总成本，如果将需要投入的资源投入后，“核定内部单位资源”账户借、贷双方比较后，产生的贷方差异就是实际成本超支额，说明有资源浪费情况。

②生产过程实际状况了解。应对原材料、辅料消耗、良品率、零件流转的衔接、工时利用全面了解后，发现良品率突然大量下降，其他方面都正常。究其原因，是此次采购的一批原材料不符合技术标准，而又没有经过技术鉴定，投入了生产。当进一步追查时，得知两个原因：一是供货单位产品质量一直很好，是信得过的单位；二是供应部门的计划员没有按规定的提前期进行订货，原材料购入后，无时间进行质量检查，就投入了生产。这一原因表现在车间的良品率上，根源在于管理。

（5）内部单位需要投入资源，有投入指标，“核定内部单位资源”账户借方有差异，指标和账户借方差异能满足投入资源的要求，说明贷方既有资金，又有投入指标。

①账面分析。“核定内部单位资源”账户借方有差异，并能满足投入资源的需要，这说明该内部单位有资金购买投入的资源，产出顺畅。内部单位有投入资源指标，能满足投入资源的要求，说明该内部单位实际总成本与标准总成本基本一致，实际总成本达到了标准成本要求。

②生产过程实际情况了解。在这种情况下，企业会计行政组织结构系统仍然不能放弃对实际状况的了解，应会同内部单位会计子系统对生产过程状况进行分析，从原材料、辅料、良品率、零件流转的衔接、工时利用、管理的协调性等进行分析了解，总结并巩固有利因素，消除出现的任何微小的不利因素，使标准成本建立在坚实可靠的基础之上。

（6）内部单位有投入指标，“核定内部单位资源”账户有借方差异，然而不需要投入资源，说明贷方有资金，也有指标，但不需投入。

①账面分析。“核定内部单位资源”账户有借方差异，说明内部单位有资金，有投入资源指标，而又不需要投入资源，要从两方面进行分析：一是此时处在会计期的中间阶段，虽然现在不需要投入资源，但批数还未投完，以后还需要投入，到目前为止，实际总成本小于标准总成本，因为“核定内部单位资源”账户有借方差异，说明节约了资源。假如到了会计期末或投入生产量已完成，仍有投入资源指标，“核定内部单位资源”账户有借方差异，说明该内部单位节约了资源。

②生产过程实际情况了解。在这种情况下，仍然不能放松对实际情况的了解。经了解，出勤率、工时利用率、达额率、设备利用率、材料利用率、良品率都比分配资源时有所提高，这都是有利因素，总结经验，加以巩固；假如经了解，良品率有所下降但产品结构和加工工艺都有一定改进，提高了产品性能和质量，大量节约了材料和工时，从而大幅度降低了成本，此时应着重抓工人的操作技术，提高良品率。

以上对可能出现的情况进行了分析。企业会计系统对生产过程的控制，不是只知道实际成本与标准成本之间产生了多少差异就行了。对差异的分析也不是把价格产生的差异和消耗资源的数量差异分开就行了。前已述及，购入资源的价值差没有进入生产过程，生产过程对资源的实际消耗，都是以购入资源标准成本计价的，所以实际成本与标准成本只有资源消耗量的差异，没有市场价格形成的差异（价格差异这一说法是不科学的，没有把价格转化成价值），所以不存在差异分离的问题。对差异的分析，是为了找准产生差异的原因。企业会计系统对生产过程进行控制，就是要在产生差异的过程中找到原因，在过程中巩固有利差异，消除不利差异，保证实现已确定的标准成本，并为以后建立更科学的标准成本打下基础。这样会计理论就与哲学中的不断发展论和发展阶段论有机结合起来了。

这里应指出的是，企业会计系统的控制与人工实体控制系统是有区别的，人工实体控制系统的输出与输入的控制指令完全相同，不能有任何差异；而企业会计系统对生产过程的控制，它虽按控制指令输出（产出按标准成本计算），但与实际成本比较后产生差异，如果是不利差异，一定要消除，保持与控制指令一致，然而如果是有利差异，不但不消除，还要保持下来。因为它的输出不是具体的物体，只是一个价值量。而人工实体系统的控制不存在对有利因素的巩固，一律按控制指令输出。

企业会计系统通过差异分析，消除不利差异，巩固有利差异，真正实现了控制功能。对差异分析已成为企业会计系统日常工作的组成内容，不是像现在教材上说的那样，等到会计期结束之后，只对产生的差异从价差和量差进行计算，未从投入和产出的关系结合生产经营过程的具体情况找到产生差异的具体原因，而这里的分析是在过程中随时进行的，将会计指标（产生的差异）与具体情况（非会计指标）相结合进行分析，它是在过程中随时进行的分析。由于资源的层层分配，在过程中分析简便易行，并且这种分析真正做到了全体员工参加，每个工人都做到了自我管理。企业会计系统通过账面分析取得信息后，能立刻与生产过程实际情况相结合，指导生产过程和每个员工的行为，使企业会计系统成为真正管理系统的组成部分。

第三节 企业会计系统对供应阶段控制功能的发挥

企业会计系统对供应阶段的控制，总的来说，比对生产过程控制简单，两者虽有共同点，但也有其各自的特点。

一、两者的共同点

两者都要进行资源分配和投入资源指标；都要确定标准成本作为内部交易价值；都要有前馈和管理业务处理程序及控制方法的原理。

二、两者的不同点

在两者的共同点中，具体操作都有所不同。

（一）资源分配的计价与计算投入指标的计价不一致

生产阶段资源分配和投入指标，都是按购入标准成本计价的；而供应阶段资源分配是按购入标准成本计价的，计算投入指标是按预计的现时市场价格计价的。因为供应阶段是与市场相联系的，市场价格是企业控制不了的，所以核定投入指标一定要根据市场价格核定，不能根据购入标准成本核定，如果根据购入标准成本核定投入指标，就会产生资金缺口，不符合客观性原则的要求；而资源分配是按购入标准成本计价的，把市场价格与购入标准成本产生的差异，由企业会计部门进行日常核算和管理，这样就把市场价格与购入标准成本分开了，供应阶段就能按购入标准成本进行实际投入，实际投入与产出都按同一成本进行计价，产出收回就能使供应过程进行循环，因而能对储备量进行控制。

（二）供应阶段实际投入生产过程计价与计算投入供应阶段指标的计价不同

生产阶段两者计价相同。供应阶段实际投入是按购入标准成本计价的，而投入指标的计算是按市场价格计价的，投入指标的计算公式如下：

供应阶段投入资源指标 = $\sum$ 现时市场单价 × 单位产量消耗量 × 会计期间生产量 + $\sum$ 现时市场单价 × 单位产品消耗量（期末在制品量 - 期初在制品量）× 完工程度 + $\sum$ 现时市场单价 ×（为以后生产储备量 - 期初库存量）

生产阶段资源投入指标的计价与资源实际投入计价，都按购入标准成本计价。为什么有这样的区别？因为供应阶段是与市场相联系的，只有按市场价格计价，才能计算出真正的投入量；而生产阶段是与供应阶段相联系的，故消除了市场价格波动对生产阶段的影响。因此，生产阶段的资源分配、资源投入指标计算、资源实际投入都是按购入标准成本计价的；

供应阶段的资源分配与资源实际投入生产过程（对供应阶段是产出），都按购入标准成本计价，资源投入指标是按现时市场价格计价的。

（三）两者产生的差异性质不同

生产阶段实际投入与产出收回比较产生的是成本差异，而供应过程实际投入与产出收回比较产生的不是成本差异，而是储备量差异。供应阶段就是材料、燃料、包装物、低值易耗品的储备，一定要保证生产阶段的需要，既无多余积压，也无供应不足现象。

（四）会计期末对差异处理的方式不同

生产阶段各车间的差异，不管是节约差异，还是超支差异，在会计期期末都要与企业会计部门结清，一方面以便下一阶段的循环和控制；另一方面，只有结清差异，才能知道整个生产过程产生的差异，并经过核对，确定产生差异的准确性，然后在在制品与最终完工产品之间进行分配，计算出完工产品的实际成本。而供应阶段产生的差异，只是储备量的差异，它不影响产品成本，只影响储备量，因而它的差异通过分析，没有特殊原因，一定要在生产经营过程中通过投入和产出消除。市场价格的波动，没有进入供应阶段，它与购入标准成本产生的差异，也不进入产品成本，而是直接进入已销售产品的费用。此道理已在前面阐述。

（五）差异分析有所不同

生产阶段的差异分析，一般来说，就是针对本阶段产生的成本进行分析，因为它是消耗量引起的差异。当然，也有特殊情况，如采购材料质量不合格，引起生产过程大量废品产生，使良品率下降，从而引起消耗量增加，成本上升。但这种情况是较少的。而供应阶段差异的分析，它既与市场的供求关系有关，又与生产消耗有关，它的产出不能自我控制，而是取决于生产阶段的投入，因而它的分析，不能完全从自身阶段进行，它产生差异的大小，直接影响资源周转速度以及财务费用的大小，最终影响利润的大小。

（六）利用“核定内部单位资源”账户进行控制的内容和处理形式不完全相同

1. 控制的内容不完全相同

生产阶段通过“核定内部单位资源”账户，只对投入产出进行控制，而供应阶段为了控制投入，还要对预付款项的控制，它的业务处理如下：

企业层的业务处理：

借：预付账款——××单位（现行市场价）

　　贷：银行存款

供应部门的业务处理：

借：采购应收款（现行市场价）

　　贷：存入控制资源（按现行市场价计算）

收到以上预付货款购买资源的业务处理如下：

企业层的业务处理：

借：核定内部单位资源——供应部门

　　应交税金

　　贷：预付账款——××单位（现行市场价）

借或贷：市场价格波动额

供应单位的业务处理：

借：材料采购（按购入标准成本计算）

贷：采购应收款（现行市场价）

借或贷：存入控制资源

为什么要借或贷“存入控制资源”账户？因为，在预付采购款时，是按市场价格计算的；而收到材料入库时，是按购入标准成本计价的。因而，付款与材料入库时的计价不一样，而对供应部门的控制仍然是按购入标准成本进行控制的。故而，当市场价格高于购入标准成本时，应借记“存入控制资源”，当市场价格低于购入标准成本时，应贷记“存入控制资源”。

2. 业务处理的形式不完全相同

供应阶段既与市场相联系，又与生产阶段相联系，它的实际购入总成本包括价格差异和数量差异，由于价格差异是市场价格的波动而引起的，是企业无法控制的，既如此，就应将价格差异排除在控制过程之外。因此，差异也不应影响实际成本，它不属于社会必要平均劳动组成的内容，这种差异，只影响费用的大小。因此，它直接进入已销售产品的费用。市场价格波动引起的材料成本差异，由企业会计部门进行日常核算和管理，当会计部门收到购货发票后，就将购入价格分解成购入资源标准成本和市场价格波动额，只使购入标准成本进入“核定内部单位资源”账户的实际投入，这样才能利用“核定内部单位资源”账户的借、贷双方，对供应阶段的储备量进行控制。它的业务处理如下：

企业层的业务处理：

借：核定内部单位资源

　　应交税金

　　贷：银行存款（根据采购的结算方式确定）

借或贷：市场价格波动额

供应部门的业务处理：

借：材料

　　燃料

　　包装物

　　低值易耗品

　　贷：存入控制资源（如先已付款，应贷：采购应收款）

从以上业务处理可以看出，供应部门没有“市场价格波动额”账户，“市场价格波动额”账户在企业会计部门进行核算，这样处理，才能对供应部门的储备量进行控制。

供应阶段产生的储备量差异，与生产阶段产生的成本差异处理不同，储备量产生的差异是不进行业务处理的，而生产阶段各车间产生的成本差异，在会计期末一定要做业务处理，并且与企业会计部门进行结转。因此，生产阶段各车间必须设置“内部单位成本差异”账户。

（七）供应阶段控制的优点

供应阶段不仅能利用“核定内部单位资源”账户对储存量进行控制，而且可利用不同材料进货时间和储备时间的长短进行合理组合，即 A 材料的最高储备与 B 材料的最低储备、C 材料的高与低的中间储备搭配起来，降低总的储备量，从而加速材料储备周转速度，减少对资金占用的需求。这种控制，只能靠供应部门本身自我控制实现。

第四节　销售过程的控制问题

销售与供应一样，一头与市场相联系，另一头与企业相联系，但企业会计系统通过“核定内部单位资源”账户，能对供应过程采购量进行控制，而不能对销售过程的销售量进行控制，这是为什么？

销售过程与供应过程都与市场和生产过程相联系，表面看来，并无区别，但仔细分析，它们之间有质的区别。

1. 与市场和生产过程联系的秩序不同

供应过程与市场联系在先，与生产联系在后，即供应过程的投入与市场相联系，产出与生产相联系；而销售是与生产联系在先，与市场相联系在后，即销售过程的投入与生产过程相联系，而产出与市场相联系。正因为联系秩序的不同，引出如下的区别。

2. 市场价格与标准成本产生的差异，业务处理不同

供应部门以市场价格购入资源后，当企业会计部门收到购入资源的发票时，就能通过购入资源的发票单价与购入标准成本比较，将发票单价分解成购入标准成本和“市场价格波动额”，由于“市场价格波动额”由企业会计部门进行日常核算和管理，供应部门就能以购入标准成本进行投入，同时又以购入标准成本产出（即投入生产过程），因而“核定内部单位资源——供应部门”账户借、贷双方都是以购入标准成本进行反映的，所以双方的比较产生的差异，只能是购入资源的数量差异，因而能对供应过程的采购量进行控制。而销售过程，当完工产品以标准成本转入销售部门后，销售部门要将完工产品销售出去，为了使资源得到顺利循环，必须按实际消耗的资源，并按现时市场价格计算的成本收回资金，此时的产品成本再不能以标准成本出现在企业会计系统的核算之内，它必须将生产过程产出的标准成本，转化成按现时市场价格计算的实际成本。因此，它的投入是按现时市场价格计算的实际成本；它的产出是按现时市场价格计算的收入，这个收入不可能像供应过程按标准成本产出，因而它的投入和产出都不是标准成本。如果将销售过程的经济业务按供应过程的模式进行处理，把销售过程的账户由销售部门进行日常核算，那么它的业务处理如下：

企业层会计部门	销售部门
（1）完工产品转入销售部门	
借：核定内部单位资源——销售	借：库存商品
（按标准成本计价）	贷：存入控制资源
贷：核定内部单位资源——生产车间	
（2）结转已完工产品生产过程中产生的成本差异	
借：核定内部单位资源	借：库存商品（节约用红字）
（节约额用红字）	贷：存入控制资源
贷：成本差异	
（3）产品已出售收到货款或取得收款权	
借：银行存款	借：存入控制资源

或应收账款等 贷：核定内部单位资源——销售 （市场价格）	贷：产品销售收入

（4）结转已销售产品负担的市场价格波动额，使已销售产品的成本转化成按现时市场价格计算的成本

借：核定内部单位资源 （节约用红字） 贷：市场价格波动额	借：库存商品（节约用红字） 贷：存入控制资源

（5）结转已销售产品成本和销售收入

企业层会计部门不做业务处理。 因为此业务不牵涉到对外关系，日常核算由销售部门进行。	①结转已销售产品实际成本 借：本年利润 贷：库存商品 ②结转已销售产品收入 借：主营业务收入 贷：本年利润

（6）销售部门将取得的利润上缴企业会计部门

借：核定内部单位资源——销售部门 贷：本年利润	借：本年利润 贷：存入控制资源

通过以上的业务处理，可以看出投入与产出的比较，既不是余额，也不是利润，更不是差异，因为它的产出价值即销售价值不可能与投入价值相等，所以两者比较的不是余额；它的投入不可能全部产出即销售，所以两者比较不是利润；它的产出绝不能像供应过程核定储备量，或像生产过程按销售批量和销售周期来核定销售量，因而投入与产出的比较不是差异。它的产出收回不是只满足销售阶段的循环，而是满足整个生产经营过程的循环。销售过程“核定内部单位资源”账户借贷的比较，是将已销售产品按现时市场价格收回的收入与实际成本比较。因此，销售过程不能通过会计核算方法进行控制。只能通过决策和制定销售政策促进销售。如果将销售阶段所涉及的账户像供应阶段和生产阶段一样，分到销售部门进行日常核算，不仅增加了工作量，而且破坏了企业会计要素组织结构的控制功能，使“核定内部单位资源”账户从整体上在会计期的借、贷的比较，不是成本差异。

产品销售是直接与市场打交道，市场是企业、企业会计系统和企业销售系统都控制不了的。企业产品是否适销对路，关键是企业上层管理的决策。企业会计系统只有决策参与权，没有最终决策权。只能在企业确定生产什么、生产多少，最高售价和最低售价是多少，采取什么方式开拓市场，保持现有市场占有率或扩大市场占有率或开发、生产出新的产品，引导消费者新的消费方向，从而占有市场。企业会计系统在这一系列的具体决策指导下，按决策要求，直接对销售费用进行控制，利用费用控制和定价决策结合，间接对销售量进行控制。但这仍属销售政策对销售的控制，而不是会计方法对销售的控制。

根据系统理论，系统的层次不同，它的内容、性质、功能不同。上一层次具有的功能，下一层次可能没有，而下一层次具有的功能，可能上一层次没有。因此，只有多层次系统地结合，系统才会有更多更完善的功能。在第二章第三节介绍了杜邦公司对销售的控制，此控制是很完美的。但它的控制是大型集团公司（全国型或国际化公司）总部对下属企业的控

制，它的控制指令是投资报酬率。而投资报酬率是总公司的上层管理者决定的，总部的会计系统是决定不了的。总部的会计系统只能对总公司的上层管理者进行投资报酬率决策时，提供有关信息，当总部会计系统根据决策后的报酬率，确定下属企业的最低销售价格和最高销售价格以及销售费用和销售激励政策。在这种全国性或国际化的大公司里，产品销售价格属总部会计系统对下属单位控制的问题，总部会计系统有权制定销售价格，正像我国供、产、销紧密结合企业的企业会计系统有权确定各车间之间产品交易价格一样。企业会计系统的控制内容和控制方法，是与企业组织结构紧密相联系的，结构的层次不同，控制的内容和方法也不同，这里供、产、销紧密结合的企业组织结构形式，是企业会计系统控制功能发挥的核心，它的控制功能没有具体可靠的操作性，全国性或国际化的大型企业的会计系统控制也就无具体可靠的操作性。西方的管理会计，是以美国国际化大型企业为典范进行研究的。特别是责任会计部分，它把企业划分为成本、利润、投资三个责任中心，这三个中心，只有全国性或国际化的大公司才存在。然而，三个责任中心，并未提供成本中心控制具体可靠的操作方法，使管理会计理论实用性不强。这就是使管理会计束之高阁的原因所在。成本中心实际上是一个供、产、销紧密结合的企业，只不过成本中心的销售主要是对总公司下设的销售公司而言的，不一定直接针对市场，但如果进行独立核算，它的销售价格仍然是市场价格。所以只要西方管理会计将供、产、销紧密结合的企业会计控制的具体可靠的操作方法引入成本中心，就会改变将管理会计理论束之高阁的现象。

我国的会计理论工作者将西方的管理会计引入我国后，既没有提供企业会计系统对成本中心控制的具体可靠的操作方法，也未阐明形成三个中心的环境，就将三个中心引入了供、产、销紧密结合的独立的中、小型企业，这等于将三个中心引入了成本中心，将西方成本中心以市场价格为结算价格引入成为车间之间的交易结算价格，导致车间计算出的利润总和与企业当期利润不一致现象，使激励机制处在混乱之中。

企业会计系统不管是全国型或国际化大公司，还是我国大多数中、小型企业，都不能对整个销售过程通过会计核算方法进行完整的控制，它只能对销售费用和已实现的销售收入进行控制，因而不能核定库存产成品占用资源和销售周期。但可通过销售费用和销售策略结合，制定出销售的激励政策，此销售激励政策，经企业层管理者批准后，企业会计系统可利用销售激励政策间接控制销售。

销售过程，是将企业产生的财富得到实现的过程，这个过程，不仅是将产品销售出去，而且要按时收回货款。收回货款从理论上讲，不是企业会计部门的职责，而是销售部门的职责。因此，企业会计部门应制定销售货款收回率，对销售部门进行控制和考核，促进资本的循环。销售货款收回率的计算公式如下：

$$\text{销售货款收回率}=\frac{\text{当月已收回货款}}{\text{当月已销售货款}+\text{本月期初未收货款余额}}$$

销售过程发生的各项费用，按管理费用控制方法进行控制。

第五节　主要会计事项处理

企业会计要素组织结构系统的改变，使现有企业会计系统在一个层面的业务处理，变成了两个层面的业务处理，企业层和内部单位层增设的账户，相当于两个层面（即两层楼）的楼梯，将两个层面连接起来。因此，业务处理没有现在的那么直观。如生产车间领用原材料，现在的业务处理是：

借：生产成本

　　贷：原材料

企业会计要素组织结构系统改变后，它的业务处理如下：

企业层的业务处理：

借：核定内部单位资源——××车间

　　贷：核定内部单位资源——供应部门

内部单位层的业务处理：

1. 供应部门的业务处理

借：存入控制资源（取得收入）

　　贷：原材料（减少存货）

2. 领料车间的业务处理

借：生产成本（增加成本）

　　贷：存入控制资源（减少分配的资源）

原来在一个层面上处理的业务，结构改变后，变成了两个层面处理，并由三个部门完成一项业务处理，当去掉增设的账户后，业务处理又恢复到借："生产成本"，贷："原材料"，但此时借、贷不在一个内部单位，而是各在一个内部单位，此时的业务处理才真正与生产经营活动一致，也才能真正反映生产经营过程的运动。增设的账户就是把它们的运动连接起来，一方面组成一个有机整体，另一方面使人们了解与时间同行的实际成本。这种处理就没有在一个层面上处理直观了。为了便于掌握和会计实际工作者便于操作，特将主要经济事项的业务处理介绍如下：

一、资源分配的业务处理

资源分配后，应使分配的资源在企业会计系统内运行，只有这样，账户的反映才会真正与生产经营过程一致，通过产出收回，使账户的循环与生产经营过程的循环一致，在这种情况下，只要生产循环出现问题，账户记录就会即刻表现出来，因而，就能通过会计方法对生产经营过程进行控制，它的业务处理如下：

（一）资源分配的业务处理

1. 企业层的业务处理

借：下拨资源（分明细账列示）

　　贷：核定内部单位资源（分明细账列示）

2. 内部单位层业务处理

借：存入控制资源

　　贷：拨入资源

（二）内部单位原占有资源的业务处理

资源分配，只是观念上的一个数额，要将观念的数额变成实际的资源，从理论上讲，它是通过投入实现的。但在实际工作中，资源都是先被生产经营过程占用，即使新建工厂也是如此。因为新建工厂都要经过产品的试生产过程，即使是对老产品的转移生产也是如此。新建工厂，是由新的设备组成的新的生产线，并由新的技术人员和管理者以及新的工人进行生产，环境发生了变化，所以新建工厂不管生产新产品还是生产老产品，都有试生产（试制）过程，它就必然占有资源。当资源分配后，必须将原生产经营过程占有的资源通过盘点，并做观念上的上交业务处理，将原来由企业拥有的资源变为内部单位拥有的资源。业务处理如下：

1. 企业层的业务处理

先将供应部门的盘盈、盘亏按现有会计制度进行业务处理后，再对盘点确认的实际资源进行业务处理。

借：核定内部单位资源（分明细账列示）

　　贷：材料采购（按实际成本核算的应贷：在途材料）

　　　　原材料

　　　　燃料

　　　　包装物

　　　　低值易耗品

　　　　生产成本

　　　　制造费用

2. 内部单位层的业务处理

（1）供应部门：

借：材料采购

　　原材料

　　燃料

　　包装物

　　低值易耗品

　　贷：存入控制资源

（2）生产车间：

借：生产成本

　　人力资源投资

　　制造公共成本

　　贷：存入控制资源

企业层原有的生产成本，包括直接材料和直接人工成本，将资源转入内部单位时，一定要将直接材料成本与直接人工成本分开转入生产车间，有利于在控制过程中分析原因。

（三）内部单位实际占用资源，按购入标准成本或标准成本计算，大于或小于分配资源的业务处理

如果内部单位实际占用资源大于或小于分配的资源，无论是企业层和内部单位层都不做业务处理。因为在这种情况下，计算的投入指标与资源实际占用不一致，而与分配资源一致，它通过产出收回和投入自动进行处理。如生产车间分配资源为 20 万元，实际占用为 21 万元，核定投入指标为 20 万元，全部产出为 21 万元，而总投入只允许 20 万元，通过产出

将多占用的1万元收回。这里只是简单地说明此道理，投入指标与资源分配是有区别的，前者考虑生产总量，后者应考虑批量，投入间隔时间和生产周期，在分配的资源内进行循环，而投入指标是不能循环的。投入指标和资源分配的计算前面已介绍。假如资源分配为20万元，实际占用只有19万元，投入指标20万元，它可多投入1万元。通过多投入进行自动处理。

通过以上的业务处理，企业层的资源账户除了固定资源、折旧、待摊成本、递延成本、成本差异等账户留企业层进行核算和管理外，其他资源账户都转入供应部门和生产车间，在企业层里，只保留账户名称，不存在金额。在会计期末，通过内部会计报表，恢复企业层的原有账户的所有经济业务，包括借方发生额、贷方发生额以及余额，恢复到未进行资源分配对生产经营过程进行控制前的原样，将生产经营过程的两个层面的业务处理，恢复到一个层面上来。此问题在会计报表一章中再阐述。

二、供应阶段的业务处理

（一）采购过程的业务处理

1. 供应部门申请采购预付款业务处理

（1）企业层业务处理：

借：预付账款——××单位（现行市场价）

　　贷：银行存款等（根据结算方式确定）

（2）供应部门业务处理：

借：采购应收款——××人（经办人员）（现行市场价）

　　贷：存入控制资源（现行市场价）

2. 收到以上预付货款购买的资源业务处理

（1）企业层业务处理：

借：核定内部单位资源——供应部门（按购入标准价计算）

　　应交税金——增值税

　　贷：预付账款——××单位

借或贷：市场价格波动额

当发票单价大于购入标准成本时，借方为市场价格波动额。

当发票单价小于购入标准成本时，贷方为市场价格波动额。

（2）供应部门的业务处理：

借：材料采购（按购入标准价计算）

　　贷：采购应收款——××人（现行市场价）

借或贷：存入控制资源

（二）直接支付货款的业务处理

1. 企业层的业务处理

借：核定内部单位资源

　　应交税金——增值税

　　贷：银行存款（根据结算方式确定）

借或贷：市场价格波动额

2. 供应单位业务处理

借：材料采购

　　贷：存入控制资源

（三）材料验收入库的业务处理

此业务企业层无业务处理。供应部门的业务处理：

借：材料

　　燃料

　　包装物

　　低值易耗品

　　贷：材料采购

以上借方的账户，根据验收入库的材料确定。

（四）材料投入生产过程的处理

1. 企业层的业务处理

借：核定内部单位资源——××车间

　　贷：核定内部单位资源——供应部门

2. 供应部门的业务处理

借：存入控制资源

　　贷：材料

　　　　燃料

　　　　包装物

　　　　低值易耗品

贷方账户，根据投入什么材料确定。

三、生产阶段的业务处理

（一）从供应部门领取材料的业务处理

1. 企业层的业务处理

借：核定内部单位资源——××车间

　　贷：核定内部单位资源——供应部门

2. 车间的业务处理

借：生产成本——投入

　　制造公共成本（领取辅料）——投入

　　低值易耗品摊销

　　贷：存入控制资源

借方账户，根据具体投料确定。投入低值易耗品时，还应做如下的业务处理：

借：制造公共成本——投入

　　贷：低值易耗品摊销

（二）车间之间的零件转移业务处理

1. 企业层的业务处理

借：核定内部单位资源——零件转入车间

贷：核定内部单位资源——零件转出车间

2. 内部车间层业务处理

（1）零件转出车间的业务处理：

借：存入控制资源

贷：生产成本——重复值

——转出

人力资源投资——重复值

——转出

制造公共成本——重复值

——转出

（2）零件转入车间的业务处理：

借：生产成本——重复值

人力资源投资——重复值

制造公共成本——重复值

贷：存入控制资源

车间之间零件转移的业务处理，不像供应部门的资源转入生产阶段。资源从供应阶段转入生产阶段，现有会计的业务处理，虽没有从层次上反映出具体的运动情况，但从一个层面上（企业层层面上），反映了它的运动情况，车间之间零件的转移，现有会计没有对此业务进行处理，因为它们同存在于一个层面上的阶段，在同一账户内反映。因此，只有增设账户，才能将同一阶段、不同单位按不同层次进行反映，这时企业会计系统账户的反映与生产过程运动一致，此时的账户记录通过差异就能反映与时间同行的实际成本达到标准成本的状况，从而，企业会计系统的控制功能得到诠释。

四、人力资源投资的业务处理（发放工资的处理）

（一）企业层的业务处理

借：管理费用（管理科室人员工资，包括供应、销售部门管理人员的工资）

核定内部单位资源——按明细单位列示

贷：银行存款

（二）内部单位层的业务处理

借：人力资源投资——投入

贷：存入控制资源

五、资源调节的业务处理

（一）企业层的业务处理

1. 资源在内部单位之间调节的业务处理

（1）对资源调出单位的业务处理：

借：核定内部单位资源——调出单位

贷：内部单位资源调节调出——调出单位

（2）对资源调入单位的业务处理：

借：内部单位资源调节调入——调入单位

贷：核定内部单位资源——调入单位

2. 资源在企业与内部单位之间进行调节

借：应收资源调节款——调入单位

贷：核定内部单位资源——调入单位

如果企业资金发生困难，无法对内部单位资源流转产生的困难进行解决，必须向银行贷款的，先由企业进行贷款后，然后按资源在企业与内部单位之间进行调节的业务处理。

（二）内部单位层的业务处理

1. 资源调出单位的业务处理

借：资源调节调出

贷：存入控制资源

2. 资源调入单位的业务处理

借：存入控制资源

贷：资源调节调入

六、提取折旧的业务处理

（一）企业层的业务处理

借：核定内部单位资源（分车间明细列示）

管理费用（管理科室占用的固定资产提取的折旧）

贷：折旧

（二）内部单位层的业务

借：制造公共成本——投入

贷：存入控制资源

七、低值易耗品领取的业务处理

（一）企业层的业务处理

借：核定内部单位资源——领用车间

贷：核定内部单位资源——供应部门

（二）内部单位层的业务处理

1. 领取的业务处理

借：低值易耗品摊销——领用车间

贷：存入控制资源

2. 摊销的业务处理

借：制造公共成本

贷：低值易耗品摊销

八、月末差异结转的业务处理

生产阶段的各车间，月末一定要将差异结清，理由有三：一是计算实际成本，需要将差异在完工产品和在制品产品中进行分配，需计算真实的差异；二是要考核内部单位业绩；三是为了更好地控制下一阶段的成本，使下一阶段顺利循环。因此，有调节调入或调出的单位，一定在归还或收回后，计算出真正的差异，月末无论是节约差和超支差，都要与企业层会计系统结算清楚。供应阶段产生的差异，不是成本差异，而只是储备量的差异，此差异没有特殊情况，应在产出收回中消除。

（一）结清生产阶段内部单位之间，以及内部单位与企业之间调节款的业务处理

1. 企业层的业务处理

（1）收回企业与内部单位之间的调节的业务处理：

借：核定内部单位资源——资源调入单位

　　贷：应收资源调节款——调入单位

（2）收回内部单位之间调节款的业务处理：

①收回资源调出的业务处理：

借：内部单位资源调节调出——调出单位

　　贷：核定内部单位资源——调出单位

②归还资源调入的业务处理：

借：核定内部单位资源——调入单位

　　贷：内部单位调节调入——调入单位

2. 内部单位层的业务处理

（1）收回资源调出的业务处理：

借：存入控制资源

　　贷：资源调节调出——调入单位

（2）归还资源调入的业务处理：

借：资源调节调入——调出单位

　　贷：存入控制资源

（二）内部单位差异的结转

1. 超支差异的结转

借：内部单位成本差异

　　贷：生产成本——转出

　　　　人力资源投资——转出

　　　　制造公共成本——转出

2. 节约差异的结转

借：生产成本——投入

　　人力资源投资——投入

　　制造公共成本——投入

　　贷：内部单位成本差异

如果三项成本中，有的节约，有的超支，应分别进行处理。企业层无此业务处理。

（三）成本差异的结转处理

1. 企业层的业务处理

（1）超支差的业务处理：

借：成本差异

　　贷：核定内部单位资源（分明细单位列示）

（2）节约差异的业务处理：

借：核定内部单位资源（分明细单位列示）

　　贷：成本差异

通过此业务处理后，生产阶段的“核定内部单位资源”账户借贷平衡。各车间的资源体现在“生产成本”、“人力资源投资”、“制造公共成本”账户的借方。

2. 内部单位层的业务处理

（1）超支差异的业务处理：

借：存入控制资源

　　贷：内部单位成本差异

（2）节约差异的业务处理：

借：内部单位成本差异

　　贷：存入控制资源

通过此业务处理之后，“存入控制资源”账户借贷平衡。各车间的资源体现在“生产成本”、“人力资源投资”、“制造公共成本”账户的借方。

以上是供应阶段和生产阶段在会计要素组织结构变化后的业务处理。销售阶段是企业会计系统控制不了的，因而它的业务处理以及提取职工福利和利润分配，按原有的会计制度在企业会计部门进行。

第六节　企业会计系统对管理部门控制功能的发挥

本章前面几节所阐述的内容，只是企业会计系统通过企业会计要素组织结构系统和企业会计人员行政组织结构系统，共同对供应阶段和生产阶段进行控制，并未涉及对企业管理部门的控制。企业管理部门对生产经营过程进行管理，必定发生资源消耗，生产产品所耗资源是否符合社会必要平均劳动？也应包括管理部门的资源消耗在内，所以企业会计系统必须对企业管理部门的资源消耗进行控制。

一、管理部门资源消耗指标的确定

要控制，首先就应确定应该消耗多少。生产过程的标准成本，是根据产品设计和工艺设计来计算的，具有客观计量标准。而管理部门的资源消耗，到目前为止，还找不到客观科学的计量方法。假如有社会会计系统，可以将管理资源消耗占成本的比例的社会平均比例作为确定标准。只有在建立了社会会计系统以后才能做到。在未建立社会会计系统以前，只能根据企业的决策，然后企业会计系统根据企业决策，提出目标利润来计算管理部门的资源消耗。

二、对管理部门资源消耗控制的操作

确定了管理部门资源消耗的指标以后，就是怎样才能将实际消耗控制在指标之内？因为管理部门对资源的消耗，不像供应和生产阶段有产出收回，进行投入和产出控制，它纯粹是一个消耗过程，它的产出只能体现在对生产经营过程系统进行管理所产生的效果上，因此，

它没有独立的产出，只需对投入进行控制。

（一）对一般资源消耗的控制

一般资源消耗，是指除出差费用以外的一切消耗，包括办公工具、用品、人员工资等，对这一类消耗的控制，可设置指标登记本来控制。当管理部门消耗时，企业会计人员行政子系统既进行业务处理，又同时在指标登记本上登记，发生一笔，就登记一笔，逐笔递减，此指标本由管理部门自己保管。企业会计部门在“管理费用”账户上，按管理部门设置二级明细账。为了加强管理，在二级明细账下，按消耗的资源分类，设置三级明细账，对各管理部门消耗资源进行分析比较。

（二）对出差费用的控制

对出差费的控制，不同于一般资源消耗的控制。因为员工出差时，一般都向企业会计部门借支差旅费，等出差完毕后再报销，其结果有两种可能：一种是实际发生的差旅费小于借支款，其差额应退回；另一种是实际发生的差旅费大于借支款，大于部分的差额应补付给出差人员。对差旅费的控制，问题不在于借支与实际支付差额的处理，而是张三出差借支后，尚未报销，李四又要出差，如果只对借支差旅费做“其他应收款”处理，那么管理部门的差旅费是否超支？在借支时不得而知，等到张三、李四都报销后，才知道该管理部门的差旅费支出情况，如超支了，木已成舟，采用定额控制流于形式。要把控制做到实处，借支差旅费时，在定额卡上做减少定额处理，在张三未报销前，如卡上余额满足李四借支，余款不多，李四暂时不得借支，并不得出差，等张三报销后才能借支。只有这样，才能控制住差旅费的支出，差旅费定额卡的格式和记录处理如表 10 - 9 所示。

表 10 - 9　　　　差旅费定额卡的格式和处理

企业管理部门名称：技术工艺部　　　　差旅费定额：50000　单位：元

月日	摘要	支出		交回借支余款	实际余额
		借支	报销		
	本年核定金额				50000.00
		——	——	——	——
					1500
11.30	张三借支	1000.00			500
12.15	张三报销		800.00	200.00	700.00

李四 12 月 10 日借支差旅费 800 元，该内部单位只有 700 元，最大限度只能借支 700 元，并只能在 700 元内报销。

对差旅费的控制，不仅是设置定额卡进行控制，而且在出差前就进行控制，在出差借支单上应填明出差任务、天数、所经路线。出差借款单的格式如表 10 - 10 所示。

表 10 - 10　　　　× × 企业出差借款单（一式两联）第一联

单位	姓名	出差理由：（如参加上海工艺研究讨论会）		
技术工艺部	张三	天数	5 天	线路：昆明——长沙——上海
借支金额	大写：壹仟元整	小写：1000 元		

企业主管：　　单位负责人：　　会计部负责人：　　借款人：

此借款单一式两联，第一联借款时做业务处理，第二联由借款人保存，待报销时作为附单核对路线和天数。报销单格式如表 10－11 所示。

表 10－11　　××企业差旅费报销单

单位：技术工艺部　　姓名：张三　　出差路线：昆明——长沙——上海

起止时间				摘要	车船票金额	补助金额			合计
月	日	月	日			标准	天数	金额	
12	1	12	1	昆明——上海	——	——	1 天	——	——
12	2	12	4	住上海		——	3 天	——	——
12	5	12	5	上海——昆明	——	——	1 天	——	——
合计					——		——	——	——

备注：　　借支：1000 元　　报销：800 元　　退余额：200 元

企业主管：　　单位负责人：　　会计经办人：　　报销人：

为了确保对管理部门资源消耗控制落到实处，企业会计部门核定各管理部门资源消耗指标后，由各管理部门作出具体资源消耗计划，报企业会计部门批准，并将各管理部门核准后的计划汇总后，将各管理部门核准后的计划和汇总表交企业总务部门进行采购，按批准的计划发放。这样，对管理费用的控制，不仅是企业会计系统的事，而且管理部门也要进行自我控制。

第七节　全国性及国际化大企业总部会计控制功能的发挥

以上所阐述的企业会计系统控制功能的发挥，是以中、小型供、产、销紧密结合在一起的企业进行阐述的。那么，全国性和国际化的大公司，企业会计系统的控制功能要怎样才能发挥？现有的管理会计是以责任会计进行阐述的。公司总部对下属公司、工厂划分为成本、利润和投资中心。划分的标准是该中心的决策范围，以及用什么经营成果指标进行考核，就形成了什么中心。“无论何时，只要企业所生产的产品已经明确且可度量，又已知生产每单位产品所需要的投入量，我们即可建立标准成本中心。”[1]成本中心只对成本、产品质量和产出时间负责。“产品（或产量）一定要严格合乎标准，制造单位不需要作出价格决策、产量决策或产品结构决策。这些决策可集中地由中央管理部门做出……标准成本中心的设备和技术决策通常是由中央管理部门作出，而不是由标准成本中心的管理人员作出……”[2]，因此，对成本中心考核的指标就是产品单位成本、质量和产出时间。利润中心除了对资源的投资没有决策权以外，“……他们能对下列活动作出决策：生产哪种产品、如何生产、质量水平的高低、价格以及销售和分配体制。管理者要作出产品结构决策，并决定生产资源如何在不同的产品之间进行分配，之后，他们要权衡价格、产量、质量和成本，使中心的经营达到最优。”[3]利润就成为考核该中心的主要指标。投资中心除具有利润中心的决策权之外，还具有对资源的投资决策权。“当下级管理者具有以上对于利润中心所描述的全部职责时，同时对于运营资本和实物资产也具有责任与权利时，该中心就应以其所使用的有形资产和财务资产的水平作为计量业绩的标准。投资中心是利润中心的一般形式，其获利能力与其所使用的创造利润的资产相联系。典型投资中心的业绩计量标准是投资报酬率……”[4]从现有管理会计对责任中心的阐述，可知成本中心的决策权最小；利润中心具有除投资决策权以外的所有其他决策权；投资中心的决策权最大，具有所有的决策权。由于决策权的大小不同，考核的指标也不同，从理论上来说，是符合情理的。但考核只是对过程产生的结果的评判，并非对过程本身而言，因此，它不是一个完整的控制，只是控制过程最后的一个环节。如果我们将以对不同中心结果的考核为主，转移到对各中心过程的控制为主上来，企业总部能否以一个控制指令对下属各中心进行控制，确保企业总部目标的实现。为此，应找到成本、利润、投资三个中心的基本共同点。

一、三个中心的基本共同点

（一）成本中心的特点

成本中心自然要对成本进行控制，必须在生产过程中节约资源，包括原材料、辅料、工具、设备的使用（提高设备利用率）和人力资源（提高劳动生产率）的节约。成本中心虽对资源的投资没有决策权，但对资源的使用有节约的责任和义务，假如没有对资源使用的节约责任和义务，它怎能实现成本目标？因此，它要降低材料、工具的购买成本，尽可能地减少材料、工具的储存，加速周转，提高设备使用率，尽可能减少设备占用量，在生产过程中，尽可能减少物质、人力资源消耗。只有这样，它才能实现企业总部规定的成本目标。

根据现有管理会计理论，成本中心生产产品的转移价格是市场价格，并非按成本进行转移，它的转移是在总公司的下属单位之间进行的，即使最终产品，也只能对总公司下属的销售公司。因此，成本中心只要按质、按量、按时生产出产品，就能全部转移给总部下设的销售公司。总部对成本中心只考核成本，但作为成本中心，还是能计算出已转移产品的利润，根据本中心所实现的利润和本中心所占用的资源，计算出投资报酬率。

（二）利润中心的特点

利润中心自然要对利润指标负责，它与市场直接相联系，生产出的产品是否适销对路？它必须对生产什么、生产多少、产品结构、资源在各产品之间的分配、产品质量、产品价格等进行决策。这里最基本的控制就是生产过程所耗资源的控制，即对每一产品生产成本的控制。因为生产经营过程是财富产生之源，市场只是使财富得以实现。利润中心对成本的控制，与成本中心控制一样。因此，它同样可根据占有的资源和已实现的利润，计算出投资报酬率。

（三）投资中心的特点

投资中心囊括成本中心和利润中心的全部特点，它的考核指标就是投资报酬率。

根据以上分析，投资报酬率是三个中心的基本共同点。

二、投资报酬率分析

以上对三个中心的特点进行了分析，考核的指标不同，这只说明各中心的责任不同，但各中心都需要经营资源，并都可计算出收入和利润，也就都可以计算出投资报酬率，那么投资报酬率是否能成为三个中心的控制指令？因此，必须对投资报酬率组成内容进行分析。

$$投资报酬率=\frac{经营净利润}{经营资源}$$

$$=\frac{销售收入}{经营资源}\times\frac{经营净利润}{销售收入}$$

=经营资源周转率×销售利润率

销售净利润=销售收入－销售总成本－税金（1）式

销售收入=单位产品售价×已销售量（2）式

销售总成本=单位产品成本×已销售量（3）式

将（2）式（3）式代入（1）式

销售净利润=单位产品售价×已销售量－单位产品成本×已销售量－税金

=已销售量×（单位产品售价－单位产品成本）－税金

根据公式，销售净利润的大小，取决于销售量的大小、单位售价（价格）和单位产品成本。在同等售价和销量的前提下，销售净利润的大小完全取决于单位成本的大小。销量的大小和售价（价格）的决定，取决于企业总部高层管理人员的决策，只有根据决策所确定生产产品品种和产量适销对路，以及合理的销售政策，激发销售人员的积极性，才能产生理想的销售量，与生产过程无关，只有单位产品成本才与生产过程相关，它是决定净利润大小的最基本因素，是产生财富的根本原因，因而也是确定投资报酬率大小最基本的因素。作为责任会计的三个中心，都有成本问题，它与投资报酬率中的成本是相同的。三个中心要实现投资报酬率，必须要对成本进行控制。

三、投资报酬率与责任中心的关系

从以上对投资报酬率的分析可知，产品成本是实现投资报酬率的最基本因素，因而首先应对成本进行控制，而三个中心都需要对成本进行控制，三个中心与投资报酬率控制的内容基本一致，并都与经营资源周转率和销售利润率相关。

成本中心要按时生产出产品，这对成本中心就间接有一个对经营资源周转的要求，因为在规定的时间里没有完成规定的产出，那么取得的收入就少于规定的收入，而经营资源占用量与规定产出的资源占用量是一致的，这时的资源周转率就小于按规定时间产出的周转率，所以对产出时间的要求，自然就包含了对资源周转率的要求。成本中心按市场价格在内部进行交易，就能计算出包含税金的利润，因而也能计算出销售利润率，只是计算出的销售利润率大于按净利润计算出的销售利润率。因此，投资报酬率的内容与成本中心控制的内容基本一致，投资报酬率可作为对成本中心的控制指令，成本中心根据企业总部规定的投资报酬率中的经营资源周转所要求的时间和利润中包含的成本，对生产过程控制，从而使企业总部对成本中心的控制内容与成本中心对生产过程控制的内容一致。

利润中心虽没有投资权利，但它同样有经营资源，它的产品出售直接与市场相联系，它实现的利润就是企业总部的利润，它是否交税金？根据营业性质而定，不管交与否，利润中心都包含经营资源周转率和销售利润率，若上交税金，它与投资中心的投资报酬率相同，若税金由企业总部统一上交，它的投资报酬率与成本中心一样，企业总部可按核定的利润计算投资报酬率作为控制指令，利润中心应按此投资报酬率对生产经营过程进行控制。

企业总部对投资中心的控制，自然以投资报酬率作为控制指令。

从以上的分析可以得出，投资报酬率可作为三个中心的控制指令，只是确定投资报酬率的大小不同而已。三个中心的划分，不是控制的指令不同，而是决策权的范围大小划分不同。决策权范围小，责任小，投资报酬率的实现最容易。而利润中心，它与市场相联系，要实现总部的投资报酬率，首先要根据市场的需求，然后进行产品、产量、价格决策，生产出适销对路，使社会大众能接受价格的产品，或开发新产品，引导社会大众消费。因此，此中心不仅要产生财富，而且要将产生的财富得到实现，成为实实在在的财富，这时才是企业也是社会的财富，所以利润中心实现投资报酬率要比成本中心难度大些。投资中心决策权最大，实现投资报酬率难度也最大。

供、产、销紧密结合的企业，实际上就是一个具有全部决策权的企业，如果按三个责任中心的决策权划分的话，它是一个投资中心，所以它对供、产、销的控制方法于三个责任中心都适合，所以供、产、销紧密结合企业控制功能的发挥，是企业会计系统控制的中心问题。实际上对生产过程的控制是成本中心；对销售过程的控制是收入中心；对各管理部门的控制，就是卡普兰说的酌量性费用控制。

注释：

[1]《高级管理会计》[美] 罗伯特·S. 卡普兰，安东尼·A. 阿特金森著，邱寒，熊焰韧，李芳译，东北财经大学出版社，1999 年 8 月第 1 版第 305 页。

[2]《高级管理会计》[美] 罗伯特·S. 卡普兰，安东尼·A. 阿特金森著，邱寒，熊焰韧，李芳译，东北财经大学出版社，1999 年 8 月第 1 版第 306 页。

[3] [4]《高级管理会计》[美] 罗伯特·S. 卡普兰，安东尼·A. 阿特金森著，邱寒，熊焰韧，李芳译，东北财经大学出版社，1999 年 8 月第 1 版第 309 页。

第十一章

财务会计与管理会计一体化

科学发展历程可划分为古代科学、现代科学和边缘交叉科学三个阶段。“古代科学是综合的学问，关于自然、社会、人自身的知识统一包容于哲学体中。现代科学是分科的学问，它沿着不断分支化、专门化的道路演进，形成分支林立的庞大体系，同时也造成不同分支相互隔离，难以沟通的局面。到20世纪中叶，这种发展模式已走到自己的顶峰，弊病日趋明显，出现了科学重新统一的历史需要。各分支学科在对自己对象领域的中心部分充分研究之后，必然要向与其他科学接壤的边缘地段拓展，导致边缘科学、交叉科学纷纷出现。原本分明的学科界限模糊了，不同领域相互过渡的道路打通了，科学逐渐演变为一个在任何一处都没有鸿沟的整体。现代社会日趋大型化、复杂化，出现了大工业、大农业、大经济、大军事、大政治、大科学、大教育、大文化等。”[1]当代科学是一个整体，没有对组成整体的部分进行研究，就不能把握和了解整体与部分、部分与部分之间的联系以及发展变化的内在规律。为了解决这些问题，人们采用了分析的方法，把整体分解为部分来加以认识，把部分从整体的联系中暂时划分出来，分门别类地、孤立地、静止地剖析，深入事物的内部，使认识走向深化，使科学取得辉煌的成就，这就是现代科学。然而，这种研究也有局限性，因为科学之间都是相互联系、相互渗透、并不断发展变化的。因此，对每一类科学的研究，都必须了解其他科学理论知识，就出现了边缘科学和交叉科学。又将分门别类的研究进行整合，形成一个整体，但此时的整体，与古代的整体科学不一样，它是剖析了事物的内部关系，以及与环境（外部）关系后形成的整体。从哲学理论来说，事物的发展变化都是螺旋式上升、波浪式前进的，科学的发展道路也是如此。现代科学对古代科学是一种进步，但存在一定问题，然而它又不能从古代科学直跃到边缘科学、交叉科学，只能带着存在的问题逐步前进和上升。边缘科学和交叉科学对古代科学来说，它完成了一个全面上升的循环，然而它也不是尽头，还会向前不断地发展。

根据科学发展变化的三个阶段，会计科学也应有此三阶段。开始是一个朴素的、不完善的整体阶段，“直到第二次世界大战以后，学术界才开始宣称管理会计的‘诞生’”[2]这时会计才分为财务会计和管理会计，对会计分别进行研究。这是会计科学发展的第二阶段，然而到现在为止，它还没有进入第三阶段，按照科学发展的规律，财务会计与管理会计的整合也是必然的。既然是必然的，那么就有整合的必要和可能，它怎样体现出来？

第一节 财务会计与管理会计一体化的必要性和可能性

随着经济的发展和科学的进步，科学研究方法从分析走向分析与综合相结合的转变，一方面给会计提出了崭新的要求，另一方面，又给会计提供了理论基础和技术基础，为会计走向新一轮发展成为可能。

一、财务会计与管理会计一体化的提出

20世纪70年代末，管理会计从西方来到了中国，随之走进了大学课堂，但这么多年过去了，管理会计在企业中的应用甚微。不仅我国如此，管理会计方法在西方也并没有得到普遍应用，西方是管理会计的发源地，对管理会计的研究已久，为何如此？

（一）管理会计在发展中未完善的方面

一种新生事物之所以能发展壮大，说明该事物有其自身的生命力，符合事物发展的客观规律。如果新萌发的事物不符合发展客观规律，必定没有生命力，注定自生自灭。管理会计从现在的理论来说，从传统的标准成本系统控制发展到与外部环境沟通，以全局性、决策性为主体。管理会计理论上这一发展方向，既符合系统科学的开放性原理，也符合客观实际情况。如果管理会计不根据政治经济学的价值理论和市场的要求加强内部管理，企业会计系统是无法确定和实现目标的。这说明管理会计理论的发展，致力于解决实际问题，但该理论实际上又被“束之高阁”，这说明在理论上还存在不完善的地方。对企业会计系统来说，如果没有科学的会计要素组织结构系统保证决策实施，再好的决策也无现实意义。因此，它主要存在如下几个问题：一是标准成本的确定，没有与《政治经济学》的价值理论联系起来；二是缺乏具体的可操作性。

1. 标准成本的确定没有与《政治经济学》的价值理论联系起来

《政治经济学》的价值理论是阐述社会必要平均劳动决定商品的价值理论，这一理论，是价值规律的核心，也是经济发展的内在规律。以《政治经济学》价值理论为确定标准成本的理论依据，确定它的本身就是经济内在规律的产物。用标准成本对生产经营过程进行控制，就是按经济发展的内在规律要求企业生产经营过程对资源的消耗。这样，企业会计系统就将企业的生产经营活动与社会经营活动有机结合在一起了，使企业成为社会经济的一个细胞，会计又把不同的企业组成一个有机整体，并形成一个有序的社会经济体系。只有这样，企业会计系统为管理者提供的信息，才与社会经济紧密结合在一起，才能体现企业生产经营过程资源消耗的内在规律及与环境的客观状况，企业管理者才能作出与企业生产经营过程资源消耗的内在规律及与环境相符的决策。

现在管理会计理论认为：“……以泰罗的科学管理学说为基础形成、发展起来的标准成本系统，是管理会计的雏形，但它还不是现代意义上的管理会计。”[3]这种认识，没有把标准成本与《政治经济学》的价值理论联系在一起，只是把泰罗的标准动作机械地引入企业会计系统。作为泰罗的标准动作和多余的、重复的、不必要的动作是看得见的，只要把多余的、重复的、不必要的动作去掉，就是标准动作。而成本，虽与标准动作有一定的联系，标准动作能提高劳动生产率，但它不是标准成本的全部内容；再者，这里的标准动作，只是对某一个企业而言，没有与社会联系起来。而标准成本除了动作的标准外，还必须有物质资源消耗的标准，这个标准，既不是由单一企业确定的，也不是在单一的企业生产经营过程中看得见，摸得着的，它必须以社会必要平均水平来确定。这里的标准成本有两个前提条件：一是必要的；二是社会平均的。它的社会平均不是按各个企业实际消耗的平均，而是必要（应该）消耗基础上的平均。那么这又怎样确定？在第九章中，已讲到标准成本的计量依

据，必要就是按计量依据计算出的消耗量，这个计量依据就是产品设计和工艺设计。只要按此设计进行生产，不管哪个企业，都必须消耗这么多资源，这就是企业生产经营过程消耗资源的内在规律。要想降低资源消耗，必须进行不同的改进设计。那么又怎样体现社会平均消耗？这个社会平均消耗，不能直接从企业会计系统体现，它是通过对产品设计和工艺设计水平的评价体现出来的，当产品设计和工艺设计水平达到社会平均（一般）水平时，它的必要消耗就是社会平均消耗；当产品设计与工艺设计低于社会平均（低于一般）水平时，它的必要资源消耗高于社会平均水平；当产品设计和工艺设计达到国内或国际先进水平时，它的必要资源消耗一般低于社会平均水平，但价值不一定低于社会平均水平，因为可能耗费高科技生产出的材料。不管怎样，这种产品会产生超额利润。因此，不能将泰罗的标准机械地引入企业会计系统的成本中，标准成本本身就是与生产经营过程资源消耗内在规律和环境相联系的产物，它并非每一个企业内部的标准，如果把标准成本只按标准动作来理解，只是与本企业相联系，那么管理会计中本、量、利的分析，也没有建立在科学理论和市场环境联系之上，把企业的现象和市场需求当作决策的唯一依据，企业会计系统只能纯粹根据市场需求和企业的现象作出分析，根据分析后所得出的资料，提供给企业管理者作出决策，从而使企业决策也未建立在内因是依据外因是条件的理论之上，完全受企业所表现出来的现象和市场供需所左右。这种决策没有科学的理论根据，不能引导消费者进行消费，只能是随波逐流。这种决策是很危险的，当市场发生变化，决策也随之土崩瓦解。

2. 缺乏具体的可操作性，不能确保标准成本在生产经营过程中得到实现

现在的管理会计理论，无论是一般的管理会计或高级管理会计，保证标准成本实现的操作性都不强，都只停留在费用分配、成本计算、指标考核和激励、预计的标准成本与实际成本结果进行对比，对产生的差异进行事后分析上。这些方法和手段，虽对标准成本的实现有一定的促进作用，但不能保证标准成本在生产经营过程中得到实现。

（1）作业成本计算法。

什么是作业成本计算法？“作业成本计算法……将间接成本和辅助资源，更准确地分配到作业、生产过程、产品、服务及顾客中的一种成本计算方法。”[4]它的计算分两步：第一步，确定作业，并将所耗资源分配到作业上；第二步，按每一产品所耗作业，将所耗资源分配到产品上。从定义和计算步骤看，作业成本计算法是对制造公共成本怎样进行准确的分配的一种计算方法，这种方法，是对过程所耗资源的结果进行分配，它分配得再精确，也不会消除过程中不合理的资源消耗和巩固过程中有利的资源消耗，因而它不能确保标准成本在生产经营过程中得到实现。

（2）成本计算。

无论是传统的计算方法，还是按成本的习性即按变动成本和固定成本计算产品成本，都是对已完结的生产经营过程所耗资源归集在产品，这种计算无论多么准确，它不能改变已完结的生产过程的资源消耗，也不能计算出生产经营过程中的资源消耗哪些是合理的，哪些是不合理的，哪些符合标准成本要求，哪些不符合标准成本要求。因此，成本计算，不能保证标准成本在生产经营过程中得到实现。

（3）平衡计分卡。

“平衡计分卡不是对企业的日常业绩指标系统的取代。”[5]当公司与竞争对手的竞争指标达到同等出色的水平时，此指标已不是公司制定未来决策最重要的因素，在这样的环境下，

“公司需要找到在它带给客户的价值观念上的其他因素，使它与其他竞争者不同。这些其他因素就形成了平衡计分卡。”[6]因此，“平衡计分卡是被用来表达那些多样的、相互联系的目标，这些目标是企业在生产能力基础上的竞争和在生产技术革新的竞争中必须达到的，并不仅是有形资产。平衡计分卡把任务和决策转化成目标和指标，由四个部分组成：财务、客户、内部经营过程、学习与成长……。”[7]这四方面存在内在的因果关系，……因果关系链应该遍及平衡计分卡的四个方面。例如，资本报酬率（ROCE）可以作为财务方面的一个计量指标。这个财务指标的动因是现有客户的重复和扩大的销售及现有客户忠诚的结果。因此，客户忠诚也被包括在计分卡里（在客户方面里），因为它对资本报酬率有强烈的影响。但是如何做到保持客户呢？分析表明，按时支付对客户有很大作用。因此，改善按时支付可以产生较高的客户忠诚，同时也可以有较好的财务执行情况。因此，客户忠诚和按时支付在计分卡的客户方面是结合在一起的。

“这个过程通过公司要求内部经营达到预期的按时支付得以继续。为了达到按时支付，公司可能会要求在经营过程中缩短周期时间和高质量的内部过程。这两个都是计分卡在内部经营方面的指标。那么企业如何改善质量并缩短它内部经营的周期时间呢？通过培训员工并提高他们的技术，这是学习和成长方面的一项内容，现在可以看出，当一个纵向指标穿过平衡计分卡的四个方面时，一个因果关系链如何被建立起来，如图 11 - 1 所示。

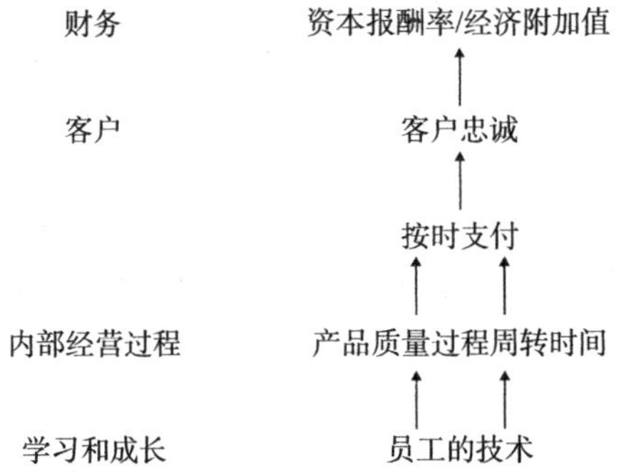

图 11 - 1 因果关系链

因此，一个结构合理的平衡计分卡可以反映经营单位的策略，它可以确认并明确在结果指标和产生这些结果的执行动因之间因果关系的一连串假设。”[8]以上是卡普兰教授在《高级管理会计》中对平衡计分卡的形成原因、定义以及定义外延内在之间关系所进行的阐述。

卡普兰教授对平衡计分卡四方面内容的关系所进行的分析，表面看来合情合理。财务指标的实现，确实离不开市场，离不开客户，但市场和客户不仅是企业会计系统无法控制的，就是企业也是无法控制的，企业高层管理人员只能根据企业各子系统提供的有关信息，对市场所需该企业产品作出预测，然后作出决策，生产什么？需要生产多少呢？生产出产品后，由企业的销售子系统负责销售。因此，会计系统不能执行对产品的销售，它与市场没有直接联系，只能对已实现的收入进行业务处理，市场不能纳入企业会计系统的内容，客户是与市场相联系的，所以客户也就不能纳入企业会计系统的内容了。

客户虽然不能纳入企业会计系统的直接内容，但根据哲学理论和客观事实，世界上万事万物都是互相联系的，企业会计系统与企业销售系统有着紧密联系，自然与客户有着间接联系。客户希望能及时买到价廉、物美的产品，这就牵涉到供货的时间、价格、质量问题。企业会计系统与价格直接相关，企业会计系统只有使生产经营过程按社会必要平均消耗生产出产品，这时的价格从理论上来说才是消费者（客户）能接受的价格，企业也才能取得社会平均利润。要按社会必要平均消耗生产出产品，一是要提高效率；二是要提高质量。只有提高效率，才能节约人力资源的消耗，既能降低成本，又能保证按客户要求的时间供货。而提高产品质量，有两方面，一是产品的功能质量，这与产品设计有关，只有设计出好的功能，产品才有好的性能，只有产品的设计功能达到社会平均水平或国内、国际先进水平，企业会计系统按这一设计标准对生产经营过程进行控制，生产经营过程的消耗才会与社会必要平均消耗一致或低于社会必要平均消耗。根据这一消耗所确定的价格，才是客户和企业双方能接受的价格；二是工作质量。它体现在良品率（合格率或等级品率）上，它表明生产出的产品是否符合产品设计与工艺设计要求。只有产品符合这两方面的质量要求，才能降低产品成本，满足客户对产品质量的要求。

企业生产出的产品不仅要适应市场环境，而且要影响市场，否则就谈不上开拓市场。开拓市场有两方面的含义：一是扩大市场范围，提高市场占有率，这要提高产品质量，降低价格才能达到；二是影响引导民众的消费，扩大消费领域。如果企业会计系统的指标只以现有的市场环境来确定，那么企业会计系统永远处在被动的局面，也就是永远处在被市场牵着走的局面，被市场打着走的局面，没有主动权。因此，企业会计系统的指标的实现，与市场有关，但市场不是主要的内在的因素，不应以市场倒推出企业该怎样做。如果以市场（环境）倒推出来决定企业该怎样做，那是违反辩证法的，是外因决定论的体现。现在之所以有这样的会计理论，是因为会计理论工作者没有认识到既包含产品创新，又能在生产经营过程中转化成非会计指标的会计指标。有了这样的会计指标，就能顺理成章地按会计指标把内部经营过程、学习与成长、客户的顺序有机结合起来解释，不再是让外因成为事物发展的主导因素，因为财富的增加产生于生产过程，只有产生了财富，才能在市场上实现财富。市场是不能产生财富的，产生财富是根据，实现财富是条件。依据以上的分析，现有的平衡计分卡，没有认识到能联结创新又能转化成非会计指标的会计指标，只是找到了表面的因果关系和动因，没有切实可行确保指标在生产经营过程得到实现的操作性。

（4）指标考核和激励。

指标的考核，都是在过程结束后才知道指标完成的情况，它的激励，并非对本过程的激励，它是对以后的过程而言的。而以后过程的环境又并非与已完结过程的环境绝对一样，所以指标考核和激励，无论对本过程和以后的过程，都不能确保指标在生产经营过程中得到实现。

（5）标准成本差异分析。

现在管理会计中的差异分析，是标准成本与实际成本相比较而得出的，实际成本的计算，是本过程完结后才进行的，所以实际成本是本过程的结果。标准成本是一个预计的结果，两者的比较是一个预计的果与一个实际的果的比较，它是一个静态比较，而没有将预计的果转化成原因，在过程中与实际果的形成过程进行动态比较。所以这种静态比较对本过程来说，毫无意义。又由于制定的标准，没有找到客观的理论依据，而制定的标准是否客观？产生的差异到底是标准成本制定本身有问题，还是实际过程形成的成本有问题呢？不得而知，这样的静态比较就更无意义了，至于差异分析，也是在本过程结束后的静态分析。因此，这种差异分析，即使找到产生差异最准确的原因，对已完结的过程无任何意义，不能保证标准成本在生产经营过程中得到实现。现在的差异分析，只停留在计算上，没有结合非会计指标进行分析，找不到产生差异的真正原因，因为差异产生的原因都存在于非会计指标之中，如人力资源消耗的差异存在于出勤率、工时利用率、达额率之中，材料消耗的差异存在于材料利用率、良品率之中等。

（6）执行会计。

我国有的学者把预算、责任会计、标准成本、材料采购的经济批量等都划入管理会计中的执行会计。既是执行会计，就应保证企业会计系统目的的实现，实践证明，它不能确保企业会计系统目的的实现。显然以上的内容虽都具有某种意义上的执行含义，但都无具体的操作方法和手段。执行是有层次的，预算只是执行的初始阶段，它在没有将预算转化成在企业会计系统内运行的控制指令前，预算只是一纸空文。即使预算编制得再准确，也无多大作用，因为它不能通过企业会计系统在过程中将预算的执行情况进行业务处理，传递到每一层次和单位，直至每个员工，使预算转化成每个员工的行为，也就是将会计指标转化成非会计指标。同时，又将每个员工在过程中的完成情况，通过企业会计系统的处理，将每个员工的行为即非会计指标转化成会计指标。通过以上的转换，使企业会计系统随时了解掌握过程的现状，同时又指导每个员工的行为。只有这样，才是真正的完整地执行。现有的预算、责任会计、差异分析都做不到这点，都不具有执行的可操作性。

（二）财务会计发展中的问题

财务会计发展到现在，似乎已是尽善尽美，特别是把会计当成一个信息系统，基于会计假设、会计目的、会计职能、会计方法、会计原则进行核算，并按会计准则规范会计行为，如果信息使用者只需计算结果，会计人员都按以上理论处理经济业务，按计算的结果提供的信息将是完美无瑕的。假如准则完善了，财务会计将走到了尽头，再无发展的空间了。因为原则是操作规则或注意事项，准则是使用说明书，如果没有新的生产组织结构和新的企业会计要素组织结构，信息使用者也不会对信息的提供提出新的要求，就不会有新的规则或新的注意事项，也不会有新的使用说明书。只有生产组织结构和会计要素组织结构不断的变化，信息使用者对信息的提供不断提出新的要求，才会有新的规则和注意事项，以及新的使用说明书的提出，也才会有新的会计原则和准则的产生。所以生产组织结构和企业会计要素组织结构是研究会计原则和准则的源泉。如果不研究生产组织结构对会计要素组织结构的影响，就不会产生新的会计要素组织结构，也就不会产生更多的新的经济业务处理，也就不会产生更多的新的会计原则和会计准则，从而使会计理论走到尽头。走到尽头即是它的完善，也是它的问题所在。任何事物都是发展变化的，不可能有尽头。如果真的到了尽头，也就到了末日，将让位于其他科学。实际上，会计理论和会计实践是随经济的发展而发展，环境的变化而变化的，其本身是不断演进的。财务会计要在现有基础上得到发展，必须找出存在的问题及解决的办法，才会随经济的发展而发展，环境的变化而变化，财务会计在发展中主要存在如下问题：

1. 不适应加强企业管理的需要

从美国会计学家利特尔顿和亨德里克森所著的会计理论看，把会计定位为信息系统，它的目的是由收益决定的，它的职能就是计算收益，它的方法是准统计。从目前财务会计的实践看，它确实符合这一理论要求。企业会计人员行政组织结构系统只是根据生产经营过程发生的交易和事项，被动的、消极的、机械的取得信息，只要不违反财经纪律和企业的规章制度即可，发生多少就记录多少，将发生的经济业务所取得的原始凭证，根据会计原则、会计准则和会计制度，按会计方法进行加工处理，最后计算出收益，编制出财务报表，提供给信息使用者。这样编制出来的会计报表，是真实可靠的报表，否则就不是真实可靠的。会计原则、准则和会计制度只是对企业会计人员加工整理会计资料的行为进行规范，但并未规范会计人员对生产经营过程的管理行为。如材料是否需要购入？每次应购入多少才会使发生的成本最少呢？生产领料该不该领？应领多少呢？每次出差费该不该发生？应该发生多少呢？怎样促进产品的销售？该赊销还是不该赊销等，企业会计人员行政组织结构系统目前没有参与管理的直接或间接手段，无法过问，自然也就无权过问，无权过问是由无法过问而引起的。企业会计人员行政组织结构系统只能根据采购多少、领多少、发生多少记多少，成为企业系统的一个大出纳，它的职责只是对发生的单据进行审核，核对采购发票的单价、数量、金额是否有错、与合同是否相符；领料的审批手续是否齐全；出差发生的差旅费是否真实等，这就是会计的所谓“监督”职能。这种监督对加强管理、减少消耗、降低成本、提高效率、没有实质性作用，要说有作用，就是防止弄虚作假（当然也可减少消耗、降低成本，但不能从本质或根本上解决问题）。按照发生多少就记录多少，可谓真实可靠，而并非应该发生多少记多少。尽管企业会计人员行政组织结构系统按会计原则、准则和会计制度进行了加工整理，提供了会计信息，这种信息虽不是虚假的，但却是表面的、没有反映“应该”是多少以及实际消耗达到应该消耗的信息，这样的信息提供给使用者，难以作出准确的决策。会计理论界把企业会计系统定为信息系统，就是把企业会计定为记账型会计。我国20世纪70年代就提出将记账型会计变为管理型会计，可是这么多年过去了，并未变成现实。企业急切地希望通过企业会计系统的努力降低成本的，增加产生的财富。如果企业会计系统只是按实际发生的消耗进行记账和算账，是降低不了成本的，更不能增加产生的财富。只有通过企业会计系统进行管理，是应该发生的，才发生，不应该发生的一律不发生，这样才能使资源消耗达到社会必要平均或低于社会必要平均水平。这样才能真正降低成本，增加产生的财富。企业会计系统还要促进销售，才能使在生产过程中产生的财富变成现实的财富，潜在的利润变成现实的利润，对此，目前的财务会计无能为力。

2. 会计账户的设置不能如实反映内部单位的责任和效率

企业的生产经营活动具有供、产、销阶段性，又有管理部门、车间、工段、班组等层次性，而反映生产经营的账户目前只分阶段设置，没有按生产经营的层次性设置以及层与层之间的联结账户，只有将不同层次的单位设置账户，才能反映出各自的效率和责任，而只有设置层与层之间的连接账户，才能将不同层次的账户组成一个有机整体。目前账户设置有总账和明细账，这也是一种层次性，但这种层次性，并非按生产经营的层次性设置的账户，不能组成企业会计要素新的组织结构，也就不能对生产经营过程各层次的内部单位的责任和效率如实进行反映。

管理会计和财务会计目前存在的这些关键问题能否解决？

二、财务会计与管理会计一体化的必要性

要解决管理会计和财务会计存在的关键问题，必须将二者进行整合。

（一）管理会计存在的关键问题，必须通过财务会计才能得到解决

前已阐述，企业会计系统的执行是有层次的，管理会计的执行只是执行的初始阶段和执行的结束即考核阶段，而没有具体执行的过程阶段，执行的具体过程必须由财务会计将管理会计的初始阶段，通过业务处理，传递到生产经营过程的各个阶段，以及各层次的每个单位直至每个员工。这是财务会计将管理会计初始执行的预算通过业务处理所进行的传递过程，也是会计指标与非会计指标相互转换的过程，首先由会计指标转换成员工行为，并创造顾客的过程，然后由员工行为以及创造的顾客又转化成会计指标——成本与利润。通过这种转换，使会计指标与非会计指标有机结合在一起，企业会计系统对生产经营过程的反映与生产经营过程的客观存在同步进行，“使成本与时间的流逝同时发生”在企业会计系统得到真正的体现。此时的成本不需要再通过事后的计算，在过程中就能知道哪些是合理的，哪些是不合理的。差异分析也不是事后进行，而是在生产经营过程中进行，通过分析指导员工的行为。员工在过程中通过行为的纠正，保证了管理会计各项指标的实现。正因为管理会计指标与非会计指标在生产经营过程中不断地随时地转换，使管理会计所作的决策，在生产经营过程中得到实现。只有财务会计和管理会计一体化，才能克服管理会计的不足。

（二）财务会计将记账型转变成管理型以及如实反映内部单位的责任和效率，必须将标准成本进入会计核算系统

财务会计要从生产经营过程发生多少记多少转变成应该发生多少才记多少，首先就应解决应该发生的标准问题。应该发生多少不是以企业为标准，而是以社会认可为标准。前已阐述，产品的价值是由社会必要平均劳动决定的，投资者为了取得社会平均或高于平均利润，必须要求企业所生产出的产品的成本等于或低于社会必要平均劳动，以社会必要平均劳动消耗作为标准成本，并通过设置账户，改变企业会计要素组织结构，进入企业会计系统的日常核算，没有标准成本进入企业会计系统的日常核算，财务会计就不能从记账型会计转变为管理型会计，也不能如实反映内部单位各自的责任和效率。因此，财务会计的转型与分清内部单位的责任和效率，离不开标准成本。而标准成本又是从泰罗的标准管理引入管理会计的，标准成本就成为管理会计的组成内容了，财务会计的转型也就离不开管理会计了。

标准成本进入企业会计系统进行核算，不仅使财务会计从记账型变为管理型，而且使标准成本与《政治经济学》的价值理论有机地联系起来了，使价值理论成为标准成本的理论基础。

由于标准成本是通过控制指令进入企业会计系统的，控制指令不仅要考虑物质资源的消耗，而且也要考虑效率，而控制指令只能对一个具体的单位，因此，生产经营过程内部单位各自都有一个控制指令，这样不仅把内部单位责任效率分清楚了，而且保证了标准成本在过程中得以实现。所以只有财务会计和管理会计一体化后，才能解决管理会计和财务会计存在的问题。

三、财务会计和管理会计一体化的可能性

财务会计和管理会计一体化，既要有必要，也要有可能，才能变成现实。由于一切事物的发展变化都是由内部矛盾而引起的，都有自己发展的内在规律，因此，应首先了解企业会计系统存在的内在矛盾和发展规律。

（一）现有企业会计系统的内在矛盾

现有企业会计系统存在如下两个内在矛盾：

1. 绩效的形成与指标考核之间的矛盾

绩效是在生产经营过程中形成的，它是一个动态过程，而考核指标是一个预计的果，这个预计的果不能与绩效的形成同行，它是一个预计的静态的果，这样就产生了动与静之间的矛盾，如果不将预计的静态的果转化成动态的果，这一矛盾将无法解决。

2. 产品完工时间和成本形成与成本计算时间之间的矛盾

产品是在生产经营过程中陆续完成的，成本是随时间的消逝不断形成的，而成本计算是在会计期结束之后才进行的，这时就产生了产品的完成时间和成本的形成时间与成本计算时间之间的矛盾。如果不将成本的计算与产品完工时间和成本形成时间同步进行，这一矛盾也将无法解决。

以上两个矛盾，只是表面现象上的矛盾，究其根源是企业会计系统会计要素组织结构与生产组织结构不一致的矛盾，解决的办法就是企业会计系统的会计要素组织结构，一定要适应生产组织结构，它们二者的关系是依据和依存的关系，生产经营过程及其与环境的关系是建立企业会计系统的依据，企业会计系统依据生产经营过程及其与环境的关系而存在。因此，企业会计系统的要素组织结构与企业生产组织结构一致，是企业会计系统内在的发展规律。在工业革命前，没有建立多步骤生产产品的工厂，当时的会计根本谈不上会计要素组织结构，更谈不上会计要素组织结构的完善，然而只通过会计账户记录发料的数量和交回完工产品的数量和应给的工钱，就可完整无误地反映实际情况，取得可靠、客观真实的信息，这是为什么？是因为会计组织与生产组织一致。工业革命后，会计不能只通过原有账户记录就能取得客观、真实可靠的信息，因为原有账户不能记录每个职工的用料、完工产品和应付的工钱了，会计必须根据生产组织结构重新组织会计要素组织结构。因为生产经营过程对资源的消耗总存在浪费问题，减少浪费，节约资源就成为生产经营过程本身的一种客观要求。而企业会计系统要把原有会计要素组织结构与生产经营组织结构不一致改变成一致的组织结构，必须从原来消耗多少记多少，改变为应该消耗多少记多少，这就要对实际消耗按应该消耗进行控制，改变现有企业会计要素组织结构。那么怎样才能改变现有的企业会计要素组织结构？要建立这样的组织结构，必须了解企业会计要素与企业生产经营过程存在客观的内在联系。

（二）企业会计要素与企业生产经营过程存在的客观内在联系

系统的形成是由于组成系统的元素之间客观存在着联系，无论是天然系统还是人工系统，都是如此。只有人们找到了系统元素之间的内在联系，才会发现天然系统（如门捷列夫的化学元素周期表），或者建立符合客观情况的人造系统。如果找不到系统元素之间的内在联系，那么既不能发现天然的系统，也不能建立符合客观情况的人造系统。

在第三章阐述了会计要素是由生产经营过程系统及其与环境的关系转化而来的，那么会计要素的变化就能反映生产经营过程及其与环境关系的变化。会计要素不仅包括了财务会计的内容，而且包括了管理会计的内容。会计要素体现财务会计的内容，是通过对生产经营过程系统及其与环境的关系的业务处理体现出来的，而会计要素体现管理会计的内容，是通过要素的内涵体现出来的。这一内涵主要体现在费用这一要素中，又由费用这一要素的内涵，推动整个要素的变化。前已阐述，商品的价值是由社会必要平均劳动决定的，企业为了取得社会平均利润或超额平均利润，必须使企业销售产品的费用等于社会必要平均劳动或低于社会必要平均劳动，由于价值理论又是确定标准成本的理论依据，因此标准成本就寓居在费用之中。费用的降低，就会减少资源的占用，同时收入中包含了更多的利润，从而使所有者权益增加并使负债发生变化。这样，就使标准成本寓居在整个会计要素之中了，从而使整个管理会计也寓居在会计要素之中（此理论在第二节再阐述），这一内涵要真正体现出来，必须改变企业会计要素组织结构。在第九章，阐述了会计要素新的组织结构的建立，新的组织结构建立后，企业会计系统就具有新的功能。第十章阐述了企业会计系统控制功能是怎样实现的。前几章的阐述已为财务会计与管理会计一体化打下了坚实的基础。如果会计要素只体现财务会计的内容，不体现管理会计的内容，就不会有企业会计要素组织结构的变化，即使有组织结构的变化，也不会有管理的功能，二者就不可能一体化。现在之所以存在两个独立的系统，是因为还未认识到会计要素的内涵呈现的内容，只是认识到会计方程式静态表达式呈现的对生产经营过程及其与环境的关系进行业务处理的内容，这只是一种外在的认识，对外界的认识比对内在的认识要容易。

财务会计和管理会计一体化，是由企业会计系统的内在规律决定的，财务会计体现了会计要素与生产经营过程及其与环境关系的外在联系，反映了生产经营过程及其与环境关系的外在运动形式，管理会计体现了会计要素与生产经营过程及其与环境的关系的内在联系，反映了生产经营过程及其与环境关系的内在运动形式。按哲学理论，任何事物都是由矛盾的两方面组成，内在运动与外在运动是矛盾的两方面，它们统一在企业会计要素组织结构系统之中，由企业会计人员组织结构系统按会计要素组织结构系统进行操作，使企业会计系统的组织结构与生产经营过程的组织结构一致起来，这样的组织结构符合企业会计系统内部发展规律，既解决了企业会计系统目前存在的内部矛盾，又解决了目前管理会计和财务会计各自存在的问题。

第二节　财务会计与管理会计一体化的具体操作

财务会计与管理会计一体化，就是要使管理会计所有的理论和操作融入财务会计之中，只有管理会计融入财务会计之中，财务会计才能从记账型会计转变成管理型会计，也才能真正反映生产经营过程系统内部各阶段，以及同一阶段不同内部单位的责任和效率，而对管理会计来说，只有管理会计融入财务会计，它的所有决策才会具体落实到生产经营过程系统及其与环境的关系之中，从而保证各项决策在生产经营过程之中得到实现。这些决策的实现，离不开会计要素组织结构。而科学的会计要素组织结构，离不开标准成本，投资者和企业要取得社会平均利润或超额利润，必须要使产品成本与社会必要平均消耗一致，就必须按标准成本对资源进行内部分配，使《政治经济学》的价值理论成为标准成本的理论依据，从而解决管理会计存在的关键问题。

一、财务会计与管理会计一体化的切入点和逻辑起点

管理会计以成本的习性分析为切入点，以本、量、利分析为逻辑起点来展开所有管理会计理论论述的。因此，只要将管理会计的逻辑起点即本、量、利分析引入财务会计系统的日常核算，就可将管理会计所有的理论引入财务会计之中。

（一）标准成本进入财务会计日常核算系统是一体化的切入点

前已阐述，标准成本和产量以及生产周期计算所需资源在内部单位分配，形成内部单位

的控制指令，通过增设账户，改变现有会计要素组织结构，将控制指令进行业务处理，使标准成本进入财务会计日常核算，随时将产出按标准成本收回，使生产过程在分配的资源内循环，这样就能在过程中随时与实际投入进行比较，了解过程中实际成本的形成是否达到标准成本？此时标准成本执行了对成本控制的功能。标准成本是管理会计的内容，管理会计也是要通过标准成本对实际成本进行控制的，然而它是通过考核指标和事后的差异分析进行的，因而无法保证在过程中实现标准成本。当标准成本进入财务会计日常核算后，真正使标准成本在过程中得到实现，使管理会计融入了财务会计之中，标准成本，也就成为了管理会计融入财务会计的切入点。没有标准成本进入财务会计的日常核算，管理会计是无法融入财务会计的，更谈不上二者的一体化。

（二）管理会计理论融入财务会计的逻辑起点

管理会计通过标准成本切入财务会计系统之后，它是怎样将管理会计全部理论引入财务会计系统？

标准成本是根据《政治经济学》的价值理论确定的社会标准，并非企业的标准。它的具体计量标准是产品设计和工艺设计。当产品投入生产后，由于人的聪明才智，通过实践的积累，不断总结经验，提出比原有设计更好的设计方案，或采用更先进的工艺技术进行生产，在省工省料的前提下，提高产品质量，增加产品功能，因而企业高层管理人员会提出新的企业目标，企业会计人员根据企业目标确定目标成本。企业会计人员又怎样确定目标成本？根据企业目标和原有的标准成本，按成本的习性进行本、量、利分析，根据企业提出的目标，先确定量和利，再计算出目标成本。当目标成本确定后，按目标成本、产量、生产周期对资源进行内部分配，形成新的控制指令，此时目标成本取代了标准成本。成本的习性分析和本、量、利分析，就成为了管理会计融入财务会计的逻辑起点。管理会计全部理论是根据这一逻辑起点展开论述的，当本、量、利成为融入财务会计的逻辑起点后，管理会计的全部理论也就融入了财务会计系统了。这里应指出的是：一体化的切入点和逻辑起点与管理会计的切入点和逻辑起点是有区别的，一体化的切入点是标准成本，成本的习性分析和本、量、利分析共同成为逻辑起点。没有标准成本成为一体化的切入点，管理会计永远也不能融入财务会计之中，而没有成本的习性分析和本、量、利分析作为逻辑起点，管理会计理论既不能全部融入一体化的系统之中，也不能成为一个真正一体化的系统，更不能使一体化系统永远保持与环境变化一致。只有一体化系统永远与环境变化一致，才是一个客观存在的发展变化的系统，否则将是一个僵死的系统。

标准成本进入财务会计系统的日常核算是一体化的基础，因为标准成本不仅是管理会计融入财务会计的切入点，而且为企业的目标与会计目标的确定，提供了切实可靠的理论依据，使目标成本建立在坚实可靠的理论和客观存在的基础之上。因为目标成本的计量依据仍然是产品设计和工艺设计，只是产品设计和工艺设计进行改进而已；它的理论依据仍然是《政治经济学》的价值理论，使标准成本转化成了目标成本，而目标成本既是企业的标准，也是按社会必要平均劳动计算出的标准，它把企业的目标与社会必要平均劳动联系在一起了，克服了目标成本的主观性和盲目性，从理论上和客观上保证了目标的实现。从以上的阐述可知，标准成本与目标成本是两个不同的概念，二者是有联系的，但是不能混用。

二、管理会计与财务会计一体化后的优点

管理会计与财务会计一体化后，除了解决管理会计和财务会计各自存在的问题外，它还有如下的优点：

（一）直接对生产过程中成本的形成进行管理

在现有的会计理论中，一提到成本控制，就会由会计提供信息给高层管理者，由管理者对成本进行控制。成本的形成是和时间的消逝同时进行的，管理者既不对生产过程的耗费进行记录，也不能采取一定的方法和手段，在过程中了解实际成本的形成实现目标成本的程度，管理者又怎能对成本的形成进行控制？之所以有这样的理论，是因为会计理论工作者对解决成本控制的理论问题无能为力，把本属于会计的职能甩给管理者，纯属无奈之举。当会计理论解决了成本的控制方法后，对成本的控制回到了企业会计系统，终于“物归原主”了。

（二）真正参与企业决策，并有会计本身的决策

当会计理论找到了与《政治经济学》的价值理论相联系时，也就找到了确定标准成本的理论依据，同时也找到了企业会计系统对生产经营过程系统及其与环境关系的资本运动控制方法。企业会计系统就能真正实现企业确定的成本目标，根据本、量、利分析以及全部会计理论所作的决策，能作为企业生产什么，生产多少决策的依据，企业会计系统也就真正参与了企业决策。在实行企业决策时，本、量、利分析又成为企业会计系统自身的决策，使参与企业决策和企业会计系统本身的决策有机地结合在一起。

（三）简化了考核指标，充分调动内部单位的主动性、积极性和创造性

企业会计系统通过控制指令，对生产经营过程的资源消耗进行控制，前已述及，控制指令是会计指标和非会计指标的共同产物，当控制指令落实到每个员工时，会计指标就转化成非会计指标了，会计期（如一个月、一个季度、一个年度）结束时，每个员工的成果都以会计指标体现出来，这时的非会计指标又转化成了会计指标。所以对内部单位和员工的考核，只需一个控制指令即可，不需要更多的会计指标进行考核，更不需要非会计指标进行考核，因为非会计指标已融入会计指标之中，正因如此，对差异分析必须结合非会计指标，才能找到真正的原因。

这样的考核是一种最具体的量化考核，也是看得见、摸得着的，最客观、科学的考核。同时又能很大程度地调动内部单位、员工的积极性、主动性和创造性，而且又有很大的灵活性，内部单位以至每个员工可根据自己的特点进行决策，扬长避短，实现目标。在扬长避短的同时，努力提高自己不足的方面。如某内部单位技术力量较弱，不能完成企业规定的良品率指标，可采用节约物质资源和提高效率来弥补，同时加强员工的技术培训，提高技术能力。通过企业对内部单位和员工的考核，促使内部单位和每个员工的长、短期行为紧密结合在一起，改变方方面面的短期行为。

（四）分开了管理与日常核算，使企业会计部门成为一个真正的企业管理部门

一体化后，企业会计部门专司对下层的管理和对外业务处理，生产经营过程中发生的各种内部交易，都由车间的会计人员进行业务处理，并对车间的生产过程进行日常控制。月末，通过内部报表恢复企业层的各种账户，由企业层会计部门编制对外报表，使企业会计系统实行层层管理，变成一个真正管理系统（报表的编制在第十三章论述）。

（五）能真正提供客观、真实的信息

一体化后，企业会计系统成为了一个真正的管理系统，它对内、对外提供的信息，比一体化之前提供的信息更客观、更真实，因为一体化前提供的信息，只是根据财务会计发生多少记多少的记录结果编制的报表，自然包括了不应发生的内容在内，而一体化后，通过管理，消除了不应该发生的内容，提供的信息自然更客观、更真实。它虽对内对外提供信息，但它不是信息系统，而是真正的管理系统，提供信息是履行企业系统对内、对外的服务职能（此道理已在前面阐述）。

注释：

[1]《系统科学精要》苗东升著，中国人民大学出版社，1998 年 5 月第 1 版第 19 页。

[2]《管理会计兴衰史相关性的遗失》托马斯·约翰逊，罗伯特·卡普兰著，金马工作室译，2004 年 4 月第 1 版第 99 页。

[3]《管理会计》余绪缨主编，辽宁人民出版社，1996 年 1 月第 1 版第 15 页。

[4]《高级管理会计》［美］罗伯特·S. 卡普兰，安东尼·A. 阿特金森著，东北财经大学出版社，1999 年 8 月第 1 版第 98 页。

[5]［6］《高级管理会计》［美］罗伯特·S. 卡普兰，安东尼·A. 阿特金森著，东北财经大学出版社，1999 年 8 月第 1 版第 385 页。

[7]《高级管理会计》［美］罗伯特·S. 卡普兰，安东尼·A. 阿特金森著，东北财经大学出版社，1999 年 8 月第 1 版第 375 页。

[8]《高级管理会计》［美］罗伯特·S. 卡普兰，安东尼·A. 阿特金森著，东北财经大学出版社，1999 年 8 月第 1 版第 383－384 页。

第十二章

成本计算和差异分配

目前，在会计的教材中，阐述了成本计算的分步法、分批法、品种法、定额法等，这些方法，各自适用不同的行业。一般来说，分步法适应纺织和化工；分批法、品种法适用于机械加工等行业，这些不同的成本计算方法所采用的某些计算技术又交织在一起，之所以分为这么多方法，是因为在某一方面的技术方法更加突出。当财务会计和管理会计一体化后，标准成本进入了企业会计系统的日常核算，标准成本既是一个事先的果，也是要在生产经营过程中一定实现的果。既是事先的果，就不是预计的果，是根据确实的科学依据，事先计算出来的果。由于成本的形成与时间的消逝同行，只要企业会计系统能根据时间消逝，反映生产经营过程的资源实际消耗达到标准消耗情况，就能知道成本在生产经营过程中形成情况。目前之所以进行事后成本计算，是因为产品生产连续性的特点，使在制品和完工产品交织在一起，只好定期事后计算，这种计算并非实际形成情况，难以准确，特别是在多品种同时生产的前提下，就会产生像卡普兰教授在《管理会计兴衰史相关性的遗失》一书中阐述的那样，形成成本的交叉补贴，从而使成本扭曲。在标准成本进入企业会计系统的日常核算后，形成了对生产经营过程消耗的控制指令，随时将完工产品按控制指令（标准成本）收回资金，这种收回就是一种反馈，它可与实际投入成本随时进行对比，就可知道随时间的消逝所形成的成本达到标准成本的情况。因而不需对成本在会计期结束时进行事后计算，只需将本期生产产品（包括完工产品和在制品）产生的差异，在完工入库产品与在制品之间进行分配，标准成本加减差异，就是完工产品的实际成本，不需要再重新计算。如果再重新计算成本，就失去了事先计算标准成本的意义了。

为了进一步弄清楚为什么一体化后不需要事后计算成本？应了解标准成本的作用和优点。

第一节　标准成本的优点和作用

标准成本这一概念，自从泰罗提出了科学管理，就将标准引入了会计，提出标准成本。

一、提出标准成本的原因

“传统的成本制度所依靠的是反映原材料调拨的仓库记录和领班对于工人花费在各批工作上的时间的记录。如果考虑间接费，一般就要按本年或前年度的人工费或主要成本的一定百分比进行分摊。原材料、人工费和间接费之和就是作业或产品的实际成本。人们慢慢才明白，这种‘真实’成本在定价和控制效率方面，并不是很有用的。人们对如何将按不同的价格购进的原料汇入作业成本，如何分配加班费、间接费中应包括什么样的费用，以及如何分配它们，都没有取得一致的意见。为了确定和维持实际成本，也要求许多反复的详细工作，而且，由于实际成本受到许多随机因素的影响，其最终结果几乎是不确定的。缺乏成本标准，导致普遍对企业经营费用的无知。”[1]因而提出标准成本。

二、现有会计理论对标准成本的认识

人们对事物本质的认识，都有一个过程，不可能开始就能认识到它的本质，会计理论工作者对标准成本的认识也是如此。由于标准成本是从泰罗的科学管理引入会计的，不同类型的人员对标准成本有不同的认识，“……科学管理工程师开发标准信息是为了评估工作任务或过程的潜在效率……而不是监督财务成本……管理专家们会运用这些标准来控制成本……”

“……二十世纪早期的财务会计人员意识到，标准成本能够大大简化存货计价工作。然而，直到第二次世界大战以后，会计人员普遍仍然无法接受将标准成本信息记入财务会计账目的观点……那些在战争时期谈论标准成本的财务会计人员很少（甚至没有）考虑到管理者是如何利用实际成本和标准成本之间的差异来控制生产运营的……”[2]

标准成本，开始是以“理想”成本提出来的。“在加克和费尔斯、丘奇和其他作者的著作中，已经暗示了比较实际成本的‘理想’成本的可能性……在产品生产出来之前就开始估价产品成本……”。[3]

“早期最著名的关于标准成本核算的文献是美国的工程师珀西·朗迈尔……的专著和英国会计师丁·斯坦利·加里……的专著……倡导赋予每种劳动以标准因素，每一种作业的人工成本应与产量联系起来……1903 年，加里……他在论文中主张对原材料采用‘正常标准价格’，并引进了量差和价差的概念。但是，无论是他的倡导还是朗迈尔的倡导，都没有从技术上提出详细的方案……”[4]

“第一个详细论述标准成本制度的人，是美国会计师约翰·惠特莫尔。”

“……他主张，应根据人工效率标准和原材料消耗量标准，去提前计算何为‘正当成本’，然后，表明它与实际费用的差额，这样做是切实可行的……他还论述了运用标准分摊率将直接人工费摊配到产品上去的方法。尽管他承认没有按同样的方法分配间接费，但他相信可以做到这一点。不管怎样，他没有从科学效率的观点论述标准成本。”[5]

“美国的效率工程师哈林顿·埃默森……的一系列论文中，对标准成本进行了更务实的研究。他划分了标准成本制度和实际成本制度……”[6]，他指出，“要计算成本，有两种截然不同的方法，第一种方法是在工作完成后计算成本的方法；第二种方法是在工作开始前计算成本的方法。前者是旧方法，现在仍然在大多数制造公司和维修公司采用；后者是新方法，已开始在一些大型工厂采用，其可行性和实际价值已被证明。”[7]

“埃默森指出，根据实际成本制度得到的数据不仅是过时的，而且缺乏正确性，混淆了合理成本和可避免损失，而这些可避免损失与最终产品毫无关系，把它们与合理成本混淆只能妨碍废除那些无效和落后的方法。认识在通常状况下什么才是成本，就会使超额量马上明显可见，并使管理者对低于标准的绩效给予关注……‘标准成本是经营企业的航海罗盘，它反映出企业这只船每月的适当航程’”。

“尽管埃默森不是一位会计师，也没有提出在总账上处理标准成本的方法，但他强调了标准成本与通常的会计记录结合起来的必要性，指出这样做不仅可以系统地比较标准成本和实际上的支出，而且可以向经营责任者提供现行方法取得预期成果的证据。”[8]

“预定成本比实际数额的计算更有用这样的思想，在1910—1920年之间发表的文献中已充分确立。这一期间的标准成本分析在实务中不仅用于控制支出、消除浪费，在编制预算时还用于预测新产品的成本……1911年……G. 查特·哈里森……设计了第一套有名的健全的标准成本制度。他在1918年发表的一系列论文详细地阐述了这种方法，并在1920年，发表了第一组成本差异分析的公式，他对会计账簿、总账和成本分析表的论述详细到可以用于食谱。以及基本成本会计发展到完善程度的标志”[9]，会计理论界对标准成本的认识，至今无论是国内或西方的管理会计，仍停留在以上的认识中，并无发展。

三、标准成本的优点和作用

以上根据现有会计理论，简要地介绍了会计理论界对标准成本的认识，它存在如下一些问题：第一是未找到科学管理的标准与标准成本的区别和联系，把标准成本中的标准等同于科学管理中的标准，认为“标准成本是……生产标准，和作业规范化的自然结果。”[10]，由此带来的第二个问题是没有找到标准成本标准的理论依据和计量依据，即什么是成本标准及其怎样计量。随之带来的第三个问题是没有认识到标准成本的产生是外因和内因的有机结合，因而把部分外因当成了形成标准成本的决定因素。如标准成本是生产标准和作业规范的自然结果，把标准成本的形成认为是科学管理的自然结果，这样就使得科学管理决定了标准成本的产生。这种理论是外因决定论的体现。科学管理的标准，只能是为会计理论工作者提供一种思维方式，会计对成本的管理也应有个标准，这个标准与科学管理的标准是不相同的，它不仅是一个效率问题，而且应满足产品技术标准的要求以及社会公认和消费者的要求，因此，标准成本的产生有多个外因，再者，把科学管理的标准当作标准成本产生的决定因素，与现有提出标准成本的理论不一致，它主要是阐述实际成本存在的问题。而实际成本存在的问题，是产生标准成本的内因，任何新生事物的产生，都是内因和外因的有机结合，内因是根据，外因是条件，没找到真正的内因和外因，或者没有把内因和外因摆到正确的位置，即使产生了新的事物，仍不会健康顺利地向前发展，标准成本就是如此。由于对标准成本的认识存在以上问题，利用标准成本对生产成本进行管理和控制，以及利用管理会计进行决策，仍停留在纸上谈兵阶段，标准成本的应用是以计划成本出现在会计中，简化存货计价。

现有会计理论对标准成本的认识，虽存在以上问题，但这些认识对标准成本的本质认识打下了基础，肯定了标准成本优于实际成本，并提出了某些具体操作或思想，如朗迈尔提出的量差和价差的概念，哈里森的差异分析系列公式，特别是埃默森“强调的标准成本与通常的会计记录结合起来的必要性”这一思想很重要，标准成本与通常的会计记录结合，就是标准成本进入财务会计的日常核算系统，只有这样，才能与实际发生的消耗进行比较，得出差异。但埃默森只是认识到了这一点，并未提出具体的解决方法。为了真正认识标准成本，就必须认识它的优点和作用。

（一）标准成本的优点

1. 资源消耗量计量的客观性

标准成本的计量依据是产品设计和工艺设计，在产品设计和工艺设计不变的前提下，任何企业生产该产品都要消耗等量的资源。在生产经营过程中，对原产品设计和工艺设计可能会有局部的改进，引起实际消耗小于原设计的消耗，从而节约资源，这种节约仍然是设计引起的，所以标准成本对物质资源的计量是有客观依据的。通过对设计水平的鉴定，转化成达到社会必要平均劳动的水平，从而可评定该产品的价值量。因此，设计水平把标准成本的计量依据和理论依据有机结合起来，使价值理论从观念走向了实际，从而得到了客观的体现。价值理论是人们观念上认为合理的交换价值，当观念价值与客观的计量结合在一起时，价值也就变成了客观存在的价值了，标准成本是根据价值理论和设计计算出来的，标准成本也是客观的。

产品的生产，除了对物质资源的消耗外，还需要消耗人力资源，那么是否也有客观标准呢？它也是有客观标准的（此问题已在第九章人力资源消耗标准成本的确定进行了阐述）。

产品所耗工艺装置如模具、卡具、刀具等，也是根据设计来计算的。如一件模具或卡具，设计时就可知生产多少件产品，会计人员可根据设计要求，计算出每件产品的标准消耗量，也是有客观依据的。

产品所耗检验工具，也是有标准可依的，检验工具有专用和通用之分。专用只适用于某一产品的某一零件，通用适合各种产品。检验工具一般可知检验多少件产品。为了保证检验工具的精确度，企业还设有专门的计量室，对检验工具进行计量检查和修理。对产品检验所耗工具也是有客观依据的。

标准成本客观科学的计量依据，是社会必要平均劳动决定产品价值的客观基础，没有客观科学的计量依据，就无法谈及社会必要平均劳动决定价值。因为工业产品的生产，都必须有产品设计和工艺设计，不管哪个企业，生产某一产品，都必须消耗与产品设计和工艺设计同等的消耗量，这是按产品设计和工艺设计的消耗量所形成的成本，加上社会认定的设计水平可能形成的利润，在市场上进行交易，才是公平的。因此，标准消耗量是一种客观存在，按标准消耗量计算出的成本是公正的。

2. 利润计算和存货计量的客观性

标准成本是标准消耗量和标准价格组成的，那么标准价格怎样确定？标准价格是否像标准消耗量一样，有一个客观的应该是多少的计量标准呢？它的客观计量标准就是按社会必要平均劳动量计算它的价值量。由于产品生产所消耗的资源是一个无法分开的复杂过程，因此，产品生产所消耗的初始资源，是无法计算出它的社会必要平均劳动量的，只能以较平稳的市场价格作为标准价格进入成本，因此，各企业可自行决定。这个标准价格的高低，只影响标准成本的高低，但不影响已销售产品所形成的费用。因为它可通过市场价格波动率来消除。假如标准价格定高了，在价格上涨的情况下，它的市场价格波动率就小，标准价格定低了，它的市场价格波动率就大，在市场价格下跌的情况下，市场价格波动率与价格上涨呈相反方向变化。通过市场价格波动率，就能把生产产品的标准成本形成已销售产品的费用，转换成按市场价格计算出的已销售产品的费用，即购买物化劳动的市场价格与购买物化劳动的标准价格所产生的差异，不进入生产产品的成本，而通过市场价格波动率直接进入已销售产品的费用，从而计算出客观的真实的利润，同时，根据市场价格波动率，对按标准价格计算的存货进行调整，使存货的价值与按现时市场价格计算的价值一致，因此，能客观真实地计算出利润和在会计期末客观真实地反映出存货的价值。

这里应说明一点的是购入资源的标准成本不能追溯到源头的，只能根据较平稳的市场价格来确定，这是否是客观的？以产品设计和工艺设计所耗资源为计量依据所计算出的标准成本是否也是客观的？回答是肯定的。因为它们通过市场波动率的转换和会计的业务处理的改变，使最终结果与客观环境一致。只有这样的标准成本，才能通过这样的转换和这样的业务处理，得到与环境一致的结果（与环境一致的利润），所以以上阐述的标准成本是客观的。否则，通过市场价格波动率和改变业务处理，也得不到与客观一致的利润。

这里所说的会计业务处理的改变，是指购入资源的市场价格所转化的成本与购入资源的标准成本产生的差异，不分配到完工产品的成本之中，而是直接进入已销售产品的费用。

3. 克服了产品成本之间的交叉补贴和扭曲

由于标准成本是根据产品设计和工艺设计所需资源和所需技术计算出来的，不需对制造公共成本事后进行分配，只需对成本产生的差异进行分配，而差异的分配，由于资源分配直到个人，产生的差异分配可从源头开始，所以差异分配也是很准确的。由于对管理费用也实行了控制，根据现在会计的业务处理，此期间成本一次性进入当期已销售产品的费用，不需在各产品之间进行分配，所以按标准成本和差异分配计算出的实际成本，不存在产品成本之间的交叉补贴和扭曲。

4. 为利用会计信息给自己服务的单位和个人提供客观的信息

以上的三个优点，自然带来了第四个优点。根据标准成本计量的客观性、存货和利润的客观性、实际成本的真实性所提供的信息，自然是客观的。

5. 标准成本简化了成本计算，为决策提供可靠的信息

标准成本适应各种不同的行业，它具有普遍性的特点，因此，使现有的成本核算方法简单化，它可以在成本形成之前进行计算，给企业决策提供可靠的信息，在生产经营过程中，又为管理者和会计人员在过程中的决策提供信息。

（二）标准成本的作用

由于现有会计理论只是停留在将标准成本的应用与实际成本的静态结果相比较，得出静态差异，并对静态差异从价差和量差进行分析，这样计算出来的差异，以及这样的差异分析，对生产经营过程的控制，不仅无任何意义，而且增加了会计人员不必要的工作量，从科学管理的标准来说，就是多余的工作量（动作）。因为价差在采购过程就已形成，不需要什么差异分析计算出价差和量差。之所以计算价差和量差，是因为在计算产品成本时，通过对采购形成的价差又分配到产品的成本中，使产品的实际成本又包括了价差在内，然后在分析成本时，又通过计算，将价差和量差分开，这样做不仅增加了会计人员的无用工作量，而且使会计理论无法解决已销售产品的费用，按现时市场价与收入进行配比，计算出客观真实的利润。之所以如此，是因为会计理论工作者受机械唯物主义的影响，以致没有认识到标准成本的作用。标准成本的作用如下：

1. 对生产经营过程进行动态控制

标准成本的优点决定了它的作用。标准成本不是为了求出静态差异，而是按标准成本进行资源分配，使标准成本在企业会计系统内运行，成为对生产经营过程所耗资源的控制指令，从而使生产经营过程所需资源进行有序的循环。在运行的循环中，随时与实际形成的成本进行动态比较，计算出动态量差，并对量差进行动态分析，找出产生量差的真正原因，根据产生的原因，采取相应措施，消除不利差异，巩固有利差异，确保标准成本在本过程中得到实现。价差和量差不是计算出来的，也不是分析出来的，而是比较出来的。差异分析也不

是将价差和量差分开，不是分析它产生的价值数量，而是分析量差产生的原因。只有找到产生差异的原因，才便于消除或巩固。而价差是企业会计系统控制不了的，不需要分析原因。因此，它的第一个作用是对生产经营过程进行控制。

2. 会计指标与非会计指标有机结合在一起

企业会计系统在分配资源，形成控制指令时，就结合了批量和生产周期、良品率。这三个指标，都是非会计指标，而资源分配值是会计指标，因此，会计指标包含了非会计指标在内，只有标准成本，没有批量、生产周期、良品率这些非会计指标，是无法进行资源分配的，也就无法形成会计指标，随着资源分配的层层分解，会计指标将包括一切非会计指标。一个员工，如果达不到规定的出勤率、工时利用率、达额率、良品率就会影响车间的生产周期，如果车间达不到规定的材料利用率、设备完好率、设备利用率，也会影响标准成本的实现和按生产周期产出，从而影响会计指标的实现。因此，会计指标的结果也包括了一切非会计指标在内。企业会计系统要使投资者取得社会平均利润和超额利润，必须引导产品和工艺设计部门设计出一流产品，所以利润这一会计指标，又囊括了产品生产前的非会计指标。因而不需再设置非会计指标进行业绩考核。所以平衡计分卡的设置是没有认识到会计指标和非会计指标的相互包容和相互转换的。

3. 分清内部单位直到个人的责任和效率，使对过程的复杂控制恢复到工业革命前的控制

通过标准成本对资源进行内部分配和层层的分解，最终落实到个人。内部单位和个人都必须在分配的资源内完成工作任务，这样就分清了责任和效率。

随着资源的层层分配，既能分清每个人的责任和效率，又能使对生产经营过程的复杂控制简单化。前已阐述，没有工厂时，会计只通过发多少纱，收回多少布，给多少工钱的记录，就能控制布的生产成本。在连续生产复杂过程中，当资源按标准成本分配到每个员工时，就只要记录分配每个员工多少资源（包括工资）交多少产品，就能对每个员工的生产成本进行控制，将每个员工实现标准成本的情况汇集起来，就是班组、工段、乃至整个车间实现标准成本的情况。这时的成本控制与工业革命前的成本控制相比，只多了一个按标准成本计算的资源分配。正因为资源分配，使每个员工能进行自我控制，使控制简单化。

4. 标准成本把财务会计和管理会计有机结合在一起

前已阐述，通过标准成本转化成目标成本，使目标成本进入企业会计系统的日常核算，这样就能将成本习性分析和本、量、利分析作为逻辑起点，确定目标成本，从而将管理会计全部理论应用在企业会计系统中，因此，标准成本成为管理会计与财务会计有机结合的切入点。没有标准成本进入财务会计的日常核算，目标成本也就无法进入财务会计的日常核算。目标成本是以标准成本作为基础的，标准成本是以社会必要平均劳动为基础，目标成本实际上也是标准成本，它是企业的标准成本，它是对原有产品设计和工艺设计进行改进后所形成的标准成本，因此目标成本一定要小于社会标准成本。

5. 把内部单位的会计核算和企业的会计核算有机结合在一起，形成一个整体

标准成本要进入企业会计系统的日常核算，必须要改变现有会计要素组织结构，否则，标准成本绝对进入不了企业会计系统的日常核算。然而一旦改变了会计要素组织结构，会计的功能就发生了质的变化，企业会计系统通过变化后的会计要素组织结构，把对内的日常会计核算全部转入内部单位，原来的企业会计部门只处理对外的经济业务和对内部单位会计核

算进行管理。月末，内部单位会计核算通过内部会计报表，又恢复企业全部会计核算的内容，使企业的会计核算与内部单位的会计核算形成一个有机整体。

6. 把经济学的价值理论与会计理论有机结合在一起

《政治经济学》指出社会必要平均劳动决定商品的价值，这时的商品价值只是观念上的概念，它在实际经济生活中是通过市场交易体现出来的，人们在生产过程中无法掌握它。当产品生产出来后进入市场，就有一个供需平衡问题，当供需不平衡时，就产生了价值背离，因而价值背离支配着人们的生产行为，人们也以市场的背离为决策依据，决定生产什么、生产多少？亚当·斯密根据这一现象，得出了“看不见的手”这一名言，“看不见的手”指挥人们的生产经营过程。然而市场交易对企业的生产经营过程而言，只是外部原因，按“看不见的手”决定生产什么、生产多少？完全受外因支配人们的行为，这是外因决定论，不符合内因是根据，外因是条件这一哲理。当会计理论认识到标准成本是社会必要平均劳动的体现时，经济学的价值理论就成为会计理论的基础理论，而会计理论成为经济学的应用理论，使经济学的价值理论不仅是人们观念上的概念，而且是通过标准成本，指导生产经营过程的资源消耗，使价值理论在生产经营过程中得到实现。人们将从以市场为依据进行决策，转移到以产品生产的内在价值理论为主、市场为辅作为依据进行决策，使管理者的精力集中在怎样改进产品设计和工艺设计上来，也就是把精力转移到创新上来，生产出满足人们需要的产品，使供需做到基本平衡，在市场中按真正的价值进行交易，使生产经营过程按内因是根据，外因是条件这一哲理运行，标准成本就把内因和外因有机结合起来了，“看得见的手”将代替“看不见的手”，“看不见的手”将退出历史舞台。

7. 沟通了企业会计系统建立的依据、会计系统的目的、职能、方法、原则、准则、理论之间的关系，使会计理论浑然一体

第三章在论述企业会计系统建立的依据时，主要是从生产经营过程系统能抽象出会计要素论述的，并未提及标准成本与生产经营过程的关系。商品是企业生产经营过程的产物，它的价值只能按社会必要平均劳动确定，也就是按标准成本确定，商品在生产经营过程中，消耗多少资源才符合社会必要平均劳动的要求，生产经营过程本身是无法知道的，必须通过企业会计系统对生产经营过程的资源消耗进行记录，并随时与标准成本进行对比，才能了解。因此，生产经营过程系统离不开企业会计系统，也离不开标准成本，企业会计系统的建立，也必须以生产经营过程系统为依据。

企业会计系统的目的，就是生产经营过程系统按社会必要平均劳动生产出产品，这就使生产经营过程的目的与企业会计系统的目的一致起来，因此，企业会计系统的建立，必须以生产经营过程系统为依据，这样，建立企业会计系统的依据，确定了企业会计系统的目的。

企业会计系统确定目的之后，就要按确定的目的组织企业会计系统的结构，按确定的目的指导和服务生产经营过程的资源消耗，而指导和服务生产经营过程的资源消耗就是企业会计系统的主要功能。目的决定了功能，功能保证了目的的实现。

企业会计系统的组织结构是通过设置账户和账户之间的组织来完成的，而设置账户属于企业会计系统的方法，通过设置账户，将职能转化成了方法，方法又保证了职能的实现。

企业会计系统是由会计人员操作的，会计人员是否按每个账户规定的内容进行业务处理？这就需要制定会计原则和准则，规范会计人员业务处理的行为，因而方法决定了会计原则和准则，会计原则和准则保证了方法的实现。通过会计方法、会计原则和会计准则，把企

业会计要素组织结构子系统与企业会计人员行政组织结构系统有机结合在一起，组成一个完整的企业会计系统。

还应指出的是，会计内控制度属不属于会计理论？它属于企业会计人员行政组织结构子系统的要素理论，是组成企业会计人员行政组织结构系统的要素之一，就像企业要素组织结构中的资源、所有者权益、负债、费用、收入一样。它不属于目的、职能、方法、原则、准则理论范围。

标准成本沟通了会计理论，没有标准成本，就找不到建立企业会计系统的科学依据，从而也就找不到科学的企业会计系统的目的、职能和方法，并使管理会计融入财务会计之中，使二者一体化，把记账型会计转变成管理型会计，使企业会计系统具有对生产经营过程资源消耗的管理职能。

当会计人员真正地理解了标准成本的优点和作用，就能真正的在成本计算中，利用标准成本计算实际成本，不需要通过分步法、分批法、品种法计算实际成本了，只需将计算出的标准成本加减分配给完工入库产品负担的差异，就是完工入库产品的实际成本。

四、标准成本的具体计算

标准成本虽有理论依据和计量的理论依据，但在日常的会计核算中，到底怎样计算才便于业务处理？它的计算是一项很仔细的工作，它要按工艺流程和产品工艺要求计算出每个零件的材料、人工、制造公共成本。如 A 零件，它要通过下料车间、热处理（退火）车间、机械加工车间（车、磨、饱、铣、钳等工序）、焊接、热处理（淬火）车间、表面处理车间（镀铬、镀锌等）。每个零件的加工，一般都要进行两次热处理，第一次是退火，软化钢材的硬度，便于加工；第二次热处理是淬火，恢复或提高钢材的硬度，使零件具有耐磨性或提高零件的质量。会计人员要按每个车间承担的工作量，计算每个产品零件材料、人工、制造公共成本。为什么要按材料、人工、制造公共成本分别计算成本？因为此时的日常核算全部转入内部单位，原来企业会计部门的“生产成本”、“人力资源投资”、“制造公共成本”等账户的日常核算都由内部单位进行，只有按材料、人工、制造公共成本分别计算标准成本，才能在产出收回时按材料、人工、制造公共成本的标准成本收回资金，这时才能知道材料、人工、制造公共成本实际成本与标准成本产生的差异，才便于差异的会计业务处理和分析。

第二节　完工产品的标准成本计算和差异分配

生产经营过程中的成本形成与时间消逝同行，从理论上说，实际成本不需要计算，只需将生产经营过程的消耗记录下来即可。然而，由于产品不断地投入，同时又不断地产出，已完工的产品成本与在制品的资源消耗永远交织在一起，难解难分，而会计做不到只通过对生产经营过程资源消耗的记录，就能知道实际成本，只能通过对标准消耗和实际消耗同时进行记录，并进行对比，得出差异，通过差异在完工产品与在制品之间进行分配，得到完工产品的实际成本。

一、完工产品的标准成本的计算

完工产品在生产经营过程中的不同阶段，有着不同的表现形式。机械加工过程中，完工产品表现为转入下一阶段的已完工零件；在装配过程中，完工产品表现为已完工的组件或转入产成品库的整台设备，因此，不同阶段的完工产品的标准成本计算对象是不同的，机械加工阶段，是以零件为标准成本为计算对象，在装配阶段，是以组件或最终产品标准成本计算为对象。

（一）机械加工阶段完工产品标准成本的计算

完工产品标准成本 = $\sum$ 上道工系转入本车间的标准成本 + 本车间材料、人工、制造公共成本的标准成本

为什么要按材料、人工、制造公共成本来计算完工产品的标准成本？而不按零件在本车间的综合标准成本计算呢？原因在于随时了解材料、人工、制造公共成本在生产过程中各自产生的差异，便于分析产生差异的原因，也便于消除不利差异，巩固有利差异。

（二）装配车间完工产品标准成本的计算

装配车间完工产品标准成本的计算，与机械加工车间的区别只计算对象不同，计算公式是相同的。

二、差异分配

在日常核算中，只是为了了解差异和分析差异，根据产生差异的原因，采取有效措施，消除不利差异，巩固有利差异。但到了月末，除了分析之外，还必须对产生的差异进行业务处理，将车间的“生产成本”、“人力资源投资”、“制造公共成本”账户的差异，转入“内部单位成本差异”账户，“内部单位成本差异”账户本月发生额反映了本车间的会计成果。各车间产生的“内部单位成本差异”不随产品的流转进行分配。为了保证各车间资源的顺利流转和控制，需将产生的“内部单位成本差异”与企业会计部门进行结算。企业会计部门将各车间的“内部单位成本差异”与“核定内部单位资源”账户的各明细账户核对无误后，进行账务处理，得出企业本月总的“成本差异”，然后在企业最终产成品和在制品之间分配。

（一）分配系数的确定和成本差异分配

在现有会计理论对材料成本产生的差异进行分配时，所计算的分配率是机械唯物主义的体现，它的计算公式是：

材料成本差异分配率 =（期初差异 ± 本期差异）÷（期初材料余额 + 本期购入发生额）

这一计算公式，使差异分配产生了时间的交叉，通过分配后，不能客观反映本期的经营效果，它包括了以前各期的经营效果，为了客观反映本期的经营成果，只能按本期产生的差异和本期发生的标准成本计算差异分配率，不能沿用现有会计理论中的材料成本差异分配率的计算公式。本月成本差异分配率的计算公式如下：

本月差异分配率 = 本月成本差异 ÷ 本月标准成本发生总额

成本差异只在最终产成品和在产品之间分配，各车间产生的成本差异，不在车间完工零件和车间在制品零件之间进行分配。由于成本差异分配率只按本月产生的差异和本月标准成本发生总额计算，那么跨期完工的产品，不仅要负担本期的成本差异，还要负担以前期间所

分配的成本差异。只有按各生产时间负担的成本差异计算出的实际成本，才是真实的、客观的实际成本，它消除了时间交叉差异不真实的分配成分。它的计算公式如下：

产成品负担的成本差异 = 完工产品中上月在制品标准成本负担的上月成本差异 + 本月发生的标准成本负担的本月成本差异

完工产品中上月在制品标准成本负担的上月成本差异 = 上月在制品标准成本 × 上月成本差异率

本月发生的标准成本负担的本月成本差异 = 完工产品本月发生的标准成本 × 本月成本差异率

（二）完工产品实际成本的计算

完工单位产品实际成本 = 单位标准成本 ± 单位成本差异

标准成本加减差异成本计算法优于传统的成本计算方法，它只是在确定标准成本的计算较复杂仔细，工作量较大，然而，一旦标准成本确定后，实际成本计算就比传统的成本计算方法简单多了。若对成本差异分别按材料、人工、制造公共成本差异设置明细账，按明细账分配差异，就能得到分项目的实际成本，不需要成本还原，就知成本的结构。此成本计算方法，简化了审计工作量，审计人员只需对标准成本确定的真实性审计后，在产品设计和工艺设计未改变前，不需要再审计。对实际成本的真实性审计，只需审查成本差异的真实性和分配的真实性即可。这时的成本审计比对传统的成本方法审计不仅简单多了，而且这种审计很可靠。

注释：

[1] [3]《会计思想史》[美] 迈克尔·查特菲尔德著，文硕，董晓柏译，中国商业出版社，1989 年 10 月第 1 版第 254 页。

[2]《管理会计兴衰史相关性的遗失》托马斯·约翰逊，罗伯特·卡普兰著，金马工作室译，清华大学出版社，2004 年 4 月第 1 版第 35 – 36 页。

[4]《会计思想史》[美] 迈克尔·查特菲尔德著，文硕，董晓柏译，中国商业出版社，1989 年 10 月第 1 版第 255 页。

[5]《会计思想史》[美] 迈克尔·查特菲尔德著，文硕，董晓柏译，中国商业出版社，1989 年 10 月第 1 版第 255 – 256 页。

[6]《会计思想史》[美] 迈克尔·查特菲尔德著，文硕，董晓柏译，中国商业出版社，1989 年 10 月第 1 版第 256 页。

[7] [8]《会计思想史》[美] 迈克尔·特查特菲尔德著，文硕，董晓柏译，中国商业出版社，1989 年 10 月第 1 版第 257 页。

[9]《会计思想史》[美] 迈克尔·查特菲尔德著，文硕，董晓柏译，中国商业出版社，1989 年 10 月第 1 版第 258 页。

[10]《会计思想史》[美] 迈克尔·查特菲尔德著，文硕，董晓柏译，中国商业出版社，1989 年 10 月第 1 版第 255 页。

第十三章

企业会计报表的实质和作用

会计报表是企业会计系统不可缺的组成部分，也是企业会计系统发挥控制功能，使内部单位与企业层形成有机整体不可缺少的会计方法，没有会计报表，就不可能从控制角度变为可逆的系统。前面已阐述，企业会计系统要对生产经营过程的供应阶段和生产阶段进行控制，必须按标准成本分配资源，把原来所属企业层进行日常核算的资源账户转入供应部门和生产阶段所属的各车间，此时，企业层就无供应阶段和生产阶段的资源账户，使企业层变成一个不完整的会计核算体系。为了使企业层既能通过会计方法对供应阶段的储备量和生产阶段成本的形成进行控制，又能使企业层形成一个完整的会计核算体系，按照现有的会计制度对外编制会计报表，必须将企业会计系统通过对供应单位和生产阶段各车间进行控制后，使企业层账户恢复原有现状，变成一个可逆的系统。因此，必须从控制功能的角度对会计报表的实质和作用进行探讨。为了弄清企业会计报表的实质和作用，必须了解现有会计理论对会计报表的论述。

第一节　现有会计理论对企业会计报表的认识

企业会计报表在我国的会计理论中，是列入会计核算方法的，在每本《会计原理》和《基础会计》之中，对会计报表都有专门的章节阐述。西方的会计理论和《会计原理》对会计报表也有专门的论述。

一、西方会计理论对企业会计报表认识的论述

（美）A. C. 利特尔顿教授在《会计理论结构》的专著中，用了一章的篇幅，“信息的报告”阐述了会计报表的理论问题。从此章的标题就可得知，会计报表的实质就是提供信息。那么它要提供哪方面的信息呢？由于“管理当局履行多方面的受托责任，不仅包括理财责任，而且包括经营责任。”[1]它应该提供资本经营的信息和资本使用产生的成果的信息。“竭尽全力地加速资本周转是企业管理当局义不容辞的责任，业主把资产交托给他们是为了更有效的使用资产，而不仅是为了保护资产的完整性。”[2]根据企业会计系统账户的设置，完全可以提供资本经营信息和资本使用产生的成果信息。“复式簿记的主要贡献……在于设计出使虚账户（收益表账户）和实账户（资产负债表‘账户’）之间保持勾稽关系的账户体系。这种具有勾稽关系的账户体系反过来又促使不同的财务报表构成一个完整关系。……当人们开始系统地使用资本账户和损益账户时，前者已经孕育着资本负债表，而后者则孕育着收益

表。”[3]会计报表是根据账户记录编制的，它提供的信息与账户一致。利特尔顿教授在此章中还论述了人们对资产负债表和损益表认识的变化以及报表的使命。

（美）P. H. 沃尔金巴克、N. E. 迪特里克、E. J. 汉森合著的《会计原理》，没有专门的会计报表编制的论述，只有“财务报表的分析与解释”一章，因而是从分析来阐述会计报表的实质和作用的。……不同的人员或集团，基于各自的经济利益，侧重于不同的关系……企业的财务报表总是为了解企业的经济状况而提供线索……在很多情况下，企业管理当局可以有效地把这些方法应用于企业经营活动的计划与控制，但本书主要是从企业外部的债权人与投资人的角度来讨论这些问题。

“……任何想对企业享有持续经济利益的债权人或投资人，通常都试图对企业财务实力和盈利能力的短期与长期表现进行评价。”[4]对会计报表从不同方面进行了如下分析：趋势分析、共同比分析、资产报酬率分析、普通股股东产权收益率分析、销售收入盈利率分析、每股盈利、收率与股利支付比率分析、举债经营分析、产权比率分析、债券利息的保证幅度分析、优先股股利的保证幅度分析、流动比率分析、速动比率分析、存货周转次数分析、应收账款的平均账龄分析。通过以上分析，为投资者和债权人提供企业的发展趋势、财务实力、经营状况等信息。

二、我国会计理论对企业会计报表认识的论述

我国的《会计原理》、《基础会计》等教材都有专章阐述会计报表，不管哪本教材，都阐述了报表编制的依据、意义和作用，报表的内容和编制方法。它的编制依据是账簿记录，“会计报表主要是根据账簿记录加以分类、整理和汇总而编制出来的。”[5]“……一切会计报表都是在总结日常核算资料的基础上产生的。而真实、完整的日常核算资料则是编制真实、完整的会计报表的前提条件。”[6]“会计报表是会计核算过程中最后提出的结果，也是会计核算工作的总结。”[7]“会计报表是以日常核算资料为主要依据……”[8]“会计报表是根据日常会计核算资料定期编制的……”[9]。会计报表的意义和作用是总括反映企业的经营活动和成果，为企业领导者和上级管理机构以及投资者、债权人、与企业有关系的一切单位、团体、个人提供信息，了解企业的经营情况，并加强对企业经营活动的领导和监督。但各个版本表述不同。

第二节　会计报表的实质和作用

《会计原理》把会计报表列入会计的核算方法，而会计方法是支持会计功能，使功能得到实现，那么会计报表也应如此。会计报表的实质和作用就必须与企业会计系统的功能结合起来阐述，才能展现它的内在实质和作用，只有把内在的实质和作用展示出来，才会有真正的外在的实质和作用。企业会计报表，按层次分类，它有外部报表和内部报表。报表的层次不同，实质的表现形式和作用不同。

一、内部报表的实质和作用

企业会计系统通过增设账户和按标准成本分配资源，建立会计要素组织结构子系统和企

业会计人员行政组织结构子系统，就能通过业务处理，对供应单位的储备量和生产阶段各车间的资源消耗及成本在过程中进行控制，在实行控制时，已将原来企业层反映供应阶段和生产阶段资源的账户，都转到供应单位和生产单位各车间的资源账户内，此时企业层就不存在此账户，在会计期末无法编制对外会计报表，若要编制对外报表，必须恢复企业层的原有资源账户，要求供应单位和生产单位各车间编制内部报表，然后将内部单位报表进行汇总，根据汇总的数据登记在企业层原有的资源账户上。内部会计报表的实质就是帮助企业会计系统进行控制，它是企业会计系统进行控制的助产师，否则，企业会计系统仍然不能对供应单位和生产阶段各车间进行控制。因为增设的会计账户只能使企业的业务处理下到内部单位层处理，然而它不能使下一层的业务处理恢复到企业层，也就是说，增设的账户只能下楼（业务处理从上一层下到下一层，即下楼）而不能上楼。要使内部单位的日常核算回到企业层，必须上楼。它是通过内部报表来完成的。

供应阶段和生产阶段所设置的账户不同，内部报表的具体内容不同，现分别说明如下：

（一）供应阶段的内部报表

1. 报表内容

（1）资源类账户内容：材料采购、原材料、燃料、包装物、低值易耗品、采购应收款、存入控制资源、资源调节调出。

（2）内部权益、负债类账户：拨入资源、资源调节调入。

此表只需按期初余额、期末余额、本期发生额的借、贷方分别填报。它的格式如表 13－1 所示。

表 13－1　　供应单位内部报表

填报单位：　　填报日期：

账户名称	期初余额		本期发生额		期末余额	
	借方	贷方	借方	贷方	借方	贷方
一、资源类						
总计						
二、内部权益和负债类						
总计						

通过内部报表恢复企业层供应阶段的资源账户后，各账户的期末余额就是下个会计期的期初余额，此余额保留在企业层的资源账户内，不再做业务处理，下一个会计期的日常核算仍由内部单位进行，企业层供应阶段资源账户保留的期末余额只是与下一个会计期供应单位的期初余额核对，检查内部报表的正确性。

2. 报表内容之间的关系

资源类账户期末余额之和＝内部权益期末余额＋内部负债期末余额

3. 报表内容与企业层账户之间的关系

（1）内部报表期初借方、贷方余额、与企业层账户的关系是：起到核对作用，便于检查内部单位层与企业层之间产生的错误。

（2）内部报表本期发生额借方、贷方金额与企业层账户的关系是：恢复企业层原有供应阶段的资源账户。

（3）内部报表期末借方、贷方余额与企业层账户的关系是：起到核对作用。材料采购、原材料、燃料、包装物、低值易耗品等账户，企业层与供应单位层的账户各方面的金额应一致。供应单位“采购应收款”账户应与企业层的“预付账款”的期初余额、本期发生额、期末余额应一致。

（二）生产阶段的内部报表

1. 报表内容

（1）资源类账户内容：存入控制资源、资源调节调出、生产成本、人力资源投资、制造公共成本、内部成本差异、低值易耗品摊销。

（2）内部权益，负债类账户：拨入资源、资源调节调入。

报表格式如表 13－2 所示。

表 13－2　　生产单位内部报表

填报单位：　　　　填报日期：

账户名称	期初余额						本期发生额						期末余额		
	借方			贷方			借方			贷方			借方		
一、资源类账户	重复值	投入	合计	重复值	转出	合计	重复值	投入	合计	重复值	转出	合计	重复值	投入	合计
总　计															
二、内部权益和负债类账户													贷方余额		

内部单位负责人：　　　　会计负责人：　　　　制表人：

生产阶段各内部单位之间的交易，下一步骤的标准成本都包括了上一步骤的标准成本，这对企业层来说，就是一种重复值，这种重复值在恢复企业层的资源账户时，一定要消除。那么，它是怎样消除的呢？在资源分配时，它是通过设置“资源分配重复值”账户进行业务处理消除的；而在生产阶段内部单位进行日常核算时，是通过账户的结构来消除的；当企业层会计部门通过生产阶段车间内部报表恢复企业层“生产成本”“人力资源投资”“制造公共成本”账户时，是通过内部单位报表的结构消除的。生产阶段内部单位的报表借方和贷方都要列示出重复值，将重复值与本步骤新发生的投入与转出分别反映，因此借方分为重复值和投入，贷方分为重复值和转出。借方的投入是指本步骤另增加的消耗，贷方的转出是指本步骤另增加的消耗的转出。这时的投入与转出就是消除了重复值，将生产阶段各内部单位的投入和转出进行汇总，就是企业层生产阶段资源账户的期初余额、本期发生额、期末余额。

2. 报表内容之间的关系

资源类账户期末余额之和 = 内部权益期末余额 + 内部负债期末余额

3. 报表内容与企业层账户之间的关系

（1）内部报表期初借方、贷方余额与企业层账户的关系是：起到核对作用，便于检查内部单位层与企业层之间产生的错误。

（2）内部报表本期发生额借方的投入、贷方的转出金额与企业层账户的关系是：恢复企业层原有生产阶段资源账户的本期发生额。

（3）内部报表期末借方、贷方余额与企业层账户的关系是：起到核对作用。生产成本、人力资源投资、制造公共成本、低值易耗品摊销、内部成本差异、企业层与生产单位层的账户各方面的金额应一致。

供应单位层和生产单位层的账户与企业层账户之间的关系基本相同，只是账户的名称有别。但由于两个阶段控制的内容不同，供应阶段是对储备量的控制，生产阶段是对生产成本的形成进行控制，产生的差异在月末供应阶段不进行业务处理，生产阶段一定要进行业务处理，生产单位层的成本差异，无论是超支差异还是节约差异，都应与企业层进行结转，一是将产生的成本差异在最终完工产品与在制品之间进行分配；二是通过结转，生产单位层资源账户期末余额不包含成本差异，完全是在制品的标准成本，不存在成本差异，使生产单位层在下一个会计期间处在新的控制起点，便于控制。因此，新设置的会计账户，除“拨入资源”账户和由企业层转入的资源账户外，其他账户期末余额为零（存入控制资源、资源调节调入、资源调节调出、内部成本差异账户期末余额为零）。

通过以上的阐述，内部会计报表的实质就是协助企业会计系统对供应阶段的储备量和生产阶段的成本形成进行控制，它的作用就是使内部日常核算的资料回到企业层，恢复企业层原有的资源账户。从内部报表与企业层和内部单位层的关系看，它经过了两次转换，第一次转换是由内部单位的日常核算转换成内部报表，即由账户转换成了报表；第二次转换是由内部报表转换成企业层资源账户的本期发生额。报表本身是对账户的总括反映，然而，下一层次的会计报表却成了上一层次账户记录的原始资料。也正因为下一层次的会计报表，能总括反映下一层次的日常核算，它才能成为上一层次账户记录的原始资料。只有转换，才有事物之间的变化，只有变化，才有运动，企业会计系统才具有控制的功能。

二、外部会计报表的实质和作用

外部会计报表是根据企业层的账户资料编制的。由于环境随时在变化，特别是市场价格随时在波动，企业会计系统为了反映客观环境对生产经营过程的影响，它的业务处理也要随环境的变化而变化，只有这样，企业会计系统才能真正地客观反映生产经营过程状况和产生的成果。它增设了“市场价格波动资源”“市场价格波动权益”“市场价格波动负债”“市场价格波动利润”等账户，并将现在的“材料成本差异”改为“市场价格波动额”。这些增设和改变的账户，都要单独列入资源负债表和损益表内，不能并入同类项目内，因为这些数额是环境影响所致的。“市场价格波动资源”不能并入“流动资源”项目内，“市场价格波动负债”不能并入“流动负债”项目，“市场价格波动利润”不能并入“销售利润”项目，应在“净利润”下面再列一项表示。这样才能给信息使用者提供客观的信息。

“市场价格波动资源”、“市场价格波动权益”、“市场价格波动负债”这三个账户，只能反映本会计期末的现状，它不能累计。上个会计期的数额，要在本会计期用红字冲销，在会计报表中没有连续性。

根据内部报表的实质和作用，外部报表的实质应是协助社会会计系统协调社会经济的平衡，使企业会计系统的日常核算成为国民经济核算的组成部分，企业会计系统的外部报表将是社会会计系统进行日常核算的原始单据。社会会计系统不是对各企业的会计报表进行简单汇总，也不是企业总部对所属企业编制的合并报表，它是要对企业的会计报表进行业务处理，不仅像合并报表，消除重复部分，而且通过业务处理，使国民经济实现动态平衡。所以各级财政部门的会计司、会计处、会计股都不是社会会计系统。企业到底应编制哪些对外报表？还有待研究。

注释：

[1]《会计理论结构》[美] A. C. 利特尔顿著，林志军，黄世忠等译，中国商业出版社，1989 年 8 月第 1 版第 98 页。

[2]《会计理论结构》[美] A. C. 利特尔顿著，林志军，黄世忠等译，中国商业出版社，1989 年 8 月第 1 版第 97 页。

[3]《会计理论结构》[美] A. C. 利特尔顿著，林志军，黄世忠等译，中国商业出版社，1989 年 8 月第 1 版第 102 页。

[4]《会计原理》下册 [美] P. H. 沃尔金巴克、N. E. 迪特里克、E. I. 汉森合著，厦门大学会计与企业管理系译，中国财政经济出版社，1984 年 12 月第 1 版第 96 页。

[5]《会计原理》高等财经院校会计教材编写组编著，中国财政经济出版社，1963 年 5 月第 1 版第 251 页。

[6]《会计学原理》厦门大学经济系财务会计教研室编著，上海经济出版社，1962 年 9 月第 1 版第 228 页。

[7]《中级会计实务》全国会计专业技术资格考试领导小组办公室编，1998 年 10 月第 1 版第 311 页。

[8]《基础会计学》吴俊洁主编，云南人民出版社，1994 年 4 月第 1 版第 216 页。

[9]《会计学基础》莫国强主编，北京经济学院出版社，1995 年 4 月第 1 版第 232 页。

第十四章

机械唯物主义与辩证唯物主义的会计本质

会计理论工作者怎样建立会计理论？他们都受一种哲学思想的指导。从哲学理论来讲，它的根本理论是：世界是物质的，还是精神的？因而分为唯物主义和唯心主义两大派别。唯物主义又分机械唯物主义（或机械唯物论）和辩证唯物主义；会计要对客观事物进行反映，不可能按唯心主义来建立，但有可能按机械唯物主义和辩证唯物主义来建立会计理论。

第一节　机械唯物主义的会计基础理论

机械唯物主义又叫形而上学的唯物主义，它是用孤立的、静止的、片面的观点观察世界，把自然界和社会的变化过程归结为数量增减，位置变更，把运动看作外力的推动，否认事物运动的内部原因，质的变化和发展的飞跃，现在的《会计原理》等教材都是建立在机械唯物主义之上。

一、现有会计假设体现的机械唯物主义

现有会计基础理论从逻辑上说，它是以会计假设进行推理的。既如此，首先应弄清楚会计理论需不需要会计假设？要弄清此问题，就应弄清假设在什么情况下解决什么问题。

（一）不同性质系统的假设，解决不同的问题

假设对于不同的系统，它解决的问题是不同的。对于天然系统，它只能解决是什么的问题，为建立应用科学（人工实体系统）提供理论依据。如天体运动和微粒子的运动，声、光、热、电、化学反应、数学，以至于生物的生存演化以及生态环境等的研究。例如人们对电的研究，首先是人们从自然界中的闪电研究开始，闪电是一个天然系统。只研究电是怎样产生的？产生的规律是怎样的？而不是应该怎样产生？产生的规律应该是怎样的？因为产生电的规律是客观存在的，当人们不了解电产生的规律时，就通过假设去做实验，如果试验失败了，假设不成立，又重新进行假设，经过多次试验，最后成功了，这个成功的假设就成为电的产生的理论（规律）。这一理论只说明电“是什么”，而不是“应该是什么”。当人们根据电产生的规律设计发电设备时，由于它是一个人工系统，此时又要进行假设：发电设备“应该”有什么样的组织结构才能引入产生电的规律，发出电。它要解决的是：“应该是什么”，而不是“是什么”。人工系统解决的是“应该是什么”。只有解决了“应该是什么”，才能建成形形色色的人工系统，不断地改造世界。天然系统的假设和人工系统的假设，为什么所解决的问题不同？因为天然系统的假设是客观存在的规律，转化成人的意识，即客观转

化成主观意识，它只能是“是什么”，而不是“应该是什么”。而人工系统，使人的主观意识转化成客观存在，只有“应该是什么”，主观意识才能转化成客观存在，因为只有“应该是什么”，才能重现客观规律，只有重现客观规律，人工系统的建立才能成功。一个系统不可能既是天然系统，又是人工系统，因而对一个系统而言，假设不可能既解决是什么，又解决应该是什么。

企业会计系统从它的产生来看，不可能是天然系统，它只能是人工系统，需要假设，它的假设只能解决会计“应该是什么”，它是为怎样建立科学的企业会计系统寻找已存在的客观规律，解决怎样建立企业会计系统的问题，而不是去发现客观规律、解决会计是什么。如果研究会计是什么，就把企业会计系统当成了天然系统，永远也解决不了企业会计系统存在的问题。

这里还有一个值得思考的问题，就是会计理论工作者对会计实践的调查研究，需不需要假设？它是解决什么问题呢？由于会计实践的复杂性，会计实践工作者会遇到这样或那样的问题，又在理论上找不到应该怎样做的具体操作，为寻找应该怎样做，才能解决实践中存在的问题，从而进行创新，如风靡一时的吉林省首创的“厂内银行”、“邯郸钢铁厂”的经验等，就是会计实践工作者为了寻找应该怎样做，才能控制成本，实现会计目标，但他们的实践不一定找到了应该怎样做。作为会计理论工作者，应帮助实践工作者解决此问题。对实践中的创新需要调查研究，目的是将实践中好的做法上升为理论，即指导实践工作者应该怎样做，然后将升华后的理论，一方面在社会上推广，另一方面编写成教材，走进课堂，通过人才培养，走向实践。要达到这一目的，会计理论研究人员要解决两个问题：第一个问题要彻底了解现在是怎样做的，即了解“是什么”。这里的“是什么”，不是像天然系统研究中的假设那样解决“是什么”，而是了解“是什么一回事”。第二个问题是这样做法优点何在？有什么不足之处？应该怎样做？关键的落脚点是“应该怎样做”。所以调查研究不需要假设，只需一个调查方案。会计理论工作者对会计实践的调查研究，仍然是解决会计“应该是什么”，而不是会计“是什么”。

为了解决会计理论和实践存在的问题，只能是从会计系统应该有什么样的组织结构进行思考。如果是通过对现有的会计系统论证它“是什么”来解决会计的理论和实践存在的问题，正如对现有人工实体系统论证一样，例如对现有的发电机系统论证它“是什么”那样可笑。因为发电机就是发电机，不需要论证它“是什么”。如果要提高或改善发电机的功能，只能研究发电机的结构“应该是什么”，而不是论证它的结构“是什么”。因为发电机的结构是按照电流产生的规律来组织的，这个结构应该是怎样才能把产生电流的规律引入发电机系统，通过组织结构将外在的客观规律转化成发电机系统的内在规律，使它产生电流；应该怎样的结构才能使消耗尽可能少的资源，产生最多的电流，而不是研究发电机的结构“是什么”。研究电“是什么”，只对电产生的规律而言，如果科学家还未研究出电产生的规律，即电“是什么”，绝对不会有对发电机结构的研究，也就不会有发电机的产生。因此，电“是什么”，即电产生的规律不是设计发电机这一人工系统研究的内容。设计发电机的研究人员只是研究应该有什么样的组织结构，才能将电的产生规律引入发电机系统，从而产生电流并输出电流为人类服务。当有了发电机之后，设计研究人员研究怎样优化组织结构，设计出更先进的发电机系统，而不是已制造出发电机后，发电机的设计人员再通过研究电“是什么”来改进发电机系统的设计。对发电机系统的改进研究，只能是对发电机系统的组织结构“应该是怎样的”，才更合理、更先进，而不是通过研究电“是什么”，也不是通过研究发电机“是什么”，来提高发电机的先进性。

人工系统（实体系统和虚拟系统）的组织结构设计，都要应用多种天然系统“是什么”的理论结合在一起进行研究，由多方面的“是什么”转化成综合的“应该是什么”，任何人工系统都找不到一个与“应该是什么”直接相对应的“是什么”，只有通过对多种“是什么”相结合的研究，才能转化成一个综合的“应该是什么”，假如设计出来的人工系统的组织结构，不能将天然系统的“是什么”的客观规律转化成人工系统的“应该是什么”，该人工系统要么不能运行，要么能运行，但实现不了应有的功能，达不到预想的目的。对企业会计系统组织结构设计的研究也是如此。现在的企业会计系统没有将社会必要平均劳动决定产品价值的客观规律以及相关科学的其他客观规律转化成该系统“应该是什么”的内在规律。它之所以能运行，是因为依附在生产经营过程系统和产品工艺设计系统运行而运行的，因此，发挥不了自己应有的功能，实现不了自己真正的目的，也不能建立上一层次和下一层次的会计系统，现有会计系统不完全符合系统科学理论要求，如果会计理论工作者想通过研究会计“是什么”或是会计组织结构“是什么”，来改进它的功能，实现它真正的目的是行不通的。因为它转化成内在规律的外在客观规律，不属于会计科学本身研究的内容，如社会必要平均劳动决定产品价值、产品生产的组织结构、系统的组织结构是怎样产生的、组成结构的要素之间是怎样协作的以及系统组织结构的一般规律等问题，都不属于会计理论研究的问题，但会计理论工作者要发现这些客观存在的“是什么”与组成会计系统的“应该是什么”之间的联系，然后综合这些外在存在的“是什么”转化成会计系统的组织结构“应该是什么”，使外在客观的规律转化成会计系统的内在规律。会计理论工作者想通过会计组织结构“是什么”来改变组织结构，也是行不通的。因为“是什么”，只是针对现有组织结构而言，它不能得出“应该是什么”的组织结构。会计理论工作者只能是对现有其他相关科学里的“是什么”通过研究去发现与会计系统组织结构的关系，从而将“是什么”转化成“应该是什么”，而不是研究“是什么”本身。

根据以上阐述，人工系统（实体和虚拟系统）引入的“是什么”理论，不是设计人工系统学科范围研究的内容，它只是通过研究，发现“是什么”与要组成的人工系统的关系，然后将“是什么”的理论转化成该系统“应该是什么”的组织结构，形成该系统的内在规律。

（二）假设中的机械唯物主义的体现

为什么说现有的会计假设是机械唯物主义？就是现在的假设没有与物质运动紧密结合在一起，没有转化，也没有变化和运动，没有与其他科学理论和环境相联系。具体表现如下：

1. 对经济业务的空间范围的假设不准确

现有会计对经济业务的空间假设，是以企业为主体的，企业虽有生产经营过程实体的运动，但生产经营过程不完全等同于企业，生产经营过程只是企业的子系统，根据系统层次性理论，层次不同，组织结构、功能性质都有等级的差异性，空间不同，经济业务的范围不同。作为企业，它有新产品、新工艺开发、基本建设等经济业务。以生产经营过程为会计主体，新产品、新工艺开发、基本建设都可作为生产经营过程并列的会计主体，就能加强物质运动的管理，实现以企业为主体所实现不了的功能。同时使空间范围的限定从“为谁核算，核算谁的经济业务”转到“对什么进行核算”？为什么进行核算”？上来，这样一方面彻底摆脱了会计的人格化，另一方面通过“对什么进行核算”，使会计与生产经营过程和国民经济联系起来了，同时与《政治经济学》的价值理论联系在一起了。以企业为主体的空间范围定位，企业进行扩建的基本建设，为产品开发研究所发生的支出、产品生产的支出，都可在同一核算主体内，这样核算出的结果是什么？是基本建设的支出吗？是产品开发研究的支出吗？抑或是产品生产的支出吗？答案都是否定的。现有的会计理论和实际工作中，把基本建设和产品生产各自做一个主体，分别设置账户进行核算，而产品开发所发生的费用，并入产品生产的管理费用之中，降低了产品开发研究的意义和地位。此假设与实际情况不符，会计假设应是会计核算的前提，既然实际核算与假设不符，那么以企业作为会计主体不成立，它没有把企业具体的物质运动与具体的空间结合起来，只是机械地与投资者结合在一起。

2. 现有假设时间范围的定位没有从辩证唯物来阐述

现有会计持续经营假设和会计分期假设，表面看来很衔接，但仔细分析，它是一种机械唯物的阐述。由于持续经营，不知道某一阶段的结果，为了知道某一阶段的结果，所以就要进行会计分期。前已述及，持续经营不等于连续生产，意大利的商队到印度贩卖商品，一个往返就可以计算出最终结果，紧接着再派出一个商队，这对于一个企业来说，它是一个持续经营，但不需要会计分期。只有当派出第一个商队还未归来之前，又派出第二个商队，第三个商队……派出的商队又陆续的归来，这时需计算特定期间（一月）所获收益时，才需要会计分期假设。如果不需计算特定期间所获收益时，也可以对每个商队分别核算，这时仍不需要会计分期假设。而在现代化的企业生产中，不可能像商队一样，按每个商队分别进行核算。因为它是流水操作，每个工人不可能伴随一种产品从开始干到产品完工为止，每个人只干某一道或几道工序，必须不断地投入，才能保证每个工人的工作连续进行，也才能保证整个生产线不间断地进行下去。因此，只有既连续又持续经营的情况下，要了解每个会计期的成果，才需要会计分期，分期的目的仍然是连续、持续经营。因为连续、持续经营需要两个条件：一是投资者所取得的利润要等于或大于社会平均利润，投资者才愿意继续投资；二是从此阶段成果中收回投入生产的资本（资金）要等于或大于成本，只有收回投入生产的资本（资金）等于成本，才能维持简单再生产，只有收回投入生产的资本（资金）大于成本，取得社会平均利润或大于社会平均利润，才能扩大再生产，只有扩大再生产，企业才能连续、持续的经营下去。这样的时间范围的假设定位，才能与物质运动紧密结合，只有这样的假设，才有建立企业会计系统的必要，才会产生会计的一系列理论。这两个假设是辩证地结合在一起的，否则就是机械唯物论。

3. 货币计量假设的机械唯物主义

货币本身是一种特殊商品，由于本身的特点，成为一般商品交换的媒介，它本身也是变化的，即使无价值的纸币也是如此。这些道理前面都已阐述。我们现在会计采取的货币计量假设是以币值不变来计量的，是一种机械唯物主义的表现。

4. 没有与环境联系的假设

任何事物的存在，不仅与时间空间有关，而且也与其他事物有关，因此，会计假设应有与环境联系的假设，没有对环境联系假设的系统，将是一个孤立的、死亡的、不成立的系统，企业会计系统的建立，一定要有与环境联系的假设。企业会计系统与环境的联系有两方面：一方面是与外部环境联系的假设，只有这样假设，企业会计系统才会对外部环境开放，才能向环境输出熵（费用），并从环境引入负熵（收入），使企业会计系统形成一个“流”，不断地循环下去，并与环境组成更大的系统。另一方面，企业会计系统应有对内部环境的假设，这一假设很重要，它虽然是对内部环境的假设，但通过这一假设，才能建立子系统，对内进行控制，并使企业会计系统的建立与其他科学理论联系在一起。

二、会计目的的机械唯物主义

人工系统，是人创造出来的，都是为了满足人的需要，即实现人的目的。无论是汽车、火车、飞机、各种生产的机器、工作母机以及国防尖端武器、人造卫星以及对太空研究的高端设备等，都是如此。假如生产出来的汽车、火车不会动，生产出来的飞机飞不上天，说明汽车、火车、没有动的功能，实现不了运行的目的。飞机没有飞的功能，实现不了上天的目的，也就实现不了人的目的。因此，只有人工系统实现了它本身的目的，人们才能利用它实现自己的目的。人的目的与人工系统的目的是有区别的，人要实现自己的目的，要通过多次转换，首先将与该人工系统有关的客观规律转换成人的思维，再通过思维设计和生产出该系统，此时该系统就有自己的目的和功能了，然后才是人们利用该系统的目的为自己服务，实现人们自己的目的。企业会计系统也是如此。作为业主和投资者，他的目的就是增加自己的财富。为了实现这一目的，设计出来的企业会计系统本身必然要产生财富，实现财富，这时业主和投资者才能真正实现增加财富的梦想。现在的会计核算的空间假设只定位在“为谁核算，核算谁的经济业务”，使企业会计系统失去了自己的结构、功能，找不到企业会计系统产生财富的根源，企业会计系统只能按生产的产品随波逐流。只有将现在的空间定位改为“对什么进行核算以及为什么核算”上来，才能按《政治经济学》的价值理论组织企业会计系统，使企业会计系统具有自己的功能、目的和组织结构。从而找到企业会计系统产生财富的根源。实现业主和投资者的目的，把人的目的说成企业会计系统的目的，没有目的之间的转换和变化，因而是机械唯物主义的。这种机械唯物主义是实现不了人的真正目的的。

三、会计控制功能认识的机械唯物主义

现有会计基础理论，一提到会计控制，就认为是会计内部控制制度，这是将企业管理的内部控制制度照搬到企业会计系统的机械唯物主义的表现。因为企业会计系统与企业管理系统相比，有其特点。企业会计系统是由企业会计人员行政组织结构子系统和企业会计要素组织结构子系统组成的，企业会计人员行政组织结构子系统基本等同于企业管理系统，两者系统的要素都是由工作岗位（包括人员）、岗位责任、内控制度所组成的。但两者还是有不同之处。在《管理学》为建立企业会计系统提供的理论基础中已论述，管理系统的控制指令和内控制度有机结合在一起的，而企业会计系统的内控制度只是规范会计人员的职业道德行为，只控制人员的舞弊问题，使企业的资源不流失。没有把控制指令与内控制度紧密结合在一起。企业会计系统的控制指令，按社会必要平均劳动生产出产品，必须输入企业会计要素组织结构子系统运行，才能对生产经营过程生产产品的消耗按社会必要平均劳动进行控制，否则不能控制。控制指令是与企业会计要素组织结构结合在一起的，企业会计系统的控制是通过企业会计要素组织结构进行的，而不是通过企业会计内部控制制度和会计人员行政组织结构进行的。会计人员行政组织结构只是根据企业会计要素组织结构进行业务处理，把生产经营过程实现社会必要平均劳动的现状呈现出来，从而便于对生产经营过程的现状进行分析，采取措施，在过程中实现预定目标。会计控制不能机械地照搬管理的控制方法。

四、对账户作用认识的机械唯物主义

账户的作用在第六章已阐述。利特尔顿教授认为账户是为了浓缩和简化大量的交易，把账户当成统计的技术，多处论述账户是统计方法，在第六章中，已论述了账户不是统计方法，如果把账户看作统计方法，就把账户记录的内容与产生内容的依据割裂开来，并孤立地看待每一个账户。我国的会计基础理论虽没有明确提出账户是一种统计方法，但说到账户，都冠以总“分类”账、明细“分类”账。“分类”实际上就具有统计之意。把一个动态的账户说成一个静态的，它又怎能把生产经营过程实现标准成本的现状在过程中随时呈现出来呢？所以现在的会计基础理论对账户的认识是机械唯物主义的表现。

五、会计原则的机械唯物主义

会计原则的机械唯物主义表现最典型的是历史成本原则。前已阐述。历史成本原则，把成本固定在发生时的市场交易价值上，而没有根据环境的变化而变化。所以有这种认识，认为历史成本有据可查，是客观的，并方便易行。但在前面介绍的现时市场价值与标准成本相结合的原则，也是有据可查的。通过购买时的现时市场价值转换成购入标准成本和市场价格波动额，然后又将购入标准成本和市场价格波动额转换成销售时的现时市场价值，也是很简单易行的。然而通过这样的转换，使现时市场价值与时间的推移和环境变化保持一致。

由于客观性原则没有与时间的推移和环境变化保持一致，它仍是不客观的，不因为原则前冠以客观二字就是客观的了。应看到这一原则的实质是否与环境的发展变化永远保持一致。因此，现有的客观性原则也隐含机械唯物主义思想。其他原则都是如此。因为原则之间都是相互关联的。

六、成本计算的机械唯物主义

托马斯·约翰逊、罗伯特·卡普兰著的《管理会计兴衰史相关性的遗失》一书，主要阐述了会计从原来的成本管理到成本计算，产生了成本的歪曲和交叉补贴，为什么会产生出此种情况？就是机械追求产品成本计算的正确性上。现在不讨论会计是否能正确计算成本，首先假设会计计算出的成本是百分之百的正确，然而它消耗的资源不管采用现有会计理论的什么计价，先进先出、后进先出、个别计价、加权平均、移动加权平均、或是采用计划成本，然后分配差异等，它都是以历史成本表现出来的，由于历史成本的不客观性，以历史成本计价计算出来的产品成本自然也是不客观的，表面看来它是亦步亦趋的按客观计算成本，正是这亦步亦趋的客观计算，淋漓尽致地表现出机械唯物主义的做法。再者，现在的成本计算方法，都是从纺织工业演变过来的。纺织工业有两个最大的特点：一是每个步骤的产品很易分清，有的只有一个产品，它的在制品和半成品都是一样的，如粗纺车间，它的半成品都是粗纱；细纱车间，它的半成品都是细纱；当然织布车间会有很多的品种，但所耗资源——纱是很易分配的；二是不存在废品，只存在正品和次品、等极品。而机械制造企业，即使企业只生产一种产品，而车间要生产很多不同的零件。不同的零件，加工的工序不同，技术难度不同，零件在加工过程中会产生废品，根据零件加工难度和操作工人技术水平不同，每种零件在不同工序中产生的废品比例不同。因此，即使是单一产品成本在完工产品和在制品之间分配也是难以做到非常准确的，它虽无交叉补贴，但存在成本的扭曲。在多产品生产的情

况下，就难免存在交叉补贴和成本扭曲了。之所以产生这样的结果，是因为机械的按某一计算方法造成的。

七、会计计价的机械唯物主义

会计计价在第八章已阐述。这里要阐述的只是计价中的机械唯物主义的表现形式。现有的会计计价，只是孤立地考虑到历史成本和现时市场价格，没有考虑到它们之间的相互转化，只意识到现时市场价格可以转化成历史成本，这种转化很容易意识到，它只是随时间的推移而转化的，并未意识到将历史成本转化成现时市场价格。因为时间不能倒转，历史成本不能像现时市场价格随着时间的推移而转化。它必须把现时市场价格分解成购入标准成本和市场价格波动额，然后根据购入标准成本和市场价格波动额，计算出市场价格波动率，根据市场价格波动率将历史成本又转化成现时市场价格。在第八章，将存货的价值按现时市场价格调整的价值，就是通过市场价格波动率转化的。现有会计理论只能对存货按历史成本计价，而现在通过市场价格波动率，就能把只能按历史成本计价的存货转化成按现时市场价格计算的价值了。费用按现时市场价格与收入进行配比，也是根据市场价格波动率进行调整的。

八、价格与价值的机械唯物主义

价格是单位商品价值的货币表现。价值是商品中所包含的社会必要平均劳动与其他商品相交换所表现出来的量。因此，价格与价值是可以转换的，转换的桥梁是货币计价。价格和价值都要以货币表示。价格是单位商品的货币量，当成交后，单位商品的价格与购入商品数量的乘积就转化成价值。这一转化也符合数学的运算规则。如某人购买一件衣服，价格是10元，它的价值是10元/件×1件=10元。此人还购买了一条裤子，每条裤子的价格是8元，衣服和裤子的价值是10元/件×1件+8元/条×1条=18元，这18元是一件衣服和一条裤子的价值，而不是价格。价格是不能相加的。如果是价格，这18元是衣服的价格还是裤子的价格呢？回答是否定的，只能是价值。单位商品的价格乘以数量，才能去掉数量单位，即去掉件、条，才能得到纯价值数量，只有价值，会计才能将生产经营过程的消耗以及对环境发生的一切关系，通过货币计量进行处理。

价格与价值是相互转换的，但不能混用，更不能把价值说成价格，价格只在交易场所存在，当交易结束，价格就退出历史舞台。而具体的交易无论是购买还是销售，都是企业会计系统管不了的，即使是内部交易也是如此。当交易的证据传递到企业会计系统，这时价格已转化成价值，没有价格，价值也不存在。企业会计系统处理的既不是单纯的价值，也不是单纯的价格。会计处理的是价格转化成价值的统一体。因为任何事物都有量和质，都是量和质的统一体，质是量的基础，量是质的体现。只有量和质结合在一起，才能真实地体现客观事物的存在。如生产1000个钢金锅，只讲1000个，这1000个表示什么？什么都不表示。因而这1000个数量是不存在的；而只讲钢金锅，不讲数量，怎么知道有多少钢金锅。因此把量和质分开不能表述客观事物的存在。利特尔顿教授认为："……更确切地说，会计的基本问题是价格（财富的数量方面）而不是价值（财富的质量方面）。"[1] "会计也有自己的经济独特性，它所处理的是价格，而不是价值"。[2] 这一观点，把价格固定化，没有认识到价格和价值之间的转化，也未认识到量与质的统一的，价格与价值是通过相互转化达到统一的，没认识到此点，就割断了价格与价值的联系，也割断了会计与经济学价值理论的联系。因此，它是机械唯物主义的体现。

九、费用与成本的机械唯物主义

费用与成本不能混用，二者有两点区别，已在会计要素的关系中作了阐述。从哲学理论来讲，费用与成本是能相互转化的。生产经营过程中，产品生产所消耗的资源，由资源的成本转化成生产费用，当产品完工时，生产费用又转化成产品成本。当产品销售后，已销售产品的成本又转化成销售费用。费用与成本经过三次相互转化，费用才成为会计要素。成本与费用的混用，是没有认识到它们之间的转化和联系的，所以它是一种机械唯物主义的体现。

十、企业会计系统业务处理的机械唯物主义

现有会计理论之所以把企业会计系统定性为信息系统，是因为在业务处理上存在两个原因，一是把生产经营过程当作信息源，企业会计系统只是对信息源发射出的信息进行业务处理，在这种情况下，企业会计系统就不能消除生产经营过程（信息源）产生的不应有的信息；二是将企业会计系统对生产经营过程所发生的业务处理当作通信系统的传递线路，将会计内部控制制度、会计原则、会计准则当作对内信息传递过程产生干扰的一种控制。这样的理论，束缚了人们的思维，使人们不会思考怎样通过改变企业会计要素的组织结构使生产经营过程发射出的信息，由原来的信息源转化成信息反馈，这样企业会计系统就能消除生产经营过程产生的不应有的信息，此时，企业会计系统对生产经营过程的业务处理，已从信息传递转化成信息反馈的业务处理。为了使信息反馈准确无误，也需要内部会计控制制度、会计原则、会计准则对信息处理的干扰，然而它只能消除内部环境的干扰，不能消除外部环境（市场价格波动）对业务处理的干扰，所以现在的企业会计系统的业务处理，既是机械唯物主义的，又是不完整的，这种不完整性，也是由机械唯物主义引起的，没有将购入资源的市场价格转化（分解）成购入标准成本和市场价格波动额。

第二节　辩证唯物主义的会计基础理论

辩证唯物主义的会计基础理论就是将会计基础理论建立在社会需要和会计科学内在逻辑的交叉点上。会计科学的内在逻辑，就是会计科学内在发展规律。只有符合会计内在运行规律的会计理论，才能促使会计科学的健康发展。会计科学才能满足社会的需要。

什么是会计科学的内在逻辑？从企业会计系统来说，就是企业会计要素组织结构系统能按社会必要平均劳动指导生产经营过程生产出产品，并能随时辩证地、客观地反映生产经营过程各阶段以及同一阶段不同内部单位的生产效率。要建立这样的会计要素组织结构，首先要有科学的会计假设理论。会计假设理论对建立辩证唯物主义的会计基础理论很重要，因为会计假设理论是建立企业会计系统的设计理论和设计方案。正如首次制造一台发电机，科研人员经过开发研究，将有关发电的理论引入发电机的开发中，提出开发发电机的理论依据和设计方案，然后设计出产品结构并投入制造。企业会计系统的建立也是如此。会计假设就是建立企业会计系统的设计理论和方案，它要将建立企业会计系统所牵涉的理论都要包括在会

计假设里面，通过假设，能推导出企业会计人员行政组织结构系统和企业会计要素组织结构系统的建立，前一个系统是操作系统，后一个系统是功能执行系统，两者的关系正如一台机器设备和操作工人的关系。企业会计人员行政组织结构系统就是车间所有的操作工人，会计要素组织结构系统就是车间所有的机器设备。通过工人操作，机器设备发挥出它应有的功能。如果只有机器设备，没有懂技术的操作工人，或者只有懂技术的操作工人，没有机器设备，都无法谈功能的发挥，企业会计系统也是如此。但两者也有区别。机器设备所具有的功能是产品设计人员完成的，工人的操作技术是企业组织完成的；而企业会计人员行政组织结构的建立和对企业会计要素组织结构系统的操作以及企业会计要素组织结构的建立，都由会计假设理论解决，它要把两个系统融合在一起，才是一个完整的系统。会计假设牵涉到第一章介绍的所有理论，随着科学的发展和会计理论工作者的水平提高，它所牵涉的知识会更广，建立的会计系统会更完善，所具有的功能会更多更好。其次，有了科学的会计假设理论，就应按这一假设理论，建立相互联系的基础理论，从而保证会计科学的内在规律（逻辑）得以运行（实现），会计理论的辩证关系应有如下内容：

一、新的会计假设能推导出与其他科学理论的联系

一个产品（人工实体系统）的好坏，关键是依据的设计理论是否先进，设计方案是否科学。建立企业会计系统也是如此。

（一）新的会计假设能推导出企业会计系统的建立与系统科学理论的关系

新的会计假设的第一个假设，就是以生产经营过程及其与环境关系为会计主体假设。为什么要以生产经营过程及其与环境关系为主体假设？因为只有这一会计主体假设，才能完全符合系统科学的定义理论、系统的分类理论、系统的原理理论。生产经营过程是由要素组成的，这些要素分布在不同的生产阶段和内部单位，使生产经营过程形成了不同的层次，通过生产流程又使不同层次形成一个有机整体，因而通过对层次的分析，就能深入地了解整体的现状。生产经营过程既是一个生产创造过程，又是一个消耗过程，必须对内、外环境开放，向环境输出生产经营过程产生的熵，即销售生产出的产品，又必须从环境中输入负熵，即购买生产所需要的资源，生产经营过程要多、快、好、省进行产品的生产，要实现这一目的，生产经营过程系统必须稳定地从一个阶段飞跃到另一个阶段，并使生产经营过程不断地发展。企业会计系统既然是以生产经营过程及其与环境关系为会计主体建立起来的，它应由与生产经营过程及其与环境关系相对应的要素组成，它的组织结构就应与生产经营过程及其与环境关系的组织结构一致。对内具有层次性并与外部环境发生关系，对外开放，它才能对整个生产经营过程及其与环境的关系进行记录，只有记录了，才能对生产经营过程的不同层次以及外部环境进行分析，去指导生产经营过程及其与环境关系怎样实现自身目的，这样企业会计系统使自己也具有了目的性。因此，以生产经营过程及其与环境的关系为会计主体假设，能推导出建立企业会计要素组织结构系统的要素，只有推导出组成系统的要素，系统才能有建立的材料，当企业会计要素组织结构建立后，它符合系统论的整体性、层次性、开放性、目的性以及其他所有的原理。它的对外开放是向环境输出“费用”，从环境输入“收入”，它对内开放是建立下一层次的子系统，子系统与企业会计要素组织结构系统组成有机整体，是通过建立新的账户结构实现的。

（二）会计假设推导出企业会计系统与协同学理论的关系

协同学主要解决系统是怎样自行组织起来的，以及所组成的要素之间是如何协作的。系统的自行组织过程就是要素之间的竞争和协作过程。企业会计系统本身没有要素之间的竞争与协作问题，但它要反映生产经营过程不同阶段或同一阶段不同单位之间的竞争与协作。生产经营过程主体假设、生产经营连续性和持续经营假设、生产经营过程不同阶段或同一阶段不同单位效率不同假设，通过这三个假设，就能推导出企业会计系统与协同学理论的关系。因为根据协同学理论，序参数形成系统结构，而序参数又是由组成系统要素之间的竞争与协作形成的。企业会计系统以上的三个假设，就能推导出序参数和要素之间的组织结构。生产经营过程系统是社会经济系统的组成部分，社会经济中，不同的生产经营过程之间生产产品的消耗，必定按社会必要平均劳动竞争和协作，由于生产经营过程的连续性和持续经营，生产经营过程生产产品的消耗是否符合社会必要平均劳动是看不见的，必须按社会必要平均劳动作为序参数来组织企业会计要素组织结构系统，企业会计系统才能把连续不断的生产过程，生产产品的消耗是否符合社会必要平均劳动反映出来，只有反映出来了，人们才能了解生产经营过程生产产品的消耗是否符合社会必要平均劳动。这时形成企业会计要素组织结构系统的序参数，表面看来，它不是生产经营过程系统要素之间的竞争与协作形成，更不是企业会计系统要素之间的竞争与协作形成。但每个生产经营过程都是组成社会经济系统的要素，生产经营过程之间的竞争与协作，产生了社会必要平均劳动这一序参数，因此它仍是生产经营过程系统内部要素之间的竞争与协作形成。又因为企业会计系统是以生产经营过程系统及其与环境的关系建立的，这一序参数就转化成企业会计要素组织结构的初始序参数。当企业会计要素组织结构系统形成后，通过按社会必要平均劳动指导生产经营过程的内部单位时，内部单位之间产生竞争与协作，又形成新的序参数，按新的序参数，形成新的企业会计要素有序结构，服务和指导生产经营过程系统，企业会计要素组织结构系统离不开序参数。

（三）会计假设推导出企业会计系统与控制论的关系

企业会计系统要具有控制功能，它的假设必须与控制理论相联系，否则无控制功能。生产经营过程不同阶段或同一阶段不同单位效率不同假设，把企业会计系统与控制论理论联系起来了。

生产经营过程不同阶段或同一阶段不同单位所承担的生产任务是不同的，它们之间的效率表现形式不一样，因而不能直接比较，要比较，必须在同一基础上才能比较，这个同一基础就是社会必要平均劳动。因而要将各自承担的不同生产任务按社会必要平均劳动进行换算，并按各自的实际效率与社会必要平均劳动相比较，各自的实际效率与社会必要平均劳动相一致，还是高于社会必要平均劳动，或低于社会必要平均劳动。并且这种比较必须在过程中进行，否则没有意义。因为比较的目的对各自单位来说，就是使自身的效率必须达到社会必要平均劳动，而对于企业会计系统来说，不仅是使各自单位的效率达到社会必要平均劳动，而且要使各自单位之间在过程中形成竞争和协作，形成下一时间段新的序参数。按新的序参数指导下一时间段的生产经营过程，使生产经营过程不断地向前发展，从而又促进整个社会经济的向前发展。劳动生产效率要在过程中进行比较，才能产生竞争和协作。而要比较，就必须随时对过程的实际消耗是否符合社会必要平均劳动进行计算。根据数学，“把一个具有千丝万缕联系的实际问题转化成一个全信息的具有明确结构的有限状态空间问题”。[3]按控制论的三种算法，企业会计系统的会计要素组织结构对生产经营过程资源消耗的控制，可按阿尔贝勃的递归函数进行计算，企业会计系统在任一工作瞬间，只能接受一个确定的输入，就是预计的果——社会必要平均劳动；同时只能发出一个确定的输出，这个输出就是实际的果。通过输入和输出的比较，就可知在过程中是否实现了预计的果，若没有实现，预计的果与实际输出的差额是多少？在过程中一目了然。因而具有可观测性。有了可观测性，就可分析原因，采取措施，在规定的时间内实现目的，即实现预计的果。企业会计系统就具有了可控性。因此，不同单位效率不同假设，可推导出与控制论的基本理论之间的联系。

（四）会计假设推导出企业会计系统与管理学的联系

管理学的历史与现状告诉我们，管理组织结构一定要适应生产经营过程组织结构，在单一产品生产的条件下，可实行垂直统一管理，而在多产品多部门生产的条件下，再实行垂直统一管理，就不适应了，要建立多部门的管理组织。现有的会计基础理论，对会计要素组织结构没有进行研究，把会计人员行政组织结构当成了全部的会计组织结构。生产经营过程不同阶段或同一阶段不同单位效率不同假设，就是要改变现有企业会计系统的会计要素组织结构，使企业会计系统会计要素组织结构与生产经营过程组织结构一致起来。

生产经营过程不同阶段以及同一阶段不同单位效率不同，企业会计系统为了反映内部单位的效率，就应按内部单位设置账户，记录内部单位的消耗和产出，账户之间将形成新的关系，这种新的关系，就形成了会计要素新的组织结构。这种企业会计系统的会计要素组织结构，与生产经营过程的组织结构就一致起来了，它的记录就随时把各个内部单位的效率反映出来了。

会计要素形成与生产经营过程组织结构一致的新的组织结构，它的最终目的不仅是反映内部单位的效率，而且是把原来不可视的效率变成可视的，一方面分析产生现有效率的原因，另一方面，把现有效率告知执行者，使执行者了解现有效率达到目标的现状，为了实现和超额实现目标，本单位（本人）应怎样做？这样就能通过企业会计要素组织结构，为内部单位直至个人提供一个控制情景，从而通过企业会计要素组织结构对生产经营过程进行控制。这种控制正符合玛丽·帕克、福利特的通过情景对生产经营过程控制的思想。

企业会计要素组织结构对内部单位效率的反映，也就是通过反映进行分析，对效率进行控制，使效率不断地得到提高，效率提高，产生的财富就多，使会计从只计算财富转移到增加产生财富上，符合泰罗的科学管理思想。

企业会计要素组织结构对内部单位效率的反映，使控制指令在企业会计要素组织结构子系统内运行，它将控制指令与实际资源耗费紧密结合在一起，使生产经营过程实现标准成本的现状随时呈现出来，在过程中是否实现标准成本就一目了然，具有可视性。这是管理控制功能在企业会计系统对生产经营过程资源耗费控制的具体体现，但又不是机械地将管理控制搬入企业会计系统。

企业会计系统的目的，就是使产品的成本与社会必要平均劳动一致，或低于社会必要平均劳动，这时产品的价值转化成价格，就是顾客能接受的价格，会计就能为企业创造顾客，使企业取得充分的利润。由于企业会计系统的这一目的主要是由生产经营过程不同阶段或同一阶段不同单位效率不同假设体现出来的，这一假设也就体现出了德鲁克创造顾客的管理思想。

（五）会计假设推导出企业会计系统与经济学理论的联系

政治经济学为企业会计系统提供的理论基础与每一条会计假设都紧密联系在一起。生产经营过程会计主体假设这一假设的内部运行，离不开政治经济学对生产关系阐述的生产、分配、交换、消费四方面的内容，同时也离不开与社会环境的联系，只有这样的假设，才能抽象出全部企业会计要素，有了企业会计要素，才能建立一个完整的企业会计系统。

《政治经济学》的价值理论，要求生产经营过程产品按社会必要平均劳动消耗，企业会计系统要按照《政治经济学》价值理论指导生产经营过程的消耗，必须要有这方面的假设，生产经营过程不同阶段或同一阶段不同单位效率不同假设，就是这方面的假设，这一假设不仅体现了《政治经济学》的价值理论，还体现了资本（资金）循环理论和分工、交换、资源分配理论。

货币计量与市场价格同步性计量假设，体现了《政治经济学》的货币理论，货币是一种特殊商品。在以金、银为货币的时代，货币本身的价值也是由社会必要平均劳动决定的，它的价值也是变化的，它作为交换的媒介，当货币本身的价值变化时，所交换的物品的数量自然也发生了变化。在以纸币为货币的年代，纸币本身是无价值的，但它是社会资源分配的代表物，拥有多少纸币，就拥有多少社会资源。当社会资源的价值发生变化时，纸币所拥有的社会资源量也随之发生变化，这一假设，淋漓尽致地体现了这一理论。

以上基本是按各会计假设与相关科学为会计提供的理论之间的联系进行了分析，实际上整个会计假设与为会计提供理论的所有相关科学都是相互联系的，因为会计假设之间是相互联系的，为建立企业会计系统提供理论的相关科学也是相互联系、相互渗透的，系统科学理论会渗透各个科学系统中，只是将同一理论从不同的角度来阐述。而控制系统的控制指令是从如何对被控客体进行控制来阐述的。实际上序参数就是控制系统的控制指令，序参数形成新的物质结构的，而控制指令是按它来组织控制系统结构的，企业会计系统只有按控制指令组成结构，它才具有控制功能。因此，序参数与控制指令是从不同角度来阐述企业会计系统结构的形成。

二、会计基础理论应有的辩证唯物主义

辩证唯物主义的会计基础理论，就是会计基础理论之间是相对独立，但又相互转化、相互联系、相互依存、并与外部环境紧密结合在一起的。企业会计系统是一个虚拟系统，它是以生产经营过程及其与环境的关系这一实体系统为依据建立的。从而抽象出五个会计要素，使生产经营过程及其与环境的关系，转化成建立企业会计系统的材料，因而企业会计系统才能通过要素对企业生产经营过程及其与环境产生的关系进行反映，同时使企业会计系统与社会经济联系起来。社会经济的发展，要求企业生产经营过程以尽可能少的资源，生产出尽可能多的产品。这里的尽可能少与尽可能多，只是一个质的要求，那么怎样才算尽可能少，尽可能多？它的量化标准是什么？就是生产出的产品对资源消耗等于或少于社会必要平均资源消耗，那么怎样才能达到这一量化标准？这就需要企业会计系统对生产经营过程按这一标准进行控制，促使生产经营过程实现这一目的，从而使企业会计系统的目的转化成生产过程的目的，使企业会计系统的目的得到实现。这一目的的转化，使企业会计系统的目的理论与建立企业会计系统的依据理论联系起来了，企业会计系统的目的理论依存建立企业会计系统的依据理论，同时也依存企业会计系统控制功能的理论。为什么企业会计系统对生产经营过程具有控制功能？这里的控制功能绝不是现在会计理论所说的会计内部控制制度，内控制度只是通过制度的相互牵制，控制舞弊问题，保证资源（资金）的安全。它不会按社会必要平

均劳动生产出产品，这里的控制功能是依存企业会计系统的方法，控制功能是通过企业会计要素组织结构子系统来实现的。而要素组织结构子系统是由账户结构组成的，账户是由会计要素转换而来的。因为会计要素是建立企业会计系统的材料，账户是由材料制造出的零件，这样就能把建立企业会计系统的依据理论、会计要素理论、企业会计系统目的理论、职能特别是对生产经营过程控制的职能理论、会计方法理论、通过转化和依存关系有机联系在一起，转化是会计基础理论的内在运动，没有转化和依存关系，就不能形成辩证唯物主义的会计基础理论。

会计原则和会计准则是针对会计人员进行业务处理的规范，使会计人员业务处理的行为完全符合会计方法的规定，不允许会计人员业务处理的行为离开会计方法的要求。通过会计原则和准则，将企业会计人员行政组织结构系统和企业会计要素组织结构系统有机结合在一起。

三、辩证唯物的会计计价

会计计价通过计价的转换，不仅能计算出与市场价格变化一致产生的经营成果，而且能实现企业会计系统对生产经营过程的控制。它是通过这样的转换进行控制的。生产经营过程自始至终都是对内外环境开放的，形成一个不断运动的“流”。而企业会计系统在生产经营过程处在购买阶段，是向外部环境开放的系统，即与外部环境相联系的开放系统；在生产阶段，企业会计系统要按社会必要平均劳动即标准成本对生产过程进行控制，此时通过标准成本对生产过程的消耗以及内部交易进行计价，将市场价格的变化，堵截在生产过程的大门之外，此时企业会计系统由购买阶段的对外开放系统转化成对外封闭的、孤立的系统，同时又转化成对内开放的系统。如果不形成一个对外封闭的孤立系统和对内形成开放的系统，企业会计系统就实现不了对生产阶段的控制；销售阶段，企业会计系统从生产阶段的对外封闭孤立系统又转换成对外部环境开放的系统，向外部环境输出熵（费用），又从外部环境输入负熵（收入），使企业会计系统形成相对独立循环运动的“流”。企业会计系统通过对外部环境的开放与封闭、封闭与开放的转换，能按市场变化的价格计算出客观真实的成果，又实现了对生产经营过程的控制。因此，会计计价的转换也是一个动态过程，这一动态过程使企业会计系统与外部环境和内部环境紧密结合在一起，改变了现在与外部环境机械唯物结合的方式，也改变了现在机械唯物地依附在生产流程的运动方式。同时也使计价理论与《政治经济学》的价值理论结合在一起。会计计价贯穿企业会计系统的始终，它将所有的会计基础理论连接在一起了。

四、辩证唯物的会计基础理论厘清了机械唯物理不清的两个问题

（一）厘清了企业会计系统建立的依据与企业会计系统的关系

在我国的会计教材中，一般把会计对象与会计要素的关系论述为会计要素是会计对象的具体化或对会计对象的基本分类。这一表述，使会计对象和会计要素成为同一概念，使会计对象与会计要素同在一个系统中，在对会计对象进行阐述时，通过对供、产、销的价值运动分析后，得出生产经营过程的价值运动形式是经营资金（资本）的投入、循环和周转、消费和收回、补偿和分配。通过分配，一部分资金退出生产经营过程，补偿和分配后未退出生产经营过程的留存部分，又形成占用资金的来源，这种阐述是将生产经营过程与企业会计系

统的运行合并在一起进行阐述的。生产经营过程的运行和企业会计系统的运行交结点在耗费和收回，两者都有耗费和收回，但生产经营过程的耗费和收回与企业会计系统的耗费和收回的表现形式是不一样的，前者耗费形成的是产品，收回的是资金（资本），它实现的是资源实体；后者耗费形成的是费用，收回的是收入。费用和收入体现的是一种关系。补偿和分配，退出等形式，是生产经营过程（会计对象）运行所无法做到的，因而与它无关，纯属企业会计系统的会计人员行政组织结构系统的业务处理内容，是对一种关系的处理。所以现有的会计理论对会计对象的论述是将会计对象的运行与企业会计系统的运行混在一起进行论述的，使企业会计系统自然依附在生产经营过程上。由于企业是为业主存在的，生产经营过程又为企业存在，照这样推理，业主的目的就是企业的目的，也就是生产经营过程系统的目的。企业会计系统依附在生产经营过程上，两者的目的也就等同了。这种推理，就使目的乱了阵脚。因为目的的实现是由职能支撑的，职能的实现，是由系统要素组织结构支撑的，系统要素组织结构是由技术方法支撑的。生产经营过程系统与企业会计系统是两个不同的系统，各自都应有自己的目的。生产经营过程系统的目的是多、快、好、省地生产出产品，要实现这一目的，由于生产经营过程这一人工实体系统的特殊性，除了合理组织车间、工段、班组这些自身的结构外，它还需要各个管理系统的服务和指导，各管理系统就是对生产经营过程的操作系统，服务和指导的宗旨就成为各管理系统的目的了。企业会计系统的目的就是服务和指导生产经营过程系统如何“省”。也就是服务和指导生产经营过程如何按社会必要平均劳动生产出又多又好的产品。所以系统都有各自的目的，由于系统之间的依存和联系，系统目的之间也是相互依存和联系的。现在的会计基础理论，将会计对象和企业会计系统的运行混在一起论述，把二者的依存关系变成了依附关系，企业会计要素组织结构系统没有自己的真正组织结构，它也没有自己客观存在的目的，也就不能服务和指导生产经营过程系统了。

辩证唯物的基础会计理论，把企业会计要素组织结构系统建立在生产经营过程系统及其与环境的关系之上，根据生产经营过程不同阶段的特点和环境的联系，抽象出会计要素，转化成组成企业会计要素组织结构系统的材料，然后将材料制成零件（设置账户），将零件组成结构（账户之间的结合与联系），形成自己独特的功能，服务和指导生产经营过程系统，使生产经营过程系统实现自身“省”的目的，企业会计系统也就在服务和指导生产经营过程系统实现目的的同时，也就实现了自己的目的。企业会计系统是通过“转化”分清了与生产经营过程系统（会计对象）的关系，各自相互依存又相互独立。

（二）厘清了会计人员行政组织结构系统与企业会计要素组织结构系统的关系

我国会计理论界对会计的职能和会计系统性质的研究，并未从组织结构进行阐述，也未将会计系统分为会计人员行政组织结构系统和企业会计要素组织结构系统，使研究得不到统一认识。组织结构是决定职能的，职能是支持系统的性质的。有什么职能，就有什么性质的系统。若不改变现有企业会计系统的组织结构，只是在原有的组织结构上说企业会计系统不是信息系统，而是管理系统，或者说是控制系统，提出这样的会计本质的客观依据是什么？难道它给管理者提供了事后的成本计算结果或者是有了会计内控制度就是控制系统了吗？答案都是否定的，它要成为管理系统，必须对生产经营过程某一方面的业务进行具体管理，保证它实现，如生产管理，它拟订作业计划，通过调度人员对作业计划执行进度的跟踪，发现问题立刻解决，保证生产进度，确保生产计划的完成。生产管理人员直接深入生产第一线，随时掌握生产的现状，随时解决出现的问题，这才叫生产管理。当然会计有其特殊性，不管有多特殊，它必须负责一项具体的管理工作，并保证这项具体工作按事先安排的计划完成，应在生产经营过程中随时了解该项管理工作实现的现状，根据现状采取有效措施，向完成计划迈进，这时会计就是一项管理工作，否则，它不具有管理的特征，成不了管理系统。同理，会计也成不了控制系统，因为它没有找到控制指令，会计内控制度，对生产经营过程的任何一方面，都不能进行控制，它只能控制会计人员和其他人员的营私舞弊问题，保证投资者的财产安全。企业会计系统至今既不是管理系统，也不是控制系统，究其原因，是会计理论工作者没有从企业会计系统应该有什么样的组织结构进行研究，只是根据现在会计要素自然依附在生产经营过程系统上的组织结构进行研究，自然得不到科学的结论。

会计人员行政组织结构系统和企业会计要素组织结构系统，是企业会计系统的应有的组织结构。会计要素组织结构就是如何设置账户和账户之间如何结合？成本账户的设置，使成本计算融入了会计核算系统，虚账户的设置，使会计具有计算利润的功能。不同账户的设置和组织，会出现新的功能。企业会计要素组织结构之所以依附在生产经营过程的组织结构上，是没有根据系统的层次性理论，设置层次性会计账户和层次之间连接账户，这里层次间的连接账户，是企业会计要素组织结构的关键账户，没有它，是无法形成企业会计要素组织结构的，也无法记录生产经营过程中实际成本实现标准成本的状况，达到服务和指导生产经营过程按社会必要平均劳动消耗生产出产品的目的。所以它是一个实现功能的执行系统，通过它对生产经营过程的消耗进行控制。然而它需要会计人员的参与，没有会计人员的参与记录，不能自动实现，所以会计人员行政组织结构是对会计要素组织结构的操作系统，二者组成企业会计系统，共同完成对生产经营过程系统的控制。企业会计系统对生产经营过程系统来说，它是一个管理系统，实现对资源消耗控制的功能。会计人员行政组织结构和企业会计要素组织结构是两个不同的组织结构，它们的组成要素不同。会计人员行政组织结构系统是依存在企业会计要素组织结构系统上的，两者是相对独立又相互依存的，形成企业会计系统。因此不能把二者混在一起，不能以会计人员行政组织结构系统代替企业会计系统，也不能以企业会计要素组织结构系统代替企业会计系统，如果以任何一方代替企业会计系统，就无法从理论上把问题说清楚。

第三节　企业会计系统的本质

根据以上企业会计的基本理论的阐述，不同哲学概念的企业会计基本理论有不同的企业会计系统的本质。

一、企业会计系统的本质是信息系统的由来

为什么现在的会计理论把企业会计系统的本质定位为信息系统？因为有其历史根源和认识根源。

（一）历史根源

会计产生于业主对生产的管理。而管理自然需要信息。当时会计是生产的附带物，由于生产属于业主，生产的附带物自然属于业主。随着经济的发展，会计虽从生产中分离出来，

但只是从行政管理上的一种分离，会计理论工作者并未意识到会计要素组织结构问题，更未意识到这种组织结构对生产经营过程的管理功能，而把会计人员行政组织结构系统代替了整个企业会计系统，使企业的会计人员对生产经营过程发生的各种经济交易活动，没有按真正的企业会计要素的组织结构进行处理，而是按生产经营过程的自然运行进行处理，它有两种表现：一是生产阶段各车间的交易按工艺流程运行，企业会计系统未做业务处理；二是生产经营过程各阶段的交易，企业会计系统虽做了业务处理，但未对各阶段的效率进行核算。企业会计要素组织结构仍然依附在生产经营过程的自然运行上，它在业务处理上仍然是生产经营过程的附带物，这种附带物就不能通过自己应有的组织结构所形成的功能对生产经营过程进行控制，企业会计人员行政组织结构系统只能根据依附在生产经营过程的企业会计要素组织结构系统进行业务处理，计算出结果，编制报表，为企业报送给投资者及其关系户，使人们对会计的认识停留在只提供信息上。

随着经济的进一步发展，投资者与生产者产生了两权分离，在两权未分离之前，二者合二为一，企业会计为企业服务，也就是为业主服务。两权分离后，是一分为二，投资者与企业的关系是委托和受委托关系。企业与企业会计人员组织结构系统的关系也是委托和受委托关系。因而企业会计人员行政组织结构系统只直接服务于企业管理者，不直接服务于业主投资者。企业会计报表之所以需要报送给业主（投资者），是因为企业会计系统要服务于企业，企业是为业主而存在的，没有业主就没有企业。企业要服务业主，业主（投资者）要了解投资效果并分析未来的前景，需要反映经济效果的报表即财务报表，企业委托企业会计人员行政组织结构系统将财务报表报送给业主（投资者），此时企业会计系统是服务于企业的，并非服务于业主（投资者），然而，人们并没有认识到两权分离的变化所引起企业会计系统功能的变化，仍将业主和企业组织结合在一起，把企业委托企业会计人员组织结构系统向业主（投资者）报送报表，当作企业会计人员组织结构系统直接服务于业主（投资者），从而把企业会计系统当作信息系统。

（二）认识根源

由于现有会计理论没有对企业会计系统的组织结构特别是对要素组织结构进行深入研究，使企业会计人员行政组织结构代替了企业会计系统的组织结构，使企业会计要素组织结构至今仍依附在生产经营过程及其与环境关系上，没有自己相对独立的组织结构系统，就没有相对独立这方面的功能，因此产生了如下的认识所形成的现有会计理论之间逻辑关系。对会计本质的认识停滞在现有的企业会计组织结构之上。

1. 把企业会计系统信息的输入与输出等同于信息科学的输入和输出系统，是根据“……信息科学要求输入系统的信息，能不受干扰的通过信道在终端不走样的再现出来。会计信息系统强调了这一点，因此十分注意保持输入和输出信息之间的不走样……，保证输出信息的可信度。”[4]这一认识是根据现有企业会计系统的组织结构产生的，混淆了信息科学输入输出信息与企业会计系统输入输出信息的区别。当企业会计系统组织结构变化后，二者输入的区别是：信息科学当信息输入后不会变化，外部环境的变化对信息传递的干扰，通过控制消除掉；而会计系统将信息输入后，外部环境中的信息（市场价格）不仅会发生变化，而且一直在变化，不可能有稳定不变的市场价格，在通货膨胀时更明显，这种外部环境的变化，首先通过购入标准成本和市场价格波动额对市场价格的分解，消除了对产品成本的影响，然后又根据市场价格波动率将已消除市场价格波动影响的产品成本又转化成按现时市场价格计算出的费用，才能使费用与收入进行配比。通过消除和恢复外部环境的转化，才能按环境的变化计算出客观、真实的结果，因为机械地按输入的信息计算出的结果，与现实环境信息不一致，这样的信息是不客观的、不真实的，同时也是投资者所不需要的。因而产生了不同投资者站在各自的利益立场上，要求企业会计系统提供不同的信息。二者信息输出的区别是：信息科学输出的信息，在消除干扰后与输入的信息完全相同，如果不相同，说明信息已丢失，是不客观、不真实的；而企业会计系统输出的信息是一个全新的信息，这个信息是与输入信息不一致，而与环境变化的信息相一致。只有这样的信息才是客观的、真实的、公正的，也是不同的投资者所能接受的。现在的会计理论对信息的输入与输出达不到这一要求，就是把信息系统的信息输入与信息输出机械地搬入了企业会计系统，把企业会计系统变成信息系统，使企业会计系统难以解决按市场价格的变化输出信息，使输出的信息与实际净收益不配比，从而损害了不同投资者的利益。

2. 把账户作为纯统计方法。在企业会计系统的方法一章里，已对账户进行了阐述，利特尔顿教授把账户当作准统计类目，认为记账是推理和简化交易数据的一个步骤，我国的教材中虽未论及账户是统计类目，但在账户前都冠以“分类”二字，如总分类账和明细分类账，这种提法也包含账户是统计类目之意。把账户当成了只对静态结果的一种统计，而没有把账户当成静与动的结合，它的记录是量的渐变到质的飞跃，只有账户具有这样的性质，它才能把运动不息的生产过程记录下来，它的记录才能与生产经营过程一致起来，而不是只反映生产经营过程的静态结果。只有账户记录与生产过程一致，才能通过设置账户和组织账户，形成独特的结构，对生产经营过程按预定的目标进行控制。如果认识不到这一点，只把账户作为统计方法，那么企业会计系统一定是信息系统了。

3. 把会计控制当作对发生的经济业务处理的控制，没有认识到对信源产生不应有的信息进行控制。通信系统在信息的传递过程中是通过滤波对环境的干扰进行控制的。把企业会计系统当作信息系统，是把生产经营过程当作信息源，将它发射出的信息，会计人员按会计原则、会计准则、内部控制制度进行处理，使处理后的信息符合生产经营过程客观情况。生产经营过程产生信息的准确性与通信系统的准确性内涵是不同的，通信系统只是准确无误地将信源发射出的信息传递给信宿，所以它只要通过滤波消除内外环境的干扰就能做到。而企业会计系统则不同，它的内外环境的干扰除了信息传递的干扰外，还有信源产生不应该发生的信息的干扰以及外部环境的干扰。信源产生不应发生的信息干扰，如物质资源消耗量的干扰、工作效率、工作质量的干扰等，外部的干扰如市场价格的波动。会计原则、会计准则以及内部控制制度只能消除会计人员对业务处理的干扰，而不能消除信源产生不应发生的资源消耗的干扰以及市场价格波动的干扰，要消除信源产生不应发生资源消耗的干扰，只能按社会必要平均劳动消耗对生产经营过程进行控制，而要消除市场价格波动对业务处理的干扰，必须将市场波动价格分解为标准价格和波动额，只有这样，才能真正消除内外环境的干扰。目前会计理论工作者还未认识到这种干扰，只是机械地将通信系统传递信息的干扰套用在企业会计系统上，企业会计系统除了消除传递信息的干扰之外，还要消除信息源产生不应发生的信息的干扰，并且这是企业会计系统最根本的干扰，不消除这一干扰，企业会计系统就不能增加产生的财富。因此，企业会计系统消除环境的干扰的内容和目的与通信系统消除环境的干扰的内容和目的是不同的。会计理论工作者为什么没有认识到两个系统内涵的区别？是因为没有认识到通过改变企业会计要素组织结构后，使生产经营过程发出的信息由信源转化成了反馈信息。

以上根源，归根结底仍是认识根源，所谓历史根源，是沿袭历史思维和做法，没有看到自身和环境的变化，这两个根源都是机械唯物主义的表现。

（三）把企业会计系统定性为信息系统的理论逻辑

现有会计假设是以企业为主体进行假设的，因而企业会计系统是以企业为依据建立的，这样使企业的目的就成为了企业会计系统的目的。而企业是为业主而存在的，因而企业的目的就是业主的目的，也就是企业会计系统的目的。业主的目的，就是取得收益，企业会计系统为了实现这一目的，就必须计算收益。为了正确计算收益，一方面必须对生产经营过程的各个阶段发生的收、支双方进行统计，然后计算出各个阶段的结果以及整个过程的最终结果。因而会计方法就成为实现目的的重点，并得出会计方法是统计的。而没有从企业会计系统的要素组织结构去分析它应有的功能，也就不会思考会计要素应有什么样的组织结构，更不会提出会计要素组织结构与实现会计职能的关系。我国会计理论界对会计职能的研究，仍停留在现有的会计要素组织结构上，因此争论不休，无果而终，只能将企业会计系统目的的实现重点放在会计方法上。另一方面，为了防止舞弊，正确计算收益，必须制定会计原则和准则，规范会计人员的行为，使会计人员对发生的每一笔经济业务的处理都符合会计方法的要求。因而会计原则和准则就成为会计理论研究的重点。利特尔顿教授把会计目标与原则直接联系起来，他提出，“……把会计的基本目标转化表述为原则是适当的。因为这里的连结可以通过企业的概念和会计之间的内在联系得以支持。”[5]并认为“会计数据只能是企业数据，而不是其他数据。”[6]

不准确的机械唯物主义的会计假设，使假设失去了客观性的基础，从而推导出人格化的企业会计系统目的。而人格化的企业会计系统的目的，又推导出了会计方法和会计原则，并将会计目的直接转化成原则，为投资者提供信息，从而得出企业会计系统的本质是信息系统。这就是企业会计系统是信息系统的机械唯物主义会计理论逻辑。

二、企业会计系统的本质是管理系统的由来

会计产生于业主对生产管理的需要，由于当时生产组织简单，会计的管理功能也很简单。但随着经济的发展，企业管理者为了应变企业内外环境的变化，在生产经营过程前需要进行较准确的决策，而在生产经营过程中，对内外环境影响企业目标实现的偶发事件，采取有力措施，这些偶发事件，有的一旦发生，对生产的影响程度立刻就可知道，如原材料的供应不能满足生产需要、某一设备突然损坏、某一关键技工突然病倒、市场突发变化、畅销产品变成滞销产品等。唯独这些偶发事件对生产经营过程中产品成本的影响是看不见、摸不着的，特别是每个员工的情绪的变化引起生产资源消耗以及工作效率的变化，对整个生产经营过程成本的影响更是看不见、摸不着的。如果企业会计人员不能把这些偶发事件对生产经营过程中的成本的影响，从看不见、摸不着，变成看得见、摸得着的，企业会计人员就无法得知生产经营过程中实现预定标准成本的现时信息。这里的现时信息，不是生产经营过程中实际成本信息，而是生产经营过程中实际成本达到预定标准成本的信息。企业会计人员不能得知这样的现时信息，在生产过程中，无法将偶发事件对成本的影响，采取有力措施，实现预定的标准成本。企业会计人员只能依从偶发事件，等到会计期结束后，对实际成本进行计算，然后将计算的结果与预定的标准成本进行对比，分析产生差异的原因，这个原因即使百分之百的正确，却不能改变已结束的生产过程。当然，有人会说，对下一个会计期的生产经营过程的管理提供信息，难道下一个会计期的生产经营过程与上一个会计期的生产经营过程的偶发事件会完全相同吗？企业的内外环境是随时变化不相同的。既不相同，这种信息有何意义？现在的事后分析是典型的机械唯物主义的表现。所以企业会计人员一定要把内外环境的偶发事件对生产经营过程中成本的影响，变成看得见、摸得着的，目前企业会计人员难以做到，必须要会计理论工作者根据会计要素和账户的关系，设立新的账户，重组账户结构。（此理论已在第九章阐述）。使企业会计要素转化成下一层次即企业会计系统所属的子系统的会计要素，通过账户结构对生产经营过程进行控制，将生产经营过程中的实际成本达到预定标准成本的状况，通过记录呈现出来，就能把在过程中实际成本达到预定标准成本的状况，从看不见变为看得见的了。也就能随时对实际成本达到标准成本的现状进行分析，消除不利因素，巩固有利因素。此时的企业会计系统对成本已执行了管理的职能。成为企业管理系统的组成部分（它的管理功能的发挥已在第十章进行了阐述）。

我国会计学者也提出了会计是管理这一理论，但这一理论仍停留在企业会计系统只为企业上层管理者提供信息的基础上，而没有阐述企业会计系统怎样直接对生产经营过程资源的消耗所形成的成本进行管理。对生产经营过程资源消耗所形成的成本的管理，只能由企业会计系统直接进行管理，不能由企业会计系统提供信息给企业高层管理者，由高层管理者直接进行管理。因为高层管理者没有直接具体的管理手段和方法。企业高层管理人员和生产过程中的管理人员只能与企业会计人员共同对过程中实际成本达到标准成本的现状进行分析，而对成本管理的执行和操作是由企业会计系统直接进行的（企业会计要素组织结构系统直接执行对成本的管理，企业会计人员行政组织结构系统直接操作对成本的管理）。

成本是管理系统的一个综合成果，只有生产经营过程做到了多、快、好才会有企业会计系统的省。如果离开了多、快、好的省，那不是真正的省，只有多、快、好、省辩证的统一在一起，才是真正的省。而多、快、好、体现在企业管理的方方面面，因此企业高层管理者必须从面上抓好和协调好各方面的工作，企业会计系统给上层管理者随时提供在过程中实际成本达到标准成本的实时信息，就是为了协助上层管理人员抓好面上工作，而不是企业会计系统提供信息给高层管理者，由高层管理者对成本进行直接控制。

三、企业会计系统应有的本质

（一）企业会计系统不是信息系统

根据本文前面的分析，机械唯物的会计基础理论得出的企业会计系统的本质是信息系统，因为它的假设理论、目的、功能、方法、原则都只能得到生产经营过程与环境变化不一致的结果。究其原因，是企业会计要素组织结构依附在生产经营过程系统的组织结构上，而没有依存生产经营过程系统相对应的组织结构，建立相对独立的企业会计系统所致。那么企业会计系统到底是什么性质的系统？是信息系统抑或不是信息系统，应根据信息论提供的理论为依据进行分析。

企业会计系统与信息系统有如下几方面的区别：

1. 与通信系统的区别

企业会计系统与通信系统有如下两方面的区别：

（1）对发射信息和处理方法以及熵的产生与清除方法不同。

信息论的研究始于通信系统，它是由发射端和接收端两个子系统以及传递线路组成的。它的发射端要将信息抽象成编码，在接收端要转换为译码，它是由发射端和接收端两个子系统以及传递线路组成的。信息发射端的编码就是发射端子系统的序参数，按编码组成子系统，多种具体不同的信息都要转化成编码，然后才能发出信息。接收端又将不同的编码转化成译码，译码就是接收端的序参数，按译码组成子系统，通过译码，才能收到与发射端同样的信息，信息在传递时会受到两方面的干扰，一方面受传递线路本身产生的阻力的干扰，另一方面是外环境对传递线路的干扰，干扰就会使信息丢失，丢失的信息叫“熵”，收到的信息叫“负熵”，熵和负熵的关系是互补关系，要使发出的信息不丢失，就要在传递过程中消除干扰即消除产生的熵，接收端才能收到与发射端同样的信息。企业会计系统与信息传递系统全然不同，信息发射端不需要将信息转换成编码，而是将交易发生的原始单据（信息）直接传到会计人员行政组织结构系统做业务处理，通过处理后产生的信息是一个综合后全新的信息，并非与发射端的个别信息相同，通信系统对信源发射出的信息是不能综合的。在处理信息时也要消除内外环境的干扰，使产生的熵（费用）最小，但不能在过程中消除“熵”，熵对于企业会计系统来说，不是丢失的信息，而是有用的信息，它的消除是通过向环境的输出来消除的，它与负熵的关系不是互补关系，而是包容关系，企业会计系统的“负熵”包含企业会计系统产生的“熵”，并要从“负熵”中收回。信息系统是研究本系统的信息运动过程，企业会计系统是研究如何对它系统（生产经营过程系统）的物质运动进行反映，通过反映进行控制。因此企业会计系统与通信系统是完全不同的系统。

（2）信息处理的相互关系不同。

企业会计要素组织结构改变后，使标准成本进入企业会计系统运行，企业会计系统首先向生产经营过程发出了行动指令，生产经营过程只能按企业会计系统发出的指令进行运行。它是否按企业会计系统发出的指令进行运行，必须将运行的信息发射到企业会计系统，企业会计系统将生产经营过程发射出的信息进行业务处理，并与自身发射出的指令进行比较，从而指导生产经营过程的运行。因此，企业会计系统与生产经营过程都相互发出和接收信息。企业会计系统服务和指导生产经营过程，生产经营过程服从于企业会计系统。而通信系统本身不向信息发射者和信息接收者发射信息，只为信息发送者传递信息，它唯一做的是怎样将信息发送者发出的信息无遗漏地传递给信息接收者。它完全服务于信息发送者和信息接收者，至于信息发送者发出什么样的信息，以后怎样处理，与通信系统毫无关系。

企业会计系统与生产经营过程系统的关系从依附关系转变为依存关系后，企业会计系统的信息源发生了变化。企业会计系统依附在生产经营过程系统时，生产经营过程系统所发生的经济业务是向企业会计系统发射出的信息，所以生产经营过程系统是信息源，企业会计系统只是信息传递线路，会计报表接受者是信宿；而当企业会计系统依存在生产经营过程系统后，控制指令成了企业会计系统的信息源，而生产经营过程系统所发生的经济业务向企业会计系统发射出的信息成为信息反馈，输出的信息是按控制指令进行控制后产生的结果，报表接受者是对控制后结果的了解，它已经不是信宿。以上二个区别，说明无论是现有企业会计系统以及会计要素组织结构改变后的企业会计系统都不同于通信系统。

2. 与信息加工系统的区别

企业会计系统与计算机一样是信息加工系统吗？所谓信息加工，就是根据人们对某一事物及其运动进行研究，根据研究的需要，选择客观存在的某些信息，按一定的程序进入计算机处理，找出数据之间的规律，使处理后的信息能满足研究的需要。而企业会计系统对生产经营过程发生的经济业务处理，是为了客观地呈现出生产经营过程系统运动的实际成本实现标准成本的状况，对生产经营过程发生的一切经济业务没有选择的余地，都要进行处理，只有这样产生的新信息，才能对生产经营过程系统的运动进行研究。至于企业会计系统经过业务处理，得出完全与输入信息不同的新的信息，它是生产经营过程及其与环境关系的系统运行的自然结果的呈现，并非按人们需要所产生的信息，所以它不是信息加工系统。

3. 企业会计系统与统计系统的本质区别

利特尔顿教授之所以把会计系统定性为信息系统，是因为把账户定位在准统计类目上。账户不是统计类目，已在会计方法中进行了阐述。然而账户不是准统计类目并不能充分说明企业会计系统不是信息系统。因为统计系统也属于人工虚拟系统，人工虚拟系统都是以人工实体系统为依据建立的，并服务于人工实体系统。只有把企业会计系统与统计系统建立的依据和服务的对象以及内容弄清楚之后。才能弄清楚真正的区别，也才能弄清楚企业会计系统是否是信息系统。

(1) 两者建立依据上的区别。

统计系统是以社会、自然、经济以及科学技术及其相互之间的关系质与量的辩证统一为依据建立起来的。它是研究数量之间发展变化的规律性，因此，它由统计指标和统计分组（按一定标志进行分类）两个要素组成，这两个要素是对数量的质的规定性，如对人口的统计，人口是一个指标，它是对质的总的规定。人又分男人女人。男人和女人这是以性别（质）为标志进行的分组。为了研究人的文化结构对社会发展的影响，又可以文化程度（质）为标志进行分组如中学、大学、硕士、博士为标志进行分组等，这些标志是从不同方面对质的规定性，只有质的规定性，才有量的表现，有了量的表现，才能体现出质。所以统计要素是质与量的辩证统一，质与量是紧密结合在一起的。因而就可以从量入手，研究量的发展变化规律对社会、自然各方面质的影响。

企业会计系统建立的依据在第三章中已阐述，它是以生产经营过程及其与环境的关系为依据建立的，它的质和量是通过价值和价格表现的。价值是由生产产品所消耗的社会必要平均劳动量所决定的。所以它是质，价格是在商品交换中的货币量的表现，因此价格是量。价值和价格在生产经营过程及其与环境关系的运动变化中，不断地转换变化，将质与量紧密结合在一起，体现在会计要素中，所以会计要素是价值与价格的结合和辩证统一。然而企业会计系统是对质的形成即价值的形成进行管理，使生产经营过程对资源的消耗必须符合社会必要平均劳动要求，只有这样，企业和投资者才能取得社会平均利润。因此，企业会计系统既不对质（价值）进行研究，也不对量（价格）进行研究，只是将经济学的价值、价格理论应用在企业会计系统当中，对生产经营过程的资源消耗按此理论进行管理，使生产经营过程产生应有的财富。从而使企业和投资者得到应有的财富。如果把企业会计系统当成信息系统，只是机械地对生产经营过程发射的信息进行传递。对生产经营过程不按价值形成理论进行管理，企业和投资者就得不到应该得到的报酬。

(2) 两者服务对象的区别。

由于两者建立的依据不同，服务的对象也不同。

统计不管从宏观还是从微观都是服务于计划部门和政策制定部门的。无论国家或企业，制定各种计划和政策都离不开统计数据。

企业会计系统，它是服务于生产经营过程及其与环境的关系的。它体现在按控制指令运行以及对生产经营过程及其与环境的关系进行反馈并分析原因后，消除不利因素，巩固有利因素。它服务于企业，为企业与环境发生的各种关系户提供生产经营过程及其与环境的关系的状况，即各种会计报表。企业与环境发生的各种关系户不是企业会计系统直接服务的对象，它的直接服务对象是企业以及生产经营过程。企业会计系统服务的对象在前面多处已阐述。

统计系统服务于各级行政的计划部门和政策制定部门，已成为共识。所以形成了一个完整的全国性系统。而会计系统只停留在企业内。并且现有会计理论没有找到它真正的服务对象以及怎样进行服务，误把企业服务的对象当作企业会计系统直接服务的对象，假如企业会计系统能直接服务于投资者，投资者在投资前就应首先与企业会计部门签订契约，企业会计系统就应先于企业存在，这与客观实际是不相符的。因此把企业会计系统当作信息系统，为投资者服务是抬高了企业会计系统的地位，同时也放弃了会计真正应该服务的对象，特别是没有认识到会计在宏观经济中的服务对象。因此。会计没有形成全国性的系统，而是并入各级行政的财政部门中。这种会计行政组织结构，是典型的把投资者当作会计的直接服务对象，这样又贬低了会计在国民经济中的地位。国民经济是由企业组成的，企业内部的和谐发展，少不了企业会计系统对生产经营过程及其与环境关系按社会必要平均劳动消耗进行指导。这样企业会计系统就把企业与国民经济联系起来了。国民经济的和谐运行，也就少不了全国性的会计系统对它进行指导。只有这样，才能建立一个真正完整的会计系统，才能把会计系统放在合适的位置上，发挥它应有的功能。

从以上的本质区别可得知，企业会计系统不是在质与量的辩证统一中研究量的变化规律，而是在质与量的辩证统一中对生产经营过程及其与环境关系进行管理。只有把企业会计系统放在此位置上，才能发挥出应有的功能。因此，企业会计系统不是统计系统。

4. 企业会计系统的性质与信息传递、信息方法、会计应用软件的关系

根据哲学基本理论，世界是物质的，物质是运动的。之所以人们知道物质的存在和运动，是因为物质及其运动发射出信息，所以信息无处不在。对问题的处理，都是对信息的处理。事物之间都是通过信息的传递取得联系，所以有信息传递的系统不等于是信息系统。关键是看信息传递解决什么问题，它就是什么系统。如果把信息传递当作信息系统的特征，那么整个世界除了信息系统，就不可能有其他系统了。只有纯粹为了传递信息的系统，才是信息系统。而且，当企业会计系统的会计要素组织结构变化后，生产经营过程所发射出的信息已从信源转化成了反馈，企业会计系统对生产经营过程发射出的信息处理已不是对信息传递的处理，而是对生产经营过程控制的业务处理。

信息方法也是如此，随着人们对信息的认识不断加深，信息方法也应用到各种系统中，应用信息方法分析问题，解决问题，也不一定就是信息系统。

会计应用软件是会计业务处理理论与信息科学技术理论相结合的产品，它是根据会计业务处理理论制作的，会计业务处理理论未解决的问题，信息科学技术理论也无法给予解决。它只能解决在同样的会计业务处理理论的前提下，是否能编制出操作简单、快捷、精确的软件，这是信息科学技术理论问题，它不属于企业会计系统，会计应用软件的优劣才与信息技术有关。把会计系统认为是信息系统，现在计算机已广泛应用在各种科学领域，编制出各种科学领域的应用软件，那么所有的科学领域都成了信息科学了吗？

信息传递、信息方法、信息技术与会计科学以及其他科学是相互渗透的。信息传递、信息方法是向各科学渗透，而各科学的理论又向信息技术理论渗透，渗透就是一种联系，因此，不因它们之间的渗透否认各科学之间的界限。

（二）企业会计系统的性质应是企业管理系统。

辩证唯物主义的会计理论，使组成企业会计系统的会计要素，在系统论、控制论、协同学、政治经济学、管理学等科学理论的支撑下，可将现在依附在生产经营过程系统的会计要素组织结构，变成依存在生产经营过程系统的相对独立的会计要素组织结构系统。系统组织结构的改变，它可像其他管理系统一样，直接对生产经营过程系统的成本进行管理，这种对成本的管理，就不再是为企业管理层提供信息的管理工具了。

企业会计系统不是控制系统，因为它对生产经营过程的成本控制不符合控制论系统的组织结构，控制论系统的施控主体和被控客体同在一个系统内。而企业会计系统对生产经营过程系统成本的控制，施控主体是整个企业会计系统，被控客体是生产经营过程系统中的成本，它只具有管理系统中的控制功能。

会计内部控制制度，施控主体与被控客体虽在同一系统内，但没有前馈装置，只是一种自我控制，不符合控制论系统组织结构。它只能对会计人员的行为进行控制，是企业会计系统内部的控制，因而会计人员行政组织结构系统也不能成为控制系统。

企业会计系统通过会计要素组织结构的改变，成为一个管理系统，但它并不影响信息的传递，因为它是企业母系统的子系统，它要服务于企业，企业与环境产生的一切关系，企业委托企业会计系统给企业所有关系者传递会计信息，并且所传递的信息不是建立在对收益计算的基础上的，而是建立在收益的产生和实现上的。这样的信息比原来的信息对企业的关系者有用得多。企业的关系者不仅能了解结果，而且能了解产生结果的原因和过程。

四、把企业会计系统定性为信息系统存在的关键问题

现代社会已步入信息时代，随着人们对信息科学不断深入地研究，使信息理论渗透到各种科学应用中，促使科学的飞速发展。企业会计系统利用信息技术，将原来的手工操作制成软件，进入计算机操作，不仅提高了操作速度，而且提高了操作质量。但对会计理论来说，它仍是一门利用的工具。不管信息科学和信息技术发展到什么水平，都无法解决会计理论本身存在的理论问题，会计理论存在的问题，只能靠会计理论的深入研究来解决。信息技术再怎么发展，它只能制作出高质量的会计应用软件，而会计应用软件制作的原理，仍离不开会计已有的理论。

企业会计系统的本质是信息系统，是根据人格化的会计目的，机械唯物的会计方法，重视结果不重视过程，将会计理论的研究主要放在会计原则和会计准则上，其目的就是产生一个机械唯物的准确结果而推论出来的。然而，这种推论出来的本质形成人们固有的理论后，又去维护推论的理论。因而禁锢了人的思维。使人们不会思索怎样突破这个禁锢，去改变现有企业会计要素的组织结构，使企业会计系统具有对生产经营过程系统消耗资源的控制能力，从而产生增加财富的能力，真正实现人的目的。把企业会计系统定为信息系统，使它不能形成应有的结构，发挥应有的功能，降低了企业会计系统在企业中应有的地位，使财务会计永远不能与管理会计有机结合起来，企业会计系统永远只能是记账型，不能变为管理型，也就不能使会计与国民经济联系起来，成为实现《政治经济学》价值理论的工具和协调产

业结构的工具，从而降低了会计科学的地位。

注释：

[1]《会计理论结构》［美］A. C. 利特尔顿著，林志军，黄世忠等译，中国商业出版社，1989 年第 1 版第 12 页。

[2]《会计理论结构》［美］A. C. 利特尔顿著，林志军，黄世忠等译，中国商业出版社，1989 年第 1 版第 15 页。

[3]《控制论信息论系统科学与哲学》王雨田主编，中国人民大学出版社，1988 年第 2 版第 221 页。

[4]《基础会计学》吴俊杰主编，云南人民出版社，1994 年 4 月第 1 版第 5 页。

[5]《会计理论结构》［美］A. C. 利特尔顿著，林志军，黄世忠等译，中国商业出版社，1989 年第 1 版第 29 页。

[6]《会计理论结构》［美］A. C. 利特尔顿著，林志军，黄世忠等译，中国商业出版社，1989 年第 1 版第 141 页。

后　记

萨缪尔森所著的《经济学》一书中，在第四十二章“趋势的改变：经济理论的演变”中，开始就引用了卡尔·马克思《关于费尔巴哈的提纲》中的一句格言；“哲学家们只是用不同的方式解释世界，而问题在于改造世界”。[1] 马克思的这一格言，是告诉人们不要满足解释世界，而重点在于改造世界，不用“解释世界”的科学理论来改造世界，那么解释世界的科学理论就无意义。

根据马克思这一格言，世界上的科学就分为两大类，一类是解释世界的科学；另一类是改造世界的科学。从系统理论来说，一类是天然系统科学；另一类是人工系统科学。哲学是这两大系统的结晶和产物。天然系统科学从不同方面对世界进行具体解释；人工系统是从不同方面对世界进行改造的，而哲学是对天然系统和人工系统存在的规律进行一般的解释。所以哲学包括天然系统和人工系统一般的科学理论。因而对天然系统和人工系统进行研究的工作者都要有哲学的科学思维方法。

解释世界是说明世界是什么？它是遵循什么客观规律发展变化的。而改造世界，必须事先了解世界。只有科学地解释了世界，人们才能真正地了解世界，才谈得上改造世界。改造世界要通过两次转化：第一次是将解释世界存在的客观规律转化成人的主观思维；第二次是人的主观思维转化成客观事物。没有第一次转化，人的思维没有接受解释世界的理论，就无创造性；没有第二次转化，人就无法建立人工系统去改造世界。而解释世界只需一次转化，就是将客观事物存在的规律转化成人的认识，然后传递给改造世界的人，人们才能按解释世界的理论去改造世界，改造世界是在解释世界的基础上进行的。因此，解释世界是改造世界的先行军，只有改造世界，解释世界才有用武之地。

一、企业会计系统符合哲学的一般解释理论

企业会计系统是人工系统，此系统符合哲学的一般解释。表现如下：

（一）一切事物都是客观存在的

企业会计系统是一种客观存在。它虽是根据生产经营过程及其与环境的关系为依据建立的，是他组织系统，但此系统一旦建立，它就有自己的内在规律，并按此规律运行。他组织系统就转化成自组织系统。

（二）一切事物都是不断运动、发展和变化的

企业会计系统是不断运动、发展和变化的。从会计的产生到现在，从不完善向完善运动、发展变化。会计的历史证明了此点，它们是通过会计要素相互联系、相互制约、相互作用实现的。而这种相互联系、相互制约、相互作用又是通过中介实现的。列宁指出：“仅仅‘相互作用’=空洞无物，需要中介（联系）”。“要真正的认识事物，就必须把握、研究它

的一切方面，一切联系和‘中介’。”[2]会计要素之间的中介是什么？在商品社会的前提下，一切商品的交换和占有以及使用、消费都要用货币计量。商品（资源）的货币表现，就是资金，会计要素之间是通过资金联系的。所以资金是会计要素的中介，因为会计要素的量化都是以资金体现出来。会计动态平衡式就是借助资金这一中介进行业务处理，不断地循环运动。

（三）企业会计系统符合哲学的三个基本定律

企业会计系统的运行，符合哲学中的矛盾对立统一律、质量互变律、否定之否定律。

1. 企业会计系统的运行符合矛盾对立统一律，它体现在以下几方面：

（1）静与动的矛盾对立统一。企业会计系统对每笔经济业务处理，都是相对静止的体现，只有相对静止，才能记录，连续不断的记录以及借贷的转换，使企业会计系统不断地运行，随时都处在动态之中，没有动，就不能掌握生产经营过程所处的状态。所以会计记录是静与动的矛盾统一，它统一在账户的记录和借贷的运行之中。

（2）资源的实际消耗与应该消耗的矛盾对立统一。实际消耗是一种客观存在，应该消耗首先体现在观念当中，客观存在与观念要求是一对矛盾，要使观念转化成客观存在，必须按应该消耗变成实际消耗，就需按应该消耗对实际消耗进行控制，实际消耗与应该消耗统一在控制过程当中。

2. 质量互变律。企业会计系统对生产经营过程一系列的业务处理，从一个账户的借方到贷方，属于量变过程，从一个账户的贷方到另一个账户的借方，或从一个账户的借方到另一个账户的贷方属于质的渐变过程，一连串质的渐变过程，最终引起总的质的飞跃。它的运行，随时都处在质量互变之中。

3. 否定之否定律。企业会计系统每笔业务处理都是一个否定，借是对贷的否定，后一阶段的业务处理，是对前一阶段业务处理的否定，否定是一个变化，也是一种运动，企业会计系统是在不断的否定中运行的。没有否定之否定，企业会计系统就不会是运行的系统。

否定之否定律把矛盾对立统一律和质与量的互变律统一起来了。矛盾对立统一是通过矛盾的相互转化得到统一，会计是通过借与贷的相互转化得到统一。但这种借与贷，不是在原点的借与贷的转化得到统一，它是在运动过程中，即在否定之否定过程中的转化得到统一，在统一过程中，使会计的质与量产生互变形成质的飞跃。企业会计系统的运动过程，使哲学中的三大定律浑然一体，淋漓尽致地体现出来了。

二、企业会计系统是一个改造世界的系统

改造世界是人的目的转化成人工系统的目的。通过人工系统目的的实现，来实现人的目的，从而实现改造世界的目的。企业会计系统改造世界的目的，是通过一系列的转化促使保证生产经营过程多增加社会财富来实现的。

生产经营过程，本身就是创造新的财富过程，假如没有企业会计系统，它仍然能创造出新的财富，只是多与少的问题。有了企业会计系统，就能促使并保证生产经营过程多增加社会财富。那么它怎样促使和保证实现增加社会财富呢？首先，企业会计系统的记录应与生产经营过程运动一致并反映各阶段的效率；其次，保证增加财富应有一个标准；最后，有了标准，标准又怎样转化成保证增加财富产生的具体办法。

（一）企业会计系统的记录应与生产经营过程的运行一致，并反映内部单位的效率

企业会计系统要促使保证生产经营过程增加社会财富，就应通过企业会计系统对生产经

营过程的记录，随时了解生产经营过程产生财富的现状，企业会计系统的记录必须与生产经营过程运行一致。这样，就要求企业会计系统的要素组织结构应与生产经营组织结构的运行特点一致。就是说，生产经营过程的特点必须转化成会计要素，而会计要素只是组成会计要素组织结构系统的材料，又必须把材料制造成零件，然后将零件组装起来，才能成为结构，组成企业会计要素组织结构系统的零件就是设置账户。这时要素转化成了账户，把设置的账户组织起来，账户之间的组织就转化成了会计要素的组织结构。通过对账户借、贷的设置，使账户借、贷双方不断地转化，企业会计要素组织结构系统成为一个不断循环的“流”，这个流就与生产经营过程不断循环的流一致起来了。

生产经营过程是有层次的，层次是由内部单位组成的，企业会计系统的记录要真正与生产经营过程一致并反映内部单位的效率，必须改变现有企业会计要素系统的组织结构，使企业会计要素的组织结构也具有层次性，要反映内部单位的效率，就必须根据内部单位承担的生产任务，分配资源。这时企业拥有的资源转化成了对内部单位的权益，而内部单位由企业的内部权益转化成了内部单位的资源，资源通过层层分解，会计指标转化成了非会计指标。资源的转化，需要设置新的账户来完成。只有设置新的账户，才能改变现有企业会计系统要素的组织结构，使企业会计系统要素的组织结构具有层次性，这时的企业会计系统的记录才能与生产经营过程一致起来，并反映内部单位的效率。此时企业会计系统要素的结构从现在依附在生产经营过程转化到依存生产经营过程。使企业会计要素组织结构具有控制功能的执行能力，为报账型会计转化成管理型会计提供了内在依据。

（二）增加产生社会财富的标准

财富的增加并保证实现，应有一个标准，这个标准，不是企业会计系统决定的。也不是企业决定的。而是社会决定的。只有社会承认产生了财富，才有社会财富的增加。要保证产生财富，就是保证社会承认的财富得到增加。这个社会承认的财富就是按社会必要平均劳动消耗生产出产品。企业会计系统应按这一理论标准对内部单位的生产进行资源分配，并按分配的资源进行控制。然而这一理论标准具体怎样计算出来呢？它是通过产品设计和工艺设计水平反映出来的。此时承认产生社会财富的理论转化成了可操作的产品设计和工艺设计。按产品设计和工艺设计计算出来的产品成本，就是社会承认的标准成本。此时产品设计和工艺设计水平转化成了标准成本。

（三）保证增加社会财富产生的具体办法

确定标准成本之后，就应使标准成本在生产经营过程中得到实现，必须将事先确定的静态的果与产品和生产效率结合，转化成动态的事中的因，也就是将标准成本转化成控制指令。此时标准成本同时进行了多方面的转化，通过转化，进入了企业会计系统的日常核算。标准成本进入日常核算，就能在生产经营过程中与形成的实际成本随时进行比较，使现在的事后的标准成本与实际成本的静态比较转化成动态比较，同时对差异分析从现在的事后静态分析转化成事中的动态分析，通过对差异的分析，在过程中找到产生不利差异的原因，从而在过程中消除不利差异。此时已将现在的成本形成从不可视转化成了可视的，从而保证标准成本的实现和超额实现，也就保证了增加社会财富的产生。

（四）按客观依据计算产生的财富

由于各行业生产力发展的不平衡以及伴随的通货膨胀，市场价格随时处在波动之中，为了使产品销售总费用与市场价格保持一致，必须将购入物质资源的市场价格转化成购入标准成本和市场价格波动额，这一转化它又能使现在会计理论中的历史成本转化成现时市场价格，将按购入标准成本计算的已销售产品的成本转化成按现时市场价格计算的费用，使费用和收入真正做到了按现时市场价格进行配比，计算出客观的真实利润，同时也能将存货和固定资源按会计期的现时市场价格进行调整，计算出会计期末客观的存货价值以及固定资源价值和客观的所有者权益，从而满足不同投资者对利益分配的要求，使企业会计系统的具体做法符合哲学中的一切事物都是客观存在和不断发展变化的理论，使企业会计系统与哲学的一般理论融为一体。

三、企业会计系统是改造世界的科学

利特尔顿教授认为“会计毕竟是人为的制度，因此永远不能成为真正的科学或者臻于至善。理想的会计系统是不可能设计出来的；任何一种会计系统的理想运行都是过高的期望。”[3]迈克尔·查特菲尔德对人们不认可会计是科学也有所叙述：“在 1924 年美国会计师协会的年会演讲中，亨利·兰德·哈特菲尔德……教授对会计职业的地位作了既讽刺又客观的评价。”他指出：

“但是，可悲的会计学只是一门假科学。……它的研究成果既不能在沙龙发表，也不能在国立院校发表；无论是现实主义者、理想主义者或是现象论者，都认为会计学无法讨论。人道主义者将我们视为玩弄美元和分币的下贱人，而不是一直在追求无数的难以捉摸的事物之魂。科学家和技术工作者轻视我们，认为我们只有记录的能力，而没有执行行为的能力。

对会计学的轻视不限于大学领域，几乎人人如此。这就是对学问无知的证据，就是从事会计学研究者的虚心态度的证明，就是被高傲的学问排挤的证据。”[4]

当企业会计系统没有找到建立该系统的真正客观依据时，没有改变会计要素的组织结构时，没有找到内在运行的规律时，企业会计系统确实没有执行能力，只有记录功能，此时的企业会计系统对促使生产经营过程财富的增加没有多大用处，它确实不是真正的科学，而当它找到了建立此系统的客观依据以及改变企业会计要素组织结构后，并将《政治经济学》中的价值理论——社会必要平均劳动消耗成为企业会计系统内在的运行规律，它就具备了按标准成本对生产经营过程资源消耗的控制功能，具备了很强的执行能力。这时它也就成了真正的科学。不仅如此，它还会改变亚当·斯密的“……每一个个人……通常他既不打算促进公共利益……所想到的也只是他自己的利益。在此种情况之下，与在其他许多情况之下一样，有一只无形的手在引导着他尽力达到一个他并不想要达到的目的。”[5]而是“一只看得见的手”使每个个人达到想要达到的目的。

随着环境的变化，任何科学都处在发展变化之中，不可能“臻于至善”，如果真的达到了“臻于至善”，那就走到了尽头，即死亡，它本身就不是科学了。正因为企业会计系统不能“臻于至善”，它随环境的发展变化而不断发展变化，它才是一门真正的科学，它永远促进社会财富的增加，是永不停止的一门改造社会的科学。

注释：

[1]《经济学》下册［美］萨缪尔森著，高鸿业译，商务印书馆，1982 年 5 月第 1 版第 288 页。

[2]《列宁全集》第 38 卷，第 172－173 页，转引自《系统论信息论控制论与马克思主

义认识论》冯国瑞著，第 243 页。

[3]《会计理论结构》[美] A. C. 利特尔顿著，林志军，黄世忠，谢琳琳，苏锡嘉译，中国商业出版社，1989 年 8 月第 1 版第 159 页。

[4]《会计思想史》[美] 迈克尔·查特菲尔德著，文硕，董晓柏，王骥，黄梅艳，汤谷良，萧泽忠等译，中国商业出版社，1989 年 10 月第 1 版第 232 - 233 页。

[5]《国富论》[英] 亚当·斯密著，唐日松等译，华夏出版社，2005 年 1 月第 1 版第 327 页。